主要撰稿人

许宪隆

沈再新

王　萌　张　成

袁年兴　哈正利

散杂居民族概论

许宪隆 等著

人民出版社

责任编辑：巴能强

封面设计：阳洪燕

图书在版编目（CIP）数据

散杂居民族概论／许宪隆　等著．－北京：人民出版社，2013

ISBN 978－7－01－012076－8

I.①散…　II.①许…　III.①民族工作－研究－中国　IV.①D633

中国版本图书馆 CIP 数据核字（2013）第 089559 号

散杂居民族概论
SANZAJU MINZU GAILUN

许宪隆　等著

人 民 出 版 社 出版发行

（100706　北京市东城区隆福寺街 99 号）

环球东方（北京）印务有限公司印刷　新华书店经销

2013 年 7 月第 1 版　2018 年 8 月北京第 2 次印刷

开本：710 毫米 ×1000 毫米 1/16　印张：21.75

字数：280 千字

ISBN 978－7－01－012076－8　定价：48.00 元

邮购地址 100706　北京市东城区隆福寺街 99 号

人民东方图书销售中心　电话：（010）65250042　65289539

序

我国是一个多民族国家,千百年来的相互交往早已形成了"大杂居,小聚居"的民族分布格局。改革开放三十多年来,随着工业化、城市化、信息化、市场化和国际化的发展,西部少数民族人口大量流动到中东部大中城市,民族散居化的面积逐步扩大,民族散居人口数量也不断增多,形成了新的散杂居民族格局,也使得散杂居地区内的民族问题日益凸显。

我们党历来重视散杂居民族工作,早在红军长征时期就明确提出,要以民族平等的原则,来做好散处于汉族之中的回族的工作。新中国成立时,《中国人民政治协商会议共同纲领》强调散杂居民族与聚居区的民族政治权利一视同仁,具有同样的重要性。其后,党和国家先后于1952年、1979年就散杂居民族的工作发布了指导性的文件。改革开放以来,党和国家也根据杂居、散居少数民族的特点,制定了一系列具体的方针政策,采取了许多有效措施,保障了散杂居少数民族的平等权利,促进了散杂居少数民族经济文化的发展,加强了各民族之间的团结。

尽管党和政府历来重视散杂居民族工作,但长期以来,散杂居民族问题研究却是学界关注不够集中,研究不够深广的一个领域。这种学术理论缺失的现状,远远不能满足当前我国民族散居化趋势发展带来的民族工作决策的需求。因此,不断加强散杂居民族问题研究就成为了当前民族工作必须解决的问题。

现在,我们很高兴看到《散杂居民族概论》付梓出版。这项研究不仅弥补了散杂居地区民族问题研究的学术空白,同时,也及时响应了当前散杂居民族工作完善的需要。中南民族大学许宪隆教授2003年开始招收散杂居问题研究的博士研究生,2008年组织了一个二十多名博士、教授组成的散杂居研究学术团队，通过定期举办学术沙龙的方式，就散杂居民族问题的方方面面进行了较为深入的探讨。与此同时，还不定期地编辑了系列性的内部刊物——《散杂居民族研究通讯》。2013 年初，该团队申请并在中国人类学民族学研究会的指导下，创建了"散杂居民族问题研究专业委员会"。这不仅是学界对许宪隆教授及其团队的辛勤努力的认可，也标志着加强散杂居民族问题的研究已经形成为学界的共识。同时也意味着作为一个相对成熟的新领域，许宪隆教授及其团队开拓的散杂居民族问题研究已经获得学界广泛的认可。在这一情形下，出版《散居民族问题概论》显然因应了学术发展的需要。

随着近年来我国散杂居地区涉及民族问题群体性事件频发，各地民族宗教工作部门都已经认识到要做好民族工作，那就必须关注散杂居民族工作的研究。所以我相信，《散杂居民族概论》的出版，在很大程度将会对广大散杂居地区民族工作提供重要的参考。由此可见，散杂居民族问题研究的加强，既是新世纪民族学人类学学科建设的需要，也是新世纪民族工作不断完善的需要。

在祝贺本书出版的同时，我也希望大家都来关心散杂居民族问题研究！

是为序！

李文亮

国家民族事务委员会专职委员

2013 年 6 月

目　录

绪论：中华民族的多元一体与各民族的共生互补

一、民族学人类学的研究基石

在民族学人类学早期的研究中，人类"初级形式"的社会是一种"特殊综合体"，属于一种具有象征秩序的"总体性社会事实"。① 在这种总体性的象征秩序里，事物是有灵魂的，是事物的灵魂导致了人必须对外在世界的义务，以及人的灵魂对这种义务的象征性表达。

民族学人类学经过了一个多世纪的发展，无论是从学科设置、价值取向、研究对象，还是从理论基石等角度看，无疑都相异于其诞生之初的原生形态，我们不得不面对一个更为复杂的现实——"分裂的统一性越来越把主体引向想象的层面，以便通过对某种理想、偶像以及意识形态的集体认同而稳定下来，以弥合自己存在的不足。"② 这种症状的集体行为表现就是集团与集团、民族与民族、国家与国家之间"你死我活"的生存设计。正如亨廷顿在《文明的冲突与世界秩序的重建》中所宣称的那样："文化和文明的多样性对西方，特别是对美国的西方文化普世主义信念形成了挑战。"③ 从这个角度可以说，人类社会步入了一个前所未有的高风险时代。

早期民族学人类学对人类社会这种"特殊综合体"的描述虽然具有明显的文明形态偏见，但对当今社会仍然具有深刻的社会政治意义：主体的统一性应该是我们重新审视当今人类社会一个重要的切入点和突破

---

① 马塞尔·莫斯：《礼物》，汲喆译、陈瑞桦校，上海人民出版社 2002 年版，第 8 页。

② 格尔达·帕格尔：《拉康》，李朝晖译，中国人民大学出版社 2008 年版，第 35 页。

③ 塞缪尔·亨廷顿：《文明的冲突与世界秩序的重建》，周琪、刘排等译，新华出版社 2002 年版，第 231、235 页。

口。与早期民族学人类学对"原始社会"研究不同的是，我们不仅要关注现代社会的主体"分裂性"及其集体行为表现，更要思考文明多样性对于人类的积极意义，以及中华文明在世界秩序调整和重构大局中的可能作为。

民族学人类学作为一门从"民族"和"文化"的视角来理解历史与现实社会的学科，具有不容忽视的意义与作用。然而中国的民族学人类学，尤其是少数民族研究，基本研究范式主要还是停留在"族别"研究的层面，对于中华民族的"一体化"和各民族的"多样性"之间可能存在的复杂问题缺乏深入探讨。[①]乔健先生认为，费孝通先生的"中华民族多元一体"理论应成为中国民族学人类学研究以及中华民族每一个个体终极存在的基本出发点："中国这么多民族聚在一起，共同经历了数千年的岁月，对于这个格局只有人类学者可以提供全面的、客观的、系统的解释。这种解释应该包括三个层次：第一，解释中华文化的多元性以及其又有共性又有个性的特点；第二，解释族群之间错综复杂的经贸、政治与文化的关系；第三，分析形成这种共存共荣的大团结格局的基本原因，并作出结论"。[②]这样的解释与分析既有理性的学术价值，又有可操作的实用价值。

回溯中国民族学人类学的发展历程，我们不难发现，中国民族学人类学主要是建立在对国外民族理论与文化学说的译介、选择、反论和消化的学术实践中，学者倾向于把那些林林总总的外来理论和学说逐渐地吸收成为自己学术财富的一部分。基于对人类社会的基本认知以及对费孝通先生"中华民族多元一体"理论的"总体性"理解，我们试图通过对中国各民族的事实陈述和分析概括，解构困扰中国现代社会发展的二元对立思维、分离主义以及人类（西方）中心主义，为中国在复杂的全球化进程中构建一种正当的、可欲的社会见解；就民族学人类学这一学科而言，我们的优势在于，对于中华民族作为一种"总体性"存在的秩序规则以及中国民族文化的多样性和民族文化的运作规律总是予以特殊的关注，这不仅有助于解决民族学人类学世界性话语体系的伦理困境和方法论焦虑，而且有助于

---

① 周星：《中国民族学的文化研究面临的基本问题》，《开放时代》2005（12）。
② 乔健：《中国人类学发展的困境与前景》，《广西民族学院学报》1995（1）。

我们在世界体系的边缘地带发现并解决这个体系中心潜在的认知危机。研究目的将最终落实在中国民族政策层面，以期从总体性立场来推动中华民族的伟大复兴以及 56 个兄弟民族的共同繁荣与共生发展。

二、中华民族的总体性事实存在

"中华民族"是中国民族学人类学以及研究中国民族现象的一个核心概念，费孝通先生曾经从其成分构成及主体内涵两个层面予以阐释：中华民族是"用来指现在中国疆域里具有民族认同的 11 亿人民"；"中华民族作为一个自觉的民族实体，是近百年来中国和西方列强对抗中出现的，但作为一个自在的民族实体则是几千年的历史过程所形成的。"这一阐释可谓客观精辟、高屋建瓴，同时也启发了学术界对中华民族作为一个社会存在的思考。其中，有两个问题成为学术界长期争论的焦点：一是中华民族作为一个民族主体的时间界定问题；二是"中华民族"中的"民族"与中国民族识别后的 56 个"民族"是否属于同一范畴？学界对此存在几种不同的见解。

第一种认为，"中华民族"属于政治范畴的概念，代表的是中国各民族组成统一的多民族国家的不可分割性，用来泛指中国各民族，与中国 56 个民族作为民族实体是不同的，"中华民族"不是一个民族实体。有的学者担心在制定政策和宣传中，如果把中华民族说成是一个民族，可能会在少数民族中引起误解，以为是用中华民族来弱化少数民族的存在。有的学者认为中华是国家的名称，中华民族应该是中国各民族的意思。有的还认为在国外，华人和华侨认为自己是中华民族，其中包括少数民族，他们也觉得不好理解。[①] 国外的一些学者认为，"中华民族"的提法主要是一个政治概念，在有关族群的学术研究中没有意义；中国存在着几十个民族，但并不存在一个"中华民族"，只有"多元"而没有"一体"。[②]

第二种认为，"中华民族"既属于政治范畴，也属于民族学范畴，"中

---

① 陈连开：《怎样理解中华民族及其多元一体》，费孝通主编：《中华民族研究新探索》，中国社会科学出版社 1991 年版，第 411—412 页。

② 马戎：《民族社会学——社会学的族群关系研究》，北京大学出版社 2004 年版，第 125 页。

华民族"与 56 个民族同样称谓"民族"是不矛盾的,因此,"中华民族"也可以是一个民族实体。众所周知,56 个民族都具有其历史与文化的发展,有各自的民族特点,都是受到《宪法》保障的平等的成员;而"中华民族"是指 56 个兄弟民族总体上的认同,大家都承认自己是中国人,是中华民族的一员。所以有的学者评论说:"费老的研究不仅创造性地引出了一个符合客观实际的崭新理论,而且是一项极重大的发现,是认识中华民族整体结构的一把钥匙。"①

第三种认为,"中华民族"概念内涵有广义和狭义之分。不少学者对于把"中国古今各民族"都包罗入"中华民族"之列提出了不同的看法。原因在于"中华民族"这一概念是近代的产物,是在与西方列强的对抗中开始的"自觉",对外国际关系是促成中华民族内部认同的最根本的外部因素。这种首先表现在政治意义上的"中华民族"整体意识认同,随后在经济、文化等领域扩散,"中国各族人民在政治上的认同不断得到巩固,经济、文化上的认同进一步扩大深入,'中华民族'的意识已经深入人心。但中华民族整体概念和意识的形成,并不意味着民族实体已经真正形成。"②

中华民族作为主体存在的最深层次体现在其象征秩序的形成。1912 年"中华民国"的成立,对于中华各族人民而言具有非凡的历史意义——国家首次以法定的形式把"中华"作为一种象征秩序固定了下来。在《中华民国临时大总统宣言》中,孙中山强调:"国家之本,在于人民。合汉、满、蒙、回、藏诸地为一国,即合汉、满、蒙、回、藏诸族为一人。是曰民族之统一。"特别是在抗日战争时期,大批少数民族知识分子开始把他们的文化艺术创作汇入"中国化"、"民族化"的大潮之中,将各民族的传统文化与抗战爱国的中华民族意识结合起来,如乌兹别克族剧作者阿不都秀库尔·牙里坤编写的抗战话剧《上海之夜》,黎特夫拉·穆特里甫创作的歌剧《战斗的姑娘》,萨克族诗人哈吉库马尔·沙布里创作的诗歌《因此》、《祝愿》,乌孜别克族诗人波拉勒·艾则孜创作《同一》、《美丽的新

---

① 宋蜀华:《认识中华民族构成的一把钥匙》,《中央民族大学学报》2000 (3)。
② 周建新:《关于"中华民族"称谓的思考》,《贵州民族研究》2000 (3)。

疆》、《祖国的风采》、《敌人想干什么》，朝鲜族作家金昌杰的作品《夜暗》、《世情》、《不及格》，赫哲族作家乌白辛的话剧《沉渊》、诗歌《九月之歌》等，这些作品不仅洋溢着浓厚的故乡情，又充满了中华民族意识与国家意识。更为重要的是，这些艺术形式赋予了中华民族以精神、灵魂和意志等人格，凝聚了各族人民在中华民族这个共同体中的核心存在——"国魂"、"民族魂"。正如蒙古族作家萧乾于1939年6月17—19日发表在香港《大公报》上的《血肉筑成的滇缅路》这一报告文学中写道："中华民族毕竟无愧于伟大的称号！"

对中华民族的认知，需要建立在这种总体性社会事实存在的基础上，建立在历史连续性的基础上。中华民族的"民族"范畴，作为一种"总体性"存在，无论是在时空的维度，还是在思维层面，都明显超越于民族识别后56个民族中的"民族"范畴。在这种总体性存在中，中华民族因历史上不同时期每个民族的存在而存在，每一个民族都以总体的形式存在，这不是一种简单的物理聚合。对于中华民族中的每一个个体而言，"生命不能分解，它是一个总体，所以它只能以总体的形式存在于有生命的物质之中。生命以总体的形式存在，而不以部分的形式存在。"[①] 在这里，每个民族及其个体也总能够在这总体性事实存在中找到自己存在的体验以及归宿感，从而也就不会使一些形成于封建社会中期的民族产生一种"史前史"的时空分裂感。

长期以来，学术界受到"中心"与"边缘"、"核心"与"非核心"二元思维的困扰，把统一的政权与具有总体性结构特征的社会事实混为一谈，把中华民族的不同民族构成先入为主地划分了"先来后到"的序列，也就否定了"后到者"之前的社会事实。人为地切断单个民族主体的社会历史连续性，只会造成把中华民族的"总体性"存在肢解出四分五裂的后果。中华民族包括历史上中国疆域的所有的民族，我们既不能切断这个整体在不同历史时期的形态，也不能从单一的层面予以定论，即使已消失的一些古代民族，如契丹、鲜卑族等，我们也不能把他们排斥在中华民族"总体性"存在之外，事实的存在就是存在，这就如同我们不能把海外"华

---

① 埃米尔·迪尔凯姆：《社会学方法的准则》，狄玉明译，商务印书馆2003年版，第10页。

人"视为"他者"而唯独自己就是"正宗"的"华人"一样，这种"总体性存在"存在于人的认知、想象和意志之外。因此我们可以明确地说，中华民族诞生于中华文明的发源之时，无论当时主体是汉族先民，还是其他的民族、部族，无论是对于"中心"而言的"后来者"而言，还是"中心本身"，相关主体都是中华文明的创造者和承载者。

三、共生互补：中华民族多元一体的秩序规则

生物共生学现代研究成果表明，共生导致的生物进化是生物界发展的基本源泉之一，几次重要的生物突变被认为与共生有密切关系。这种进化方式的独特性在于，进化过程可以有两种方式：分离起源（segregogenesis）与综合起源（synthogenesis），共生起源进化属于后者。综合起源中又包含有性和无性起源两种类型，共生起源算后一类。[1] 生物共生学的深化研究为人们认识自然进化提供了新的观点和开辟了新的认识通道，关于"内共生是进化创新的重要来源"的论点与证据，对我们重新认识达尔文的自然选择理论、突变论和重新审视物种起源具有极其重要的意义。"既然在整个地球的历史中，生命的相互关系不断形成又不断解散，那么，即稳定又短暂的共生就是普遍的。"[2] 在共生学的研究中，共生产生了一切，从小的无所不在的生物细菌，直到最大的生机勃勃的地球。

我们可以从民族的起源和发展路径清晰地认识到存在的共生法则。恩格斯在《家庭、私有制与国家的起源》中提道："住得日益稠密的居民，对内和对外都不得不更精密地团结其爱。亲属部落的联盟，到处都成为必要的了；不久各亲属部落的融合，从而各个部落领土融合为一个民族的共同领土，也成为必要的了。"[3] 从恩格斯的描述中，我们可以看到从部落进化为民族以及当时"对内和对外"的各种关系是一种社会自组织现象的"不

---

[1] Taylor,F. J. R. *Implications and Extensions of the Serial Endosymbiosis Theory of the Origin of Eukaryotes.* Taxon, 1974, p.229.

[2] 恩林·马古利斯：《生物共生的行星——进化的新景观》，易凡译，上海科技出版社2009年版，第8页。

[3] 恩格斯：《家庭、私有制和国家的起源》，人民出版社1999年版，第170页。

得不"的自觉共生行为，根源在于为了满足日益增长的物质和文化生活需要。群体之间的"互利性"的"刺激"产生了内部有层次的驱动力和整合力，具有血缘性的族体伴随共生这种人类行为的主要形式而产生。在当时的对外关系中，有限资源的竞争也是一种普遍存在的现象。民族之间的"互利性"的"刺激"再次产生了民族之间的驱动与整合，最初的血缘性的族体概念最终被地域性的超血缘族体概念所取代，群体的共生出现了明显的社会分层，具有国家意义的民族应运而生。到了近代，在物质利益的刺激和统一市场的需求下，资产阶级打破了封建主义和封建割据，民族之间产生了进一步分化和融合。中世纪的民族，或整合为新的民族，或被在政治发展、经济文化水平以及组织性等方面占优势的民族所同化，结成一个新的整体，形成了近代民族。现代民族则是在无产阶级取得政权以后，由原有民族经过社会制度的改革后转化而成，它是以上各种类型民族都必须经过的历史阶段。纵观人类历史，"互利性"的物质"刺激"而产生的共生关系是民族形成与发展的关键因素，这是一个来自人类本身和生存环境的刺激而决定去向的自觉共生行为和自组织现象。

共生不仅是一种民族关系的进化过程，也是民族社会发展必然遵循的法则。在多民族国家，民族共生发展是民族政策的首选策略。在我国封建社会，迎合统治阶级利益的政治格局决定了中央王朝一般都采用"夏夷共存"与"用夏变夷"并用的民族政策。历代王朝统治者，无论是汉族还是少数民族，都乐以"华夏正统"身份出现，并通过汉族强势文化的驱动和整合进行化"夷"为"夏"的民族政策，从而达到稳定的政治局面。比较经典的案例莫过于魏晋时期鲜卑政权统治者拓跋珪。他在将国号由代改为魏的诏书中讲道："昔朕远祖，总御幽都，控制遐国，虽践王位，未定九州。逮于朕躬，处百代之季，天下分裂，诸华乏主，民俗虽殊，抚之在德，故躬率六军，扫平中土，凶逆荡除，遐迩率服。宜仍先号，以为魏焉。布告天下，咸知朕意。"[①] 从"朕"、"九州"、"诸华"等字词可以看出，拓跋珪俨然以"华夏正统"的身份出现，并接受了中原传统天下观和民族观。随后，北魏几代政权全面推广中原传统制度和汉文化，使北魏成为第

---

① [唐] 李延寿：《北史》卷第一《魏本纪第一》，中华书局 2003 年版。

一个被纳入正统序列的少数民族王朝。在元、清王朝前期，少数民族统治者都试图依赖政治上的优势来压抑主体民族，并以此推广本民族的经济文化，但都事与愿违，最终结局是导致本民族的文化融入中华民族文化的汪洋大海中。对此，耶律楚材可谓一语道破天机："以吾夫子之道治天下，以吾佛之教治一心，天下之能事毕矣。"① 这可以解释为，民族的共生发展是以物质为基础的社会有机体由低级向高级演进的过程，由于人的实践活动既受客观的、历史的诸种条件制约，参与民族发展进程的各种因素存在着复杂的相互作用关系，因而物质的需要是选择的内在动力，民族的认识能力和实践能力则使利益的诉求变为现实的共生互补。

我国历史上长期以农业和游牧两大经济体为主体，族际间的共生互补以马绢和茶马贸易为主要内容。这种共生关系主要表现为：以农业和游牧两大经济类型互补为目的，以官方的贡赐和民间的贸易互市为主要形式展开。经济上文化层面的共生互补，为民族的发展提供了源源不断的新能量，促使各民族不断提高自身的物质和文化生产水平。以壮族为例，壮族的先民越人是稻作农业文化的创造者，农作物品种以水稻为主，杂粮很少，因此在粮食类作物中除水稻之外，很少栽种其他作物。到清代广南府境内农作物品种丰富，稻谷类有糯谷、白谷、红谷、黄谷、黑谷等，麦类有大麦、小麦等，杂粮有玉米、高粱等，此外还有豆类、稗类及瓜果蔬菜，应有尽有，几乎囊括了现在滇东南区的各种作物，这与外来民族进入后的农业生产合作交流有着密切的关系。② 在各民族共生互补中，民族之间相互吸引和合作、相互补充和依赖，促进民族之间的资源、信息和知识的开发、共享和整合，形成了"汉族离不开少数民族，少数民族离不开汉族，少数民族离不开少数民族"的象征秩序。

在民族国家的视阈中，可以把民族关系视为同一种动力系统中的三个层面：由需要、劳动、生产力、生产关系所构成的经济力是民族发展的根本动力；主要由国家权力、政治法律制度和实施机构等因素所构成的政治力，为民族发展提供政治资源和动力；观念文化中所蕴含的经济理性、政

① ［明］宋濂等：《元史》卷一百四十六《耶律楚材传》，中华书局1976年版，第188—189页。
② ［清］李熙龄：《广南府志》卷三《物产》，杨磊等点校，兰州大学出版社2004年版。

治理性、社会理性、科学理性和价值理性是民族发展的精神动力，它通过影响人们的思维方式、价值观念和情感态度发挥作用。民族共生关系的存在，体现了由于这种驱动力和整合力作用形成的一种共生能量，这种能量可以解释为共生关系增加的净能量，来源于民族共生体对政治、经济和文化的有效生产、交换与相关权益、利益的配置。近几年来，国家加大了对民族地区的市场规范建设和基础设施建设，加强东部发达地区对西部民族地区的技术和人才援助，在政治、文化层面也加大了民族干部和少数民族技术人才的培养力度，民族共生介质的多样性和互补性更明显。特别是具有中国特色的社会主义市场经济体制主导共生界面的形成使民族共生发展过程中的物质、信息和能量交流更有效率，同时也更加稳定，为民族共生系统和民族共生发展的同步进化创造了良好的界面环境，中华各民族在政治、经济、文化等层面的一体化共生模式日臻完善。这些科学实践彰显出民族之间的优势互补、互相借鉴、互为依存和互补共赢，促使了各民族、各地区文化在数千年的历史发展中逐步交融、整合而形成有机的文化整体，使各民族在长期的文化互动、交流中形成了一个具有共同价值取向又各具特色的"总体性事实"。因此，民族交往过程中的共生互补关系是中华民族"总体性事实"存在的内在秩序规则，向更高层次的有序化和一体化不断演变是民族间共生运动的必然规律。

四、中国民族政策的象征秩序与实践

中华人民共和国在延续了"中华"这一象征性表达的基础上，通过具体的政策、法令和措施，在政治、经济、文化、社会等各个领域，总体性实践着"多元"的平等、团结和发展，把中华民族总体性存在从自在的形态转向了自觉的存在。转变的内涵在于：中华民族主体在象征秩序的合理性调适及介入下，实现了民族自在实体和自觉实体之间的统一。

中华民族主体象征秩序的合理性调适，集中体现在不同时期的宪法和纲领性文件中。1949 年《中国人民政治协商会议共同纲领》："中华人民共和国内各民族一律平等，实行团结互助，反对帝国主义和各民族内部的人民公敌，使中华人民共和国成为各民族友爱合作的大家庭。"第五届全国人民代表大会第五次会议通过的《中华人民共和国宪法》中强调："中华人民共和国是全国各族人民共同缔造的统一的多民族国家。平等、团结、互助的社会主义民族关系已经确立，并将继续加强。"随着社会主义市场经济体制的建立和发展，各地区、各民族的关系将更加紧密，1992 年 10月中国共产党第十四次全国人民代表大会报告再次强调："全面贯彻党的民族政策，坚持和完善民族区域自治制度，坚持平等、互助、团结、合作，以促进各民族的共同繁荣。"从新中国成立初期的"平等、团结互助、反对各族内部的人民公敌"，到新时期的"平等、互助、团结、合作、共同繁荣"，这是一个不断完善、不断充实内涵的过程，核心是各族人民一律平等。

中华民族的象征秩序对主体统一性的介入主要是通过民族政策以及相关实践活动来完成的。以 2009 年《中国的民族政策与各民族共同繁荣发展》白皮书为蓝本，中国民族政策蕴含了三个层次的内涵和实践倾向：一是使民族主体在中华民族这一总体性社会事实存在中，促进民族主体的文化、人口及物质生活水平的发展；二是在想象领域，每个民族的认同都发生在中华民族认同的框架之下，每个民族在这个共同体中能够找到存在体验以及归宿感；三是把共生互补的秩序规范与"社会主义"精神机制相结合，完成了民族共生关系从自在走向自为的转换，为中华民族的总体性社会事实存在提供了源源不绝的能量保障。

我国民族政策的总体性实践主要体现在民族共生行为的组织模式上。在社会主义制度建立前，我国民族关系的组织模式主要表现在民族之间只在一个方面或少数方面发生作用，共生关系具有不稳定性和随机性，在社会发展层面没有形成明显的主导共生界面，属于间歇共生模式。在社会主义制度建立后，初步形成了民族之间在政治、经济、文化等层面共生发展的良好局面，民族发展模式比较稳定且具有必然性。改革开放建立了以社会主义市场经济为核心的经济发展共生界面，少数民族和民族地区的城市化和现代化的步伐越来越快，促使民族发展模式由连续共生的模式向一体化共生模式演变，民族共生介质的多样性和互补性更加明显。

同时我们也应该看到，目前各民族之间的关系主要停留在共生互补的第一层面——物质的、经济的共生互补，虽然它是总体性存在的根本，但是在具体的民族政策实践中，经济层面的因素成为了唯一的价值准则或行为标准，总体性社会事实存在的精神机制没有持续建设，中华民族的象征秩序没有得到全面发展。随着拉萨"3·14"、乌鲁木齐"7·5"打砸抢烧严重暴力犯罪事件相继发生，这个问题逐渐浮出了水面。虽然这只是极少数恐怖分子和民族极端分裂分子与境外敌对势力相互勾结的结果，但是部分民族之间的信任危机开始蔓延。事实在警示我们，各民族整体的经济发展水平和人口生活质量提升了，并不完全等同于中华民族多元一体格局的稳定和团结。由此引发了近几十年来民族研究学界最为激烈的一场关于民族政策是否需要改弦易辙、转型更新的争论，"第二代民族政策"正反双方争论的焦点集中体现在以下几个方面：

（一）民族"去政治化"之争

现实中确实存在着把所有民族问题政治化、社会问题泛民族问题化的倾向，中华民族总体性存在的"社会事实"面临着被政治化和泛民族问题化的危险，这也助长了国际反华势力借助一般性社会问题乘虚而入，直接插手我国民族关系问题的政治攻略。如在迪庆藏族自治州，近几年来有近40多个国际"非政府组织"在频繁活动，其中31个在州内设有办事处，大都假借扶贫援助、文化交流、科技合作、捐资助学、环境保护、培训办班等方式，插手宗教和民族群体性事件，把个体问题民族化，经济问题政治化，这必将危及基层政权的稳定以及民族地区的长治久安。我们需要做的是如何在政治、经济、文化和社会生活等各自领域中可能产生的问题划清相对清晰的边界、责任和义务，预防政治利益集团"绑架"各民族群众而影响中华民族的长远发展，而不是简单的"去政治化"或"泛政治化"。

（二）民族政策"最大受益者"之争

"第二代民族政策"的提出者认为，"我国少数民族地区是国家统一、全国一盘棋、民族交融、多元一体的最大受益者"，并从经济增长率、区域差距指数和人类发展指标几个方面进行阐释：中国少数民族地区经济增长率高于除中国之外的世界所有高增长国家；少数民族地区人类发展指标变化率不仅在中国是最快的，在世界也是最快的；进入21世纪，少数民族地区与东部沿海地区的相对差距进入缩小阶段。这是因为少数民族作为中华民族大家庭的重要成员，直接享有"中华民族大家庭优势"和"社会主义共同富裕优势"的结果。他们提出了从经济方面促进民族交往交流交融一体。这些观点和结论既是事实，也是中华民族共生互补法则及中国民族政策优越性的表现。反对者质疑"最大受益者"的说法是否意味着除了民族地区外还存在着"非最大受益者"的地区？汉族聚居地区难道不是改革开放、西部大开发战略的"最大受益者"？

（三）民族文化政策

文化多样性是人类文明的主要标志，也是人类进步的主要动力。在中华民族的发展历程中，多元民族文化共存与相互尊重也是这种多元一体格局内在的秩序规则。"第二代民族政策"提出："我们一定要顺应文化交往交流交融的客观需要，既充分尊重和保持文化的多样性，又不人为强化、固化公民的文化差异属性，要更加重视促进各民族文化的交往交流交融，加强对一切族群文化与中华民族文化一体化、共通共融的宣传。"反对者认为对方"仍然不肯把民族文化多样性和民族认同意识当成中国的正面资产，仍然要把它当成国家的负资产来处理。在包括联合国在内的国际社会经过后现代反思，都把文化多元主义当成建构国民认同之本的背景下，他们这种落伍见识实在让人啼笑皆非。"双方的言辞都没有问题，只是争论内容不在同一层面。问题在于其隐喻的内涵。"从国际经验教训来看，一个国家开展反恐怖斗争的关键应是防止草根阶层成为亡命徒式的恐怖分子"。反对"三股势力"的斗争如果指向某个民族、某个地区、某种宗教、某个阶层，不仅同样具有极端性，而且是对"三股势力"自诩代表性"宣示"的承认或迎合，因此是极端的错误观点。[①]

（四）民族自治与平等之争

"第二代民族政策"遭遇最多诟病的地方在于"不允许以各族群（民族）

---

① 郝时远：《反恐反分裂的族别、地区指向极端错误——评析"第二代民族政策"说之二（上）》，《中国民族报》2012年2月17日。

成分来要求在国家享有或在特定区域内享有特殊的权利和义务，各省级行政区、各地级行政区、各县级行政区的权利和义务在法律面前一律平等，不以族群（民族）因素而享有特殊的权利和义务。"反对者认为中国民族政策的核心原则不容改变，作为公民不能对中华人民共和国宪法原则——"各少数民族聚居的地方实行区域自治，设立自治机关，行使自治权。各民族自治地方都是中华人民共和国不可分离的部分"熟视无睹。① 民族关系问题不能搞"大跃进"。

其实，所有的争论都必须回到一个主题上来，那就是对中华民族多元一体这一象征秩序的认知问题。"第二代民族政策"论者意识到了这个问题的重要性和严重性："要特别注意正确认识和妥善对待现代化进行中的民族意识复兴问题，采取实事求是的科学态度，一方面要承认客观存在的族群（民族）意识，另一方面又必须坚决坚持用社会主义思想对其进行改造。"在中国民族政策的象征秩序中，社会主义思想是其中一种重要的精神机制，近十几年来忽视这种精神机制的作用，才导致了现阶段政治信仰的缺失、民族象征秩序的紊乱和民族意识的高涨。我们应该认识到，中华民族主体的象征秩序不是一个静止的象征符号或符号系统，也不完全等同于民族认同或民族发展。象征秩序是一个重复建设的过程，涉及民族信任、民族安全体验和民族归宿感。这种总体性既是多元的，也是一体的，更是动态的。要高度重视在培养公民的中华民族认同中掌握话语权，引导公民不断增强民族自豪感、自信心，不断增强对中国特色社会主义的认同感和祖国的认同感。

这场争论只是对中国民族政策一种审视和反思的过程，虽然学者从不同的视角出发，但是双方的动机、出发点及目的有着同质性，即都是为了中华民族的伟大复兴以及56个兄弟民族的共同繁荣和共同发展。这场争论具有积极意义，是预防教条主义、分裂主义、大民族主义以及极端民族主义约束中华民族发展的必要过程。即便双方在争论过程中存在一些过激的措辞或不恰当的政策建议，也并不妨碍我们对民族政策进行深思和

---

① 郝时远：《中国民族政策的核心原则不容改变——评析"第二代民族政策"说之一（上）》，《中国民族报》2012年2月3日。

反省。

五、全球化背景下的中国散杂居民族

在全球化的背景中，中国民族关系跨越了传统意义的空间格局，呈现多层次、多领域的复杂特征。大多地处"老、少、边、山、穷"地区的少数民族人口大规模涌入城市，民族关系变化急剧且具有不稳定的特征。文化认同问题亦越发迷离与复杂，不同的民族文化心理（包括传统意义上的主流文化心理）呈现困惑、焦虑与失落的趋向。同时，现代化的社会空间不仅是民族关系演变的平台，而且是一切社会力量相互介入、抵触、纠缠与冲撞的场所。社会空间政治话语的多样性，弱化了国家对民族关系的调控。在民族成分分布格局上，大部分省、直辖市、省级自治区的民族成分有 40—50 个，中等以上的城市或地区一般都有十几个到几十个民族成分，就是从县级区划的小范围来看，也是许多民族交错居住的。无论是过去、现在还是将来，散杂居民族在中华民族多元一体格局中都具有十分重要的地位和深远的影响。

近十几年来，随着中国市场经济的不断深入发展，散杂居民族问题的日益突出，国内学术界对此关注程度也越来越高，散杂居民族问题、散杂居民族政策、散杂居民族工作、散杂居民族关系等不同的角度都已取得一些重要的研究成果。

（一）散杂居民族问题研究

金炳镐总结出城市民族问题的八个特点，即城市民族问题首要的是民族平等权利问题，城市民族问题突出的是民族同类化问题，城市民族问题大量地发生在民族风俗习惯、宗教信仰问题上，城市民族问题反应快、连锁性大，城市民族问题是我国民族问题的窗口，其敏感性强，城市民族关系是我国民族关系的晴雨表、测量表。[1] 陈乐齐认为，如今出现的城市民族问题原因是"两个不适应"和"五个不到位"，"两个不适应"即：一是

---

[1]　金炳镐：《论我国杂散居地区民族问题的特点和发展规律》，《内蒙古社会科学》1992（3）。

流入城市的少数民族人员不适应城市的生活；二是城市对大量涌入的少数民族人员不适应。"五个不到位"是：思想认识不到位，法制建设不到位，政策法规宣传不到位，服务和管理不到位，工作手段和机制不到位。① 范生娇则认为城市少数民族流动人口增多带来新问题，不尊重少数民族风俗习惯和宗教信仰而引发的民族宗教问题，城市少数民族意识增强而引发的民族关系问题，不了解党的民族政策或工作方法不当而引发的民族冲突等。② 高永久提出随着城市化进程的加速和少数民族人口流动，以本民族自尊心和自豪感为主要内容的民族意识逐渐增强，突出地表现为以本民族的现状与其他民族、特别是与汉族对比的现象，更加注重对本民族各项合法权益的维护。③ 晏路深入分析了民族乡工作面临的形势和存在的问题，指出我国民族乡经济社会发展相对滞后，民族乡发展不平衡、贫困面较大、民族乡生产生活基础设施落后、产业结构不合理等问题。④

随着散杂居地区经济社会的总体发展，省际结合部的民族关系与民族问题、散杂居地区的民族认同问题，城市化进程中散居民族身份转化以及由此产生的医疗、社会保障、就业、新生代少数民族农民工、文化建设、群体性事件、心理健康问题、经济转型等问题已成为中南民族大学散杂居民族研究团队新的关注重点。《散杂居背景下的族群认同：湖南桑植白族研究》⑤、《散杂居民族"同而不化"的策略性应对——基于湖北省鹤峰县三家台村蒙古族的人类学考察》⑥、《论省际结合部的社会管理》⑦、《省际结合部民族因素群体性事件调查报告》⑧、《省际结合部民族关系与民族问题

① 陈乐齐：《我国城市民族关系问题及其对策研究》，《中南民族大学学报》（人文社会科学版）2006（5）。
② 范生姣：《论我国城市化进程中的城市民族问题》，《黑龙江民族丛刊》2008（4）。
③ 编辑部：《纵论城市民族工作》，《中国民族》2006（9）。
④ 晏路：《关于我国民族乡经济社会发展的思考》，《满族研究》2004（1）。
⑤ 张丽剑：《散杂居背景下的族群认同：湖南桑植白族研究》，民族出版社2009年版。
⑥ 沈再新、唐胡浩：《散杂居民族"同而不化"的策略性应对——基于湖北省鹤峰县三家台村蒙古族的人类学考察》，《中南民族大学学报》（人文社会科学版）2011（3）。
⑦ 郭福亮、许宪隆：《论省际结合部的社会管理》，西北民族大学学报（哲学社会科学版）2012（1）。
⑧ 张成、许宪隆，郭福亮：《省际结合部民族因素群体性事件调查报告》，《西南民族大学学报（人文社会科学版）》2012（4）。

研究 (上)》① 和《省际结合部民族关系与民族问题研究 (下)》②、《散杂居彝族与苗族的人格结构比较研究》③ 和《传承与固守：当代散杂居民族生活方式变迁研究》④ 等论著，都从不同视角进行了探讨和分析，其中一些新的论点、思路、对策与建议得到了学界和有关部门的认可。

（二）散杂居民族政策研究

自中国共产党建立以来，中国共产党人始终坚持将马克思主义民族理论与中国社会实际相结合，在社会主义革命和建设中，逐步探索出了既能消除民族歧视、保障民族平等和发展民族经济，也能维护国家统一和社会稳定，实现民族团结和社会和谐的中国道路，同时，逐步建立起了一整套具有中国特色的民族政策体系。沈林、李志荣系统梳理了"宪法"、"法律"、"行政法规"、"部门规章"、"地方性法规"和"地方性 64 规章"中关于散杂居民族权利的规定，收录了新中国成立以来我国颁布的涉及散杂居民族权益保障的政策法规。⑤ 袁翔珠分析了我国现行的散居少数民族权益保障机制，指出了其体系仍欠统一、完善、科学和系统，还存在较大缺陷与不足，特色不突出，权益保障在各个领域之间发展不平衡等问题。⑥安绍伟从加强散居少数民族权益保障工作的客观需要出发，以司法保障为视角，从法律规定和实际需要两个方面，论证了对散居少数民族权益进行司法保障的必要性，并进一步从实体和程序两个方面提出了具体的司法保障措施。⑦ 毛公宁指出大批少数民族进入城市，但由于民族之间的差异和发展方面的差距仍长期存在，新问题、新情况的出现是城市发展、民族发展中的必然现象。提高对城市和散杂居民族工作的重视程度，加强城市民

---

① 沈再新、许宪隆：《省际结合部民族关系与民族问题研究 (上)》，《民族论坛》2012 (8)。

② 沈再新、许宪隆：《省际结合部民族关系与民族问题研究 (下)》，《民族论坛》2012 (10)。

③ 沈再新：《散杂居彝族与苗族的人格结构比较研究》，《西南民族大学学报 (人文社科版)》2012 (5)。

④ 沈再新：《传承与固守：当代散杂居民族生活方式变迁研究》，世界图书出版公司 2012 年版。

⑤ 沈林，李志荣：《散杂居民族工作政策法规选编》，民族出版社 2000 年版。

⑥ 袁翔珠：《关于完善散居少数民族权益保障法律制度的思考》，《西南政法大学学报》2004 (5)。

⑦ 安绍伟：《散居少数民族权益的司法保障》，《北方民族大学学报》2004 (1)。

族工作的立法工作，应把过去由政策调整转到以法律、法规调整上来。赵佐贤表示城市民族工作的改善还需要国家政策的支持。① 覃乃昌指出，从民族乡产生的社会历史背景、过程、理论及民族乡的实践看，民族乡都与一般乡有很大的区别，体现出自治的性质，属民族区域自治的乡级基层政权，是我国民族区域自治制度的补充。② 朱玉福认为，我国的民族乡法制建设仍然存在一些问题，国家和地方必须加强和完善民族乡的法制建设，法律法规赋予民族镇以民族乡同样的法律地位，是民族乡小城镇建设的必然要求和发展途径。③

长期以来，民族政策研究似乎一直作为民族理论研究的附属而存在，直到近年来，随着形势的变化，用科学方法对民族政策进行系统、全面、深入的研究才逐渐成为学界的共识。雷振扬的《中国特色民族政策的完善与创新研究》④、许宪隆与袁年兴的《我国民族政策的象征秩序与科学实践》⑤ 和《中华民族的多元一体与各民族的共生互补——兼论第二代民族政策》⑥，以及李安辉的《社会转型期民族区域自治制度的完善与创新研究》⑦ 和《我国散杂居民族政策的主要内容及特点》⑧ 等论著，回顾了新中国成立以来各类民族政策的发展和延续，也展现了改革开放 30 多年来，在国内和国际形势变化的大背景下，各类民族政策在运行环境以及在具体贯彻实施中遭遇的困境，同时，还综合了当前学界已经涌现的新成果，对坚持、完善和创新我国的民族政策提出了具体的政策建议，这无疑对我们正确认

---

① 编辑部：《纵论城市民族工作》，《中国民族》2006（9）。

② 覃乃昌：《关于民族乡的几个问题》，《民族研究》2002（3）。

③ 朱玉福：《加强民族乡法制建设，保障民族乡建设小康社会》，《内蒙古社会科学》（汉文版）2003（4）。

④ 雷振扬：《中国特色民族政策的完善与创新研究》，民族出版社 2009 年版。

⑤ 许宪隆、袁年兴：《我国民族政策的象征秩序与科学实践》，《中国民族报》2012 年 4 月13 日。

⑥ 许宪隆，袁年兴：《中华民族的多元一体与各民族的共生互补——兼论第二代民族政策》，《中南民族大学学报》（人文社会科学版）2012（5）。

⑦ 李安辉：《社会转型期民族区域自治制度的完善与创新研究》，《中南民族大学学报》（人文社会科学版）2009（5）

⑧ 李安辉：《我国散杂居民族政策的主要内容及特点》，《中南民族大学学报》（人文社会科学版）2011（2）。

识形势，坚持和完善我国民族政策体系，具有十分及时的回应。同时，这些论著不论在立意、内容还是在研究方法、观点等方面，都颇具开拓创新的意识，同时也意味着未来的民族政策研究将会逐渐走上科学化的道路。

（三）散杂居民族工作研究

随着少数民族散杂居化进程加快，在流动人口、民族关系、民族社区、城市少数民族权益保障等方面引发了一系列的新问题，对散杂居民族工作提出了新的要求。加强散杂居民族工作的探讨成为民族研究者面临的一个重要课题，众多研究者不懈努力，取得了丰硕的成果。这些成果在内容上包括新形势下散杂居民族工作的地位与作用研究、其特点和面临的问题研究、任务与内容研究、民族工作的方法思路研究。在形式上主要体现在政府的法规文献、专家学者的著作论文中。重要的法规文件，可参见《散杂居民族工作政策法规选编》。最有代表性的著作有杨侯第主编的《散杂居民族工作概论》，全面介绍了散杂居民族工作的地位与作用，全面总结了散杂居民工作的经验，并提出了进一步做好散杂居民族工作的意见和建议。

城市民族工作是散居民族研究的一个重要组成部分，其研究重点集中在城市民族工作、城市民族人口流动和城市民族关系、城市民族的政策法规和权益保障、城市民族对现代化进程的适应等方面。沈林、张继焦等人的《中国城市民族工作的理论与实践》系统总结了我国 50 年城市民族工作经验，对城市民族工作的地位、意义、内容以及工作方法、动力组合、面临问题、发展趋势等进行了较全面的分析和论述，并对城市民族工作的一些理论问题进行了探讨。武汉市民族事务委员会专题调研小组的《关于武汉市构建城市和谐民族关系调控机制的调研报告》则讨论了民族关系调控机制问题。① 李吉和的《现代城市民族社区功能探析——以武汉市回族社区为例》②、李伟梁与陈云的《城市少数民族流动人口的社会支持——以

---

① 武汉市民族事务委员会专题调研小组：《关于武汉市构建城市和谐民族关系调控机制的调研报告》，《民放研究》2001（6）。

② 李吉和：《现代城市民族社区功能探析——以武汉市回族社区为例》，《中南民族大学学报》（人文社会科学版）2006（1）。

武汉市的调研为例》[1]、李安辉的《杂散居地区回族妇女权益保障的社会人类学考察》[2]、邓行的《试论当前城市民族工作的主线》[3]、许宪隆主编的《都市族群与族群关系》[4]、沈再新的《构建共生互补型城市民族关系的思考兼论城市和谐民族关系构建的基本人文理念和实践目标诉求》[5] 等论著，通过跨学科的理论和方法，对城市民族工作和民族社会工作现状、问题、特点和对策提出了诸多有益的思考。

有关民族乡的研究是散居民族工作的重要组成部分，其研究重点主要集中在民族乡概念、性质、地位、作用、民族乡经济社会发展、民族乡法制建设、民族乡与民族区域自治的关系等方 65 面的研究。沈林的著作《中国的民族乡》从理论上阐明了民族乡的性质、地位和作用，在回顾 50 年民族乡发展历程的基础上，总结了民族乡工作取得的经验，同时就新形势下如何做好民族工作进行了探索，提出了政策建议，对民族乡制度进行了全面系统的研究。匡自明的《中国少数民族地区农村基层政权建设研究》突出之处在于：一是它把乡镇政权看作是一个完整的实体，不仅与外界发生关系而且其自身内部如党委、人大、政府三者之间也相互制约、相互联系；二是在相关章节中，对民族乡政府机构、职能、存在问题都进行了一定程度的论述，明确政府机关在整个农村政权中的地位和作用。[6] 廖杨从财税收缴、法制建设、基层党建和民族政策四方面论述推动民族乡民主政治的发展。[7] 许才明从民族乡政府行政环境和管理职能特点出发，结合民族乡实际情况和当前国内外政府管理改革的趋势，对民族乡政府行政管理

① 李伟梁、陈云：《城市少数民族流动人口的社会支持——以武汉市的调研为例》，《中南民族大学学报》（人文社会科学版）2006（3）。

② 李安辉：《杂散居地区回族妇女权益保障的社会人类学考察》，《中南民族大学学报》（人文社会科学版）2006（4）。

③ 邓行：《试论当前城市民族工作的主线》，《中南民族大学学报》（人文社会科学版）2008（4）。

④ 许宪隆：《都市族群与族群关系》，知识产权出版社 2011 年版。

⑤ 沈再新：《构建共生互补型城市民族关系的思考　兼论城市和谐民族关系构建的基本人文理念和实践目标诉求》，《武汉纺织大学学报》2011（5）。

⑥ 匡自明：《中国少数民族地区农村基层政权建设研究》，云南大学出版社 2002 年版。

⑦ 廖杨：《民族乡政管理与村民自治的双向调适》，《黑龙江民族丛刊》2001（3）。

职能的改革和定位作探讨。① 沈再新则从文化资本的视角，提出把文化资本作为散杂居区新农村建设的一种目标范式，并指出了散杂居区新农村建设的路径。② 鉴于我国民族地区多年来"物质扶贫"收效甚微的事实，方清云以江西省贵溪市樟坪畲族乡为个案进行的一项关于民族乡贫困文化的专题研究，认为民族乡贫困文化的自觉是民族乡加快发展的根本途径。③

（四）散杂居民族关系研究

在《中国城市民族工作的理论与实践》一书中，沈林等人认为，城市民族关系具有特殊性、包容性、辐射性、示范性、动态性等特点。赵新国认为，城市民族关系具有多向性、历史性、差异性、场景性、复杂性、政策性等特点。④ 王琛、周大鸣从族际交往角度分析了深圳市民族关系特点，认为城市民族互动中的个体——个体互动的结构成为主要形式，民族交往互动中的障碍因素变得复杂多样，深度也不同，有个体的、历史的、心理的等，各民族文化、思想的差别是影响族际交往的主要因素。⑤ 林钧昌、赵强等考察山东省威海城市民族关系，认为影响城市民族关系的因素有：因经济利益冲突而引发的矛盾；因少数民族政策落实不到位而引发的矛盾；因对少数民族风俗和文化缺乏了解而引发的矛盾；部分少数民族把一般的民事问题看成民族问题，使矛盾激化。⑥ 古丽米拉·阿林别克从四个方面分析了影响新疆城市民族关系的原因，分别是民族意识问题、城市少数民族低收入人群问题、内地经商人员问题和因经济利益引发的问题等。⑦ 在散杂居民族关系研究方面，中南民族大学散杂居民族研究团队

---

① 许才明：《民族乡政府管理职能建设探析》，《黑龙江民族丛刊》2006（2）。
② 沈再新：《文化资本视角下散杂居区新农村建设的路径选择》，《湖北社会科学》2012（2）。
③ 方清云：《民族乡贫困文化自觉：以江西省贵溪市樟坪畲族乡为例》，世界图书出版公司2012年版。
④ 赵新国：《略论城市民族关系问题》，《满族研究》2005（2）。
⑤ 王琛，周大鸣：《试论城市少数民族的社会交往与族际交流——以深圳市为例》，《广西民族研究》2004（2）。
⑥ 林钧昌、赵强：《城市化进程中人口流动与和谐民族关系的构建——以威海市为例》，《黑龙江民族丛刊》2008（4）。
⑦ 古丽米拉·阿林别克：《略论城市化进程中的新疆城市民族关系评论》，《新疆社科论坛》2008（3）。

的几代学者亦做了大量研究，代表性的论著有《鄂豫皖杂散居地区民族关系概述》①、《鄂豫皖城市民族关系初探》②、《鄂豫皖地区民族关系对策研究》③、《湖南杂散居区城市民族关系影响因素探析》、《我国中、东部地区城市民族关系特点刍议》④ 等，他们结合地域性的实证研究，对当时我国散杂居民族关系现状、特点和发展趋势进行了全面分析，并总结了经验，为散杂居民族关系的发展提出了相应的对策与建议。其中沈再新的《论和谐社会构建对散杂居民族关系的影响》⑤、张丽剑的《新时期散杂居民族关系的焦点》⑥ 指出当前散杂居民族关系成为新时期民族关系的焦点，散杂居地区的经济发展问题成为散杂居民族关系的难点，和谐社会构建将对散杂居地区的民族关系将产生积极而深刻地影响。许宪隆与沈再新的《共生互补：走向多元一体的必由之路——重读"中华民族多元一体格局"理论的几点认识》⑦、袁年兴与许宪隆的《民族共生理论：散杂居民族关系及目标范示研究》⑧，以及许宪隆与张成的《文化生态学语境下的共生互补观——关于散杂居民族关系研究的新视野》⑨ 等论著，结合文化生态学和生物学的相关理论与方法，重点考察了我国散杂居民族的共生关系，并对散杂居民族关系作出逻辑上的推演，为"共生互补"理念构建了基本视野、方法论和话语体系，并提供了民族共生目标范式以及实现途径。

---

① 答振益：《鄂豫皖杂散居地区民族关系概述》，《中南民族学院学报》（哲学社会科学版）1994（5）。
② 柏喜贵：《鄂豫皖城市民族关系初探》，《中南民族学院学报》（哲学社会科学版）1994（5）。
③ 许宪隆：《鄂豫皖城市民族关系对策研究》，《中南民族学院学报》（哲学社会科学版）1994（6）。
④ 李吉和、周彩云：《我国中、东部地区城市民族关系特点刍议》，《中南民族大学学报》（人文社会科学版）2007（4）。
⑤ 沈再新：《论和谐社会构建对散杂居民族关系的影响》，《中南民族大学学报》（人文社会科学版）2007（4）。
⑥ 张丽剑：《新时期散杂居民族关系的焦点》，《中南民族大学学报》（人文社会科学版）2007（4）。
⑦ 许宪隆、沈再新：《共生互补：走向多元一体的必由之路重读"中华民族多元一体格局"理论的几点认识》，《民族工作研究》2011（3）。
⑧ 袁年兴、许宪隆：《民族共生理论：散杂居民族关系及目标范示研究》，《青海民族研究》2009（1）。
⑨ 许宪隆、张成：《文化生态学语境下的共生互补观——关于散杂居民族关系研究的新视野》，《中南民族大学学报》（人文社会科学版）2011（5）。

总体而言，本书在分析中国多民族散杂居格局动态成因的基础上，对当前散杂居民族的社会结构、宗教信仰、散杂居民族问题的主要表现形式做了学理上的进一步研究，力求从主体统一性及其象征秩序的研究视角，揭示中国散杂居民族的发展态势以及散杂居民族问题的社会根源，进而辨释多元与一体、国家与民族、传统与现代、经济与文化的内在关联，分析散杂居民族现代社会生活中的种种困境及其表现形式，以期给中国散杂居民族政策的完善提供一种可能的合理解释。我们的研究视野并没有脱离广大的民族聚居地区以及中华民族多元一体的总体格局，在历史总结和现实分析的基础上，透过宏观俯视微观，经过微观反观宏观，突出理论重构的一般性法则，解释散杂居民族之间错综复杂的经贸、政治与文化的关系，分析散杂居民族共生互补的基本法则，最终通过散杂居民族研究深刻反映中华民族多元一体格局的本质特征。我们的研究将在如下几个方面展开：

1. 中国散杂居民族格局的发展历程

宏观来看，中华民族经过几千年的交融与整合，形成了多边的交流机制和"你中有我，我中有你"的共生局面。除少数没有聚居区以外，绝大多数少数民族都以自己或大或小的聚居区与汉族交错居住在一地，形成了"大散居、小聚居、交错居住"的局面。这是中国各民族在长期历史发展过程中，由于生产、生活上的需要，战争、自然灾害的影响，互相友好往来、流动迁徙等多种原因形成的，也深刻反映了中华民族多元一体格局的本质特征。因此，中国散杂居民族格局的发展历程研究是一项基础性工作。

2. 散杂居民族社会研究

这是一项宏观探索与微观分析相结合的研究。在微观层面，散杂居民族社会的复杂性在于不同民族文化在某一特定空间中的直接相遇会产生一系列的文化心理反应，这既有矛盾冲突的可能性，也有彼此调适的可能性，更重要的是会影响民族文化的发展趋向。研究内容主要是从文化人类学的角度，研究城市散杂居民族和民族乡散杂居民族在政治、经济、文化、教育、宗教信仰以及风俗习惯等方面的现状特点以及发展趋势，少数民族流动人口也是我们重点关注的对象。

3. 散杂居民族关系研究

散杂居民族关系是指在散杂居社会，特别是相对较小社区中民族与民族之间的关系。研究的主要目标是探讨散杂居社会不同民族的认知、情感及伦理道德层面与社会政治、经济、文化的互动逻辑、规律以及调适机制，探索一体化条件下对称性互惠共生的可能性以及产生的社会条件，为构建和谐的散杂居民族社会提供微观探析以及经验总结。

4. 散杂居民族问题研究

中国外部面临全球化的国际环境，内部处于社会发展转型的关键时期，随着世界一体化进程的加快和我国市场经济的不断深入发展，民族散居化进程加速，散杂居民族问题日益复杂，如经济利益层面的矛盾，风俗习惯、宗教信仰的冲突，少数民族成员对文化心理不适应以及散杂居主体的民族意识问题，具体表现为散杂居民族更加注重本民族与聚居民族的对比，更加关注民族间经济文化发展的差距，更加迫切地要求加快本民族的整体发展，更加关心民族形象的维护，更加注重对各项合法权益的保障，更加关注政治上的参与等主体体验。研究的目的是概括这些问题的主要表现形式、特点、本质特征以及产生的主要因素、社会条件和外部环境。

5. 散杂居民族政策与民族工作

针对散杂居民族社会特点以及民族问题的主要表现形式，分析散杂居民族政策的合理性及民族工作存在的主要问题，在政策层面确立以务实的态度认识和处理散杂居民族关系，引导散杂居各民族优势互补、互相借鉴，在竞争中产生新的、创造性的互补性合作关系，最终实现在经济系统、文化系统、政治系统和社会系统的全面互补关系，使各民族和谐共处、共同发展。

因篇幅所限，我们对中国散杂居民族的研究内容还不是十分具体，也未能完全展开中国散杂居民族多层次、多领域的现状与问题，相关理论概括也需要学界共同深入探讨。我们研究的自信在于较好地处理了宏观与微观、历史与现实以及特殊性与普遍性的关系问题，为今后学界对中国散杂居民族的进一步研究提供了一个可行的研究框架和合理的学术取向。全球化的机遇和风险为中华民族的伟大复兴带来了更为复杂的挑战，这需要我们立足于一个基于中国自己的文化身份与政治认同、具有后发经验并处于世界结构中的当下中国，探究中国 56 个兄弟民族作为一种总体性的存在在世界秩序调整和重构大局中的可能作为。本书只是我们在这条道路上的一个努力和尝试，故名"概论"。

第一章 散杂居民族问题概览

第一节 民族散居格局

一、民族散居格局的形成

我国是一个多民族国家，绝大多数少数民族都以自己或大或小的聚居区与汉族交错居住，形成了"大杂居、小聚居、交错居住"的局面。全国各省、市、自治区都有 30 个以上的民族成分居住，一些中心城市如北京、武汉等地，是我国民族成分最集中的地方，共有 56 个民族成分。

如此众多的少数民族人口处于杂散居状态，是各民族在长期历史发展过程中，由于生产、生活上的需要，战争、自然灾害的影响，互相友好往来、流动迁徙等多种原因形成的。

从原始社会各地部落集团遗留下来的文物看，不同区域的人们在文化上已表现出不同的特点。如黄河中下游的仰韶文化和龙山文化，长江中下游和沿海地区的"百越文化"，沿东北、西北沙漠草原地带的旧石器文化，以及东北、西北、西南地区的其他系统的新石器文化，已表现出了他们当时就有相互交往和渗透的迹象，在其后的漫长历史岁月中，中原地区的文化给了周边少数民族地区以深远地影响。

中原地区的人民迁居到边疆少数民族地区时，带去了比较先进的生产技术和生产经验，和当地居民共同生活，共同生产，开发边疆。西北广阔边疆地区大规模推行屯田制度，迁移到此地的汉族人民及士兵共同垦荒种田，使中原的牛耕方法传到了西北广大边疆，促进了当地少数民族农业生

1

产的发展。秦汉以后，塞北和西北的少数民族将大批驴子输入中原，这对于中原的农业发展也起到了很大作用。中原地区某些农作物以及一些瓜果、蔬菜和水稻的栽培方法和耕作技术也陆续输入西北少数民族地区。张骞出使西域时带回了大量少数民族地区的作物种子，如苜蓿、葡萄、蚕豆、大蒜、黄瓜、胡萝卜、安石榴、兰花菜，等等。在手工艺技术的传授上，不少汉族人季节性地到少数民族地区从事手工艺品生产，参加当地的农副业劳动，在少数民族地区安家落户。如过去贵州、云南、广西、四川南部的少数民族地区的铁匠、木匠、石匠、裁衣匠、砖瓦匠、裁缝匠等，大都是来自川中和湘、浙地区的汉族人。在经济生活上，由于各民族之间的杂居相处，很早就发生互通有无的交换关系。从西汉时起，中原商人就经常出入西域，交流当地的土特产和内地的商品丝绸等，形成了举世闻名的"丝绸之路"。由此可见，各民族"大杂居、小聚居、交错居住"的特点，是我国长期历史发展过程中各族之间相互交往而形成的自然现象，也是经过数千年间民族人口的迁移、流动而逐渐形成的。

首先，历史上由于朝代的更替而引起人口的交叉式迁移。如秦汉至南北朝时期，许多散处在边疆的民族相继迁入边关以内。在五代至元朝时期，大量突厥、契丹、党项、女真、蒙古等各族人民迁到内地，伴随蒙古人南下而来的又有汉人的北上，伴随满族人入关而来的又有汉族人的出关。又如以契丹贵族为主体的辽朝统治，女真贵族为主体的金朝统治，蒙古贵族为主体的元朝统治和以满族贵族为主体的清朝统治被推翻后，这些曾经的统治民族大部分与汉族人民交错杂居在一起，在长期的历史发展中逐渐融合。

其次，历代王朝都征调过大量内地人民到少数民族地区服役、屯田、驻防、戍边和作战。同时汉族统治者又常采用利诱其他民族入居塞内的措施，导致各民族人口迁徙，形成大杂居的状态。蒙古地区早在成吉思汗时代就开始屯田。维吾尔族地区到忽必烈时代也大力屯田，1279 年刘恩率蒙古军征"斡端"（今于阗），曾先后到于阗、天山以北伊犁河流域屯田。西北少数民族劳动人民因应召劳役，来到中原地区屯田的为数也不少。1288 年，斡端、喀什噶尔工匠 1050 户在陕、甘一带屯田。清初统治者对锡伯族人民实行"分而治之"的政策，对锡伯族人民进行了 3 次民族迁徙，其中 1764 年清政府从盛京所辖的沈阳、辽阳等 17 个城市抽调锡伯族官兵 1016 名，连同家属共 3164 人迁移到新疆伊犁一带驻防，造成了锡伯族人民分居东北和西北的状况。明政府在川甘一带和西北地区设立"茶市"和"马市"，以便汉族的茶、盐、布匹、手工业品和少数民族地区的牲畜、皮毛、毯子等土特产进行交换。同样，少数民族劳动人民也到内地出售药材、皮货等土特产，换取粮食、布匹、食盐或传授特种技艺等。近代以降，各种交换关系得到更进一步地扩大和加强，逐渐发展为汉族和其他少数民族在经济上的不可分割性和相互依赖性。

最后，各族劳动人民为了谋生、追求耕地、经商或由于反抗阶级压迫和民族压迫，常常成群结队地逃避天灾人祸向其他民族地区迁徙。例如公元 110 年，汉武帝打败闽越后，"使其人于江淮间，尽虚其地"。在台湾岛内，许多汉族人深入山区与高山族人民贸易，"娶番妇，从番俗"，有的逐渐融合于高山族之中。随着西方列强的入侵，边疆的少数民族因不堪忍受帝国主义的侵扰，被迫举族内迁，也是造成民族人口迁徙而形成大杂居、小聚居、交错居住的原因之一。

各民族的杂居相处，使得民族间发展了经济上的联系和文化上的交流，并且在此基础上建立和发展了政治上的联系，形成了统一的中央集权制国家。尽管在封建中央集权内存在着民族压迫制度，甚至发生冲突、战争、分裂割据，但各民族人民之间在经济上、文化上的互相依赖、共同发展的根本利益以及各族人民要求政治上统一的强烈愿望，始终是一种不可阻挡的力量。正是这种力量使我国各民族的友好合作和团结统一关系不断发展，成为我国民族关系发展的基本趋势。

各民族形成杂居散居的原因，概括起来有以下几个方面：第一，政治上的统一，各民族人口交错迁徙；第二，各民族统治阶级为强化其统治而向各地移民，实行戍边屯垦；第三，一些少数民族不堪忍受民族压迫而亡命他乡；第四，近百年来帝国主义的侵略，边疆少数民族不堪蹂躏被迫内迁；第五，因为自然灾害，一些少数民族被迫离开他们的世居地。少数民族迁移到新的环境后，为了生存和发展，居住地往往自成村落，或自成街道，形成了相当于乡、镇一级较小的聚居区，与其他民族杂居在一起。第六，大量统治民族迁移到少数民族的世居地后，占据了政治、经济中心区和军事要地，把这些地区的少数民族分割成若干大小不等的聚落，反客为主的历史使这些地区的少数民族成为杂居或散居民族。

二、民族散居格局的现状与特点

我国散杂居的少数民族主要有回、满、畲、朝鲜、土家、瑶、苗、蒙古等民族。据全国第六次人口普查数据统计，回族除约有300多万人聚居在宁夏回族自治区和甘肃省临夏回族自治州等12个回族的自治地方外，其余700万人则分散在全国两千多个旗县内，成为我国分布最广的一个少数民族。畲族，散居在全国28个省、市、自治区的近100个市和300多个县里。朝鲜族虽有延边朝鲜族自治州及长白朝鲜族自治县，但散杂居人口仍占其总人口的56%以上。随着国家政治生活民主化、经济文化生活的现代化程度不断提高，各民族成员的流动性会不断增加，各民族散杂居于一地的状况会更普遍。

我国散杂居民族格局呈现如下特点：

1. 总体特点——广、多、杂、散

"广"就是指散杂居少数民族在居住地域上分布很广。散杂居少数民族人口分布在全国31个省、直辖市、自治区（不包括台湾省）的每一个角落，全国2000多个县（市）几乎都有少数民族居住。仅回族就在全国的97%以上的县（市）都有分布。

"多"一是指散杂居少数民族人口众多。拥有3000多万人口的散杂居少数民族，占我国少数民族人口的1/3左右，有十几个省、直辖市的少数民族人口中散杂居少数民族人口超过50%，有十余个省、直辖市的少数民族人口100%都是散杂居少数民族人口。二是指散杂居少数民族的民族成分多，55个少数民族都有散杂居人口。从整体或从民族上看，在现代社会中几乎找不到一个民族没有散杂居人口的，似乎民族成分多的特点没有本质性的含义，但从局部或某一区域来看，民族成分的多少反映着这个地区民族的构成和民族间、地区间的经济文化往来。

"杂"就是指散杂居少数民族在一定地域范围内有几个或几十个民族居住的状态。就省、直辖市的方面来看，有一大半以上的省份其民族成分在 40—50 个，中等以上的城市或地区也大部分都有十几个到几十个民族成分，如青岛有 40 个以上民族成分。就是从县（市）、市辖区的小范围来看，也是许多民族交错居住的，如开封市顺河回族区内就有 18 个民族成分，而在四川省峨边彝族自治县内也有十余个民族成分。

"散"就是指散杂居少数民族居住很分散。总体来看，散杂居少数民族大多呈零星状散处于汉族或其他少数民族居住的地区，包括城市的街区，农村的村、屯等，许多地区散居到只有几户、几人，甚至独户、独人的程度，如在北京市的 55 个少数民族成分中，有近十个民族人口只有几个人。散杂居少数民族在地域分布上的广而散和在民族人口分布上的多而杂是相互联系的，而且每一个特点都具有一定的本质含义。

"广"的特点反映了民族散居化规律的作用，同时说明了民族问题的普遍性和民族事务管理的扩展性。"多"的特点反映了散杂居少数民族人口在全国少数民族人口中的比重或位置，说明了散杂居少数民族工作的重要性。"杂"的特点反映了各民族交错居住状态，反映了社会关系、民族关系的复杂性。"散"的特点反映了散杂居少数民族处于"汪洋大海之中"的弱势状态，反映了散杂居民族工作的必要性和艰巨性。

2.分布特点——多样化的民族分布类型

散杂居少数民族的类型可划分为三种：

一是城市散杂居少数民族。一般来说，城市里的少数民族基本上都是散杂居少数民族，但其中应该排除民族自治地方城市中实行自治的民族。全国 3.5 亿城市人口中，城市少数民族人口约 1000 万。我们习惯上将城市少数民族分为城市世居少数民族和后迁入少数民族。城市世居少数民族主要是指在新中国建立之前因历史上各种经济、政治、文化的原因而形成的，并在一定数量、一定规模基础上以集团或群体形式居住在城市的少数民族。例如，北京的世居少数民族一般是指回族、蒙古族、满族等。另外，改革开放三十多年来，由于城市化速度的加快和城市少数民族人口的迅速增长，管理上又将城市少数民族划分为城市常住少数民族人口和城市少数民族流动人口。一般来说，这一划分的标准就是"是否有本城市户口"。如武汉市常住少数民族人口只有 4 万多，而该市少数民族流动人口高峰时可达 10 万。"城市少数民族流动人口"的提出也是具有重要意义的，它反映了现实特点和时代要求，为城市民族工作提出了新的任务和工作职责。

二是民族乡的散杂居少数民族。民族乡是我国基层政权的一种形式，也是我国民族区域自治制度的一种补充形式。居住在民族乡的少数民族绝大部分是散杂居少数民族，但也有例外——在自治地方的民族乡中居住着为数不少的该自治地方实行自治的民族的人口，例如居住在新疆维吾尔自治区内其他民族乡的维吾尔族就不是散杂居少数民族。一般来说，建立民族乡的首要条件是建乡民族的人口必须占30%以上。我国现有民族乡1200多个，民族乡中的散杂居少数民族约有800万人，基本上占到散杂居少数民族总人口数的1/3。民族乡的重要性不仅体现在散杂居少数民族在人口中占有的比重，而且更为显著的是体现在民族乡是一种解决散杂居民族问题的政治形式。民族乡散杂居少数民族具有鲜明的不同于其他散杂居少数民族的特点：居住的相对聚居性，政治的相对自治性，人口变化上的相对稳定性。

三是星散的散杂居少数民族村寨。在农村广阔的天地之中，除了散杂居少数民族相对集中的民族乡外，还有相当数量的零星分散在农村各地的散杂居少数民族。这种类型的散杂居少数民族主要是分散在汉族或其他民族聚居的地区，在人数上占绝对的少数。他们虽然也有相对聚居的情况，但一般聚居的地区也只有相当于村或村民组这样的范围。他们是我国散杂居少数民族中最为弱势的群体，总体数量大约有1000万人。它又是一个覆盖面很大的群体，所以也是一个易发生冲突的群体。在社会生活中他们缺乏"人多势众"的优势，在社会心理上他们有较强的民族意识和敏感性。

3. 区域特点——地区分布不平衡

散杂居少数民族在地区分布上主要表现为不同地域间的居处交错，有着不同的区域特点：

一是散杂居地区的散杂居少数民族。散杂居地区是指民族自治地方以外的所有地区，传统的说法指内地和沿海。散杂居地区与自治地方的划分是民族研究和民族工作分类指导、分类分析研究的需要。可以肯定地说，散杂居地区的少数民族都是散杂居少数民族，总数大约有1500万人，占我国散杂居少数民族人口的一半以上。但在现实生活中，人们往往会习惯性地认为散杂居地区的少数民族就是我国的散杂居少数民族，把散杂居地区的民族工作误认为是整个散杂居民族工作。

二是民族自治地方内的散杂居少数民族。这是指居住在民族自治地方内但不实行自治的少数民族。在我国的散杂居少数民族人口中，民族自治地方内的散杂居少数民族的人口数几乎占了一半。民族自治地方的散杂居少数民族是由于我国历史上民族迁徙、人口流动而形成的。

三是不同地域中的散杂居少数民族。散杂居少数民族的地域分布是不平衡的，这与民族分布的地缘因素相关。我国散杂居少数民族人口主要集中在西南和东北，仅这两个地方就约占整个散杂居少数民族的一半以上。

4. 人口特点——各民族人口分布不平衡

散杂居人口的民族分布按一定比重可分为以下几种：第一，全民族人口 100% 都是散杂居的民族，如门巴、珞巴等 11 个未建立自治地方的民族。第二，散杂居人口占本民族人口 50% 以上的民族，有畲族、锡伯族、布朗族、达斡尔族、怒族、鄂伦春族、鄂温克族、满族、回族、瑶族、普米族、朝鲜族、水族共 13 个民族。第三，散杂居人口占本民族人口的 50% 以下到全国平均水平（31.53%）之间的民族，有 12 个：东乡族、傈僳族、仡佬族、黎族、塔吉克族、彝族、拉祜族、羌族、仫佬族、纳西族、土族、白族。第四，散杂居人口占本民族人口的比例低于全国平均水平的 20 个民族，其中维吾尔族的散杂居人口比例最低，仅占 0.21%。

5. 居住特点——多样化的居住类型

从居住的自然环境和社会环境出发，可以把杂居民族划分为以下几种类型：

一是两个民族杂居型。这种类型又可细分为三种杂居情况：

（1）少数民族与汉族共处一地的杂居区。从全国范围来看，汉族遍布全国各地，历史上汉族迁往少数民族地区，一种情况是封建王朝实行军屯，镇守边关；另一种情况是迁徙汉民戍边，他们来到少数民族地区后，为了政治、经济、军事的需要，或居住在城镇，或居住在自然环境较好的乡村和军事要地；还有一种情况是在商贸活动中，进入少数民族地区，他们大多数居住在城镇，只有一部分人因商贸失利而流落到乡村。在这类杂居区内，少数民族汉化程度较之其他地区的少数民族要深得多。同时，这一地区的汉族也接受着与之杂居的少数民族的政治、经济、文化的影响，尤其是与少数民族成员结成婚姻圈的汉族成员。

（2）实行自治的少数民族与非自治的少数民族共处一地的杂居区。同一区域，是自治民族的聚居区，对于非自治的少数民族来说，应当是杂居区。他们在与自治民族杂居的过程中，经济上与自治民族结成共同的市场，文化上相互吸收，共同发展。如珞巴族与藏族在西藏自治区，藏族占人口的95%，珞巴族与藏族杂居，与藏族共同结成了密切的关系。此外，在黔东南苗族侗族自治州的丹寨县与黔南布依族苗族自治州三都水族自治县的结合部，水族与苗族杂居，水族成员会说苗族语言，苗族成员会说水族语言，他们彼此之间相互尊重，重大民族节日，相互祝贺。由于在相同的自然环境下，他们之间在生产方式、生活方式、文化行为模式等方面极为相似。虽然各自分属于不同的民族，心目中也有彼与此的概念，但在日常的交往中能够跨越民族界限，尤其是在婚姻圈内开始淡漠民族界限，子女在选择民族成分时，可随父也可随母。

（3）两个非自治少数民族共处一地的杂居区。例如，当前贵阳市花溪区的布依族、苗族的杂居区就是这种类型。

二是多民族杂居型。这种类型通常存在于多民族的结合部。可以区分为几种情况：

（1）汉族和其他少数民族杂居区。在这一区域内，多个少数民族与汉族杂处。如贵州省清镇市就是布依族、苗族、彝族、仡佬族、回族、汉族杂居之地，他们在婚姻上已经打破民族界限，结成了婚姻圈。在文化模式上，彼此间能够理解和支持，现在这里的各民族节日，已经成为大家的共同节日，届时各民族欢聚一堂，共庆佳节。

（2）汉族和实行自治少数民族及非自治少数民族杂居区。这种情况存在于实行民族自治的地区，如黔南布依族苗族自治州的毛南族与汉族、布依族的杂居就属于这种类型。毛南族和布依族都是壮侗语族成员，因此，他们在语言上及各种文化特征上十分相似，在与汉族的接触中，他们都能够虚心学习汉族的先进生产方式和生活方式。

（3）两个以上的少数民族共同自治的杂居区。如黔南和黔西南两个自治州的布依族与苗族，黔东南自治州的苗族与侗族，威宁自治县的彝族、回族与苗族等都是自治民族，他们之间存在着政治、经济上的竞争和文化上的相互渗透。这种杂居情况通常被当作聚居区问题看待。但从居住的社会环境来看，他们之间存在杂居的现实。

（4）多个非自治少数民族的杂居区。这种情况较少，但在许多地方，特别是汉族地区是存在的。

从历史上民族关系的角度去区分杂居民族地区的类型，可以分为两个大类：一类是民族关系较为融洽型。这种类型中的杂居民族或有着相同的经历，或同为某一语族集团，各民族之间的发展速度大致相当，而且发展速度也较快。另一类是民族关系矛盾型。这种类型中的各个民族的经历不同，所处的地位不一样，或某一民族曾经是统治民族，或某一民族曾经深受民族压迫而对其他民族都采取敌对的态度，或在历史上曾经因为民族差异和阶级压迫而产生较为深重的民族矛盾，等等。在这种杂居区内，民族之间存在不平等现象，歧视弱小民族的现象时有发生，被歧视的民族具有强烈的排他性，各民族的发展速度较慢且参差不齐。

三、民族人口散居化及其影响

中华人民共和国刚刚成立后，就开始了新形势下的民族"散居化"的进程。20 世纪 60 年代中期开始的"三线"建设，迎来了又一轮"散居化"高潮。这些迁入人口大部分是内地的汉族，只有很少一部分是少数民族。

改革开放以来，内地人口的"散居化"趋势中出现了新的特点：随着内地农村生产承包责任制的实行和农村经济的发展，稳住了现有的农村人口，吸引了过去外迁的人口，出现了人口回流；随着沿海地区经济的高速发展和劳动力的巨大需求，也由于迁移人口自主性的增强，一方面吸引和吸纳了各地尤其是边缘落后地区的知识分子，另一方面，在经济利益的驱动下，新时期迁移人口的去向侧重于沿海地区，相对减少了向边缘民族地区迁移的人口数量。所以，我国民族人口的"散居"，主要是以各少数民族的"散居化"为主，尤其是那些相对聚居的民族向内地，特别是向大城市、向沿海地区的"散居"。

从各少数民族聚居地方的情况来看，大部分地区的少数民族人口在少数民族总人口中的比重呈逐年下降的态势。其中，新疆维吾尔自治区少数民族人口在全国少数民族总人口中所占比重下降表现得尤为突出。不仅那些原来聚居程度较高的民族呈现不断散居的态势，即使那些原来比较散居，甚至包括那些原来散居化程度较高的民族，也呈现出继续散居化的态势。一些人口较少的少数民族的散居化速度更快。

人口散居化给社会稳定带来一些新问题：如在宣传报道和文艺作品中出现侮辱、伤害少数民族感情的问题，这是我们屡次遇到、每每处理，然而却仍然不断出现的"老问题"。这类问题，常常演变为涉及民族问题的群体性事件，尤其是当矛盾激化时，不仅使少数民族与当地政府、当地汉族的关系受到影响，而且可能波及其他地区，甚至在全国范围内引起波动。对少数民族而言，"一而再，再而三"地发生此类问题，可能会使他们对政府彻底解决这类问题的能力和决心产生怀疑，从而会在心里与政府产生隔阂，有时还可能"翻旧账"。

第二节　散杂居民族问题的焦点

散居民族问题，主要表现为城市和农村散居的少数民族发展问题。由于它们各自所处的社会环境不同，社会经济、文化发展的程度不同，因此，城市民族问题和农村散居民族问题具有各自不同的特点。

一、城市民族问题

城市民族问题，是指城市中民族之间基于民族差别而产生的矛盾关系。城市民族问题是散杂居民族问题的主要内容之一，是我国民族问题的一个重要方面。改革开放政策在促进民族地区社会经济文化发展的同时，也打破了各民族的封闭状态，使各民族的交往和接触日益频繁，越来越多的少数民族人口从民族地区走出来，涌入大中城市，城市多民族化现象日益明显，少数民族人口日益增多。例如，北京市1949年少数民族成分有38个，1982年达54个，到1990年第四次全国人口普查时成为少数民族成分最齐全的城市；1951 年上海只有 11 个少数民族成分，到 1990 年少数民族成分达 44 个，至 20 世纪 90 年代末增至 49 个；武汉市 1982 年少数民族成分 33 个，1990 年增加到 43 个，到 2000 年达 49 个，2010 年达到 55 个。

城市民族成分的增多和少数民族人口数量的增加，使得城市民族问题更加复杂多样和愈益重要。城市少数民族具有知识分子数量多、各民族的代表人物和知名人士相对集中、分布的行业多、社会联系广、与本民族地区有密切联系等特点。所以城市少数民族人口占本民族和所居城市人口的比重虽然不大，但其作用绝不可忽视。城市少数民族人口的迅速增加，为城市发展注入了新鲜血液，促进了城市经济社会的发展，也使城市文化更加多元化。

1. 城市民族的发展问题严峻

城市民族发展遇到的问题主要有两个：一是城市区域内小聚居少数民族的经济上不去。他们创办的经济实体大多处于起步阶段，缺乏资金、技术、人才，还离不开政策的扶持。二是清真饮食行业出现了收缩的趋势。有的突破了清真范围，有的改行转向，有的被挤出了闹市区。这种情况的出现不仅影响城市少数民族经济的发展，而且引起了穆斯林民族的不满。城市世居少数民族的文化水平低于汉族，他们尽管同汉族差不多都有了固定的职业，但大多属于体力劳动者，收入较少。因此，加快城市少数民族的经济发展，实现民族间事实上的平等，是城市少数民族群众的内在要求。

2. 不协调因素增加

首先，大民族主义和地方民族主义是影响城市民族关系的一个重要因素。表现在实际生活方面，就是忽视和轻视较小民族或其他民族的民族感情及其要求，忽视和轻视别的民族的民族特点，甚至轻视和歧视别的民族。

其次，构成经济关系的经济因素，是城市民族关系的最主要、最基本的内容。当前城市少数民族的经济水平与汉族整体相比还有一定差距，这就不可避免地出现汉族轻视或不平等对待少数民族等有损城市民族关系的现象。

再次，构成文化关系的文化因素，是影响和作用于民族关系的深层因素。那些相对稳定的、具有民族特点的文化，都会体现在本民族成员的实际生活中，体现在他们的思维方式和行为方式上。这些民族与别的民族的文化的相融相斥也就成了影响民族关系好坏的一个重要因素。

最后，城市少数民族聚居点居民的心理，也是影响城市民族关系的一个重要因素。这种特殊心理表现在这样几个方面：（1）群体心理。少数民族以地缘、文化传统、风俗习惯、宗教信仰、共同利益为基础，形成一个个自然群体。特别是在汉族占绝大多数的城区里，少数民族群众彼此产生依托感，内聚力增强，逐渐形成群体心理。（2）抗衡心理。散居的少数民族，脱离了本民族聚居环境，时间长了，民族内部易产生从众心理，如果触犯了他们的共同利益，这种抗衡心理就直接表现为一种感情的过激冲动。（3）期望心理。同一或相邻城市的少数民族居民在共同需求方面显得迫切，对社会的期望心理较强。如民族幼儿教育、清真饮食需要以及对各自喜爱的文化生活的追求，等等。

风俗习惯和宗教信仰是少数民族传统文化的重要组成部分或表现形式。目前在城市中不尊重少数民族风俗习惯和宗教信仰的现象还大量存在着，如一些商场、超市对民族知识缺乏了解，按习惯做法归类和陈列商品，造成清真食品和非清真食品混放等，这些现象都不同程度地伤害了少数民族的民族和宗教感情，都会引起少数民族强烈不满，给正常、和谐的民族关系投下阴影。

3. 与城市文化的相融相斥

城市的工业化、社会化，打破了各个少数民族原有经济生活的狭小圈子，代之而起的是由各民族的经济生活构成的统一的整体。共同的经济生活，必然使各民族之间交往日益增多，相互学习的机会也与日俱增。随着城市化进程的加快，城市本身在文化整合上的功能将进一步增强，突出表现在城市少数民族与汉族间相互融合的趋势比以前更加明显。

城市中各个民族的民族特点却又是鲜明的。由于新时期民族意识普遍增强，加之散居的城市少数民族与其他各自聚居的民族有着千丝万缕的联系，相互影响的程度也是随着各族人民物质、文化、教育水平的不断提高而日益深入。人们对各自民族的文化特点、历史等有了更深刻和全面的了解，各民族日常接触也越来越多，不可避免地产生文化习俗、审美价值、道德观念等方面相融相斥并存的生活现实。

少数民族在传统聚居地方，一般都有民族体育文化活动场所，有民族语言文字的报纸杂志和广播电视，开展民族文化活动的基础比较雄厚。走进城市以后，少数民族群众的民族文化生活受到种种限制，民族文化特色得不到保存和发展。所以，城市少数民族群众非常希望当地政府为开展民族文化活动提供一定的政策支持，以促进少数民族文化在城市的传承和发展。

4. 管理服务机制亟待加强

少数民族作为城市人口的一部分，须接受城市政府各个部门的管理和服务。他们除享有同等的城市管理原则外，在许多方面还享受政府给予的特殊的或优惠的待遇。如在参与管理国家事务方面，城市充分保证机关工作人员中的少数民族的比例，特别关注少数民族的代表；在满足城市少数民族物质文化需要方面，政府创办供应少数民族特需用品的企业和其他民族企业，并给予税收等方面的减免照顾，保持民族丧葬习俗的延续。此外，少数民族在升学、招工、住房分配、民族餐饮等方面都得到较多地照顾。特别是对于进城经商的少数民族，采取鼓励和提供条件的政策，在安排地点、摊位、居住等方面给予照顾。如北京海淀区政府还前所未有地批准成立了由非北京正式居民构成的"新疆村"。

宏观来看，城市民族工作无法可依、无章可循现象仍比较突出。一些地方虽然出台了《少数民族权益保障条例》、《清真食品管理条例》，由于属地方性法规，缺乏上位法的支撑，很难实现应有的法律效用。《城市民族工作条例》是 1993 年出台的计划经济体制的产物，很多内容已不符合社会主义市场经济体制的要求，不适应城市民族发展的需要。某些部门及相关管理人员，执法简单粗暴，伤害了少数民族的感情，引发聚众上访或围攻政府有关部门的事件。民族、公安、城管、工商、税务、卫生、环保等有关部门缺乏合作，没有形成有效的齐抓共管机制。

就本质而论，城市民族问题是我国民族问题的一部分。那么，城市民族问题的特点又是什么呢？

（1）城市民族问题的敏感性强。

城市具有的中心功能，使它成为国内外观察我国民族问题的窗口。城市少数民族知识分子多，参政议政能力较强，有一定话语权，他们对自己在社会生活的各个领域的处境和待遇十分关心、十分敏感，对少数民族被歧视、侮辱、轻视现象，哪怕是轻微的，也会引起很大的反响，而且一般还会从城市蔓延开去，形成具有相当规模的社会波动。近几年，有些少数民族对某些刊物刊登错误文章所采取的行动和姿态就是一个明证。

（2）城市民族问题具有辐射性。

城市具有辐射功能，它的发展能带动周围乡镇的发展，它的停滞不前也会影响周围乡镇的发展。城市民族问题具有辐射性，散居在城市四面八方的少数民族，无时无刻不与周围其他民族发生着经济、政治、文化和宗教等方面的联系，城市中发生的民族问题更能引起人们的注意，并向周围迅速地传播开来，影响城市周围的民族关系。

（3）城市民族问题具有连锁反应性。

城市的辐射功能，决定了城市民族问题反应快、连锁性大，特别是在当前信息和传播媒介现代化的情况下更是如此。比如1988年《宗教的历程》出版后，上海穆斯林很快在各清真寺自发集会草拟了《告全国各地穆斯林教胞书》邮寄山东、河南、北京等10个省市。又如1989年3月《性风俗》一书出版后，很快上海千余名穆斯林上街游行，北京等省市也很快出现信仰伊斯兰教民族人员上街游行，短时间内影响迅速波及各地。

当今世界已进入网络信息时代，外来文化时时冲击着民族文化的日常生活层面，加上社会主义初级阶段民族意识的加强，有时某地发生的民族问题的消息迅速传播，影响面波及极大，引起一连串的反响。如山东阳信回民事件，原本是几个人之间的事，但消息一经在互联网上传播，立即引起全国各地的回民响应，引起了一连串不幸的群体性事件。

城市少数民族结构特点，决定了城市民族问题主要不以本地民族关系问题为主，而是以整个本民族的问题为主。同一城市中的民族关系，一般来说比较融洽、和谐，他们关心更多的是异地、乃至全国范围内本民族的发展问题，并为此奔走呼号。比如前两年北京的维吾尔、哈萨克、藏等民族的大学生的请愿、游行等，并不是因为北京的维汉关系、藏汉关系问题，而是由于有关新疆问题或有关某文学作品歧视少数民族等类问题。

城市的中心作用，决定了城市民族关系是我国民族关系的晴雨表、测量表。

二、民族乡民族问题

民族乡制度是解决我国散杂居少数民族问题一种有效的政治形式。我国的民族乡制度经过半个世纪的发展，无论是民族乡经济社会发展，还是民主法制建设都取得了巨大的成就，民族乡工作在长期的实践中不断探索和充实，创造出许多宝贵的经验。在新的发展机遇中，民族乡同样将面临更大的挑战。

1. 发展速度缓慢

民族乡发展缓慢，既有历史的原因，也有自然条件的原因；既有认识上的原因，也有政策上的原因。现有的民族乡绝大多数都有一个共同的特点，即分布在边、山、偏、远、穷的地方，因此经济社会发展比较落后、缓慢。总体来看，民族乡的贫困问题仍然十分突出，多数民族乡还处在贫困线下，特别是在西北、西南地区的民族乡，由于这些地方绝大多数自然条件恶劣，经济发展本来就落后，长期处在贫困的状态，而民族乡则往往是贫困中的贫困。

民族乡的生产生活基础设施建设，由于过去起点低，落后面貌仍未从根本上得到改善。现在还有个别民族乡没有通公路，有相当多的一部分民族乡仅仅是乡政府所在地通了公路，有许多民族乡虽然实现了村村通公路的目标，但大多是低标准低质量的，晴通雨不通的现象比较普遍。许多偏远的村寨，人口较少的村子拉不起线，接不起管，即使有了电线，有了水管也用不起，在西北干旱半干旱地区，在西南山区人畜饮水的问题仍然突出。

我国绝大多数民族乡都是"吃饭财政"，财政支出主要是工作人员的工资和日常办公费用，有相当多的民族乡往往不能按时发出工资，办公费也是捉襟见肘，有些民族乡政府虽然也安装了电话，但一般都挂上了一把将军锁，只进不出。

教育、科技、文化、卫生等各项事业，总体上仍然没有摆脱落后的状态。特别是教育，对大部分民族乡来说，不要说九年义务教育无力实施，就连六年小学教育也难以完全保证，有一些民族乡的适龄儿童，能够读完小学的还不到一半。教育设施、教学仪器、教师队伍等都存在量少质差的问题。看病难也是民族乡比较突出的问题，卫生院、医疗站（点）无法满足民族乡人民群众的健康要求，因病致贫的现象习以为常。

2. 发展不平衡

平衡是相对的，不平衡是绝对的。民族乡发展不平衡主要表现在以下三个方面：首先，民族乡的发展与各地区乃至全国的发展不平衡，发展差距还在拉大。其次，中东部地区的民族乡与西部地区的民族乡发展很不平衡，中东部地区一般自然条件、经济基础好，民族乡数量相对较少，各级政府扶持的能力较强，所以总体发展水平远远高于西部地区。最后，在一个民族乡内部，各个村之间的发展由于生产生活条件的差异也是不平衡的。特别是在中东部地区的民族乡中，民族聚居村与汉族村的发展不平衡的现象比较突出。

3. 政策关注度不够

尽管民族乡制度在解决我国散杂居少数民族问题中依然发挥着巨大的作用，但无论是理论，还是实际工作部门，对民族乡制度都还没有进行深入的研究，对民族乡的实践，缺乏总结和理论概括，普遍存在着对民族乡性质地位和作用认识不清或认识不够的问题。许多部门对民族乡在保障少数民族平等权利，调整民族关系，促进各民族共同发展繁荣等方面的作用认识模糊，不是知之甚少，就是一知半解，在一些干部眼里，民族乡就是给钱给物给点"恩惠"就行了；民族乡无论是在人数上还是在经济总量上占当地的比例都很低，没有必要放在突出的位置；一些地方的民族乡普遍反映：民族乡除了"一个牌子"（即民族乡牌子）和"一个位子"（即乡长职位）、"一个章子"之外，与其他乡没有什么区别。

许多民族乡的优惠政策贯彻落实难度大，一方面是与对民族乡认识不足相联系的；另一方面与这些优惠政策的可操作性相关联；再一方面是与民族乡的自身条件限制有关。许多给予民族乡的优惠政策都是"上面开口子，下面拿票子"，这是许多民族乡政策难以全面落实的主要原因之一。另外，由于经济体制改革的逐步深入，体制转换和过渡尚未完成，使得原来出台的一些优惠政策部分或基本上失效，而新的替代政策又未能及时出台，出现了政策真空地带，这也是许多政策不能或难以贯彻落实的一个因素。

4. 民族干部队伍配备不足

大力培养少数民族干部是加强民族乡建设的关键，没有一支数量可观质量可靠的少数民族干部队伍，就不可能实现民族乡的真正发展。我国民族乡干部队伍不断发展壮大，已经培养了一大批少数民族干部，但总体来说少数民族干部的状况还不能适应民族乡发展的需要。从数量上说，少数民族干部与汉族干部相比还远远低于人口比例。从干部的素质来说，文化水平、业务水平、理论水平、科技素质因受教育的限制普遍比较低，同时干部培训、选拔、使用渠道还不够通畅，原则性政策多，灵活变通性措施少。

民族乡民族干部结构也不合理。在一些民族乡中建乡民族的干部只有乡长和统战干事，甚至有的民族乡乡长都不是建乡民族的人员。另外，长期以来民族乡的少数民族中，党政干部和教师比较多，管理、科技、医疗等方面的干部缺乏。主要问题是民族乡的教育基础较差，使民族教育这一培养民族干部的主要途径发挥不出应有的作用，民族干部队伍似无源之水，青黄不接。

5. 撤（并）乡建镇带来的制度性威胁

随着我国社会经济的不断发展以及城市化的加速，一些发展较快的民族乡提出了撤乡建镇的要求，这是发展的必然，也是发展的需要，有些地方也顺利进行了建立"民族镇"的工作。但我国《宪法》中没有"民族镇"的建制，因此民族乡建镇的问题遇到了体制阻碍，社会经济发展也受到了一定的影响。特别是中共中央、国务院发出了《关于促进小城镇的健康发展的若干意见》之后，新一轮的撤（并）乡建镇工作发展更快，对西部及民族地区将产生深刻地影响。许多地方出台了撤（并）乡、加快城镇发展的政策法规。但许多民族乡无论是人口还是面积都较小，有的地方民族乡已经被合并或撤消。在这样的情况下，民族乡的路应该怎样走下去？这既是民族问题，又是发展问题，更是一个政治问题。

6. 民族乡法制不健全

按照依法治国的要求和现实社会发展的需要，民族乡法制建设依然存在许多问题：第一，民族乡法律法规体系还不能满足民族乡发展的需要。关于民族乡法律规定还只是散见于《宪法》和地方组织法、选举法等法律之中，在全国人民代表大会及其常委会制定颁布的法律中还没有一部专门的民族乡法律，因此民族乡工作在实践中还缺乏一定的权威性。在一些较为成形的民族乡行政法规中，由于立法权限的限制，对民族乡重要的一些政策还无法做出相应的规定，如民族乡人民代表大会的组成，民族乡乡长的任职，等等。第二，现有的民族乡行政法规中，还缺少一些相应的内容。如民族乡与上级各国家机关的关系，民族乡建立、合并、撤销的程序规定等。第三，现有民族乡行政法规中，侧重和强调上级国家机关的照顾和帮助是必要的，是民族乡发展必不可少的，但关于民族自主权利，民族传统文化，少数民族管理自己事务等方面的内容还不够丰富。民族乡社会事业发展方面的规定也还不能完全适应民族乡的发展。第四，民族乡法律法规中有许多规定已经不适应社会主义市场经济发展的要求，需要进一步修改和完善。

三、少数民族流动人口问题

城市化是世界上多民族国家和各个民族走向现代化的必由之路。据统计，目前我国每年有少数民族流动人口约 1000 万，大部分以进城务工经商为主。城市少数民族流动人口主要指从农村、牧区、城镇流入城市且不改变户籍的、作为民族文化携带者存在的少数民族人口。基于某一具体城市而言通常是指流入人口，不包括流出人口。当然，少数民族流动人口还应该包括流入地不是城市的那部分人口，但以流入城市者为主体。今后还将会有越来越多的少数民族流动人口进入城市。目前，一些沿海经济发达地区是外来流动人口及少数民族群众大量流入的区域，也是相应的服务管理工作负荷重、强度大的区域。

要做好进城务工经商的少数民族群众的服务和管理工作，就要及时了解少数民族流动人口动态和思想动向，反映少数民族群众的愿望和要求，对城市少数民族群众在劳动就业、住房保障、职业培训、子女入学以及基于少数民族特点的特殊需要等方面给予积极的引导和切实的帮助，促进解决群众反映强烈的现实问题和重大困难。

1. 劳动用工歧视

平等就业权是国家对公民生存平等保护在劳动权上的反映，劳动用工中歧视流动人口包括流动少数民族人口的政策，人为地强化了城里人与乡里人的身份等级色彩。在我国城市劳动力市场上，从事商业活动的流动少数民族不会因是少数民族而利益上受损，在职就业的流动少数民族也不会因是少数民族而在收入上比相同岗位的汉族低。但在求职过程中，却存在着对少数民族流动人员的歧视现象。如部分省会城市把商店营业员、宾馆服务业、保管员、电工、计算机操作工等十多个工种列为禁止使用外来劳动力的行列，人为地进行职业分隔，一些流动少数民族人员只能从事脏、苦、累、差的工作，在就业机会上先城市后农村，先本市人口后流动人口。这实际上是一种就业歧视制度，使得无城市户口的少数民族流动人员被剥夺了许多就业机会。除在求职中歧视外来少数民族外，在我国长期维系的城乡分立的二元社会模式下，国家对城市常住人口所实行的教育、就业、医疗、养老等一系列特殊优惠政策，均不对城市暂住人口实行，使大量进城的少数民族的生活和就业遭到了城市社会保障体系的排斥和疏离。

2. 权益屡遭侵犯

在城市化进程加快的过程中，城市居民的多民族化不可避免。大量的少数民族流进城市，一方面加速了民族间的相互了解和互相学习的过程；另一方面，由于各个民族都具有不同的文化和价值观，在接触中出现一些矛盾和问题，少数民族流动人口往往在服饰打扮、语言行为、生活习惯、处世方式等方面，都与汉族群众有较大区别，城市中部分汉族群众对少数民族流动人口抱有偏见，很多人时常对少数民族流动人口采取畏而远之的态度。比如，有些市民不愿意出租房屋给外来少数民族；有些旅店对汉族顾客打折，对外来少数民族不打折，更有甚者还拒绝让其入住，因为担心其不讲卫生、酗酒等影响客源。在一些城市，出租车司机不愿意承载来自新疆的客人。北京公共汽车爆炸案发生后曾出现过旅店不接待、出租汽车不承载"新疆人"的歧视现象。一些在南京打工的外来少数民族群众反映，他们与当地居民的关系比较冷淡，"南京人动不动就说咱们素质差"。再如1996年11月，广州白云机场查出一新疆维吾尔族青年携带毒品，并发现其患有艾滋病，过了几天此人因病情恶化死亡。当地戒毒所为避免传染，根据有关规定并经上级卫生部门的同意，将其尸体就地火化。此举与穆斯林土葬习俗不符，引起死者亲属和当地维吾尔族群众的不满。2012年轰动全国的"天价切糕事件"，也存在民族文化误读的因素。

3. 子女教育资源匮乏

少数民族人口向大中城市流动，其子女接受民族教育的问题变得日益突出，关于在城市设立民族教育机构，进行民族教育的呼声也日益强烈。例如，改革开放以来，朝鲜族人口流动急剧，总人口中三分之一以上已经离开东北聚居地区，其中包含不少学龄儿童。由于山海关以南大中城市里没有公办朝鲜族学校，朝鲜族子女的民族教育问题日益显现出来。在北京和天津，朝鲜族民间曾创办过一些民族学校，但由于没有当地政府及教育行政部门的支持，处于无序、无援状态，最后半途而废。青岛的两所民办民族学校得不到政府相关部门的支持、支援，经营也面临着很大困难。大部分城市少数民族子女离开传统聚居地后，如果想学习本民族的语言文字，只能去民办学校。他们几乎无法享受国家规定的接受义务教育的种种权利。在义务教育阶段，绝大多数城市少数民族孩子失去了学习本民族语言文字的机会，也不利于少数民族文化与语言文字的传承和运用。

我国现行义务教育实行的是"分级办学、分级管理"，即各城市基础教育由各市政府负责，农村的则由县、乡负责，适龄儿童需在户籍所在地接受九年义务教育。这种体制正是户籍制度在教育领域的反映。在这种体制的影响下，流入城市的外来少数民族人口及其子女不能享有由流入地政府财政负担的教育经费，不能在流入地享有当地儿童享有的受教育权利。

4. 社会保障被排斥

城市少数民族流动人口作为城市中一个特殊群体，他们在城市中从事着脏、苦、累、重、险的工作，为城市基本建设、居民生活水平的提高和城市经济的发展贡献了自己的力量。由于没有城市居民身份，越来越多进城的少数民族流动人口（除小商小贩的个体经营者外），不得不答应雇主的一些苛刻条件，这为他们将来的劳动权益被侵犯埋下了隐患。很多雇主利用外来少数民族迫切的就业心理以及他们对相关法律政策缺乏了解，采用牺牲雇工多种保障的手段替自己牟取利益。再加上少数民族流动人口的维权意识淡薄，即使大多数自主就业的小商贩也没有购买各种社会保险，导致了城市少数民族流动人口被排斥在各种社会保障制度之外。比如工伤保险，在工厂等企业单位就业的少数民族流动人口，由于缺乏必要的技术知识及安全常识而成为事故的直接受害者。一旦发生工伤事故后，他们只能得到少许的补偿。有些用人单位还故意把有害作业分给少数民族流动人口，在职业病状出现之前终止劳动合同，以逃避责任。

传统的二元社会经济结构下，城乡之间在养老保险方面存在着明显的差异。在城镇，我国已建立了社会基本养老保险（个人账户）、企业补充养老保险（社会统筹）和个人储蓄性养老保险相结合的城镇职工养老保险体系。在农村则依然实行的是家庭与集体相结合，以家庭养老为主的传统的养老方式。城市少数民族流动人口，绝大部分的人员来自农村，他们的户口在农村，身份是农民，基本上不能享受城镇职工享受的养老保险制度。据有关调查显示，在工作单位有养老保险或养老补贴的农民工所占比例不到10%。

我国的社会保障制度是以户籍管理制度为基础的，只有非农业人口才能享受政府在就业、住房、粮食和副食品供应、社会保险、子女教育等方面实行的优惠政策。虽然从1998年开始政府全面推进社会保障制度的改革，但其仍摆脱不了户籍管理制度的羁绊。我国目前仍处于社会主义初级阶段，国家没有能力解决包括城市少数民族流动人口在内的数以亿计的流动人口的社会保障问题。农村的社会保障还处于初创阶段，由于城市少数民族流动人口的流动性非常大，很难确保流动人口的社会保险关系能在城乡之间、城市之间、地区之间转移、持续，这在一定程度上削弱了单位和个人参保的积极性。一些部门和个人，尤其是政府部门认为，农民承包土地可以作为在城市失去工作后的基本生活保障。大多数流动少数民族认为缴纳保险费减少了现金收入，而且担心缴纳的保险费日后无法收回，对参加社会保险的积极性也不高。

第三节　散杂居民族问题的特点

一、基本特点——散杂居民族问题普遍存在

散杂居民族的构成和分布决定了散杂居民族问题的"全方位"特点。中国散杂居少数民族，分布在全国各地的城镇、农村地区，散杂居民族问题在以下六个方面都有表现，可称为"全方位"：既涉及汉族和少数民族的关系问题，又涉及少数民族和少数民族的关系问题——因为散杂居少数民族更多地散居、杂居于广大汉族地区，也大量地散居、杂居于其他少数民族地区；既涉及城市民族问题，也涉及农村地区民族问题——因为散杂居少数民族人口中的 1/3 居住在几百个大中城市中，约 2/3 居住在广大农村地区；既涉及平原地带的农村地区民族问题，又涉及丘陵、山区的农村地区的民族问题；既涉及未建立民族自治地方的 10 个少数民族的民族问题，又涉及建有民族自治地方的民族——建有自治地方的 45 个少数民族中，有一些民族的人口大半处在散杂居状态，如回族、朝鲜族、满族等；既涉及政治上的平等权利问题，又涉及经济文化发展权利问题，以及语言文字、风俗习惯、宗教信仰方面的自由权利问题。也就是说，无论从民族关系、民族问题发生的民族范围、地区范围来讲，还是从民族关系、民族问题内容的范围来讲，都是涉及全部少数民族、全国各地区和社会生活全部领域的。

二、核心问题——民族平等权利保障逐渐凸显

散杂居少数民族的历史和现实发展，决定了散杂居民族问题首要的是民族平等权利问题。一个民族只有和其他民族处在平等地位的时候，才谈得上这个民族的自由的、民主的、平等的发展。历史上散杂居少数民族所受的民族压迫、剥削、歧视之苦，一般来说比民族聚居地区更甚。因此，散杂居少数民族充分得到和保障自己应有的民族平等权利，特别是国家政治生活和社会生活中的平等权利，是本民族全面发展的前提条件和基础，也是本民族经济和文化方面与其他民族一样取得平等发展机遇或结果的基

本条件。这一点无论在城市还是在农村地区的散杂居少数民族中，表现得同样突出。

三、主要问题——经济利益矛盾逐步激化

散杂居地区民族问题主要是以经济利益矛盾为主。比如，云南农村散杂居民族地区发生多起山林、土地、水利、草场、矿藏等纠纷，至今还有难度较大的各类争议、纠纷二十余件尚待解决。"据不完全统计，甘肃省卓尼县境内的'尼江事件'、'隆脑合沟草场边界纠纷'等大小纠纷有26处，近20年来，在草场边界纠纷中死亡的人数已超过160多人，折合财产损失上千万元；有些纠纷引发的群众性武装械斗、暴力冲突以致造成流血事件令人触目惊心。"[①]2012年，卓尼县完冒乡塔乍和阿子滩乡关洛两村再次发生新的草山纠纷和大规模的械斗。贵州省的六盘水市的六枝地区和安顺地区的普定县边界发生几百人的械斗，造成多人受伤，不少财物被毁。松桃苗族自治县和江口两县边界群众经常因土地、山林问题发生民族纠纷，福建省畲族地区近年也发生数十起山林、矿山、海程、水利、边界等民族纠纷。这些都是经济发展中的各民族利益矛盾，是农村散杂居地区民族问题的一个主要内容，也预示出散杂居地区民族问题的主要趋向。

四、敏感问题——风俗习惯、宗教信仰问题表现突出

散杂居民族问题大量地发生在民族风俗习惯、宗教信仰问题上。民族风俗习惯、宗教信仰、语言文字问题，历来是民族问题上敏感的三个因素。从安徽、河南、山西等省和上海、武汉、沈阳、哈尔滨等市发生的民族纠纷、民族矛盾情况来看，与风俗习惯、宗教信仰有关的占相当比例。例如，安徽省1987年以来先后发生民族纠纷事件17起，其中由于不尊重少数民族风俗习惯，违反民族政策导致的民族纠纷5起。一些宣传报道和文艺作品引起的散杂居地区的民族纠纷、民族矛盾等，基本上也都涉及少

---

① 洪源：《对草场边界纠纷特性的认识》，《西藏研究》2003（3）。

数民族的风俗习惯和宗教信仰。

五、发展趋向——城市民族问题的地位益发醒目

随着散杂居民族人口的增多和少数民族城市化的趋势，散杂居民族问题，特别是城市民族问题的地位越来越具有影响力。新中国建立初期，几乎没有城市人口的一些少数民族，现已有不少人员学习、工作在大中城市，其中有些少数民族的城市人口达到 20 万—30 万，有的接近 40 万。由于城市在政治、经济、文化和社会生活中的特殊地位，以及城市和城市少数民族人员的特殊作用，城市民族问题越来越显示出其重要性。近年影响较大的民族关系事件，大都源于中心城市。城市民族关系的确是我国民族关系的晴雨表。城市将成为涉民群体性事件的一种诱发地，并多以游行请愿等方式表达，而不以直接民族对抗性纠纷或械斗形式出现。

六、利益诉求——从经济文化发展到政治平等

民族问题在不同的发展阶段具体内容也有所不同。当前我国的民族问题，主要是少数民族要求加快发展本民族经济文化，散杂居民族地区也不例外。散杂居少数民族零散分布于汉族地区，与汉族交错居住、交往频繁，通婚现象逐渐增多，在一些民族中，通婚组成的复合家庭占该民族家庭户总数的百分比达两位数。例如，黑龙江省逊克县新生乡鄂伦春族 37 户中，18 户是与汉族通婚组成的家庭，占家庭总户数的 48.65%。一些散杂居少数民族的"汉化"现象较多，如语言、文化、服饰、风俗等方面，这是客观存在。另一方面，散杂居少数民族怕被"汉化"、"同类化"，极力维护和保存民族传统文化。在这一过程中，必然发生汉文化与本民族文化的关系问题、汉族与本民族的政治关系问题。

七、新的焦点——少数民族之间和民族内部矛盾增加

散杂居地区发展不平衡，民族平等的实现程度出现差异，少数民族与

少数民族之间的矛盾不断增多。散杂居少数民族和散杂居地区的一大特点是发展不平衡。从全国范围各民族整体而言，我国已经实现了政治意义上的民族平等，但各地区之间民族平等实现程度是有差别的。散杂居地区汉族和少数民族的关系，总体来讲是融洽的、和谐的。近几年散杂居地区的各少数民族之间出现攀比的现象。随着民族意识的增强，这种矛盾现象将有增无减，并向本民族内部渗透。

八、后续影响——影响范围大，连锁反应快

由于现时代的信息传递和传播媒介发展，意识形态领域出现的民族问题影响范围大，连锁反应快，甚至反映到国外，影响国家的形象，给一些国外敌对势力和国内民族分裂主义以口实。

散杂居少数民族的民族意识增强是近几年特别突出的社会现象。近年来，散杂居地区，特别是城市少数民族的内部联系加强，很多城市的少数民族建立了民族联谊组织，有的还是单一民族性组织。在这种组织中，本民族成员之间联络了感情，互通了信息，增强了民族内聚力和向心力。此外，无论在城市，还是在农村，都有大量人员更改民族成分，恢复为少数民族成分，粗略估计约有几百万。更改民族成分的工作，如果处理不当，也可能引发民族矛盾和纠纷。

散杂居少数民族的现代化，将在多种因素制约下，在全国现代化过程中同步发展。散杂居少数民族的现代化发展，最主要的是经济文化的发展和民族素质的提高。民族经济的发展，即少数民族的社会生产力提高，人民生活改善，进入现代物质文明的行列；民族文化的提高，即少数民族的教育发展，文化生活丰富，精神生活充实，进入现代精神文明的行列；民族素质的提高，即少数民族具有与现代文明基本相适应的民族优化结构，高层次的民族竞争意识、民族文化意识、民族法制意识、民族平等意识、民族团结意识和民族自我意识，进入现代文明民族的行列。

第二章　散杂居格局的动态成因

中国各民族在历史上经过多次的军事征服、政治兼并、经济扩张和文化融合而建立了大一统的多民族国家。纵观各民族的发展历程，都经历了从自我封闭、相互闭塞到逐步开放，由彼此分散、各自为政到密切联系的过程。因此，从几千年来的历史上看，以汉族为代表的中华文化和中原地区，长时间在社会组织、经济活动、生产技术、文化教育等方面领先于各少数民族和周边地区，这促使各少数民族围绕主体民族和中原地区进行向心运动。同时也由于历史上中原王朝通过行政、军事手段向周边少数民族地区移民，形成了中原各民族，尤其是主体民族出现的反向流动。这种民族间的双向流动，无疑形成了族际共生关系，并显现出在资源、经济以及社会生活各方面互补的格局。

当代社会，中国各民族散居化趋势更为明显，甚至有研究者认为，民族散居化是民族发展过程的一个重要规律，是各民族不断打破封闭，由相互闭塞到逐步交流，由彼此隔离到密切联系的过程。[①] 各民族之间的经济往来、社会交往进一步扩大，散居的少数民族人口不断增长，与其他民族分布区域之间的相互交错的范围和程度也会进一步发展。在这样一个大杂居、小聚居和普遍性散居的基本格局下，散杂居民族的传统生活方式正在悄然发生变迁，变迁的原因既有政府政策、行政手段的强力推行，也有改革开放以来生产方式变化而带来的现代化特征。对于散杂居民族而言，无论是当地的世居民族还是外来的少数民族流动人口，从个体到民族整体的生活方式都受到了巨大的冲击：固有的生产劳动方式被打破，面对新的生

---

① 　沈林：《关于城市民族工作中的几个理论和实践问题》，《中国民族》2002（3）。

产技术却茫然无措；传统中的宗教、宗族、家族权威被打破，现代社会正式组织归属性亟待建立；传统的民族娱乐内容和形式从"集体"的民族文化娱乐走向以"家庭"、"个体"为主；物质消费方式上出现传统朴素型与现代物质型的交织和博弈；等等。

变化中的散杂居民族社会中，达尔文主义的适者生存规律依然在发挥着重要作用，民族流动人口不可避免地由经济落后地区向经济发达的沿海、东南地区流动，在大批少数民族进入城市后，又面临着自身被城市化的问题，因此新型的散杂居民族区域的形成，源于对新的经济环境的适应。在追求经济利益的同时，族际交往中的语言文字的使用，族际通婚以及个体族际交往方式等，都表现出了散杂居民族对异种文化兼收并蓄的文化特质。但就个体而言，这种适应不一定是出于完全的自愿，特别是散居在各地的民族，依然保持自身的文化和心理认同，与各自的民族聚居区保持着多种点、线和面等形式的联系。尽管这类庞大的少数民族人口，在族际交往过程中不可避免地出现摩擦、矛盾与纠纷，但对于打破族际壁垒和封闭，对于共同建设一个多民族的族际社会却有着重大意义。①

第一节　历史上共生民族的双向流动

中国各民族之所以广泛地交错居住在广阔领土的各个不同区域，与历史上少数民族向当时富饶的中原地区和先进的中原文化流动有着直接关系；历代中央政府的各项实边政策也促使中原各民族向边疆地区反向流动，最终形成了各民族散杂居的现状。

一、少数民族历史上的向心运动

历史上中国少数民族的向心状的内地迁徙，基本动向表现为北方游牧民族的不断南迁和百越各支系在中国南部定居土著化。在这一过程中，少

---

① 马戎、周星：《中华民族凝聚力形成与发展》，北京大学出版社 1999 年版，第 139 页。

数民族移民形成了不同的层次和类型，使各民族之间的文化得到了广泛而密切的交流，不仅促进了少数民族文化的"涵化"，也对当时中原地区的政治、经济、文化产生了重要影响，促使中华民族发展壮大。因此它不仅是认识和解读我国各民族自身发展的重要因素，也是认识和解读我国多民族格局形成、发展以及我国民族关系发展的重要因素。

（一）中国历史上游牧民族的南移

自夏朝开始，北方民族已经开始了向南的移动，至商代，游牧民族土方、鬼方的居住地在今山西北部、陕西北部及其以北地区；当时西戎民族中重要的一支羌族就已经分布在今甘肃、青海等地。到了周朝，北方游牧民族中的某些部落已经到达山西南部、陕西泾水、渭水上游一带，这是由游牧民族的生计方式所决定的。接下来在不同历史时期，由于少数民族社会内部的社会经济发展、自然生态环境的变化、以及不断的民族冲突与战争，出现了更为频繁的、大规模的北方民族向南的迁徙活动，其中最主要的有：东汉至三国时期北方游牧民族匈奴内乱分为两部后，南匈奴的"内附入塞"和鲜卑、羌、氐、羯诸族的接踵而来，两晋之时有"五胡"诸族的进一步南迁和"十六国"的建立，南北朝时鲜卑拓跋氏建北魏、东魏、西魏和宇文氏建北周，隋唐时突厥、回纥、吐蕃三大强族的南下与东进，两宋时期北方契丹、东北女真、西北党项等族的相继南下和辽、金、夏三朝的崛起，以及后世蒙古族、女真后裔满族先后入主中原和元、清两大王朝的建立，等等。这种迁徙有着四个显著的特点：

第一，北方少数民族的南下，往往是举族或一个族大部分的大规模迁徙，并涉及众多民族，匈奴、乌桓、鲜卑、突厥、蒙古、吐蕃等民族都有很大一部分向南迁徙，而且人数众多。如魏晋南北朝时期，当时先后归晋的匈奴人数约有 20 多万，加之原有的匈奴就有 40 余万人；隋唐时期，唐太宗平定东突厥后，对 10 多万降附的东突厥部众就地设置羁縻府州予以安置。

第二，南迁的大部分少数民族，迁徙路线都不是特别长，这是因为这种迁徙要依靠战争或得到当时政府的同意和安排。如东汉政府曾允许一部分匈奴族进入西河（郡治今山西离石县）、北地（治富平县，今宁夏吴忠县西南)、朔方(治临戎县,今内蒙古磴口县北)、五原(治在今内蒙古包头市)、云中(治今内蒙古托克托县东北)、定襄(治善无县,今山西右玉县南)、雁门(治阴馆县,今山西朔县东南夏关城)、代郡(治高柳县,今山西阳高县西北)八郡。另一方面,在南下过程中也受到了农业文明的阻挡和限制,出现了民族大融合的局面。

第三,北方少数民族南下建立政权后,为巩固政权和军事战备的需要,往往进行人口掠夺或招引。如西晋中后期的辽西鲜卑慕容政权、代北的鲜卑拓跋政权、梁益的巴氏成汉政权、中原的匈奴刘汉政权、河北的羯胡石勒政权等,都尽力于招引或掠夺人口。成汉政权的起家即以流人为基础,而起先打着晋朝名号的慕容政权的壮大、本为刘汉政权部将的石勒的自立,也与人口的归附、招纳有着密切联系。对于这些非汉民族政权或势力而言,拥有了足量的人口,拣选其中的壮勇为兵、老弱妇孺耕耘,就有了兵员、财源与劳动人手,这是战乱频仍的时代从事割据的重要基础,在客观上也导致了各族人民混居、相互融合的现象。

第四,北方游牧民族南下推动,汉族人口进一步向南方迁徙。最主要的是历史上汉族的三次南迁:两晋之际南迁匈奴人建立的北汉政权攻破洛阳、长安,即"永嘉之乱"时数百万北方汉族的第一次大南迁,唐代安史之乱时北方汉族的又一次大南迁,两宋之际金灭北宋即靖康之难前后中原汉族的再一次大南迁,等等。

可以这样认为,北方游牧民族的南迁是中国历史上人口迁移的主流现象,也是形成各民族散杂居格局的直接成因。至于北方游牧民族迁移的原因,按照社会学推拉理论的原理来看,其主要在于本民族社会生产力的发展、迁出地气候和环境的变迁、战争以及统治者的强迫迁徙政策等迁出地的推力和统治者采取的怀柔政策、迁入地良好的生活、生产环境和民族认同意识等迁入地的拉力同时作用的结果。

(二)百越各支系在南方的定居与文化的土著化

与古代北方游牧民族相比较而言,南方少数民族的人口发展状况有着不同的情况。在南方广大的土地上,存在着相同或相似的自然地理生态环境,同时也形成了以稻作农耕经济为主要生活来源的古老族群——百越民族群体,这是我国古代长江以南最大的一个族系,因支系众多,战国末年又称为百越。从百越民族的发展变化来看,它一直与古代华夏族文化发生着互动:一方面,越民族群体靠近华夏族的吴、越两国民众华夏化倾向严重,表现出越民族群体内部发展的不平衡性;另一方面,越民族群体自身也在以自己独有的方式发展着,华夏化程度较深的吴、越民众自身的民族特性趋于淡化,已经从越民族群体中分化出来,而没有被华夏化的族群则不断在南部定居并在文化上呈现出与内地明显不同的特点。

春秋战国晚期,越族分扬越与百越:扬越指分布在扬州地区的越族,即今淮河以南、长江下游及岭南的东部地区,有时也扩大到整个岭南地区;百越则是对当时分布在东南各地越族的泛称,因其"各有种姓",故此地越族冠以"百",意为包括若干个民族的集团,史称"自交趾至会稽,七八千里,百越杂处"。在这一历史时期,越民族群体发展到了一个新的阶段。长江下游今江苏南部和浙江一带的越民族群体,部分秉承河姆渡文化之后劲分别建立了吴国和越国。公元前 473 年,越灭吴,曾一度"横行于江淮东,诸侯毕贺,号称霸王。"但越国之地始终只在东部的今浙江省和江苏省地域内,也就是说越民族群体分布的东端尚无变化。公元前 334 年,越国为楚国所灭,尽有其地,以后绝大部分原吴、越两国的民众便融于华夏族。

秦汉时有"北方胡,南方越"之称。到汉代,东南和南部地区的越族形成几个较强的政治中心,如浙南的东瓯、福建的闽越、广东的南越等。汉武帝征服诸越后设立郡县,百越的名称就从历史记载中消失了,闽越、东越融于汉族,东南沿海江浙闽之地的百越各支绝大部分消亡,百越民族群体的分布区域再次向西南退缩。东汉以后,江浙闽地区尚未融于汉族者,称为"山越"。到了孙吴时,"山越"由于不堪压迫而反抗,屡遭镇压,或俘为兵,或被迫从山区迁往平地而涵化。

骆越分布的岭南地区,由于特殊的地理环境、气候条件及民族发展水平的差异,使中原王朝势力的进入有别于其他越人地区,历朝政府对岭南的百越后裔多以羁縻治之。公元 4—6 世纪时,即历史上所谓的"五胡乱中华",导致了大规模的民族迁徙:北部的游牧民族进入黄河地区,迫使黄河地区的一部分以农耕为生的汉族南渡长江,来到岭南,于是便有许多以百越民族群体为主发展而来的民族，其生存空间渐次被挤压到山林地带。

随着百越族系分布空间的缩小，原来的生存格局被打破，大聚居区变成大杂居小聚居的格局，各小聚居区内的百越后裔渐次产生了差异，出现了不同的名称，过去曾统一使用带有"越"的族称也逐步消失，进入了以百越为主体发展而来的僚、俚、鸠僚等民族群体并行发展的历史新时期。在红河流域以西地区也同样发生了巨大变化，但由于与中原文化在空间上相距太远，中原史家对这一地区越民族群体及其后裔的了解甚少，再加上司马氏废魏自立为晋后，对周边民族压迫更甚，边疆民族地区的各民族纷纷反抗。西南地区表现为永昌郡的分裂，这一事件的发生使先秦以来作为同一个民族群体的人，被人为地划成两片，即西随县（今云南省金平县）以东的红河流域、珠江流域和以西的澜沧江流域、怒江流域、伊洛瓦底江流域的同源民族，又由于东部受中原汉文化的影响，西部受印度佛教文化的影响，便各自开始向着具有共源历史传统而又独具个性的历史方向演进，开始奠定了今天壮侗语族和傣泰民族的分布格局。百越民族群体在内部外部诸多因素的影响、制约下，经过融合、分化与重新组合的过程，在今日中国的 55 个少数民族中，至少有 11 个民族被公认为源出古代百越。

（三）少数民族向心运动的层次和类型

综观北方游牧民族的南下和百越民族在南部定居而形成向心运动的历史过程，民族迁徙可以按照不同的标准分成若干个类型，如按照迁徙方向为标准，可以分为南下、西迁和内附三个类型；按照迁徙的性质，可以分为生存型和发展型；按照迁徙的原因，可以分为自发型和强迫型等。为了清晰地理解少数民族历史上的向心运动对当今散杂居格局的影响，我们将其划分为谋求生存的自发型运动、以行政或军事手段推行的有组织性运动两种类型。

1. 谋求生存与发展的自发型运动

北方游牧民族南移多属于此种类型，通常的原因为社会经济发展、自然灾害与战乱。

首先，以游牧经济为主的少数民族，随着经济的发展，人口的增长，有限的牧场资源不足，往往会引起游牧民族一部分部落为维持自身的生存而不得不迁入其他地区定居，或者说是以改变居住地点为维持生存的手段。例如匈奴的五单于争位，实际上就是为了争夺游牧地和属民的支配权，最后使呼韩邪单于稽侯珊率部南迁至汉边，后来又使郅至单于率部西迁至西域中亚一代。

当少数民族在中原取得政权后，往往给予少数民族在出仕和经商方面有利的和优惠的政策，这极大地调动了不同民族成分的人口流动。如元代商业经济发达，大批回回商人从中亚等地络绎不绝来至中国，定居在中原与江南各地。

其次，自然灾害对游牧经济破坏性非常大，常引起对自然环境依赖度很高的游牧民族重新选择居住之地。从古代西北少数民族迁徙的情况看，凡少数民族迁徙频繁时段，基本上是气候高寒时期，而迁徙较少、规模不大的时期基本上是气温偏暖时期。

最后，是战乱引起游牧民族选择到另外的居住地生活，虽然从其本心而论是极不情愿，但并非属于使用行政或军事手段而有组织的移民，因此除了大方向是向南外，常常具体方向不定，随遇而安，与不同民族混杂相处。例如840年回鹘的迁徙，当时外有黠戛斯的进攻，内有统治阶级的斗争，又遇到严重的自然灾害，削弱了回鹘的内力，导致回鹘汗国灭亡，其部众不得不四处迁徙。

2. 以行政或军事手段推行的有组织性运动

这种运动大多是由政府组织，通过行政手段甚至军事力量来实现的，具有强烈的集团性和有组织性。在中国历史上，无论是汉族政权还是少数民族政权都曾以行政或军事手段将少数民族大规模强制移民。如曹操打败三国郡乌桓、大破柳城后，将乌桓"万余落，悉徙君中国"。党项在唐朝安史之乱之后，被唐朝强行迁徙他地，以削弱其力量。少数民族政权也同样进行了一些有组织的迁徙运动。如北魏天兴元年，拓跋珪迁都平城后，同时把山东（太行山以东）柳州的吏民及徒何（东部鲜卑的一支）、高丽灯组的"百工使巧"十余万迁来。再如元朝、清朝两代，均将大批蒙古或色目军士迁入中原各地进行征战和戍守，使当时民族杂居的局面更为广泛。历史上政府组织的强制性移民，效果并非一致，如后赵石氏政权在攻灭前赵刘氏政权后，将大批关中地区民众迁往河北地区。但在石虎死后，赵国爆发内讧，自相残杀，那些强迁而来的各族移民纷纷逃难，"青、雍、幽、荆州各徙户及诸氐、羌、胡、蛮数百余万，各归本土，道路交错，互相杀掠，且饥疫死亡，其能达者十有二三。"此前后赵政权向其首都邺（今河北临漳县西南）及河北地区实施的多次强制性移民行动完全归于失败，这种强制性移民及其反向迁徙的结果是千百万移民生命财产的巨大损失，对社会经济发展产生的影响极其恶劣。①

（四）向心运动对内地散杂居格局形成的意义

历史上少数民族的向心运动是形成内地散杂居格局的主要因素，这种运动现象复杂，涉及政治变迁、人口承载力、自然灾害、民族发展与文化传播等许多重要方面，但毋庸置疑的是，它促进了内地各民族共生态的发展，有力地增强了各民族之间的互动关系。

1. 少数民族的向心运动促成了少数民族散居化

如满族本发源于我国的东北地区，历史上建立过"渤海国"和金国两大地方民族政权，以及继明之后再次入主中原建立的满清王朝。入关后的满族出于维护政权的需要分为三部分，分别为留守关外、"京师八旗"和"驻防八旗"，致使满族人口的分布也迅速从东北一隅扩散到全国大多数地区，最远者甚至深入西藏、新疆、云南等边远省区，其中不少后来成为当地的世居民族传衍至今，客观上使汉族与少数民族以及少数民族与少数民族杂居，极大地改变了这一地区人口结构要素中的民族构成比重。

2. 居住格局成为促进各民族共生态发展的重要因素

少数民族内迁后，特别是在少数民族建立的政权当中，虽然有些时期存在着民族隔离政策，但由于其统治之下的人民主要是汉族，迁入的少数民族多数还是与汉族交错居住，如北周时期，关中的蒲城、白水、宜君、同官（今陕西铜川县）、宜州（今陕西耀县）等地是西羌诸姓的集中分布所在地，过去汉族就一直在那里居住，羌人的迁入，形成了汉村和羌村的犬牙相错的状态。起初两族在语言、习俗、经济社会等方面存在差异，天

---

① 安介生：《历史时期中国人口迁移若干规律的探讨》，《地理研究》2004（5）。

长日久，羌汉两族逐渐同村而居并冲破传统的族内婚制，在经济生活、宗教信仰、语言逐步趋向一致。

3. 向心运动是实现各民族互补性共生的重要途径

通过对历史上少数民族的向心运动考察，不难发现，无论是政府通过行政、军事手段强制推行的移民，还是出于各种原因谋求自身发展的自发性移民，在民族迁移的方向上，一般都寻找适合本民族的生产、生活方式，自然条件比较优越，经济文化上能与其他民族实现互补的地方。因为在这种迁移过程中，新移民不仅要保持发挥原有的经济文化优势，而且还必须吸收新的经济手段与先进文化，才能在新的地区中站稳脚跟。如元代，岭南各少数民族通过经济文化的影响交流以及血缘地缘关系的混同，不断发展，不断进步，形成了新的民族共同体。再如海南熟黎，"旧传本雷、恩、藤、梧、高、化人，多王符两姓，言语皆之处乡音。因从征至者，利其山水田地，占食其间，开险阻，占村峒，以先人者为峒首，同人共力者为头目，父死子继，夫亡妇主"。[①] 可见向心运动促进了民族交流与民族关系的发展，在族际互动中实现了各民族的互补共赢。

二、中原各族向周边的反向流动

民族散杂居格局不仅仅出现在内地，边疆地区同样存在着各民族交错混杂居住的现象，这与历史上中原各族向周边地区反向流动有密切关系。历史上我国边疆地区具有地域辽阔、人烟稀少、边远地区生产力水平低下的特点。从秦汉开始，历代中央政权在边疆广阔的地区开展移民屯垦，并且代代继承，不断深入，目的是为了巩固统一的多民族国家；另一方面，中原数次发生战乱和自然灾害也促使内地汉族及其他民族向四方边疆地区逃难谋生，客观上促进了边疆地区各民族交错杂居的格局。

（一）中国历代政权的移民实边政策

从秦汉开始，历代统治者采取"移民实边"政策，通过派驻贵族、官

---

① 万历《琼州府志》卷八《海黎志》，书目文献出版社 1990 年版。

员和军队屯垦以及移民屯垦等方式，从内地把大批人口充实边境，加强边防力量，开发边郡。秦始皇统一全国后，于公元前211年，迁3万户居民到北河、渝中（内蒙古伊金霍洛旗以北），垦田生产，开拓边疆。当时人们把这一开垦地区叫做"新秦"。西汉时期，中央政府在西域设校尉管理屯田，在沿边地区推行屯田政策，移民70余万到西北地区；东汉时期，60余万官兵就地留屯于新疆卢城（哈密）一带，设官管理。另外在西南地区，两汉统治者，在边郡也设郡县，遣兵屯戍，寓农于兵。曹魏时期，曹操大规模推行屯田制，在蜀接近今甘肃天水一带，屯军5000人，秋冬习战阵，春夏修田桑，以解决谷帛不足。①蜀汉时期诸葛亮为了安定南中，曾迁移青羌万余家充蜀军，组织成一支"所向无敌"的劲旅；为了减轻长途粮草转输之苦，曾在西北陕、甘一带长期屯田。南北朝时期，前秦政权在关中、河西走廊地区继续推行军屯，或移民生产。前秦瓦解后，西部地区政权林立，西凉政权重视屯田，先后在敦煌、酒泉、玉门、阳关一带屯田。唐王朝稳定西北河陇地区统治后，针对该地区人口稀少的情况，安置许多少数民族部落于河陇地区，如吐谷浑、回纥、思结等，就地发展农牧业。唐朝中期，在西北沿边安置大量兵力就地实行军屯。五代十国时，周世宗柴荣在军队中普遍推行屯戍制度。宋朝在西北沿边地区大兴屯田。元王朝为了加强对边远地区的统治，元世祖封诸子为王，分别镇守和林、云南、回回、畏吾、河西、辽东等，并设有屯田。明朝时期，朝廷继续有计划地组织内地贫穷农民移民，充实西部地区，特别是在西南、西北地区实行卫所制，开展军屯，实行军士世袭制，使这些军士长期固守西部地区，戍边屯垦，为西部增加了大批劳动力。至清代，统一的多民族国家得到空前巩固和发展，清廷除在内地战争废墟上继续推行奖励垦荒政策外，更是进一步扩大屯垦范围，延伸到西北新疆、蒙古的大部分地区，以军屯民屯促进边疆地区经济开发。屯田点设置在军事重镇或战略据点附近，屯田规模的大小、分布的疏密与所在地区的战略地位往往联系在一起。比如伊犁，因伊犁是形势甲西域之地，清中央王朝在伊犁设屯较早，并且是全疆八旗兵驻扎最多的地区。乌鲁木齐、哈密等屯田也都是与军事战略上的地

---

① 《晋书》卷三十七《安平献王孚传》。

位有关。另外，在雍正年间西南地区大规模改土归流后，为了实行与内地一致的各项制度和措施，对原来被土司占有的大量土地，进行规模不同的开荒屯田，大大提高了人口稠密处向宽乡的人口流动，已延伸到原少数民族土司聚集之区，带去了先进的耕作技术和大批劳动力。

从历代中央政府的移民实边政策中可以总结出这样的特点，即几乎各个朝代均通过军事行动或政策引导，有组织地推行移民实边行动，其目的是为了巩固统治，尤其是在各民族政权交界之处。主要集中在黄河中下游一带及西北边疆地区重兵屯种，客观上形成了屯垦区各族人民在边疆地区的定居和各民族的文化、经济交流。

（二）历史上从内地到边疆的大规模人口流动

总体来看，从秦汉时期开始，我国人口就由黄河中下游平原向四周扩散，重点是向南方的长江流域和珠江流域扩散，但从内地到边疆的人口流动，除了政府有目的地进行移民实边之外，各朝各代都存在着百姓自发迁移至边疆地区的情况。由于多数迁徙源于为生活所迫、避乱、亡命等，属于下层百姓的迁移，因此史书记载的较少，只有大批的移民才有可能被记录下来。隋唐时期进入新疆地区的移民，即为大规模的人口自发迁移。唐贞观四年（630）东突厥国灭，一部分依附于东突厥的汉人逃入高昌，为高昌王收留。贞观十四年(640)，唐朝攻高昌，理由便是索要这部分汉人。据《魏书》记载，421 年北凉灭西凉时，晋昌冥安（今甘肃安西县东南）人唐和、唐契兄弟与外甥李宝避难于伊吾（今新疆哈密市西北），"招集民众二千余家，臣于蠕蠕（柔然）"，这些人主要是汉人。20 年后，"为蠕蠕所逼，遂拥部落至于高昌"，因此而有一批汉人迁入了高昌。[①]

向北部边疆地区大规模移民的时间段主要是自明末清初开始到新中国成立。比较出名的大规模人口自发迁徙应为"走西口"和"闯关东"。"闯关东"与"走西口"包含了多方面的历史内容，但最基本的内容就是内地与中原农民及其他劳动者向边疆地区移民，由此而引起社会的诸多变迁。具体来说，"闯关东"主要是山东、河南、河北等省区的农民向东北地区

---

① 《魏书·李宝传、唐和传》。

流动，在此垦荒种地，安家落户。还有些商人到东北经商。"闯关东"从清初移民算起，当始于顺治十年（1653）颁布的辽东招民开垦令，山东及河北等地的农民纷纷出山海关，入居辽沈一带，开辟新土地。顺治十二年（1655）六月，据途经辽东回国的朝鲜使臣所见："自广宁（今辽宁北宁）至山海关，流民络绎，问其所向，则皆曰：移居沈阳云。"[①]之后在康熙六年（1667）虽然取消了"招垦令"，但流入东北的移民一年比一年多。到乾隆五年（1740）实行封禁政策，禁止山东等地汉人进入东北谋生，然而自乾隆始，清之历朝累下禁令，流民仍"闯关"不止。一直到清亡前夕，即光绪三十二年才最终下令废除封禁，东北大地向内地开放，允许自由出入、自由开垦。在民国时期移民运动达到了高峰。到新中国成立之后，东北地区仍旧是山东、河南、河北以及南方部分省区农民大规模涌入的北上之地。

"走西口"主要是山西、陕西一带的农民，为了生存，不惜背井离乡。他们不走山海关这条路线，而是"走西口"，即今山西省杀虎口，出口即进入内蒙古草原地区，在此垦殖谋生。过着游牧生活的蒙古族人民，对汉族农民进入蒙古草原，进行农业生产，表示了发自内心的欢迎。俄国学者阿·马·波兹德湿耶夫在其所著《蒙古及蒙古人》一书中写道："素来不谙稼穑的蒙古人，据说最初对大量涌到的汉人甚感高兴，因为他们可以把自己并无收益的荒地出租给他们，并且还能便利地和他们进行物物交换。"[②] 走西口，最早开始于康熙年间。据《清圣祖实录》载，康熙时代有数十万山西、山东、直隶、陕西的汉民不顾禁令到口外垦荒。历史上的走西口活动，主要经历了两个高潮。其一为康熙年间到乾隆年间；其二为光绪年间到民国二十五年。清代山西归绥道十二厅的建置基本上集中在乾隆和光绪两朝，在一定程度上说明了移民的高潮在上述两个时期。走西口使内地人移徙到大漠地区，昔日游牧区出现了一个个散居的农耕区，蒙汉交相杂处，耕牧相间错落，汉族人口大量增加。光绪二十八年，清廷迫于日益严重的边疆危机和财政危机，对移民问题转变了态度，正式允许"移民

---

① 吴晗：《朝鲜李朝实录中的中国史料》下编卷一，中华书局 1980 年版，第 3845 页。

② ［俄］阿·马·波兹得涅耶夫著：《蒙古及蒙古人》第 2 卷，刘汉明等译，内蒙古人民出版社 1983 年版，第 291 页。

实边"。宣统二年，又彻底废除了禁垦措施，蒙古地区移民掀起高潮，大量移入地广人稀的漠北地区。① 事实上"走西口"的人口迁移一直到全国大规模开展农业合作化运动的 1956 年才停止。

"闯关东"和"走西口"不仅贯穿了清代历史的全过程，直至清亡，而且延续到新中国建立之后。持续如此之久的移民与开发活动，生动地反映了清代至近现代边疆与内地互动、边疆与内地一体化的历史进程。

除了有清一代以来，内地人口自发性的大规模向北部边疆地区迁移之外，还有一点值得探讨的地方就是中原各族向南方扩散。发生在西晋永嘉年间的"永嘉之乱"，使黄河流域广大人民流离失所，被迫大规模迁移到江淮流域（主要是流入江苏、安徽、湖北、四川等地），这是中国人口分布中心向长江流域转移的一个标志性事件；唐代的安史之乱，约有 100 万人南迁，从根本上改变了中国人口分布以黄河流域为重心的格局；到了北宋的靖康之乱时，金灭辽开始南下攻打北宋，黄河流域成为主要战场，黄河流域大量居民向长江流域迁移，主要迁移至浙江、江苏、湖北、四川；金完颜亮时期又迫使淮河流域的居民南迁到长江流域，主要迁移至浙江、江苏、湖南、江西等地。到了蒙古兵南下时期，主要战场在长江中下游地区，当地居民为躲避战乱大量向珠江流域迁徙，主要迁入广东、广西、福建等地。这一系列重大的战乱所导致的人口迁移，促使南方少数民族亦步亦趋，向南部边疆地带压缩，逐渐进入山林地区和沿海一带。同时，自秦汉以来也有不少华夏或汉族为了逃避战乱和苛重的税役大批进入蛮族区、西南夷及岭南地区，因此南方地区汉族的"夷化"和"夷族"的汉化现象也非常普遍。

（三）反向流动的其他层次及类型

中原各族向周边的反向流动，绝大多数是由于行政或军事手段推行的强制性迁徙，少数情况是由于转乱、灾荒所引起的自发性迁移。探寻其中各个事件的具体情况，又可以发现还存在着处于政治目的以及其他的动

---

① 高胜恩：《对山西"走西口"人流流迁现象的文化人类学分析》，载于晋商与西口文化论坛编：《纵论西口——晋商与西口文化论坛论文集》，山西春秋电子音像出版社 2006年版，第 166 页。

因，并且在每种动因下，又存在着不同层次的移民。

1. 行政或军事手段推动

历代中央政权的移民实边政策往往通过官员派驻、政府组织、军队屯驻等方式执行，因此就出现了移民中的官吏、军队、屯田移民和技术移民等多种层次。

（1）官吏和军队

中国历朝历代中央政府，对边疆地区的控制一般都通过派驻官吏和驻扎军队来维系对该地区的实际控制，进行着行政和军事任务，但一般与当地居民隔离居住，人数往往视当时的战争规模和所面临的国家安全而定，没有既定的数目和规模。汉朝在西域都护府辖区的常驻人员及他们的家属不过数千人，但是自秦王朝在少数民族聚居地区设置"道"一级地方机构和半独立性质的民族地方政权——"属邦"以来，历代王朝均承袭和发展了这一统治方式，如南北朝时的左郡左县，唐宋时的羁縻府州，元明清时的土府土州土县等。虽然历史上中央政权派驻边疆的官吏及军队的具体数量难以估计，但通过史籍多有记载的卓有功勋的官吏和有重要影响的军事活动的派驻军队数量，我们可以判断向北向南流动的人口迁移运动中，这部分人口一直与时间推移成正比地增长着。

（2）屯田移民

军屯，是指军队在屯兵地域从事开垦耕作的农事活动。军屯自西汉问世以来，绵延两千余年，可谓历史久远。军屯被视为"内有亡费之利，外有守御之备"的治国安邦之举措，它对发展经济，巩固国防发挥了重要作用。西汉自文帝时期（前179—前155）开始试办军屯，无事则耕，有警则战。鉴于西汉军屯在军粮供应上的良好效益，后人对军屯进行了继承和发展。三国两晋南北朝时期，军屯有了极大地发展，尤其以曹魏时期发展最快，蜀国屯田规模相对较小，东吴屯田的组织、管理、分配方式与曹魏大致相同。北魏至北齐、北周时的军屯又有新的进展并取得了明显的成效。这一时期军屯的特点：组织比较严密，曹魏军屯、民屯都有一套严密的管理机构，军屯分为军队屯田和军户屯田。隋唐时期，军屯有了较大发展，不仅建立了军队屯田的制度，而且在中央和地方均设立了军屯的管理机构和官员。宋代屯田经历了一个不断主张和不断否定、不断建立和不断解体的过程。同时期的金政权军屯规模要大得多，军屯成为金辽时期解决军队用粮的主要来源。元代屯田规模大，分布地区广，而且出现专业从事屯田的军队。明代军屯是中国屯田史上的最高峰，将兵制与屯政合一，通行的原则是边地三分守城，七分屯种，而且制定了较为完善的规章制度。清前期的军屯，主要是为了巩固边防。清中后期加大军屯力度，而且在各类屯田中规模最大的是汉人组建的绿营兵屯田，据《钦定皇舆西域图志》记载，绿营兵屯在新疆共有大小 18 个屯区，各屯田区每屯人数不一，有大有小，最大的有屯兵 250 名，最小的有 15 名，而一般在 100 名左右，除了少数地区外，其余屯田官兵都是长期驻防。鸦片战争以后，清代的屯田也开始走向崩溃，只有部分地区保留军屯。将清军中一部分老弱残兵裁减下来，拨给土地令其耕作，谓之裁兵分屯。新中国成立后，军屯最先始于新疆。1950 年驻新疆部队 11 万指战员就地屯垦，1955 年铁道兵 9 个师的转业官兵在东北的密山、虎林、饶河境内，组建军垦农场，1958 年全军大批复员军人到北大荒，建设军垦农场。1966 年 12 个军区相继成立生产建设兵团，1972 年以后陆续移交地方。[①]

随着战事的稳定与屯垦社会发展需要，中央政权在边疆地区除军屯外，还有其他屯垦方式。至清代，屯垦的主体组织形式已经由军屯转向民屯、旗屯、犯屯、回屯等多种屯垦形式并存的格局，其作用也由最初的满足军需逐步发展到巩固边防、开发边疆、发展经济、解决社会问题等多层次需要。其中，旗屯、回屯是指满清代乾隆年间开始实行的一项重要政策，经嘉庆、道光直到光绪年间，清廷先后移驻京师闲散旗丁 3700 多户，共 15000 多人至今天黑龙江省境内的拉林、阿城、双城、呼兰等地进行农业生产并练习满语、骑射。

民屯与军屯最大的不同在于它的主体不是军队，从事屯耕的人的身份只是普通农民。两汉在边疆均有民屯，但始终作为军屯的补充。到唐代时，民屯在形式上主要有三种：一是军屯中有大量的民屯形式，被称为"助屯"；二是均田制瓦解后的流民屯田，三是州县管理的大批民户屯田。如当时的西域重要门户庭州，开元时期计有 2676 户。这些人中，"其汉户，

---

① 陈默、杨庆华：《试论中国军屯发展的基本规律》，《军事历史研究》2001（4）。

皆龙朔已后流移人也"①，当时由内地进入新疆的民屯群体规模由此可见一斑。后世历朝均有内地民众被强制到边疆地区屯田垦荒的情况，元代由被征服的中亚地区的色目人组成的"西域亲军"，在战事结束后，"随地入社，与编民等"，可以说是军屯促进民族人口散居化和杂居化的典型例证。

但除了军屯、民屯之外，还有一种是犯屯，即征发当时的犯罪之人到边疆地区屯田垦荒。如东汉时，据《后汉书·班超列传》记载，章帝遣徐干"将施刑及义从千人就超"，从事屯田活动。东汉安帝延光三年以班勇为西域长史，"将施刑士五百人，西屯柳中"，"四郡供其犁牛、谷食"。犯屯为后代继续沿用，直到道光二十二年（1842）冬，林则徐遣戍伊犁，途经晶河，仍可见到"此地安插遣犯二百余名，令种地及各营服役，闽、粤人居其半，乞赏纷纷"。②

（3）技术移民

除中央政权派往边疆地区进行行政管理的官吏、卫戍军队以及屯田的百姓之外，还有一些工匠、技术人才被强制征调到边疆地区。如蒙古国时曾在平阳（今山西临汾市）搜刮纺织工匠，并将一些人迁到哈喇和卓。元政府为了加速西域等地手工业的发展，开发西域等地的资源，从内地向这一地区迁徙了不少人口，在西域设立冶场织造局，从内地迁徙工匠从事鼓铸农具和染织手工业生产。据《元史·世祖纪》记载，别失八里的冶场织造等局，设立于至元十八年（1282）。此外，为开采和阗等地的玉石，从内地征发工匠，《元史·世祖纪》载，"至元八年六月，招集河西、斡端、昂吉呵等处居民"，次年即发工匠采玉。元代，因被强制征用而迁移的主要为工匠、匠户，或儒、医、僧、道、阴阳人等。

2. 政治目的导向——和亲与出使

政治目的的人口迁移运动，包括和亲与出使。虽然这两种人口流动数量上不是很多，甚至不能称之为人口迁移，但是对形成民族散杂居现象具有十分重要的意义。

---

① ［唐］李吉甫：《元和郡县图志》（卷四十，陇右道下），中华书局出版社1983年版，第1033页。

② 中国西北文献丛书编辑委员会编：《中国西北文献丛书》第66册，兰州古籍书店1990年版，第431页。

历史上的和亲，通常是指中原朝廷的皇帝以尚公主、降宗女、赐嫁妆的形式与少数民族的首领联姻。这是各民族统治者处理民族关系的一种特殊形式，自汉代提出并实行后，便形成为一种延绵不断的历史现象，几乎贯穿于我国民族关系的始终，产生了不可忽视的作用和影响。从政治与政策的角度看，和亲作为各民族统治阶级的一项政策或策略，不同于各民族劳动人民之间的民间通婚，它具有鲜明的政治色彩，包含着各民族之间政治、经济、军事、文化等关系的综合因素；但是无论和亲的政治意义有多大，它归根结底是一种族际通婚，并由此带来了相当一部分内地人向边疆地区迁移，换言之，中原朝廷与少数民族君主结亲，相当一部分人随公主一起外迁，这些人包括公主的奴仆、侍婢、护卫甚至还有相当数量的工程技术人员随行。如史载汉武帝元封六年（前105），以江都王刘建女儿细君为公主，嫁乌孙王，随行有"官属宦官侍御数百人"，以后又"间岁遣使者持帷帐锦绣给遗焉"。细君公主死后，又以楚王刘戊的孙女解忧为公主嫁乌孙王，在乌孙生儿育女，其侍者冯"持汉节为公主使，行赏赐于城郭诸国"。解忧公主以后虽年老归国，但多数随行人员并未归来。[①] 再如，有研究者在对唐朝和亲公主的婚礼和家庭生活进行研究后，发现"几乎每位唐朝和亲公主出嫁后，都要经过派使臣答谢、汇报公主的情况、看望公主等反复往来；有时和亲公主本人也委派她的侍从或所嫁民族的大臣向"父母之国"汇报情况：提出请求、奉献特产等等。"[②] 由于和亲而产生的使团络绎不绝，虽然不能够称为移民，但其往返流动过程中依然为促进民族交融经济的发展打下了良好的基础。

3. 自发性流动

历史上不同朝代都存在百姓自发迁移至边疆地区的情况，一般都是因为灾荒、赋役、战乱等原因，它与官府出于移民实边、充裕国库的需要，鼓励老百姓在边疆屯田的不同之处就在于，是在经济利益的驱动下，以一种无序的状态进行的人口流动。在这股人口流动洪流中，难民、匪徒和商人成为其中最具代表性的三类人群。

---

① 李洁、郭琼：《历史上新疆汉族移民的类型及其作用》，《烟台大学学报》2008（3）。
② 郭海文：《唐代和亲公主的婚礼及家庭生活》，《陕西师范大学学报》2010（1）。

（1）难民

明末清初开始的"闯关东"、"走西口"的人口大流动，其根本原因就是内地人当时的生存环境发生了变化，人口与土地关系紧张，连年灾难或战乱等问题，迫使内地人不得不迁徙至土地富饶之地。例如，山西北部自然环境恶劣，清人康基田在《晋乘搜略》中这样谈晋北农业："无平地沃土之饶，无舟车鱼米之利，乡民惟以垦种上岭下坂，汗牛痛仆，仰天续命。"① 在清初一百多年中，该地区每隔三年发生一次严重的自然灾害，有些县甚至几乎不到两年就遇一次天灾，政府自顾不暇，人们面对频繁的自然灾害、食不果腹，家徒四壁，"走西口"自然是一条求生之路。第一批到达蒙古大草原的移民带回的生存信息又会极大地鼓舞在家乡的人，于是出边农民日益增多，他们在西口外的开垦地逐年扩大，搬移眷属，盖房居住，呼朋唤友，互相援引，"一年成聚，二年成邑"。嘉庆年间，在蒙地定居的汉人已随处可见。"民人挟资携眷，陆续聚居，数十年来，生齿日繁，人烟稠密"。仅清末民初，右玉县走口外的民众约有四五万人之多。② 闯关东的情况与走西口相类似，逃难的流民是移民的绝大多数人。闯关东中以山东流民为最多，差不多占了总数的三分之二，并以汉族居多，也有一些重返故里的满族人和经商的回族人。这些流民到达东北后，既无资助，又无保护。他们或投旗人门下，或投官庄之中，或深居荒山草原，搭"窝棚"，挖地窖，烧山开荒，披荆斩棘，含辛茹苦，年复一年，聚成村屯，他们保持着自己的方言、生活习惯、文化习俗，极力适应这片荒凉但肥沃的土地，他们成为东北民族的主体。③

（2）商人

明清时期，在蒙古地区做生意的山西商人非常普遍。当时漠南漠北蒙古地区与中原汉族地区之间互通有无的贸易关系从未间断，统治者的"边禁"也无法严格阻止。明代除贡市外，在蒙古地区设有马市，允许蒙汉人民在指定地点进行民间贸易。明政府鼓励商人为边镇驻军运送粮草而给予食盐运销权的优惠，山西商人借此捷足先登。清康熙帝先后于 1690 年、

① ［清］康基田：《晋乘　略》，山西古籍出版社 2006 年版，第 12 页。

② 尚连山：《丁一厚"走西口"略探》，《高等教育与学术研究》2009（12）。

③ 田子馥：《"闯关东"的由来及其历史贡献》，《东北史地》2004（7）。

1696 年和 1697 年三次亲征，最终打败噶尔丹。十几万清军所需粮草要靠当地牧民提供，负责后勤的清军官兵逐渐熟悉了牧民的生活习俗和宗教信仰，掌握了一些蒙语，也精通了以物易物的规矩及商品交换中获利秘籍。战争结束后，一些曾经为朝廷筹办军需的晋籍清兵干脆就留在草原做起生意，成为活跃在蒙古草原上一个空前庞大的群体。其活动的地域南起濒临东海和黄海的福建、浙江、山东诸省，西迄我国新疆，北到中俄边界（现在的俄蒙边界），东到黑龙江入海口，方圆上千万平方公里。同治八年以后，他们越过中俄边界进入俄罗斯，活动范围更是广大，达到横跨欧亚大陆的程度。① 到清代中后期，走西口更是成为晋商学习经商的培训地、资本原始积累的聚财路，在艰辛而漫长的经商实践中，晋商聚积资本，增长历练，总结出一整套经商规章制度，进入道光、咸丰年间后，晋商在完成原始积累、商业规模空前壮大的基础上，顺应埠际商业贸易和大额汇兑的需要，创造性地实现了商业资本向金融资本转变这一质的飞跃，创办票号，使之汇通天下，从而执国内金融业之牛耳。清末，晋商已成为清廷的财政支柱，全国的财政三分有其一。②

随着闯关东的移民数量不断增多，明清山东移民在关外也经营商业和开辟市场形成了一个新的商帮——关东鲁商。其在经营过程中逐渐形成了具有地域特色的商帮，还建立了相互扶持的同乡组织机构——山东会馆。建立于康熙年间的宁古塔山东会馆是目前已知的在关东建立时间最早的山东会馆。会馆由鲁商捐资兴建，为山东同乡提供各种资助，解决了移民安置初期的很多困难。此后，山东移民较多的金州、盖县西河口（今西海农场西河口村）、山东、吉林、营口、哈尔滨、凌源、辽阳等地的山东会馆相继成立，为山东移民规模的扩大提供了可能。③

（3）匪患

在大量由内地向边疆地区移民的自发流动过程中，由于政府缺乏行之有效的统筹规划，也没有采取一些切实有效的措施来保障移民的权益，使

---

① 顾育豹：《历史上走西口的旅蒙晋商》，《档案时空》2009（5）。
② 余同元、王来刚：《关东鲁商》，齐鲁书社 2009 年版，第 1 页。
③ 王俊斌、赵震野：《"走西口"与近代绥远地区的匪患》，《山西师大学报（社会科学版）》2008（1）。

他们能够在移入地尽快恢复正常的生产、生活秩序，因此，部分移民最终走上了匪盗之路。近代以来，由移民运动所引致的土匪群体，具有代表性的为绥远地区和东北地区的匪患。通过研究《绥远通志稿》发现，近代有名有姓、有事迹可考的匪首 265 人，其中可以确认为移民的就达 35 人之多，这其中还不包括早期汉族移民的后代及一些仅知道其籍贯而不知其名，对其事迹也不是很清楚的移民匪首。[①] 东北的移民中也同样有相当一部分人参加匪帮，如著名的东北匪帮——金匪，即是出于私采金矿的民众。《鸡林旧闻录》载："吉林匪患始于前清咸丰之季，见于章奏者，皆称'金匪'。"可见"金匪"是对土匪的早期称呼，而早期土匪从采金工人分化出来的当不在少数。金匪中最著名的就是占据夹皮沟金矿数十年的韩边外祖孙（韩效忠、韩登举）。从咸丰年间开始，韩氏筚路蓝缕，艰苦创业，既采掘金矿，也开垦土地，此外还栽参养鹿，伐木捕鱼，经营地方工商业，在曾经的穷边荒漠中别开世界，管理民众，自成一套社会组织和社会秩序。[②]

（四）反向流动对边疆散杂居格局形成的意义

从前述对历史上中原各族人民反向流动到边疆地区的情况分析，我们不难发现，这种流动使边疆地区的人口构成发生改变，对传统民族居住格局形成了冲击，形成了新型民族关系，既有利于社会经济的全面发展，又有利于巩固中国疆域、领土完整。

1. 单一民族地区逐渐成为多民族散杂居地区

在中国历史上除了中央政权之外，还曾经存在着多个边疆政权，由于传统上历代中央王朝采取将北方游牧民族与中原农耕民族相隔离的统治策略，如自秦始皇起修筑的万里长城，就使多民族交流、混杂居住成为困难，换言之，坚持"华夷之辨"，视夷狄为"异类"，从根本上阻碍了边疆与内地一体化的发展，这也会给我们形成在某一地域只有某一单一民族的假设印象。历代统治者通过有组织的军屯、民屯、犯屯向边疆移民，在主

---

① 李延哲、高洋:《近代东北土匪的嬗变》,《赤峰学院学报》2010（7）。
② 《马克思恩格斯全集》第 3 卷，人民出版社 1965 年版，第 24 页。

观上是为了维护政治统治，客观上却改变了当地人口的民族成分结构；民众处于自愿、自发的目的，大规模地进入边疆开垦荒地，表面上看是离心的运动，其实突破了人为的藩篱，实现了"内外一家"的大一统。因此，中原内地人口向边疆地区的流散虽然不是整个中国历史上人口迁移的主流，但由于这一运动，使得原来由单一民族占绝大多数的地区逐渐成为多民族散杂居地区。

2. 从单一民族文化结构到区域多元文化共享

从内地各民族向边疆的反向流动中，每一次大规模的移民都意味着文化的碰撞，经过无数次的文化摩擦、碰撞和融合，随着生计方式转变、商业往来、族际通婚、语言交流的逐步深入，文化艺术、思想观念和宗教信仰都表现出在一定时间范围内的空前繁荣，而且不断形成新的地理区域，这种地理区域内，各民族在多个领域中的价值取向和价值观念也呈现多元化态势，形成当地区域认同的共同价值观，不断发挥它的辐射力和影响力，这对于我们理解在一定区域内共生的民族如何取得互补共赢至为重要。

3. 从封禁到开发的政策反思

历史上各朝政权对边疆地区都进行了一定的封禁，特别是清朝早期对蒙古草原和东北的封禁政策，客观上抑制或阻碍了流民对边疆地区的开发。一旦放开封禁，便会掀起自愿移民的洪潮，但封禁也不无积极意义。历代有组织的戍边、移民往往只是改变了当地的人口结构比例，还没有对边疆资源造成破坏性的影响，这与适当程度的封禁是有密切关系的。虽然历代统治者是从维护其自身统治的角度出发，但仍然在一定程度上保护了生态环境，延缓资源的过度开发。

第二节　当代散杂居民族生活方式的变迁

生活方式，一般而言，是指不同的个人、群体或全体社会成员在一定的社会条件制约和价值观念指导下所形成的满足自身生活需要的全部活动形式与行为特征的体系。生活方式作为人的生成和需要现实方式具有无限的丰富性，体现为主体和客体、理性和情感、日常生活和非日常生活等的具体的统一，我们研究生活方式就要具体地和现实地把握这种丰富性和全面性。对少数民族生活方式的研究一直是人类学家或民族学家的关注点。散杂居民族的分布情况更为复杂，出现了很多历史上不存在的新情况和新问题。

散杂居民族从传统走向现代，从封闭走向开放，从单一文化走向多元文化，其生活的各个方面如社会生活、政治生活和精神生活诸方式也随之发生变化。按照马克思主义理论，社会变迁的根本原因是生产力和生产关系之间的矛盾，其他原因都是受这个根本原因的制约和影响。社会物质生产力是生产方式内部最活跃、最革命的因素。物质生产力的变化造成生产方式的不断更新，社会生活、政治生活和精神生活也随之发生变化，从而整个社会结构体系也发生变化。

一、当代民族迁移与适应

1949 年中华人民共和国的建立，标志着中国历史从此跨入了一个划时代的新纪元。由于中国共产党和政府实行了民族平等政策和民族区域自治，也由于散杂居民族社会、经济与文化事业的发展，民族间的相互支援和交往更加频繁，汉族和少数民族、内地与民族地区间的人口流动与民族迁徙，使得民族之间杂居和散居程度进一步提高。大致来说，散杂居过程又可分为前、后两个阶段：

新中国成立到改革开放前的计划经济年代，散杂居民族进一步分散在相当程度上受到行政因素的影响。党和政府为了帮助少数民族发展经济文化，同时也为了巩固国防和开发边疆，曾陆续向边疆民族地区组织了一系列各种形式的支边活动。其中规模较大影响、较为深远的主要有：1952—1954 年人民解放军部分驻新疆部队组建生产建设兵团就地"屯垦戍边"，20 世纪 60 年代"三线建设"高潮时沿海部分大中型企业向西南、西北地区的战略转移，60 年代末至 70 年代初中期，北京、上海等内地大中城市"知识青年"奔赴黑龙江北大荒、内蒙古、新疆、云南、青海、海南等沿边少数民族地区屯垦戍边的"上山下乡运动"，等等。而穿插其间的，还有通过历年来的大中专学生毕业分配、退役退伍军人安置、在职人员工作调动以及招工招干等多种方式，向边疆民族地区输送的大批各类专业技术人员、管理干部和精壮劳动力。这些庞大的内地汉族人口进入原来的民族聚居区后，为了适应当地的民族社会生活，往往积极主动地接受当地的民族文化、语言，甚至宗教信仰。

改革开放后，人口迁移再次出现了反向移动。其中占绝大多数的是20世纪70年代末由农民进城而发端，以后迅速扩大蔓延，到90年代中期便已席卷全国并持续至今的人口流动大潮，流向上主要是从农村流入城市，由边疆地区流往内地，由中、西部地区流往经济发展水平相对较高的东部地区，特别是沿海大中城市和"珠三角"、"长三角"等地。在如此大规模的迁移浪潮中，少数民族流动人口数量呈逐年上升趋势，流动形式呈现多样化，少数民族流动人口在一些城市少数民族人口中所占比例逐年提高，从业多集中于商业、餐饮业和旅游业，文化教育水平低，大多倾向于聚居的方式，甚至有着自己松散的非正式组织。

二、影响散杂居民族生活方式变迁的主要因素

历史上，特别是近代以降已经定格化的民族分布状况，使交错居住在各个区域的各民族，经过种种社会变迁，民族文化始终处在对传统不断继承、发展、变化的过程中。作为民族文化的一个重要载体，民族社会生活方式具有重要的研究价值。

事实证明，在各个地区，各个民族不断冲破原有地区和民族界限，在各民族相互扩散、杂居的过程中，族际间的交往越密切，各民族的具体生活方式就越表现出相似性，如长期居住在维吾尔族社区中的汉族人，也可能会习惯于食用当地伊斯兰民族的清真食品；与此相反，长期居住在汉族社区的少数民族在婚丧嫁娶等方面也开始具有汉文化的特点等。因此，对散杂居民族生活方式的研究绝不能仅仅局限于衣、食、住、行、乐等"日常生活"层面，必须摆脱对民族社会生活方式的简单描述，通过回归现实生活世界，寻求解决"生活何以可能"的问题。

一般而言，引起生活方式变迁的因素有很多种。引起散杂居民族生活

方式变迁的主要因素，除了最终取决于社会生产力的发展之外，还取决于自然环境、人口、社会制度、观念、社会心理、文化传播等多方面的影响，它是多种因素相互作用的结果。

(一) 国家政治环境的变化

在散杂居民族社会发展过程中，国家政治环境的变化对散杂居民族社会生活方式产生着重要影响。新中国成立后到改革开放前，政府开展的例如集体化、公社化、"文化大革命"等大规模政治运动，国家与社会的关系基本一体化，传统中的宗族、家族、长老制度等在民族社会中的功能被削弱，社会组织的权威丧失，非政府组织对于社会的缓冲和调节作用被消解，民族社会政治生活基本上就是国家政治生活；在生产劳动方式上，国家对全社会包括物质财富、生存和发展机会、信息资源等全部重要资源及其配置，主要是通过统购统销、户籍制等各种行政权力手段加以控制，抑制了各民族特色经济的自由、自主成长；在文化生活方式上，以"扫除封建迷信"为口号的持续性的政治运动，限制了少数民族传统生活方式的自主选择，不仅使同一民族、同一农村的生活方式趋于标准化，也出现了全国上下整齐划一的模式，传统的宗教仪式、节日庆典、风俗礼仪等遭到了相当程度地弱化；在消费生活方式上，更是由于资源的匮乏而出现消费渠道与消费方式的单一。

改革开放之后，由于国家制度和农村生产经营组织的变革所释放出的社会恢复与重建的能量，散杂居民族的社会生活方式发生了明显的变化。在政治生活方面，民族之间和区域之间社会模式的差异性更为突出，区别性更为鲜明，多样性更为丰富。少数民族社区传统精英的角色类型和社会管理职能的差异等诸多因素，使社会运行及管理方式呈现出明显的族性特征，并在其内部通过传统社会多样化的社会控制模式和资源管理的作用显现出来，如寨老会、习惯法等所发挥的一定社区管理和社会控制职能。国家与少数民族农村社会关系的调整，形成了国家制度的统一性和民族传统的差异性交织、制度权威的刚性权力与民间权威的柔性权力互动等特征，构成了少数民族农村多样化的社会选择、组织过程和控制模式。在生产劳动方式上，通过由单一型"以粮为主"的劳动生产方式，成功转型为"以市场导向为主"的多元产业结构生产方式，散杂居民族农牧民获得自主安排生产劳动时间的自由，生产工具的更新，化肥和农药的使用，农作物或畜牧业的新品种和新技术的采用等基本上都由家庭自主选择。同时，大量的少数民族进入城市后，集中在运输业、餐饮服务业、商业、旅游业等非传统生产方式领域；在文化娱乐生活方面，两种情况的变迁同时在进行着，一方面以民族地区政府组织或支持的民族传统节日恢复并在地方性法规中加以确认为标志，民族文化的复兴运动在政府与民间的合力推动下勃然兴起；另一方面，一些千百年来传承的大众文化和娱乐方式渐渐消亡，淡出人们的视野，年轻一代更倾向于接受各种现代娱乐方式。在物质消费生活方式上，市场经济所带来的产品丰富多样，消费资料种类和消费量增加，商品性消费不断增长，许多少数民族原来生活中几乎没有或比例很低的消费方式如教育消费、文化消费以及新兴娱乐项目消费等，开始出现并在其总消费支出中占有较大比例。总体来看，恩格尔系数在降低，亦即用于食物消费的支出比例在降低，也反映出散杂居民族生活质量在不断提高。

（二）工业革命成果的推广

中国正在驱动着改革的车轮，疾驶在奔向现代化的大道上。散杂居民族生活方式的变迁与现代化的发展密切相关，特别是工业革命成果在城乡人民生产、生活中的利用与发展，使原来基本靠牧业、农业维持生计的散杂居民族社会的衣食住行等生活方式发生了巨大变化，并且各族人民也并不仅仅满足于获得这些维持生命的基本需求。

新中国成立之前，散杂居民族社会是典型的"有机物经济"，几乎所有对人有用的物质产品都来自于动植物。由于有机物的生产受到土地生产能力的制约[①]，人民基本上是"靠天吃饭"，占人口大多数的农民进行劳动和生活时，受到的影响因素主要是耕地的有限性以及天气和季节的变化，工作和休闲的界线模糊不清，两者之间并不存在尖锐的冲突。虽然当时社会中也有手工制造业，但其规模通常比较小，大多是在农作之余，以家庭

---

① E.A. 里格利：《探问工业革命》，《世界历史》2006（2）。

为中心从事一些小规模的自给自足的手工活。新中国成立初期，一部分手工业已经被现代工业所取代，但是还有很大一部分手工业得以保存，这当然是由于手工业生产的分散性，行业较多、经营灵活的自身特点所决定的。

改革开放30多年来，散杂居地区的农业机械的普遍使用，大大提高了生产力。如在改革开放前五年，1980—1985年全国农业机械的增长速度，远远高于此前任何一个时期，农机总动力由1980年的14555万千瓦发展到1985年的20842万千瓦，增长了41.8%；拖拉机由261.9万台、3992万千瓦发展到466.8万台、6106万千瓦，分别增长了78.2%和53.3%，尤其是小型拖拉机和农用汽车增长幅度很大，分别由1980年的187.5万台和13万辆发展到381.6万台和42.5万辆，增长了104.1%和226.9%；此外，农副产品加工机械，如磨粉机、碾米机和榨油机等也有较快的增长。适应种植业需要的小四轮拖拉机、小型播种机、小型收割机、小型脱粒机、小型深耕犁以及旋耕机、秸秆还田机等逐步成为热销产品，一度出现供不应求的局面。到1986年以后，由于农机企业根据生产需要调整了产品结构，逐步富裕起来的农民对农田作业机械的需求逐步增强，农业机械化作业水平也开始出现回升的趋势。农业机械化的发展，冲破了原有体制的藩篱，同时也促成了农业机械经营主体的出现与壮大，使农机专业户走出本村、本县，开展农机跨区域作业服务。据农业部数据显示，1991—2000年的"八五"和"九五"时期，我国农业生产关键环节机械化实现快速突破。2000年，全国精量半精量播种机保有量达到139.64万台，秸秆粉碎还田机保有量达到27.36万台，联合收割机保有量达到26.52万台，分别比1995年增长0.24倍、4.69倍和2.52倍，比1990年增长6.23倍、8.09倍和5.7倍。2000年，全国耕种收综合机械化水平达到30.59%，其中机耕、机播和机收水平分别达到47.75%、25.75%和18.26%。[①]2011年全国农业机械化保持了整体推进、快速发展的良好态势，耕种收综合机械化水平达到54.5%。[②]大机器生产，尤其是农业机械

---

① 张培增：《重大的转折 辉煌的成就——改革开放30年我国农业机械化发展管窥》，《农机科技推广》2008（7）。
② 《2011年全国农业机械化工作会议在京召开》，《农业机械》2012（1）。

化的发展，极大地改变了散杂居民族地区的传统"刀耕火种"的生产方式，加速了散杂居少数民族群众生活方式的变迁。

3. 民族主义思潮的勃兴

各种社会思潮也会对传统社会产生冲击，直接影响着人们的价值观、世界观，进而出现更为多样化的行为选择方式。其中民族主义思潮在中国的勃兴，对散杂居民族的国家认同和民族认同造成了特殊影响，也成为各民族社会生活方式变迁的重要因素。

近代民族主义最早可追溯到 18 世纪的西欧和北美，但至于什么是民族主义，理论界一直没有一个公认的定义，正如美国历史学家和外交家卡尔顿·海斯断言的："对爱国主义、民族性和民族主义的属性和历史的完整且系统的研究，在任何语言中都不存在。"[1] 人类进入 20 世纪以来，发端于西方的民族主义浪潮涌入东方国家。从 20 世纪初期的"亚洲的觉醒"、第二次世界大战后"殖民帝国"的土崩瓦解到冷战结束后的民族分离主义，民族主义先后经历了三次浪潮。这三次浪潮对当代中国的影响是利弊兼有。第一次民族主义浪潮，使中国人建立了自己的民族国家；第二次浪潮促使中国人民在民族团结和民族平等的旗帜下，有效地进行了新中国的建设；而第三次浪潮却由于以"分离主义"为倾向，严重地影响到了中国的国家领土完整与安全、政治社会稳定。

近代以降的中国民族主义的主流价值为"坚持中华民族独立、自主及自尊的、现代的、开放的、理性的民族主义"，但在其演变、消长过程中出现过如下几组类型：以汉族为体认单位的排满思潮和以中华民族为体认单位的反帝思想，或称为"小民族主义"与"大民族主义"；传统民族主义与近（现）代民族主义；族类民族主义、政治民族主义、经济民族主义与文化民族主义；革命性的激进民族主义、自由主义的理性民族主义、保守型民族主义与复古型民族主义。中国散杂居各民族，更多地是接受族类民族主义，这与公民民族主义既有区别，也有着紧密的联系。

在研究散杂居民族的生活方式时，需要把握的重要一点就是，人作为"社会性"的动物，生活在各类社会"群体"当中，必须参与群体的某

---

① Carlton J. Hayes. *Essays on Nationalism* [M]. New York: The Macmillan Company, 1928,2.

种组织形式、遵循这些组织的行为规范、服从这些组织的权力机构。散杂居民族之间的差异性即为各自不同的群体特征的表象，实际上，民族主义的思潮正是 19 世纪欧洲思想家抓住了群体特征在人类生活中的重要性而提出的，而民族的群体特征正是通过民族情感作为社会团结的一个重要来源，民族感情正是通过民族的衣食住行等微观的生活细节逐步形成的特有文化而维持的。因此，散杂居民族生活方式不可避免地因为受到近当代以来的民族主义的冲击和影响而发生变迁。

三、散杂居民族生活方式变迁的主要内容

生活方式的具体内容有很多种，对生活方式作具体考察需要做类型学分析，即从不同角度对生活方式进行分类后再做具体研究。比如从生活方式主体角度可以在社会、群体和个人三个层面对生活方式进行分类研究；从人类社会相继演进的社会形态角度可分为原始社会生活方式、农业社会生活方式和工业社会生活方式以及信息社会或知识社会的生活方式；从人的生命周期角度可以分为少年儿童生活方式、青年生活方式、中年生活方式和老年生活方式；按人类生活的社区和聚集体角度可以分为城市生活方式和农村生活方式等。还可以从性别、民族特点、职业、个人与社会的关系等多种角度作分类。在分类基础上研究领域包括劳动、居住、消费、休闲、社会交往、婚姻家庭以及各种细微的领域和特定的形式表现，如生活风格、时尚和隐私等。

对散杂居民族的生活方式变迁进行研究时，应当注意这样的问题：目前散杂居少数民族的绝对人口数量在 3000 万以上，涉及全国所有市县。如此庞大的散杂居少数民族人口，他们生活、工作区域的自然地理状况、社会经济发达程度、地方公共文化氛围都不尽一致，生活方式自然也呈现出差异性的特点。中国长期以来的城乡二元对立的户籍管理和社会管理制度，使散杂居民族的生活方式存在着城乡的明显差异；另外，还有游离于城乡之间的少数民族流动人口，他们的生存状态和生活方式更是迥异于传统方式。因此，我们按照对生活方式研究内容的一般类型学分析方式，结合散杂居民族人口群体的特征，从政治生活方式、生产劳动生活方式、婚

姻家庭生活方式、休闲生活方式、消费生活方式五个方面进行对该群体生活方式变迁的研究。

（一）社会政治生活方式变迁

政治生活方式，是指处于一定的历史、社会、文化条件下的权利义务主体对政治体系、政治活动过程、政治产品等各种政治现象以及自身在政治体系和政治活动中所处地位和作用的态度与倾向。

传统的散杂居民族社会的政治生活方式具有如下特点：一是政治结构通常为家族宗族结构，即以血缘为纽带，以孝为核心的宗法思想，经各种民间宗教，特别是儒家思想的宣扬和主张，横向渗透到社会生活的方方面面，纵向延续几千年，并成为散杂居民族文化的重要部分。历史上，统治者与政府充分利用了乡村政治文化的这种特点，借助于宗法意识与宗族结构，建构出官民共治的乡里制度，充分利用宗族巨大的内聚力，将国家权力渗透到乡村社会，从而达到对乡里社会和乡里百姓的严密控制，实现有效的乡村治理。二是民主权利机制匮乏。在传统的散杂居民族社会中，政府是通过间接方式管理乡村的，主要是通过培植民间力量沟通社会与国家的关系，但其目的仍是为了获取利益，因此国家的授权是具有强制力的，乡村社会便形成了服从政治管理、认同公共权力的价值取向；另一方面，散杂居民族的个体成员生活在专制统治的最底层，乡村的自治成了乡绅的独裁，农民则没有任何民主和自由可言。民间有限民主实际上被"乡绅势力"所享有。三是通过习惯法来进行社会控制与纠纷调解，政约、乡约、行规、家法等都是散杂居民族社会群体进行认同的规范模式，当其具备社会控制和纠纷调解功能时，即成为习惯法。这种社会规范与少数民族独特的自然地理环境、原始宗教信仰及日常生活方式相适应，调整着少数民族社会自身认可的秩序，特别是散杂居民族地区的各民族，往往会形成一套不同于汉族与其他民族、具有特有地域色彩的与国家法多元并存的规范体系，包括社会组织与头领习惯法、刑事习惯法、婚姻习惯法、家庭和继承习惯法、所有权习惯法、债权习惯法、生产与分配习惯法、丧葬宗教信仰及社会交往习惯法、纠纷审理习惯法等内容，其作为一种重要的社会规范，在社会控制中起着重要的作用，发挥着规范个体行为、维持社会秩序、满足个人人身与财产权利需要、培养社会角色、传递民族文化等功能。

当代散杂居民族社会政治生活方式已经发生了巨大的变化：

首先，宗族虽然在传统的乡村社会中发挥过积极的作用，但它随着社会的变革和政治文化的进步，又会成为社会政治生活的桎梏。新中国成立初期，土地改革和乡村基层政权组织的建立、人民公社的兴起，使国家权力以集体、直接的方式介入了人们传统的政治生活，使所有人都直接处于国家权力的控制之下。在对传统思想进行批判，特别是反对封建迷信和打倒宗族势力的文化整合下，宗族的祭祀功能渐趋式微，宗族教育教化功能衰退，对族人的控制、约束力逐步削弱；农村土地改革的实行，使土地归集体所有，宗族失去了经济功能发挥的基础性条件；和平年代经济的发展、国家政策的扶持，使宗族已有的社会保障功能失去作用，军事防御功能更是成为历史。改革开放以后，社会人口流动加剧，乡村开放程度不断提高，使宗族组织赖以生存和发展的封闭地域空间、安于劳作的人口这样一些基础性结构被打破，国家权力进一步向社会的每一个角落延伸。

其次，个人政治权利张扬的时起时落。从新中国成立初期的民众自觉参与政治运动到政府组织权力的高度集中统一，到改革开放后曾经的政治边缘化，再到当下的"草根民主"中民主精英的争夺，充分表现了民众政治生活的变迁。

最后，作为散杂居民族行为规范之一的习惯法形式，在表达的载体上已经从谚语、诗歌、神话、故事等口头形式换以书面明文，并且能够仿照国家法律的格式；在内容上有些维护民间组织统治秩序、与刑事犯罪相关、部分与民事相关的内容已经消失，有些为了适应生产方式、生活方式和国家政策、法律还出现了一些修改；在法律权威上，也由传统的旧宗族组织与族长、宗教、老人、自然力等转变为在派出所、乡政府与乡镇人民法庭等国家机关的大力支持下的村（居）民委员会及村长的权威。归根结底，散杂居民族对宗族的认识，反映出人们保持着对先赋关系的重视，尽管由于种种原因政治生活发生变迁，但人们依旧在不断地发展新的后天获致的社会关系。从归宿感来看，前者是传统的社会政治归属，后者是现代性的社会归属。

（二）生产劳动生活方式变迁

生产劳动生活方式是生活方式最重要的组成部分，是构成生活方式的基础。尽管人们对生活方式这一概念的理解有广义和狭义之分，但在实际生活中，大多数人都将生产劳动生活方式作为生活方式的一个重要内容，因为它在人们的生活方式中占有十分重要的地位。生产劳动生活方式作为最基本的活动方式之一，它要研究的主要内容包括劳动就业方式、劳动条件、劳动态度与习惯等方面。

从劳动就业方式的情况看，散杂居民族的劳动方式在传统的自然经济基础下，从事农牧业生产。但当代散杂居民族的劳动方式已经有了很大转变：一是在农区，随着家庭联产承包责任制的推行和商品经济的兴起与发展，极大地调动了农民生产积极性，促进了农村的社会分工和农民的职业分化，一大批农民从土地上分离出来，从事工业、运输业、商业和服务业，职业结构日趋多元化，农民的传统身份开始改变。乡镇企业的发展、农村经济的转型、小城镇的建设，改变了农村的传统面貌，使散杂居地区的单一的农业生产方式向多元化行业生产方式转变，并有实现工业化劳动就业方式的趋势。二是一些以渔猎、游牧为主要生计方式的散杂居民族，他们的劳动方式也在发生变化。如有些地区的散杂居民族已经放弃游牧方式，转而通过定居方式实现游牧与农耕并举。三是少数民族流动人口进入城市后，就业类型可以分为普通务工型、特色经营型、盲目流动型、迁徙城郊异地开发型等。

从劳动条件上看，近年来科学技术进入与渗透到散杂居民族生活的各个方面，在生产劳动生活方面也发挥了重要作用。条件差一点儿的乡村即使一时还没有电视、手机、电脑等信息传递工具，但从广播和不断下乡的科技人员等处吸收到许多区别于传统农业的现代化种植、养殖方法和经营手段，开始放开视野看得更远更高，以致富为目标，扬长避短，充分发挥本地各种优势。城市的少数民族流动人口的劳动条件与城市原住民的状况比起来令人堪忧，如没有免费供餐、不提供住宿、缺乏技能培训、劳动保障不足、高危环境下作业等恶劣条件下工作。

从劳动态度与习惯上看，在中国社会转型的大背景下，更多的散杂居民族群众已经从过去那种"种田为吃饭，种菜为换油盐钱"的观点，转变为以营利为目的的积极生产劳动方式，这与国家改革开放政策以来的政府宣传和教育有一定的关系，当然也有极少部分少数民族群众因为自身有一技之长而从祖居的中小城市走进大城市，这一部分人总体来说不是为温饱，而是为了个人理想的追求。需要注意的是，这种追求利益的劳动态度固然会使民族个体、群体和地区经济上实现跨越式发展，但同样也可能造成生活幸福指数的下降。这是个普遍性的问题，这里只是客观介绍劳动态度的变迁，不作价值上的判断。

(三) 休闲生活方式变迁

在马克思理论体系中，劳动居于基础和本源地位，休闲一直处于隐喻的理论无意识状态。劳动与休闲的关系表现为：资本主义社会异化的劳动也是异化的休闲——劳动与休闲相对立；共产主义社会自由的劳动同时是自主的休闲——劳动与休闲直接统一。因此在探讨散杂居民族休闲生活方式的变迁时，把休闲生活方式与劳动生活方式并列在一起进行讨论。

散杂居民族休闲生活方式的变迁表现在休闲生活的内容不断丰富。人们原先贫乏单调的日常休闲生活方式开始发生较大的变化，看电影、电视、录像和开展其他文娱活动已成了城镇及附近少数民族群众，尤其是青年人日常休闲生活的重要内容。农村和牧区的少数民族群众也逐渐以看电视和收听录音机来取代过去靠喝酒谈天、走门串户来消磨时间的传统休闲生活方式。传统节日娱乐活动形式更加丰富多彩，参加节日娱乐活动的人数比过去大为增加，规模逐步扩大，许多少数民族大型的传统节日娱乐活动与物资交流、科普宣传工作结合起来，产生了较大的社会功能和经济效益。也有研究者认为散杂居民族休闲生活方式的变迁由传统粗俗型、游戏型、体育竞技型、节庆型、传统文化型向"集体"时代、"后集体"时代、茶馆时代和家庭闲暇型时代等类型转变。①

---

① 沈再新：《传承与固守：当代散杂居民族生活方式变迁研究》，世界图书出版公司2012年版，第236—251页。

对于城市少数民族流动人口的休闲方式的研究还不够深入，因为这一类群体生活方式与一般流动人口的生活方式差异性小而较少引起研究者的关注。闲暇时间、休闲活动、休闲空间是研究少数民族流动人口群体休闲生活的重要指标。这是因为，一是闲暇时间是自由的时间，是休闲活动的"时间载体"和存在前提，整体生活水平的高低，直接决定着他们对闲暇时间的需要程度，进而决定了闲暇时间的长短；二是休闲活动最本质的特征是它的自主性、自由性、消遣性和参与性，即由休闲者自己来选择和参加，它可以分为消遣型休闲活动、消费型休闲活动、学习提高型休闲活动；三是休闲空间通常可以表现出个人本身社会经济属性及其带来的个人能力的制约，突出的表现就是少数民族流动人口对休闲场所的选择和休闲空间的倾向性。基于这样的分析，我们只能暂时对少数民族流动人口的休闲方式进行一定的理论推演，至于现实中的情况是否与理论预设相一致，还需要进一步的研究。

总体来说，散杂居民族休闲生活方式一直在变化中，从全民的高度整合状态逆向发展，得以充分分化，呈现出鲜明的地方特色和丰富的地方多样性，但依然存在着许多与民族发展不协调的因素。如人们休闲生活时间少，时间利用也不合理；日常休闲生活内容单调贫乏，精神文化生活的层次较低等，这既有各民族传统生活方式中的不合理因素遗留下来的痕迹，也有民族休闲生活方式中新出现的失范行为。

（四）消费生活方式变迁

消费生活方式是指在一定社会条件下，社会成员价值观所导致的满足其生存和发展需要的全部生活动力的稳定方式。社会成员的消费生活方式很多，其中最主要的有三个方面：一是物质消费方式，即指那些满足衣、食、住、行、用等物质消费需要的生活方式；二是精神、文化消费方式，即指那些满足人们闲暇娱乐、欣赏艺术、风俗节日、宗教活动等精神文化消费需要的生活方式；三是交往消费生活方式，即指那些满足人们为增强了解、调整关系和交流信息等所从事的活动形式。通过对消费生活方式的研究，能客观反映人们生活方式的总体特征，可以了解某类群体的社会地位和环境对消费生活方式的影响。

　　散杂居民族消费生活方式发生了很大的变化：首先，从收入状况和消费水平上看，散杂居民族收入状况经历了从新中国成立初期的稍有提高，到"文化大革命"期间的停滞增长，再到改革开放后的大幅提高的变化。同时消费水平亦随着呈正比变化。这符合一个普遍规律：不同的收入水平，具有不同的消费水平，收入水平对消费水平的影响可分为三个阶段：一是收入水平低，食品支出绝对量少；二是收入水平中等，食品支出的绝对量继续增加，所占比重相对下降；三是收入水平高，食品支出的比重和绝对量都将随着收入水平的增长而下降。其次，从消费结构上看，综合饮食、服饰、住房、家庭用具、医疗卫生、教育、文化娱乐、红白喜事、宗教活动等各方面的因素，散杂居民族的消费结构存在着这样的变化：在农村，农业生产性支出占农民经常性支出的一半以上，日常生活性支出主要用于子女上学、看病等，非经常性的大项支出主要是盖房子；城市的少数民族流动人口原来的农业生产性支出被房租、水电煤及食品等基本生活消费替代，总体上体现出消费结构从简单走向复杂的特点，但消费仍然停留在基本生活消费层面。再次，从消费方式上看，已经由物物交换、凭票供应发展到现金货币交易，在少部分人中也有采用现代科学技术方式如信用卡、网上购物等情况。最后，从消费观念和习惯上看，物质消费观念有突出品质、追求时尚的倾向；人情往来方面的消费依旧较多；宗教信仰方面的消费观仍长期存在；消费场所也由居住地附近向农贸市场、批发市场和大型购物超市转变。

（五）家庭生活方式变迁

　　家庭生活方式是人类的一项基本活动，也是社会生活方式的重要内容。家庭生活方式广义上涵盖家庭生活的全部领域，如消费、休闲、交往、婚姻以及各种细微的领域和特定的形式表现方面，如生活风格、时尚、隐私，等等。狭义上主要涉及夫妻关系、家庭结构、家庭规模、家庭职能等。我们从狭义的家庭生活方式概念入手，在总体上讨论散杂居民族在我国经济体制改革和社会变革的背景下，特别是当代工业化和城市化的推动下，产生的变革时期特殊的家庭生活方式，探讨家庭结构、家庭规模、家庭成员角色、家庭观念等呈现出的不同特征。

1. 家庭状况变迁

新中国成立后，散杂居民族家庭的各个方面都发生了变化。首先，家庭结构，主要表现在户数增多，户均人口数相应减少，这也是由于计划生育政策的实施以及封建家庭制度被打破，维系大家庭的家长统治不再存在的原因所致；其次，家庭功能，家庭的基本经济单位功能曾在一段时间逐渐削弱，十一届三中全会后又重新增强，当下又有弱化的趋势；生产功能由新中国成立初期的强化到社会主义改造后的消失，再到经济体制改革后的农业生产责任制后重新恢复；家庭的教育功能弱化；家庭司法功能基本消失；再次，家庭的居住形式有从夫居、从父居、兄弟共居转变成从父居、从妻居、两可居、单独居；最后，家庭关系与传统社会的家族相比，夫妻关系趋向平等、父母与子女的关系更为密切。

2. 婚姻方面变迁

各民族之间、各地区之间在族际通婚、婚姻形式方面存在较大差异，可分为"很少通婚"、"一定程度上通婚"和"与外族通婚较多"三种类型。各民族的婚姻习俗已不仅仅是单一的风俗习惯标准或个人行为，而是一种动态的社会现象，受到特定的社会文化环境、地理环境、人口规模、居住格局和经济发展状况等因素的影响。虽然当代社会族际通婚变得越来越普遍，但仍受到民族分布格局的制约和影响，与聚居民族在族际通婚方面存在一定的差别。散杂居民族由于相互间地域上的交错分布，生活上的频繁交往，各民族互相了解各自的文化特点和风俗习惯，已经基本消除了文化偏见，所以易于形成一种相互交融互摄的区域性复合文化，而且还可能通过广泛的族际婚姻关系加深族群间的关系。如回汉杂居的乡村社区中，汉族妇女学习制作回族的民族食品，回族同胞在汉族过新年时也拜访汉族朋友和邻居，只是不吃他们的食物，不参与他们的庆典而已。当然也不排除还有一种可能性，即由于散杂居民族在其生活的地域，人口相对较少，适龄男女的择偶范围有限，不得不将择偶对象扩展到该区域的其他民族。

族际通婚既存在城乡差别，又有民族间的差别。一般而言，居住在城市里的民族个体成员与外界接触的范围广，接受新事物的能力强，所以相应的族群约束性较弱，对外族的包容性也强。乡村相对封闭，特别是边远地区的少数民族由于处于较狭窄的本民族社会圈内，与其他民族交往甚少，在缔结婚姻方面仍有很强的排他性。总体来看，散杂居民族交往越密切、开放程度越高、宗教信仰越淡化，族际通婚率就越高。

四、散杂居民族生活方式的解读

列宁曾经指出："每一个社会阶层都有自己的生活方式、自己的习惯、自己的爱好。"[①] 这说明，由于各个民族、各个社会阶层的文化根基、风俗习惯、价值观念以及生活情趣不同，就会产生不同的生活方式。散杂居民族在"大分散、小聚居、交错居住"的背景下，生活方式既有共性的地方，也有多元化的倾向，充分体现了各民族之间"你中有我，我中有你"的多元共生关系和互补共赢关系。对散杂居民族生活方式的进一步了解和认识，应当从国家政策、生产力发展、生活观念变迁和民族文化的多元互动等几个方面进行分析、探讨和解读。

（一）政策嬗变中的物质精神二重奏

从总的情况来看，传统中的散杂居民族往往生活在周边强势民族的环境下，无论从政治、经济层面还是从文化层面上讲，少数民族都属于弱势群体。自 20 世纪 50 年代初开始，党和国家组织大批民族研究者和民族工作者深入少数民族地区，对待识别族体的族称、族源、分布地域、语言文字、经济生活、心理素质、社会历史等进行了综合调查和分析研究。在进行民族识别的基础上，对过去几千年来的民族不平等关系不仅在法律上予以否定，在事实上也作出了重大的改变，民族平等已成了根本性的政策，明确地写入了宪法。各少数民族的政治权利能够通过各级人民代表大会代表的选举产生、民族自治地方的建立、城市民族工作条例、民族乡行政工作条例等更好地得到落实。同时少数民族的语言和风俗习惯受到其他民族的尊重，多个方面的利益也有可能得到更好地保障，因此，我国的民族政策在一定程度上可以看作是以民族文化为载体，通过政治身份合法化、经济发展倾斜化，加强中华民族凝聚力，促进民族国家整合的实践过程。

---

① 中共中央编译局：《列宁全集》第 25 卷，人民出版社 1988 年版，第 356 页。

在这样的民族政策引导下，散杂居民族在政治、社会和生活中不再处于封闭、孤立、弱势的地位，同全国人民一道发生着生活方式变迁。新中国成立后，国家通过一系列的政策和法律手段，割断了社会上单个家庭与族群活动之间的社会关系网络，取缔封建迷信活动，革除社会陋习，实行"男女平等"和"婚姻自由"政策，大举消灭文盲，提高人民的文化知识，转变人民价值观念，促使散杂居民族生活方式向革命化的方向转变；人民公社时期，打破了中国传统村落社会自我复制、自我再生、自我循环的封闭运行结构和机制，少数民族传统和风俗习惯受到了无情批判和改造，革命的精神、理想、崇拜、幻觉、道德、秩序被强制输入各民族的头脑里，生活方式实现了政治化、集体化的转变；改革开放初期，少数民族的家庭经营得到了重新认可，统购统销政策解体，多种所有制经济可以共同发展，私营经济成了社会主义经济的组成部分，通过由单一型"以粮为主"的生计模式，成功转型为"以市场导向为主"的多元产业结构生计模式，各民族群众物质生活得到显著改善。20 世纪 80 年代中期以后，城镇化的发展，大量乡村富余劳动力向城市流动，成为乡村少数民族群众提高生活收入的新的增长点。

（二）生产力发展中的现代化步伐

社会生产力的快速发展，使散杂居民族社会逐步迈向现代化，生活方式也出现了内部结构与时间、空间上的变化。

首先，生产力的发展为群众的日常生活提供了日益丰富的生活资料。从时间维度上看，在新中国成立初期，社会主义革命促进了生产力的迅速发展，带来了比较丰富的生活资料，1956 年农业社会主义改造完成时，全国农民大体上有 20—30% 过着略有积余的生活；60% 左右过着有吃有穿的生活；10—15% 过着少吃少穿的生活。平均起来每个农民一年的农业生产净收入有 70 元左右，合到每个农户一年的收入有 300 元左右。① 改革开放之后，中国的经济体制改革促进了生产力的飞速发展，人们的生活资料日渐丰富，居民收入显著提高，人民生活明显改善。随着收入的大幅度增

① 周恩来：《政府工作报告》，《人民中国》1957（14）。

长，人民在正常消费之后的结余货币越来越多，为居民生活消费上质量、上档次创造了条件。在散杂居民族地区群众的日常生活中，20世纪80年代以前，家里情况好点的可以拥有广播、手电、电灯等电器。20世纪80年代初期，一些家庭购置了黑白电视、双缸的半自动洗衣机或者单缸而没有甩干功能的洗衣机、单门的冰箱等。20世纪80年代末至90年代前期，一般家庭增加了固定电话，电火盆代替了碳火盆作为取暖工具，做饭有了电饭煲和高压锅；更换性能更好的洗衣机——全自动单缸洗衣机代替双缸半自动或者纯单缸洗衣机；电视——不仅画面不再是黑白而是彩色以外，屏幕的大小功能等也大大改进；冰箱已升级换代。20世纪90年代中后期到世纪之交，大家不再为了打电话守候在家里的固定电话旁——可以随身携带的联络工具，如BB机、大哥大、手机等已经先后出现在个人手中，个人电脑——14寸左右屏幕的奔腾或联想、苹果——进入家庭，摩托车、小轿车也开始代替自行车成为人们的代步工具，电暖气、空调等代替电火盆，电视、冰箱、洗衣机等继续翻新。进入21世纪以来，家用电器和休息娱乐用品更是按照"更新、更方便、更快"的原则不断推陈出新。

其次，生产力的发展，改善了生活方式的内部结构。在生产力水平较低的情况下，生存资料占很大的比重。改革开放前，在绝大部分散杂居民族生活中，基本生活资料支出这一部分几乎占了90%以上。在贫困的农村，全部生活资料都用于吃穿的生存部分。如今各族群众开始了从吃、穿等基本生存资料为主向以用、住、行、玩等发展和享受资料为主的转变。

最后，生产力发展改变了生活方式的时间结构和空间结构。在生产力低下的情况下，人们必须以大量的时间去从事生活资料的生产，闲暇时间很少，且主要依附于工作时间，用于恢复劳动时被消耗的体力，维持劳动力的简单再生产。生产力提高之后，闲暇时间的增加以及在很大程度上摆脱了对经济因素和生产的依赖，人们开始将闲暇用于娱乐、发展个人的才能、用于艺术享受等。同时生产力发展也改变了生活的空间结构，随着地区间交通、通信的日益发达，社会交往的对象和范围越来越具有广泛性和开放性。交往对象的数量、思想暴露的真实性、交往速度的快捷性、内容的丰富性方面，都有了前所未有的突破，这对于现代族际关系的发展变化至关重要。

（三）生活观念变迁中的需求与动机发展

日常生活活动中，人们的世界观、人生观、价值观、道德观、审美观等作为主观精神因素共同对生活方式发生着重要作用，并集中地通过生活观念、生活态度表现出来。生活观念的核心内容是对生活的意义、价值的认识，决定着人们的生活取向、生活样式，成为人们实际生活的思想指导。传统的散杂居民族社会中，个人的生活观念更多的来自自身的需要，这是人们生活活动的原动力，也是人们确定生活目标、生活原则、生活态度，进行生活方式选择的现实起点。

传统的散杂居民族往往以"大杂居、小聚居"的方式居住在一些山区、草原和乡村。这些地区的生态特点是山高林密，交通不便，环境闭塞，条件恶劣，但生态环境相对保持得较完好，生活方式显得原始而古老，因此文化传统会突出地表现出人与自然界的密切联系，散杂居少数民族的生活方式之所以深受宗教信仰观念的支配，这是民族意识活动中反映的人类繁衍和生存需要所使然。进一步来看，在少数民族社会中普遍存在着自我满足、安于现状、民族自卑感、轻商贱利、封闭保守、原始平均主义、因循守旧、故步自封等传统思想，无不与其所感受到的自身存在状况有着密切关系。

散杂居民族生活观念的变迁，一般都始于对自身存在状况感受的改变并且敏锐地觉察到个性需要得到尊重。生活观念的变迁，直接影响着生活方式发生变迁。当前散杂居少数民族对未来发展期望值普遍增高，消费观念正从传统向现代转型，这些变化促使散杂居少数民族追求生活质量，重视自身素质的提高，有了投资意识；择偶标准更加注重个人的条件，感情因素日益上升，族际通婚现象增多；老年人与青年人在宗教信仰上出现分野。

（四）多元文化互补的趋同存异

从散杂居各民族的发展历史来看，由于各自所处的自然环境不同，产生了各具特色的经济文化类型，形成了各自的优势。虽然各民族人口有多少之分，发展有先进与落后之别，但在每一个民族的形成发展过程中，都离不开兄弟民族之间的互通有无、取长补短、互补共赢。散杂居民族在一定区域内交错杂居，山水相连，血脉相通，随着民族间政治、经济、文化、人员交流的日益频繁，在生产生活中自觉地相互学习交流。这种文化共生的特点决定了多元文化之间具有兼容性，产生了自发性的多元文化互动。散杂居民族自身的民族文化在外来作用下经历一个从无序到有序的过程后，会将自身调适到一个适应的状态，这是一个不断调适的过程，也是民族间相互吸收相互借鉴的过程，最终形成了你中有我、我中有你的民族关系复杂网络结构。各民族自身虽然极力维护着自己的族群记忆，但族群边界日益模糊。有些少数民族放弃了自己的语言，有些少数民族个体会讲多种语言；和其他民族通婚，民间宗教信仰交互并存；民族节日的交汇庆祝等，实际上都是为自己民族的发展创造一个良好的生存环境。从风俗习惯上看，散杂居民族在交往过程中表现出良好的文化互动，各民族能够主动地学习其他民族的文化，又能保持自己的文化特征，总体趋势与当地民族日益趋同；从生产方式来看，散杂居民族的生产技术、生产方式是本地域各民族共有的，尤其是农业生产模式更表现为区域性的特点。

第三节　散杂居民族的发展规律

中国民族迁移和民族融合的过程，自中华民族文明的兴起开始，经历了古代、近代、现代三个时期的发展，今天这一过程仍在继续，并且更加深入和广泛。除了自然与社会、经济与政治、人口与文化等诸多引起各民族散杂居化的原因以外，当代散杂居民族的发展之路大致遵循以下规律，即市场经济条件下的散杂居民族分布更为广泛、文化相对主义下的多元文化兼收并蓄、民族心理适应逐步增强、民族摩擦和矛盾仍将在一定范围内存在。

一、经济生活中适者生存的永恒定律

在现代生活中，任何一个组织和个人都无法脱离周围环境而孤立存

在。民族作为一个人类共同体，必然要受到经济、政治、文化等环境因素的影响。在市场经济下，散杂居民族社会也必将按照经济生活中适者生存的永恒定律来调整自己迈向现代化、城市化的步伐。

（一）散杂居民族对新经济环境的适应

我国多民族散杂居区格局的变迁，实质上是一种国内跨区移民现象，是各民族由传统的农林渔牧业经济向城市工业化多元经济和高度文明发展的必然结果。从历史脉络中分析，散杂居民族为了适应新的经济环境进行了一系列由生计模式与市场关系的相互作用下产生的经济变迁。如畲族先民在古代迫于生存压力从繁衍生息于闽、粤、赣交界处的广袤山区，历经近千年的游耕与迁徙，才陆续定耕于东南山区，与广大汉族交错杂居。纵观畲族千年的民族迁徙史，实际上是一部从游耕逐渐向定耕转型的变迁史，也是一个从聚居地向定耕点持续渐进而又分散多样的散射式过程。期间既有聚居区向周边山林扩散、渗透式的游耕，也有长途迁徙、远距离跋涉式的游耕，还有在选择定耕的区域后为寻找适宜的生存点或为农作物休耕而进行的局部式、短暂性游耕，或者在定耕若干时期后，在资源和人口压力下，继续做远距离的游耕，直至寻找到理想的定耕点。再如，正是京杭大运河作为漕运大动脉，适应了回族商本农末的从业需求，对我国回族成长起了滋润、培育、催化作用，这也是回族先民不断适应连续变动的经济环境的写照。

在具有中国特色的市场经济发展过程中，民族的散杂居分布格局进一步扩大，随着少数民族流动人口越来越多，民族成分将会越来越复杂。从人们的主观愿望分析，这种人口流动是主动追求文明、向往幸福的表现。但从国家、社会的角度分析，随着产业结构调整、城镇化进程加快和科技创新重大建设项目的开发和应用，少数民族人口流动与转移人口作为人力资源市场的调节因素，给经济和社会发展带来了巨大的活力。同时，民族地区的发展对散杂居区域民族的影响将会增大。这不仅是因为民族地区在开发的同时，可能会吸引更多的散杂居民族人口，也因为散杂居区域的民族经济在整个国家政治经济生活中的地位，与民族地区的发展和繁荣有着直接的联系。未来散杂居区域民族与民族地区的发展，在某种程度上可以说是齿唇相依，共荣共辱，他们之间的互动影响必定会增强。由于少数民族和民族地区的发展还相对落后，政府有意识、有目的地针对广大民族地区人口超载，生态失衡，存在较多难以根本改善的不利条件的情况，进行有组织的劳务输出和行政移民，不断调整各区域的人口比例，逐步、适度、有序地引导边疆地区的剩余劳动力和人口更多地向外部转移，以减轻人口压力，促使人口、经济和生态环境早日走向良性循环。

（二）经济导向促成少数民族人口流动新态势

改革开放以来，步入了城市化快速发展的时期，我国城市化水平已从 1990 年的 18.96% 提高到目前的 43%。其中，中东部地区城市化水平高于西部地区，如 2000 年东部地区的城市化水平为 44.6%，中部为 33%，西部则为 25.5%。据预测，2020 年中国城市化率将会从 43% 增加到 55%，到 2030 年时，中国城市化率可能会达到 62.5%，城市人口达到 9 亿—10 亿间。① 如此快速的城市化进程必然首先表现为人口的大规模迁移和集中的过程，是由于农村的强大"推力"和城市的强大"拉力"共同作用的必然结果。城市化的"推力"主要有两个方面：一是农业劳动人口迅速增加与农业主要生产要素——土地资源有限性的矛盾，迫使农业人口向农业以外的产业部门转移；二是农产品收入弹性较低的现实，促使农业劳动者向非农产业转移。"拉力"主要表现在：城市经济的发展和规模的扩大，尤其是第三产业的发展所带来的较高的收入水平、更加方便和舒适的城市生活等。

在城市化的浪潮中，民族地区人口迁移规模持续增长，1990 年 7 月 1 日到 2000 年 11 月 1 日，民族地区人口迁移总量呈现增长的趋势。1990 年内蒙古人口迁移总量为 84.33 万人，到 2000 年该自治区人口迁移流动总量达到 433.2 万人；广西 1990 年人口迁移总规模为 120.53 万人，2000 年为 567.64 万人。另外，省内迁移规模远远大于省际迁移规模。例如，2000 年内蒙古自治区外省迁入人口 54.79 万人，迁出人口 50.46 万人，迁入明显大于迁出，与 1990 年的"流出大于流入"形成了鲜明的反差。在

---

① 　李吉和：《近年来城市少数民族流动人口研究综述》，《西北第二民族学院学报》2008（3）。

少数民族人口流动的方向上，首先表现为乡村向城镇流动。如 2000 年内蒙迁移流动人口中，现住地类型为市、镇、乡的比重分别为 39.26%、37.22%、23.52%，市镇比重达到了 76.48%。从内蒙古迁移流动到其他省区的 50.46 万人中，现住地为市、镇、乡的人口比重分别为 34.10%、40.99%、24.91%，市镇比重达到 75.09%。从省外迁移流动到内蒙古的 54.79 万人中市镇比例也高达 69.08%。[①] 其次，表现为由民族地区流向东南沿海城市的趋势日益明显。例如改革开放以前的山东东部城市少数民族人口极少，近 30 多年来，随着经济的快速发展，特别是胶东半岛几个沿海城市，既是我国与韩国交往的海路和航空要道，也是韩国投资建厂的重点区域。青岛、烟台、威海先后有近 6 万朝鲜族人口由东三省迁来落户。利用自己会说朝语、懂朝鲜族风俗及饮食习惯、便于沟通等优势从事各种职业。从总体上看，上海、北京、广州、武汉、深圳等东部地区大中城市和沿海城市都是少数民族流动人口集中流入的地区。北京市 18 个区县都有少数民族人口居住和生活，而且每个区县都有 14 个以上的少数民族。一些城市少数民族传统社区如郑州市的管城回族区、武汉的广益桥等地，都是少数民族人口相对集中的地区。此外，随着城市旅游业的发展，一些大中城市注重开发少数民族人文景观，兴建了民族园、民族村、民俗村等景点，招收大批少数民族人员，也促成了一些城市少数民族相对聚居的情况。

二、文化生活中兼收并蓄的多元特点

散杂居民族长时间的与周边各民族频繁进行经济、政治和文化上的交流，形成了一种特殊的多种文化兼收并蓄的特点。在很多情况下，民族的外在特征似乎已与当地民族融合为一体，如回族没有自己的语言，满族几乎与汉族没有差异性，广泛的族际通婚等；但仔细观察，散杂居民族的文化内核依然保持完好，亦即民族意识在一定时间内不但不会消亡，相反会

---

① 陆杰华、肖周燕：《新时期民族地区人口迁移的现状、问题与对策》，《人口与计划生育》2007（9）。

更加自觉并与行为同步。

(一) 保持本民族文化内核

费孝通先生曾指出，"民族是一个具有共同生活方式的人们共同体，必须和'非我族类'的外人接触才发生民族的认同，也就是民族意识"。[①]这说明强烈的民族意识往往产生于族群的具体交往过程中，散杂居少数民族的民族意识相对于聚居区少数民族来说更具有自觉性。

散杂居少数民族进入汉族地区，在脱离本民族的居住与文化环境的情况下，不自觉、无意识地会与当地主流文化进行比较，这使得少数民族所保留的民族文化传统、宗教信仰反映到心理上的暗示会更加强化，民族自我意识不断增强。在多民族散杂居地区，当一个民族共同体的众多外显性特征正在逐步消失的时候，其内隐性的民族情结和民族意识并没有隐退和消失，反而转化为民族记忆和民族意识的沉淀，其中本民族文化内核的保持是民族意识得以存在的重要方面。以回族为例，一般在聚居区的回族人把自己以清真寺为中心的区域称为"哲玛提（Jamaat）"，即传统回族社会的基层宗教社区，除具有普遍社区的特征外，更多地依靠共同宗教文化的维系，这对于几乎全民信仰伊兰教的回族而言，其成员的认同感在最大层次上与伊斯兰教的普世性相联系。在散杂居地区，如广州的穆斯林由以清真寺为穆斯林暂聚区域发展到家庭型或家庭联合型、公司型或公司联合型、清真餐厅型、学生构建的哲玛提、国内外旅行宣教团、网络哲玛提等多种形式，基本上实现了散杂居地区穆斯林社区从地域到精神的转换。由此可见，尽管历史上的穆斯林社区业已在新中国成立后的计划经济、"文化大革命"，以及改革开放的驱动力下完成了解体过程，但无论现代化的冲击力多强，城市可提供的文化生存空间多大，保存了虔诚信仰的穆斯林都会在不同的文化生存空间中寻找维持伊斯兰信仰的方式，保持着本民族文化的内核。

另一方面，汉族进入少数民族地区混居或杂居，也会顽强地固守着本民族的传统文化，形成"文化孤岛"。历史上汉族移民进入少数民族区域

---

① 费孝通：《中华民族的多元一体格局》，《北京大学学报》1989（4）。

后，形成了一些为数不多但发展比较特殊的、具有或保持着某些独特汉族文化特征的社区（群体或村）。这些社区或群体与周围的社会人文环境不同，人也处于相对的少数。然而，汉族"孤岛"在与周边少数族群文化的互动过程中所形成的共生关系才是"孤岛"文化心理场形成的基础。它是一种文化涵化过程中的特殊现象，没有导致涵化过程中常见的"同化"、"融合"，或者是"抗拒"、"冲突"，而是在差异中保持平衡。

由此可见，散杂居民族社会在发展过程中，各民族的认同感通过自己本民族的文化内核进行内心体验，同时又常常以民族群体或个人间联系的方式表现于外部，内核保持和外部表征持续发生着相互作用。

（二）吸收相邻民族文化习俗

散杂居少数民族保持本民族文化内核的同时，不断吸收相邻民族文化和习俗。例如，武陵山区是个典型的多民族散杂居区域，历史上该区域是百濮、百越、巴人等几大族群生存繁衍的地带，现在仍然分布着土家、苗、侗、瑶、仡佬、维吾尔、回、蒙古、白、汉等30多个民族。在这样一个多民族地区，本土民族民间信仰、汉族地区的信仰和外来宗教相生共存、相互借用、和谐相处。武陵山区各民族既信仰三清四帝、关帝、火神、禹王、孔圣、鲁班、张飞、妈祖等汉族神仙，也信奉向王、梅山、傩公傩母、佘氏婆婆、鹰氏公公、彭公爵主、向老官人、田好汉、大二山神等土家族神祇，还敬奉飞山公、杨泗将军等侗族神祇，膜拜盘瓠等苗瑶神祇，敬本主等白族神祇，信仰真主、耶稣、观音等外来神。虽然有的神祇起初具有一定的民族性，但大多数神祇成为当地各族共同信奉的对象，更多地体现出地域特征。各民族信仰的多元性，既是文化多样性的重要表现，也是各民族吸收其他民族文化的结果。当然，我们也不能够忽视在特定历史时期，强势民族对弱小民族的文化移入。由于文化力量对比悬殊，当这两种文化接触时，常引起弱小民族的文化紧张，从而在实践中有可能主动调和，也有可能反抗或期待某种超自然的神秘事物重新确定社会秩序，甚至还会出现弱势文化对强势文化的顽强抵抗，并以流血事件的形式爆发。散居的民族为谋求自身的生存，往往会在文化碰撞中主动适应。如鄂西南的散杂居侗族通过碑文、谱书、民族英雄传说、节日仪式等保持着本民族文化的记忆，同时在生产生活方式、语言、居住、服饰等方面很快接受了当地土家族、汉族的文化；从云南大理迁到桑植的白族和从新疆移居到湖南桃源等地的维吾尔族，也充分体现这种文化适应的策略。

不仅仅少数民族会吸收当地汉族的文化习俗，散居在少数民族地区或社区的汉族也在吸收着当地少数民族的文化习俗。例如，广西自治区东兰县花香乡一带的汉族人普遍使用壮话进行交流，不但与壮族交往时讲壮语，即便在汉族人之间，甚至在家庭内也操壮语；壮族的一些风俗习惯如饮食、节庆、丧葬、宗教习俗也逐渐浸透到汉族人的生活当中，成为当地汉族人的习俗及其文化的组成部分。再如新疆塔城、伊宁等市的混居社区中，各民族在相互交往的过程中，语言词语相互借用，少数民族语言中有不少汉语借词，汉语中也有少数民族语借词，伊宁汉族的口头语中，巴郎子（小孩）、达当子（父亲）、阿旁子（母亲）、阿康子（哥哥）、羊冈子（嫂子）等词源于维吾尔语；很多汉族居民的生活习惯逐渐接近穆斯林的习俗，社区的房屋基本上都有少数民族元素的设计，等等。这种现象表明，不同民族的人们在日常生活中，采取了有利于或加速彼此理解的语言形式，在文化习俗等方面不自觉地向对方学习，客观上缩小了文化的距离感。

正如林耀华先生所言，"文化各异的民族群体之间接触时间越长，面越广，交往越深，相互采借的东西就会越多，他们的文化相似性就会越大"。[①] 随着散杂居民族族际交往广度和深度的不断扩展，各民族一方面以各自的文化背景为依托构筑社会网络，同时也接受来自其他民族文化的濡染，这已经成为一种必然性的存在。

（三）族际通婚的文化适应

在研究散杂居各民族的文化互动中，还有一个重要的微观问题需要探讨，这就是族际通婚家庭，尤其是家庭内部成员之间的文化适应问题。

家庭是社会的基本组织细胞，家庭成员关系融洽与否是社会和谐的微观具体表现。由不同民族，特别是原有文化差异较大的民族成员组成的家

---

① 林耀华：《民族学通论》，中央民族大学出版社 1997 年版，第 397 页。

庭，其家庭生活往往面临着与单一民族家庭相比不同的问题，表现最突出的就是不同民族文化的相互适应问题，这会在夫妻之间、代际之间及其亲属的日常互动中表现出来，对家庭成员内部关系产生影响。一般而言，带有不同文化背景的族际通婚，家庭内部文化上的流动会呈现出多元的状态。族际通婚家庭成员间的文化适应主要包含家庭语言的选择和使用，在物质生活、行为礼仪、价值观念等家庭习俗方面的相互适应，以及宗教信仰上的多元共存。

家庭语言的选择和使用存在着三种情况：第一种情况是夫妻双方在母语上存在语言差异，一方对这两种语言都掌握，那么家庭语言就会采用夫妇双方都熟悉的语言，这种情况需要只懂自己母语的一方要去学习对方的语言，否则无法与对方的家属交流和沟通；第二种情况是双方掌握彼此的语言，这个家庭语言就相对比较随意，可以轻松交流，不会造成与对方亲属、子女的交流障碍；第三种情况是借用第三种言语作为家庭语言，这样的家庭在后代使用语言上，母语将会逐步淡化、消失。

在家庭习俗的各个方面，族际通婚家庭也存在着文化适应问题，特别是文化差异较大的民族成员间表现得更为明显。

首先，在饮食习俗上需要适应。因为饮食不仅仅具有解决填饱肚子等生理需要功能，还具有维系亲情、情感联系以及社会交往的功能。这一点突出表现在穆斯林民族与非穆斯林民族的族际通婚家庭当中，即家庭中如何遵从清真饮食的禁忌问题。例如，在西北的穆斯林和非穆斯林民族的混合家庭中，大多数穆斯林与非穆斯林民族的混合家庭都采取穆斯林民族一方的饮食习俗，因程度不同可分为五种情况：第一种是全家都食用清真饮食，包括非穆斯林一方亲属；第二种是全家在社交场合及家庭内部坚持清真饮食，但不拒绝到非穆斯林一方父母或其他至亲家吃饭，亲属家为他们所备食物不能有禁忌食物；第三种是全家在公众场合遵守清真饮食的规定，但在家庭生活中非穆斯林一方，尤其是未成年的孩子偶尔也会破戒；第四种是穆斯林一方不吃禁忌食物，但并不忌讳桌上其他菜肴中有此类食物；第五种是全家完全依从非穆斯林一方的饮食习俗，小家庭内部没有饮食上的冲突。

其次，行为礼仪上，因为事关是否能够得到对方族内认可和同族社会中地位的问题，因此不同文化的适应有时取决于当事人的态度。一般而言，传统风俗礼仪繁复的一方难以被适应，而相对简单的礼仪更容易被接受，总体趋势是由复杂的礼仪程序向简化和方便发展。

再次，对于各民族差异性较大的丧葬仪式，在不同家庭也用不同的方式满足死者愿望和生者期望，可以是各自采用本族的丧葬方式，回归本族社会；也可以用本族方式送入对方民族的墓地，并接受对方民族的祭祀礼仪。

最后，族际通婚家庭成员的价值观念往往与宗教信仰有关。宗教信仰因其固有的精神信念的特性，有可能在婚前就出现一方皈依另一方宗教，婚后遵循该宗教信仰所衍生的风俗习惯的情况，但有时也会出现家庭内部多元化信仰的情况。

需要强调的是，族际通婚家庭中的文化适应，不是一方战胜另外一方的冲突性斗争，只能是妥协后的折中。这里同样会出现两种情况：一方面是家庭成员文化上的不断适应会带来新的文化因子，多元文化在家庭中实现整合，随着共同生活的延续，成员的彼此适应越来越成为一种不自觉，最终就成为一种习惯；另一方面，家庭文化并没有使成员的文化发生整合，反而受宗教信仰的影响而显得民族边界更加清晰。族际通婚的后裔对文化的价值取向和民族的认同，也会随着子孙后代的代际传播，呈现出多样的情况，但毫无疑问，在不同文化的碰撞和适应中，不同文化间的沟通与借鉴、不同民族间的理解与和解将越来越成为可能。

三、散杂居民族发展规律的深层因素

(一) 经济需求是文化需求的基础

当代散杂居民族的文化需求已经发生了变化，主要表现为文化利益和文化权利意识开始觉醒、由单一性向多元化方向发展、对都市文化和现代文化生活的向往日趋强烈、对传统的民俗文化活动的兴趣正在逐步降低。同时，将民族文化产业化、市场化，成为少数民族满足自身文化需求的重要途径。这固然与政府对少数民族享有的文化权利给予前所未有的重视有关，但在市场经济条件下，更能说明经济需求往往是文化需求的基础。

一是少数民族文化是含金量很高的旅游资源，能够产生巨大的经济效益和社会作用，可以在民族地区（包括散杂居地区）经济发展过程中发挥巨大的作用，甚至成为旅游业的支柱产业，因此少数民族传统文化的复苏，在一定条件下成为满足人们经济需求的工具性表征。

二是经济需求的满足达到一定程度必然要外显于文化需求。在物质文化生活匮乏的传统社会，社会比较封闭，流动性不强，以及受生产力水平、科技水平的限制，人们即使有多种文化需求的欲望，但现实的文化活动也是比较单一的。改革开放以来，大部分少数民族群众已基本解决温饱问题，随着教育水平的提高、物质生活的改善，文化需求正在向多元化、个性化发展，听广播、看电视、上互联网、看书报杂志、体育健身等现代文化活动也越来越成为他们生活中的重要组成部分。

三是都市文化和现代文化具有强烈的吸引力。散杂居民族传统文化是各族人民在长期的生产、生活过程中创造出来的物质和精神成果，但其社会发展水平相对还是比较落后，都市文化和现代文化如现代的通信工具、电子产品、交通工具等无不吸引着发展中的各族人民。对现代文明成果的享受是建立在经济基础之上的，近年来的各民族群众越来越不满足于祖辈原有的生活方式，纷纷外出打工、求学、经商，并通过经济需求的实现，享受现代文明成果，同时把都市和现代文化带回了贫穷落后的地区，逐渐成为少数民族文化需求的重要内容。

四是民族文化需求得到满足的重要途径是实现文化产业化、市场化。在散杂居民族社会的基层社区层面，即使其生活、生产水平相对落后，根据已有调查结果来看，群众的文化需求依然是强劲的，这就需要发挥市场机制的作用，通过发展文化产业对当地群众不断增长的文化需求进行回应和满足。

（二）各民族教育水平的互动式提高

散杂居民族在发展过程中，"作为有着共同文化的民族或共同文化群体的民族集团进行的文化传承和培养该民族或民族集团的成员，一方面适应现代主流社会，以求得个人更好的生存与发展；另一方面继承和发展本民族或本民族集团的优秀传统文化遗产"① 的民族教育在互动中得到了不同程度的提高。传统上依靠家庭和宗教教育实现对族内群众的文化教育,以教义的各种经典和宗教功课为主,与现代科技教育难以并轨。新中国成立初期,散杂居民族地区由于享受民族政策少、文化水平总体较低、教师素质不高、群众思想观念落后以及学校基础设施陈旧等问题,相对处于一个缓慢的发展阶段。20 世纪 80 年代以后渐渐走上正轨,在办学条件、办学质量、普及程度等方面都有了显著提高,特别是 1992 年 11 月 2 日,国家教委办公厅发布了《关于加强民族散杂居地区少数民族教育工作的意见》后,散杂居地区的民族初等教育、中等教育普及率节节高升,高等教育事业也从边缘走向核心。除了政府的重视以外,主要还是中国产业升级换代、迅速发展的城市化大背景给各族群众提供了许多前所未有的发展空间,促使他们积极地学习和掌握现代科学技术、管理、社会科学、法律等领域的知识。散杂居民族由于居住的格局和义务教育的强制性,往往依托于当地汉族教育,这些学校采用全汉语教学、全套的人教版教材、九年义务教育模式,教育内容、教学语言、教学方法沿用主体民族的模式,这使得散杂居民族成为现代学校教育的受益者。散杂居地区不仅有学校教育,还有着民族性的社区教育、经堂教育和家庭教育,因此,使用多种语言进行日常工作的现象非常多见,这也给不同文化背景的各族群众提供了客观上的相互学习的机会。总而言之,正是散杂居各民族教育水平的互动提高促成了良好的民族关系,也使大多数人认识到保持人类文化多样性的重要性。

(三) 心理适应能力的被迫性增强

散杂居地区的民族面对着巨大的社会变迁时,态度、价值观、思想等心理状态也在发生着变化,以适应飞速前进的社会经济发展;在各民族相互交往和社会发展过程中,不仅需要在不同文化间进行适应,其个体心理适应能力也需要不断增强。例如,关系到苗族历史命运的大迁徙,有的说有四次,有的说有五次,还有六次的说法,但自从有了大迁徙,就有了离

---

① 滕星:《20 世纪中国少数民族与教育》,民族出版社 2002 年版,第 246 页。

不开"住山头"的生态命运。相类似的生态环境，也造就了这个民族的心理认同：要生存，就要适应环境。迁徙中造成的分散和繁多支系，促进了自我意识和凝聚力的发展，也造成了自治自立意识的涣散；生态的独特性形成了苗家人抗拒外力征服，封闭性地自我发展的模式。这是少数民族对生态环境的心理适应。除此之外，心理适应还包括对不同质文化的认知、对生活环境、生活习惯变化的适应，解决价值观念的冲突等一系列问题。散杂居民族无论在历史上还是当代社会变迁中，往往都会经历冲突→矛盾→调整→适应→提升→平衡的复杂过程，这是因为传统上形成的生产和生活方式的定势，使得他们在面对新生事物出现时，为避免自己内心承受巨大压力而固守原有的生活方式，又会由于社会变迁的趋势使大众不断醒悟，从社会现实和个体之间的关系中寻找生存契机，积极应对现实。

在民族交往过程中，交往的民族和成员之间是一种相互影响、相互作用的互动性活动，这就需要对彼此的认知、彼此的情感体验以及在此基础上所形成的交往方式。这样一种交往方式，是属于跨文化交往的范畴。跨文化适应比一般适应更为复杂，更为艰难。在不同文化接触过程中产生的适应困难与应急，往往受到各种个体与社会因素的制约，诸如性别、年龄、民族、自尊、认知风格、文化认同，等等。不同民族由开始接触时的新鲜感，到开始感觉文化差异引致的心理困惑，到否定不同质文化产生攻击性倾向，再到承认文化差异的存在而使自己尽量与环境协调，最后自觉担负社会职责，这正是现代散杂居民族发展中的心理脉络。

第三章 散杂居民族关系的宏观考察

第一节 散杂居民族关系的理论视野

一、西方族群关系分析范式

（一）族群认同理论

在民族学、人类学对族群的研究中，族群认同被视为一个主要的内容。在当今全球化的场景中，世界、政治、经济、文化力量的格局正在发生变化，不同的族群正在纳入统一的世界体系中，由此也带来了巨大的心理和文化距离。族群认同的需要越来越强烈，并且被赋予了新的内涵。

1. 族群认同的概念

认同这一概念最早由弗洛伊德提出，他认为认同是个体与他人、群体或被模仿人物在感情上、心理上趋同的过程。① 对这一概念的发展有着重要贡献的是埃里克森，他使用"自我同一性"这一全新概念，把认同进一步划分为个体认同和群体认同两个不同的层面。在随后的研究中，族群认同逐渐从社会认同研究领域中分化出来，得到了较高的关注并迅速发展。

美国心理学领域族群认同的重要研究者菲尼认为，族群认同是一个复杂的结构，包括对族群的归属感和承诺、对族群的积极评价以及对族群活

---

① 车文博：《弗洛伊德主义原著选辑》，辽宁人民出版社 1988 年版，第 375 页。

动的行动卷入。[1] 社会认同研究专家泰弗尔给出的定义是：族群认同是一个人的自我概念的组成部分，这一部分涉及他是某个社会群体（民族）的成员身份的知识，以及与这种成员身份相关联的情感和价值意义。[2] 作为人类学领域的族群认同研究，更多的是关注族群认同与文化、历史、语言间的关系，如美国学者迈尔威利·斯徒沃德认为，族群认同是指某一族群共同体的成员将自己和他人认同为同一族群，对这一族群的物质文化和精神文化持接近态度。[3]

在社会科学领域则着重揭示个人与群体，甚至群体与群体的归属，有的学者认为族群认同是"社会成员对自己族群归属的认知和感情依附"。[4] 在与世隔绝的孤立群体中，是不会产生族群认同的，至少族群认同是在族群间互动的基础上发展起来的，如果一个族群中的个体，从未接触过异质的文化，那么就无从产生认同，首先存在一种差异、对比，才会产生将自己归类、划界的认同感。这是认同产生及存在的基本条件。[5]

2. 族群认同的要素

任何族群离开文化都不能存在，族群认同总是通过一系列的文化要素表现出来，族群认同是以文化认同为基础的，共同的文化渊源是族群的基础。族群组织经常强调共同的继嗣和血缘，由于共同的祖先、历史和文化渊源而容易形成凝聚力强的群体。社会科学家认为这是群体中个人认同最重要的，也是最基本的社会身份。同时，文化渊源又是重要的族群边界和维持族群边界的要素。

共同的历史记忆和遭遇是族群认同的基础要素。每一个族群对于自己的来源或者某些遭遇有共同的记忆，如瑶族关于"千家峒"的传说，珠

---

[1] Phinney, J.S. *Ethnic identity in adolescents and adults: Review of research Psychological bulletin*, 108 (3), pp.499-514.

[2] Tajfel, H. (1981). *Human groups and social categories*. Cambridge, England: Cambridge University Press.

[3] [美] 迈尔威利·斯徒沃德编：《当代西方宗教哲学》，周伟驰等译，北京大学出版社2001年版，第86—93页。

[4] 李泳集：《性别与文化：客家妇女研究的新视野》，广东人民出版社1996年版，第1—3页。

[5] 周大鸣：《论族群与族群关系》，《广西民族学院学报》（哲学社会科学版）2001（2）。

江三角洲各姓关于"南雄珠玑巷"、客家关于"宁化石壁"的传说等，都是族群的共同记忆；这种历史记忆具有凝聚族内人和区分族外人的重要意义。人在社会化过程中，逐渐地获得了他所出生的族群的历史和渊源，这个族群的历史和文化将会模塑他的族群认同意识。

语言、宗教、地域、习俗等文化特征也是族群认同的要素。语言在某种程度上是表征族群性的符号。从一个族群语词的语源和演变、造词心理、亲属称谓、姓氏等，都可以追溯其文化渊源。宗教也是族群认同中作为区分依据的重要因素，共同的宗教信仰是一种强大的文化聚合力，如果不同的族群有着同一宗教，这种共同的信仰可能会成为促使族群相互认同的潜在动力。如宁夏回族自治区信奉伊斯兰教的回族、东乡族、撒拉族之间保持互相通婚，而禁止与非伊斯兰教的民族通婚。

共同的历史渊源和相似的文化特质也是族群认同的要素，但认同并非完全在这些客观要素上成正比等量地发生。因为"只要任何一方发现维持和建立民族界线于己方有利，哪怕轻微的口音甚至细小的举止都可能被用作族群标志。"[1] 也就是说正是族群认同强化了文化的差异，而不是文化因素真有这么大的差别。族群认同不仅是族群成员对族群文化的接纳，而且还是他们主观心理归属的反映，因此文化在族群认同的图式中有时是虚幻的。[2]

家庭、亲属、宗族的认同也会影响到族群的认同。费孝通先生讲过中国人的"差序格局"，认同是从自己逐渐向外推。父母、亲戚、本家、本乡人对个人的认同具有重大的影响力。

3. 族群认同的层次

族群认同的形式是多种多样的，只要需要，任何族群特征都会形成不同的认同形式：情感归属、社会分层、政治组织、价值体系、行为规范，等等。认同形式的多样性加上族群是在一个较大的社会文化体系下建立的，共同促成了族群认同层次的产生。某一特定族群的成员，根据生存的

---

[1] 马启成、白振声：《民族学与民族文化发展研究》，中国社会科学出版社1995年版，第123—124页。

[2] G.E. Guldin, *The Waishengren are coming:Ethnicity and migration in Guangdong* [M]. AAS 1995, Washington, D.C.

族内和族际环境，以自我为中心在不同的层次上选择认同，这种层次可以反映出感情的亲疏和归宿，而每一层次上又存有地域、职业、姓氏等不同的认同形式。不同的层次和形式交织在一起，形成了人们族群认同的多重性，认同的基础是阶级、亲属关系、村落，接着是本地（镇、县、市）、方言社区、省或区域、最高层次是什么人，然后是社会的或民族的大区域（如西南、西北）。①

4. 族群认同的根基论和情境论

20 世纪 70—80 年代关于族群认同的理论可以分为两派，一为根基论，一为情境论。根基论认为族群认同主要来自天赋或根基性的情感联系。格尔兹指出这种根基性的情感来自亲属传承的既定资赋。一个人生长在一个群体中获得了一些既定的血缘、语言、宗教、习俗，因此他与群体其他成员由于这种根基性的联系凝聚在一起。但是根基论者并不强调生物遗传造成族群，也不是以客观文化特征来定义族群。相反，他们注重主观的文化因素，认为造成族群的血统传承，只是文化解释的传承。

情境论者强调族群认同的多重性以及随情境变化的特征。如一个生活在香港的上海人，可能自称上海人、香港人、汉人、中国人；每一个自称都让他与一群人结为一个族群。但用什么自称，要视场合来定。原则上与人交往时，会用最小的共同认同来增加彼此最大的凝聚。如这个人在美国遇到香港上海老乡时，若说"我们都是中国人"，这就见外了。说"我们都是香港的上海人"，这时两人间的距离才可拉得最近。如果换一个场所，同时有香港人、台湾人、大陆人在场，说"我们都是中国人"便能恰当地拉近彼此的距离。

一些学者把两派理论综合起来，如 Keyes 和 Bentley 等学者就认为，只有在可行的根基认同与可见的工具利益汇合时，族群认同才会产生。族群情感与工具因素尽管同时并存，但在不同情况下两者发挥的作用也是不同的。

---

① 周大鸣：《关于中国族群研究的若干问题》，《广西民族大学学报》（哲学社会科学版）2009（2）。

5. 移民与族群认同

类型不同的文化、相互隔离的单一族群，从独立存在进入交融和渗透状态，很大的一个原因就是移民。尤其是在现代社会，战争、殖民活动越来越少，强迫同化而形成的族群已不多见，移民成了形成新族群的首要原因。号称"民族大熔炉"的美国，从 1620 年第一批英国清教徒抵达北美，便揭开了美国移民史的序幕。此后，来自世界各地的移民便聚集在美国这个大熔炉里，他们带来的不同背景的各种文化相互撞击、汇合而形成了无数新的族群：美籍墨西哥人、美籍古巴人、美籍华人、美籍日本人、美籍柬埔寨人、美籍印度人、美籍阿拉伯人，等等。[1] 在我国历史上，移民相当频繁，许多族群至今仍有迁的痕迹，"东北人大多来自山东、河北、台湾人大多迁自大陆。各地人对自己的来历还有颇为神奇的说法：北京、河北人说来自山西洪洞县大槐树，四川人说来自湖北麻城或江西麻城，客家人说自己来自福建宁化石壁寨，苏北人说祖先迁自苏州间门外……"[2] 在移民迁徙的过程中，传播了文化，促进了经济的发展，加强了族际的交往。所以移民不只是一个单纯的经济行为，也是一个涉及语言、风俗、生活方式等方面的社会行为或文化行为。在文化多元的都市环境中，新移民携带着其文化传统去适应新型的生活方式，如在同一工厂来自不同地方的人会构成不同的地缘群体，并且与他群相互进行竞争。

(二) 族群关系的理论

1. 同化理论

同化理论是指一个国家以国族或主体民族的优势文化强制弱势民族或部族集团接受自己传统文化的一种思想或理论。从少数族群看，就是放弃固有文化；认同和被吸收到主流文化；不再具有独立文化的明显特点。一旦少数族群放弃其固有文化，主流文化就接受这些群体的成员；认为其他文化不可接受或者对社会核心和国家统一会产生威胁；压迫其他群体的文

---

① 葛剑雄、曹树基、吴松弟：《移民与中国》，香港中华书局 1992 年版，第 2—3 页。
② 李静：《中国的移民与同化》，《中国社会科学季刊》（香港）1996（16）。

化和贡献。①

在西方，大多数研究同化的学者都把视角放在美国或澳大利亚等这些欧洲移民较多的社会，研究结论以及提出的各种假设仅仅适用于很有限的一些社会和特殊群体。帕克和戈登的同化理论，虽然出自美国，但具有广泛的适应性，并对族群关系的研究产生了重要的影响。

20世纪20年代，帕克（Robert Park）在分析美国东北部和中西部城市各族群聚集到一起并能够维持差异性原因的基础上提出了族群关系循环论，认为群体会经过一系列阶段最终达到完全同化。他将同化视为"群体和个人相互渗透和熔合的过程，即个人与群体从其他群体获得记忆、情感、态度，并且共享他们的经历和历史，逐渐融汇成共同的文化生活。"②同化分为四个阶段，群体一开始通过迁移得以接触，然后开始竞争，族群之间为资源，如就业、居住空间、政治代理等竞争。通过竞争，移民被迫改变和适应新的环境，移民之间以及移民与主体社会已经有了某些程度的稳定关系，群体间最终会形成某种形式的适应，最后导致同化。帕克认为这四个阶段构成的循环适用于所有地方的种族关系，而不仅仅是美国社会。他将这一序列视为"显然是递进的、不可逆转"。③

戈登将同化解读为不同群体将历经的七个阶段，即从文化的、结构的、婚姻的、认同的、态度待遇上的、行为待遇上的到公民的同化。但戈登并不认为从接触到最终融合是一条直线，认为群体可能不确定地停留在某个阶段。文化同化或文化适应指的是少数族群采用支配族群的文化模式，如语言、政治信仰，等等。文化适应虽然是对下一阶段的准备，却并不确保进入下一阶段。戈登解释说，群体可能在行为和价值观上变得与支配群体非常相像，但在结构上仍然相隔离。戈登认为结构同化最为关键，因为它是通往其后所有阶段的钥匙："一旦结构同化开始发生，不论是与文化同化同时发生还是在其之后，所有其他类型的同化都会自然地随之发

① Bennett,C.I. (1986). *Comprehensive Multicultural Education Theory and Practice*. Boston: Allyn&Bacon.p.218.

② Park, Robert E. 1924. "The Concept of Social Distance." *Journal of Applied Sociology* 8:339-44.

③ Park, Robert E.1950. *Race and Culture. Glencoe*, III.: Free Press, p.150.

生。"① 少数族群可能会采纳支配族群的所有或大部分文化方式，但却仍然拒绝和他们的成员进入初级关系。学界对戈登的同化模型也存在一些批评，认为这一模型最大的弱点在于第二阶段结构同化的含义只包含了仅在初级层次上与支配群体的交往。原因在于各群体在次级层次上也会发生关系，而且不论在何种程度上都先于初级关系。在何种程度上少数族群的成员能够在社会的经济、政治以及其他关键性的机构中获得权力地位，在何种程度上他们能被赋予在工作和教育上的同等机会，这些都是结构同化在次级层次上的重要指标，戈登却未予考虑。②

2. 文化多元主义

"多元文化主义"这个术语来自其形容词"多元文化的"，意为"属于一个由多种文化群体组成的社会"。"多元文化主义"最早出现在 1965 年加拿大下院的一份名为"双语主义与双文化主义"的报告中。③ 约翰·哈特利（John Hartley）指出：多元文化论是"对包含不同而相关文化传统与实践的社会予以的承认与研究；常与整个社会组合中不同族群的构成相联系。"④ 多元文化主义"既是一种教育思想、一种历史观、一种文艺批评理论，也是一种政治态度、一种意识形态。"⑤"多元文化主义"包含三层含义：一是指民族与文化多样的社会；二是指对不同民族、文化群体得到承认的要求给予充分肯定的思想理论；三是指政府为谋求民族、宗教或语言方面的少数群体对公共领域的参与而设计的处理民族、文化多样性问题的一系列方针、原则和措施。⑥ 正式宣布推行多元文化主义的只有加拿大和澳大利亚，瑞士等国采取的政策也类似多元文化政策。不少国家虽然没有正式宣布多元文化政策，但政策内容与多元文化主义有相同之处。

①　Gordon, Milton M.1964, *Assimilation in Amercian Life: The Role of Race, Religion, and National Origins*. New York: Oxford University Press, p.81.

②　Marger, Martin.1979. "A Reexamination of Gordon's Ethclass." *Sociological Focus* II:21-32.

③　A.Simpson & E.S.C. Weiner. *The Oxford English Dictionary* (2ndEdition) [Z]. Clearendon Press: Oxford, Vol.X, 1989:79.

④　周丹：《多元文化的产生及内涵》，《内蒙古社会科学》（汉文版）2006（3）。

⑤　王希：《多元文化主义的起源、实践与内涵》，《美国研究》2002（2）。

⑥　杨洪贵：《1989 年以来澳大利亚多元文化政策的发展评析》，《重庆文理学院学报》（社科版）2006（5）。

（1）加拿大模式

加拿大是个多民族国家，有 100 多个民族集团，这些民族很多都是不同时期来自世界各国不同民族的移民。加拿大在 1971 年宣布实行多元文化主义政策。包括四个方面内容："第一，在资源许可的情况下，对那些愿意和努力发展其能力来为加拿大作出贡献，而且明显是需要帮助的弱小民族进行帮助；第二，帮助所有文化集团人员克服文化障碍，全面加入加拿大社会；第三，为旨在保证国家团结利益的前提下，促进加拿大各文化集团之间的接触和交流；第四，帮助移民学习加拿大一种官方语言，以便使其全面加入加拿大社会。"1987 年，加拿大政府以立法手段保证加拿大多元文化的发展，内容从原来的四点扩大到以下八点：第一，多元文化是针对所有加拿大人的政策，不是专为小民族文化社区的政策；第二，提高多元文化主义政策在双语范围内的作用，提高多元文化主义政策在两种官方语言中的地位；第三，保证所有加拿大人在社会、经济文化和政治上的平等；第四，保护和提高文化的多样性，并承认多元论和多元文化是加拿大文化的特点；第五，禁止任何以种族、民族或民族文化起源、肤色、宗教和其他因素为理由的歧视；第六，鼓励对不发达状况的改善项目的研究；第七，提高传统语言的地位，保护所有加拿大的传统语言，承认多语言的文化和经济的利益；第八，支持移民的一体化，鼓励所有移民成为加拿大社会的一员，而不是将其同化。这八项内容要比 1971 年的四项有了很大进步：承认其他民族文化的存在；承认其他民族的贡献；反对民族、种族歧视；实行民族平等。加拿大政府从 1971 年正式开始实施多元文化主义政策到逐步完善起来，土著民族与英、法后裔之间的种族、民族矛盾正在淡化，民族关系正在朝着和睦融洽的方向改善。

多元文化主义在加拿大的政策实践取得的成果，首先是象征性或仪式性的，如官方不再以具有歧视性的"印第安人"和"爱斯基摩人"称呼土著人，改用土著人自我认同的"第一民族"和"因纽特人"；20 世纪 70 年代联邦宪法承认土著人是加拿大三个"立国民族"之一，列于英国人和法国人之后，从那时起，多位来自少数族裔的人士出任加拿大总督；其次是这种成果体现在法律地位上的民族平等，各个族群拥有同样的法律地位和法律权利；最后是政府在具体领域给予少数民族一定的优惠政策，向土著人提供多种财政补助。

多元文化政策似乎使加拿大看起来像一个和平和谐的多民族国家，但当多元文化政策以一种文化政策的面孔出现在民族政策范畴内的时候，它在解决民族关系结构上不平等的问题时似乎显得苍白乏力。

(2) 澳大利亚模式

澳大利亚引进与采用多元文化主义经历了漫长与曲折的历程，大致经历了三个阶段，即同化阶段 (1945—1964)，"一体化"阶段 (1965—1972)，多元文化主义阶段 (1973—)。导致澳大利亚改变政策的原因是：第二次世界大战后大量移民涌入澳大利亚，居民的民族构成发生了很大变化，这就使长期以盎格鲁-撒克逊占绝对多数的澳大利亚变成了社会和文化有很大差异的国家。①

1973 年，移民部长的艾尔·格拉斯比出访加拿大，回国后发表《民族大家庭》的演讲和《一个未来的多元文化社会》的声明，正式引入多元文化主义概念，宣布实行多元文化主义的政策。澳大利亚多元文化主义起始于惠特拉姆政府时期，形成于弗雷泽政府时期，在霍克总理执政期间成为基本国策。经过基廷及霍华德政府的发展，在澳大利亚已成为"一个家喻户晓的术语，被接受为澳大利亚民族文化和民族身份不可缺少的部分。"②

多元文化主义在澳大利亚的发展经历了三个阶段：

1972—1975 年，是惠特拉姆政府执政时期。这一阶段被称为平等的多元文化主义时期。③ 其主要特点是：第一，正式废弃了白澳政策，宣布实行多元文化主义政策；第二，实行机构改革，将移民部撤销，其功能分散到各有关部门；第三，主张机会均等，采取了一些措施促进移民在澳大利亚的定居过程，如设立社区关系委员会、电话互译服务、建立少数民族电台、颁布《反种族歧视法》等。这个时期并没有形成系统的多元文化主

---

① 王鉴：《澳大利亚的多元文化主义政策》，《世界民族》2004 (4)。

② Adam Jamrozik, Cathy Boland, Robert Urqhart. *Social Change and cultural transformation in Australia* [M]. Melbourne: Cambridge University Press, 1995:102.

③ LaksiriJayasuriya. *Australian Multiculturalism: Past Present and Future* [J]. www.socialwork. arts.uwa.au/_data/page/33070/diversity，pdf，2003:5-7.

义的理论与实践方针，但多元文化主义已成为一种时尚。①

1975—1983 年，是弗雷泽的自由—国家党联盟执政时期，被称为自由的多元文化主义阶段。弗雷泽政府重新成立移民部，将少数族群事务列为其主要职责之一。1977 年，澳大利亚民族事务理事会成立。在主席朱伯勒斯基的主持下，制定了《作为一个多元文化社会的澳大利亚》的报告，第一次确定多元文化主义的定义和建立多元文化社会的三大原则：社会和谐、平等和文化认同。1977 年，移民咨询委员会在对移民项目与服务进行检查的报告中提出了机会平等，文化认同，政府确保移民平等获得一定的工作，以及移民尽快为澳大利亚的社会发展做出贡献四大原则。

1983 年开始到现在，被称为管理的多元文化主义时期②，政府认识到多元文化主义是"为了个人与社会的利益对多样化进行管理的一种政策"。1999 年，政府公布了多元文化政策的声明——《澳大利亚多元文化新议程》："在澳大利亚，多元文化主义是承认并颂扬澳大利亚文化多元性的一个术语，它承认并尊重澳大利亚人民的所有权利，如享受文化遗产权及澳大利亚的基础设施和民主价值观，它也是制定其他战略和政策的指导思想；它使国家的管理者更加敏感地理解社会经济结构和人民生活具有多元文化的权利、义务和需求，在社会中不断促进不同文化群体之间的和谐发展，有效地利用文化多元性带给全体澳大利亚人民的益处。"③ 2003 年，政府公布了《多元文化的澳大利亚：多元一体》，对新形势下多元文化主义的基本原则进行了新的阐述：共同的义务；相互尊重；人人平等；人人受益。

多元文化主义政策是同化失败后的选择，也可以说是国家民族政策制定者的无奈和后期的自觉，是一个处在不断发展变化和逐渐成熟的过程。澳大利亚的多元文化主义政策并没有达到理想的境界，它正在接受也必将长期接受民族中心主义与多元文化主义的交锋与对峙的洗礼。

---

① 杨洪贵：《澳大利亚多元文化政策的形成与影响评析》，《上饶师范学院学报》2002（2）。
② Laksiri Jayasuriya. Australian *Multiculturalism: Past Present and Future* [J]. www.socialwork. arts.uwa.au/_data/page/33070/diversity, pdf, 2003:5-7.
③ James Jupp (ed). *The Australian People:An Encyclopedia of the Nation，Its People and Their Origins* (2nd Edition) [M]. Combridge University Press: Cambridge, 2001:102-761.

（3）瑞士模式

很久以来，瑞士一直是解决民族问题的典范。在这个文化与种族差异性相当显著的国度，从未出现过严重的民族冲突。成立于中世纪的多民族的瑞士联邦在七个多世纪的漫长时光中，一直保持了一种高度的社会和谐。文化多元主义可以称得上是瑞士的一种"古老"经验，多元文化早已经成为瑞士人生活的一部分，尽管他们从没有正式使用过"多元文化主义"这个词语作为国家政策的定义。

瑞士是世界上唯一将所有民族语言都提升为"国语"的国家，包括德语（使用德语的人占总人口65%左右）、法语（使用法语的人占总人口18%左右）、意大利语（使用意大利语的人将近占总人口10%）和罗曼什语（Romanche，使用罗曼什语的人不到总人口的1%）。在语言教育上，历时悠久的多语教育体制使几乎所有的瑞士人都可以同时使用包括英语在内的四种以上的语言，语言不再具有"民族识别"的意义。不同地区的瑞士人在文化与宗教上具有相当大的差异性，但社会成员对这种差异的宽容和制度上对这种差异一视同仁的立场，使其始终处于"互不干扰"、平等尊重的状态中，不会产生社会的结构性冲突。

瑞士民族政策最引人注意的是制度的严密性与有效性。在瑞士，语言政策对国民在不同语言州之间联系所应该使用的语言，从通信的信封到法律诉讼，都作了严格的规定，因此在公共领域，尽管语言结构复杂，却井然有序。由于所有的语言都具有平等的地位，语言的繁复正是为了保证不同语言区的人有同样的语言权利，这种政策的认同度非常高。

尽管瑞士联邦以其完善的民族政策而堪称"世界榜样"，但在民族政策上的成功不具备代表性，因为瑞士的社会条件是世界上大多数国家所不具备的。瑞士是世界上人均收入最高的国家（一直在40000美元以上），拥有全世界最高的生活质量。长期稳定而高度发达的社会经济条件对其社会整合产生了巨大的直接影响。各大语言与民族集团在价值观、经济与文化发展水平、历史恩怨（自愿结合）等方面没有根本差异，彼此认同感强，社会整合难度低。人口总量不过六百多万，领土面积仅有四万多平方公里，对其他国家来说，瑞士经验的技术性启发或许比其整体意义更为重要。

对多元文化主义在实践效果上进行评价还为时尚早，这项政策对诸如加拿大、澳大利亚等国家的社会结构与民族关系的深层影响可能还未完全显露，它将慢慢缔造出一个族际关系和谐的社会还是会成为一种昙花一现的过渡性安排，只能等待历史的答案。

3. 生物学的理论

近几十年来，社会生物学的兴起导致了一些社会学家新的民族基因理论产生。这种理论与多元理论不同之处是强调生物性作为族群性的基础。

依据巴赫和大部分社会生物学家的观点，社会结构仅仅是维持基因健康存在的"生存机制"。社会生物学家引进了两个概念来解释为什么"自私"的基因创造了社会结构或"生存机制"。一个概念是"亲缘选择"或"极限健康"，即家庭结构是一种策略，使得男性和女性的基因能极大地将健康基因物质保存在基因库中。另一概念是"互惠的利他主义"，用于解释非家庭成员为生存的相互帮助；假使最大限度的健康是基因的目标，那么就必须对那些互相帮助的、并不共享任何基因的人们作出解释。巴赫利用这两个概念："亲缘选择"和"互惠利他"来解释族群性，将亲缘选择的概念扩展到次级群体。从历史上看，亲缘群体（包括宗族）构成了相近和远亲的血缘团体，这种团体维持了群体内的信任和稳定以及对别的血缘团体的不信任。巴赫用"族类"代替"族群"。一个族类是一个扩展的血缘团体，是由于族内婚和领地创造的不同亲属构成的环形圈群体。一个族类的再生产策略远比一个亲属群体保持极大化的基因健康，因为一个族类的构成甚者超过一百万人，个人创造了能帮助保存他们健康的团体，不论是否共享基因，都能与其他族类有互惠的利他行为。一个族类可以形成一种"推动力"帮助那些"与其类似的人们"。尽管某一族类会由于其成员的增加而淡漠和屈从于社会和文化的范畴，但族类是自然选择的结果，显示了共享基因和互相帮助的人们的生物性生产趋势。巴赫解释了族群是怎样产生的，并运用这一理论建立起基因进化的原则。

4. 权力和分层理论

分层理论强调不同社会阶级的非主体族群成员过分表现导致歧视产生的过程。重点考量权力对控制族群阶级体系的流动性。

（1）种族主义 种族主义起源于 19 世纪末，到第二次世界大战期间，以纳粹德国大规模屠杀犹太人而达到顶峰。种族主义作为一个与近代西方殖民主义相伴而生的意识形态，鼓吹人类的不同种族在本质上有优劣之分。由于契合了西方国家进行殖民征服和对外扩张的需要，因而它成为西方国家政治精英论证其对外扩张政策"合理性"的意识形态工具。第二次世界大战以后，美国的黑人歧视问题和南非的种族隔离等开始成为比较典型的种族主义。在种族主义者的视野中，主体民族对少数民族实施的种族主义政策主要有种族清洗（种族灭绝）、种族强制迁徙、种族隔离和其他暴力性种族伤害等表现形式。

种族主义思想无疑是为不同民族或族群之间不平等的民族关系提供了荒谬而不人道的解释，作为一种处理民族关系的政府政策，赤裸裸地违反人道主义与基本人权原则，在现代社会中已经丧失了合法性基础，并已在大多数国家的民族政策中消失了。但具有鲜明种族主义色彩的排斥性民族政策，不仅在历史上成为一些国家处理民族关系的重要手段，也是今日世界民族关系中一个阴魂不散的意识形态幽灵，种族排斥的民族政策实质上对居于主体地位的民族始终具有感召力，因为这是主体民族群体利益最大化最彻底最简便的捷径。[1]

（2）内部殖民主义　内部殖民主义是赫克托在研究英国的英格兰人和凯尔特人的族群关系时提出的有关英国现实社会族群关系的理论。他认为这两个族群间长期存在着一种"内部殖民主义"的关系，即族群间的不平等有着深刻的族群矛盾。国内发达族群控制的中央政府，可以把少数族群居住的地区也当作"殖民地"对待，"核心地区"与"边远地区"在国家政治体制中（立法、司法、行政、经济等机构）处于不平等的地位。"核心地区"对"边远地区"在政治上进行控制，在经济上进行掠夺。

（3）分离劳动市场力理论　分离劳动市场理论强调劳动市场是分离的，特定族群的成员在劳动市场上从事某些特定、禁止其他族群参加的职业，特别是一些高收入职业。分离劳动市场的压力源自有权势的族群，他们害怕向别的族群开放劳动市场会失去原有的优势，别的族群可能愿意工

---

① 关凯：《民族政策的传统模式与民族问题的现代性解决方案——民族政策国际经验分析（中）》，《西北民族研究》2004（1）。

作而少要工资，或者是增加相关的市场需求，这样由于职业的竞争而导致工资下降。对分离市场理论有重要贡献的 Bonacich 将此理论应用于分析美国的黑人和白人以及其他族群和其他社会的关系，认为那些拥有或管理大型企业的资本家是为了获取最高额的利润。要维持或提高利润的方法之一是保持廉价劳动力。受降低工资威胁的工人的反应不仅有暴力的，也常常伴随着政治和经济的斗争。

（4）中间人群体理论　中间人群体理论描述了中产阶级的分离。并不是所有的族群占据了较低的种姓或阶级地位，也非所有的族群都限于内部殖民。一些小资产阶级或小企业依靠家庭劳动力和族群网络（如借贷、顾客和商业的其他需要）而处于社会中间位置，他们从事产品生产和出售中间的服务，他们是精英阶级成员和被剥削阶级中间的"掮客"。① 中间人群体的构成基本上是一样的：某些少数群体带给主体社会一些企业技术或许是一些资本，这些少数群体被排除在许多中产阶级职位之外，只允许从事为自己族群服务的分行业，或者为一些受压抑的族群，偶尔为精英族群服务。中间人群体理论试图说明的是为什么有些族群在移民后不能融入当地群体，因为这些移民的族群大多都在移民国充当中间人，所以导致了在和当地人的商业贸易中产生矛盾和问题，以至于当地人开始针对他们。他们只能和自己的族群抱团取暖，导致了不能溶入当地社会的恶性循环。

（5）边界理论　边界理论的首创者是挪威人类学家弗里德里克·巴斯（Fredrick Barth）。他主编并于 1969 年出版的《族群与边界》一书已成为族群理论研究史上里程碑式的名著。该书的核心思想是：族群并不是一种文化承载和区分单位，而是一种社会组织。自我认定的归属和被别人认定的归属，是族群最重要的区分特征。"人们更多地注意的是文化之间的差异、文化的历史边界及其联系，而尚未相应地开展对族群的形成和族群边界的本质调查"。②

按照边界论的观点，客观文化论中所强调的文化特征或差异只不过是

---

① Bonacich, Edna.1973. "A Theory of Middleman Minorities." *American Sociological Review* 38:583-594.

② 庄孔韶：《人类学通论》，山西教育出版社 2005 年版，第 345 页。

人们用来表明他们族属不同的标志而已，因而主张将归属作为族群的关键特征。一旦把族群定义为一个归属性和排他性的群体，族群单位的持续性本质便很清楚了，即它取决于对族群边界的维持。维持边界的文化特征可以改变，成员的文化特征同样可以转换，甚至群体的组织形式也可以改变；这一理论还解决了社会相关因素独自成为成员资格的特征问题，既可把这类问题归结于群体成员的自我选择和认定，也使我们能更好地理解为什么群体成员个体所表现出来的差异性并不影响其共同的族群认同这类问题。①

边界论其实在传达这样一种观念，即族群认同的边缘研究，不仅将族群当作一个集体现象，也将之扩及现实环境中个人的经验与选择。②边界论对客观文化论的批评，并非完全反对和抛弃族群的文化基础，而是转移了族群研究的视角或切入点，边界论把观察族群的视角从客观标准转向了主观认同，从关注作为族群核心内涵的文化要素转向关注族群边界的形成与维持，从静态的、孤立的"部落"或"村落"研究发展到了互动的、变化的族群性研究。

二、中国的民族观和民族关系理论

（一）中国传统的民族观

1. 古代中国的天下观

古代的"天下观"源于先秦时期，那时的中国人在自己的经验和想象中构筑了一个"天下"。《诗·小雅·北山》中所载"溥天之下，莫非王土"即指此。"天下"、"四海"等词汇在先秦以及秦汉文献中不断被使用，考其语境也仅仅是一种泛指。《中庸》中的"天之所覆、地之所载"，《礼记·曲礼》中有"君天下为天子"，按照天下观的思想，所有土地都是天子的领地，所有人民都是天子的臣民，并不存在一个与中原王朝对等的国家实体，因

---

① 徐杰舜：《族群与族群文化》，黑龙江人民出版社 2006 年版，第 41、47 页。
② 王明珂：《华夏边缘：历史记忆与族群认同》，社会科学文献出版社 2006 年版，第 19 页。

此也就没有明确的国家边界的概念。"天下"、"四海"这些概念仅仅给"天下观"奠定了一个基础，在"畿服"概念出现之后，"天下观"才被完整地表达了出来。

"畿服"是对"天下"这一空间的填充和划分。畿服之说源自周代和秦汉，《尚书·酒诰》中记载："越在外服，侯甸男卫邦伯；越在内服，百僚、庶尹、惟亚、惟服、宗工越百姓里居。"从系统性而言，《国语·周语上》中阐述的"五服"说和《周礼·夏官·职方氏》中的"九服"说，是最具有代表性的畿服理论。《国语·周语上》中，"五服"即为"邦内甸服，邦外侯服，侯卫宾服，夷蛮要服，戎狄荒服"。以距离"王畿"中心的远近为次第，分为甸、侯、宾、要、荒五个尊卑贵贱的不同区域。这里只列了"五服"之名，而没有说明每"服"的"里"数。五个区域的划分标准也处于"地不必齐，域不必方"的阶段。[1] 按照"畿服"理论的发展成熟度而言，显然还处于"畿服"理论发展演变的早期阶段。

《周礼·夏官·职方氏》篇提出了"九服"概念：乃辨九服之邦国，方千里曰王畿，其外方五百里曰侯服，又其外方五百里曰甸服，又其外方五百里曰男服，又其外方五百里曰采服，又其外方五百里曰卫服，又其外方五百里曰蛮服，又其外方五百里曰夷服，又其外方五百里曰镇服，又其外方五百里曰藩服。侯、甸、男、采、卫、蛮、夷、镇和藩"九服"，反映的观念与"五服"相同。《周礼》中的《夏官·大司马》及《秋官·大行人》对"畿服制"也有论述，《大司马》中把"九服"改为了"九畿"：乃以九畿之籍施邦国之政职。大体而言，畿服理论包含了两方面的内容：一是按照地理距离的远近，安排中心与周边地区的亲疏关系；二是按照这种地理距离的远近体现出的亲疏关系来确定周边对中心的义务。这种义务以贡期和贡物的不同由内向外递减。

实际上，"天下"、"四海"等概念没有准确的空间范围，更无地理疆界中实际的对应物，在现实中均难以存在，因为它不仅不符合中国实际的山川河流极不规整的地理特点，而且世间也不会有如此呆板地按照正方形层层外推的划界法。现代国家有国际认可的疆界，有国家的主权观念，而

---

[1]　顾颉刚：《顾颉刚集》，上海文艺出版社 1998 年版，第 293 页。

古代中国的"国家"是中心明确、边界模糊的一个"文化概念"。

古代的民族观与上述的"天下"观密切相连。古代中国，以黄河和长江流域为中心，这片四周被大海、草原、戈壁、热带雨林等天然屏障环绕的地域，被视为"天下"的核心地区，称为"中国"或"神州"，生活在四周地区的其他民族则被他们称为"蛮夷戎狄"，并由此形成相应的"天下观"：即"中国"是天下政治、经济、文化、人口的中心地区，"蛮夷戎狄"是中原儒家文化的教化对象。统治中原王朝的皇帝是"天子"，代表上天来统治、教化、养育天下万民①，"中国"（即中央之国）也因此得名。所以有学者指出："中国自古对于世界就有天下观的理念。这种天下观，意思就是以帝王所在为中心，作为王道和教化的原点，以同心圆向外延伸，凡是统治所能达到的地方，都属于自己的领地；凡是教化所及而治权未逮之处，即为藩属国。如果地域过远，不遵王化，即教化所未及之地，理论上也应该是服从中心的藩属，但往往存而不论，并不强求它们归附中国。"② 这种天下观，既是文化的，也是政治的和民族的，历代王朝对少数民族的政策，是受到这种观念支配的。

2. 华夷之辨

华夷之辨，或称"夷夏之辨"、"夷夏之防"，用于区辨华夏与蛮夷。古代华夏族居于中原，为文明中心，因此逐渐产生了以华夏礼义为标准进行民族分辨的观念，区分人群以礼仪，而不以种族，合于华夏礼俗者并与诸夏亲昵者为华夏、中国人，不合者为蛮夷、化外之民。这种分辨包括民族、政权、地域和文化等多层含义。在华夷之间严格区分出内外、主从和上下。中国传统的儒、道、释学说都强调"夷夏之辨"。"夷夏之辨"的核心并不是表现于体质、语言等方面的差别，主要是指以价值观念、行为规范为核心的"文化"方面的差别。"在儒家思想中，'华'与'夷'主要是一个文化、礼仪上的分野而不是种族、民族上的界限……华夷之辨并不含有种族或民族上的排他性，而是对一个社会文化发展水平的认识和区分。"③ 中国历史上"华夷之辨"的衡量标准大致经历了三个

---

① 马戎：《民族社会学—社会学的族群关系研究》，北京大学出版社2004年，第476—477页。

② 张鸣：《中国政治制度史导论》，中国人民大学出版社2004年版，第229—230页。

③ 张磊、孔庆榕：《中华民族凝聚力学》，中国社会科学出版社1999年版，第285页。

阶段[①]：

第一阶段，以血缘为标准的"华夷之辨"。最早的"华夷"标准是从血缘的远近亲疏界定的：属于同一血缘、同一族类的则被认可，反之则被认为是他族或夷类。《越绝书》中记载："习之于夷，夷，海也。"且"自淮以北皆称夷，自江以南则曰越"，夷越一家，均指滨海而居的古代族体。[②] 因此，"华夷"分野的观念，主要还是为了维持中原地区正在形成中的华夏族体血统纯净的需要。

第二阶段，以地缘为标准的"华夷之辨"。《礼记·王制篇》中所记载："中国戎夷，五方之民，皆有性也，不可推移。东方曰夷，被发文身，有不火食者矣；南方曰蛮，雕题交趾，有不火食者矣；西方曰戎，被发衣皮，有不粒食者矣；北方曰狄，衣羽毛穴居，有不粒食者矣。中国夷蛮戎狄，皆有安居，和味宜服，利用备器；五方之民，言语不通，嗜欲不同。"文中的东方夷人，被发文身，是指滨海水居者；西方戎人，被发衣皮，是指西方的游牧者；北方狄人，衣羽毛穴居，是指游猎者；南方蛮人，雕题交趾，也指滨海水居者。以地域而非血缘为标准的"华夷之辨"，实则暗示着统一的国家开始取代旧有的部落，日益成为华夏人的新政治实体。

第三阶段，以文化为标准的"华夷之辨"。单纯的地域性"华夷"划分虽能巩固古代中国的统一地域，但它也突出了中国与周边民族的区别，不利于"天下一统"的实现，因此以文化为标准的"华夷之辨"应运而生。由于位于中原的"天朝"有责任施"教化"于边远地区的"蛮夷戎狄"，所以中国传统观念不但没有把已经"归化"的各民族排斥在"中华"之外，而且实质上也没有把尚未"归化"的民族完全排斥在"天下"这个一体格局。正因为具有这样可被"教化"的前提，儒家提出了"四海之内皆兄弟也"的观念。[③] 这句话的含义淡化了各民族之间在种族、语言、宗教、习俗等各方面存在的差异，强调的是不同人类群体在基本伦理和互动规则方面存在着重要共性并能够和睦共处的一种理念。即便在"夷狄"入主中原的态

---

① 柳岳武：《"一统"与"统一"：试论中国传统"华夷"观念之演变》，《江淮论坛》2008年第3期。

② 吕思勉：《中国民族史》，东方出版社1996年版，第233页。

③ 见《论语·颜渊》。

势下,"夷夏之辨"也可以转换为"道治之辨",以此高度言夷夏之辨,主要看入主之异族是否采中华文化而定"天下"是否已亡。[①] 以文化为标准的"华夷之辨"比"血缘"、"地缘"为标准的"华夷之辨"更为积极,更具进取性,积极地吸引周边的民族向"华夏"族靠近,接受"华夏"族的思想文化和生活习惯。

(二)中华民族多元一体格局理论

1988 年,费孝通先生从人类学、考古学、语言学、历史学、社会学等不同角度对中华民族形成的历史过程作了综合分析,首次提出了"中华民族多元一体格局"这一系统理论。主要包含以下几个方面的内容:

第一,中华民族是包括中国境内 56 个民族的民族实体,但并不是把 56 个民族加在一起的统称。因为中国的 56 个民族已经结合成相互依存的统一而不可分割的整体,在这个民族实体里所有归属的成分都已具有高一层次的民族认同意识。

第二,形成多元一体格局有一个从分散的多元结合成一体的过程。在这一过程中,必须有一个起凝聚作用的核心,"中华民族"起到了这一核心的作用。

第三,高层次的认同不一定取代或排斥低层次的认同。不同层次可以并行不悖,甚至在不同层次的认同基础上可以各自发展原有的特点,形成多语言、多文化的整体。所谓"多元",是指中华民族不是单一的民族,而是由 56 个兄弟民族所组成的复合民族共同体。所谓"一体",是指结合成一个有机的整体。历史上各民族生息、繁衍,在历史舞台上扮演了不同角色,最终形成了多元一体的格局。

"中华民族多元一体格局"理论具有六个特点:

第一,多元一体格局有一个凝聚的核心,就是华夏族团和后来的汉族,汉族在少数民族地区形成了一个点线结合、东密西疏的网络,这个网络正是多元一体的骨架。

第二,相当部分的少数民族从事畜牧业,汉族以农业为主,形成内容

---

① 罗志田:《民族主义与近代中国思想》,台北东大图书公司 1998 年版,第 88 页。

不同但互相补充的经济类型。

第三，汉语已经成为共同的通用语言。

第四，汉族的农业经济是形成汉族凝聚力的主要来源。

第五，各民族之间在人口规模上大小悬殊。

第六，中华民族成为一体是一个逐步发展的过程，先有各地区初级的统一体，又形成北牧、南农两大统一体，最后以汉族为核心汇成一个大一统的格局。最后，这个自在的民族实体在共同抵抗西方列强的压力下形成了一个休戚与共的自觉的民族实体。

在中华民族多元一体格局理论中，我国各族之间关系的特点可以描绘成："（这一形成过程）的主流是由许许多多分散存在的民族单位，经过接触、混杂、联接和融合，同时也有分裂和消亡，形成一个你来我去、我来你去、我中有你、你中有我，而又各具个性的多元统一体。"①

在讨论中国散杂居民族关系时，以费孝通先生的"中华民族多元一体"思路作为一条主线，对于总结我国历史上民族问题发生周期性规律、发生条件与模式，理解纷繁复杂的历史事件和散杂居民族关系有着重要的启示。

（三）"共生互补"理念

费孝通先生"中华民族多元一体格局"的论证，演绎的就是一幅各民族间"共生互补"的画卷，在这部恢宏的画卷中，可以看到历史上我国每个朝代的民族关系都经历过从失序到有序的调适，都是在"互补"中实现"共生"。其实，"共生互补"理念在"中华民族多元一体格局"理论中是一个呼之欲出的观点凝练。

1. "中华民族多元一体格局"中的"共生"思想

（1）关于各民族共生空间的探讨

一个民族发展需要有具体的生存空间——自然环境和社会环境，生存空间是一个复杂纷繁的物质与精神的随机组合体。每个民族的生息繁殖都有其具体的生存空间。中国"这一片地理上自成单元的土地一直是中华

---

① 费孝通：《中华民族多元一体格局》，中央民族学院出版社1989年版，第1页。

民族的生存空间。"① 正是在这广袤的生境中，"由许许多多分散孤立存在的民族单位，经过接触、混杂、联结和融合，同时也有分裂和消亡，形成一个你来我去、我来你去，我中有你、你中有我，而又各具个性的多元统一体。"② 费先生进一步阐释说："东西落差如此显著的三级梯阶，南北跨度又达 30 个纬度，温度和湿度的差距自然形成了不同的生态环境，给人文发展以严峻的桎梏和丰润的机会。中华民族就是在这个自然框架里形成的。"③

从我国每一个民族的发展历史来看，由于各自所处的自然环境不同，并产生了各具特色的经济类型，形成了各自的优势，进而存在民族间社会生活方方面面的互补。从各少数民族的现状来看，尽管经济文化发展相对落后，但各少数民族地区地域辽阔，资源丰富，而且又是我国的自然生态屏障，具备发展经济多方面的自然禀赋。因此各民族间相互学习、相互合作是必然的，在矛盾之中求合作，冲突之中求缓和，斗争之中求妥协，在求同存异之中体现各民族共生。

(2) 关于各民族政治共生态的探讨

在中华民族多元一体格局的形成过程中，各民族在政治上就是一个共生发展过程。费孝通先生认为秦王朝结束战国时代地方割据的局面在中国历史上是一件划时代的大事，"秦始皇在这基础上做了几件重要的事，就是车同轨，书同文，立郡县和确立度量衡的标准，在经济、政治和文化上为统一体立下制度化的规范。"④

汉族形成之后成为一个具有凝聚力的核心，开始向周围的各民族辐射文化能量，把他们吸收成汉族的一部分。西晋末年黄河流域及巴蜀盆地出现了"十六国"，大多是非汉民族建立的。在大约一个半世纪（304—439年）的时间内正是这个地区民族大杂居、大融合的一个比较明显的时期，

---

① 费孝通：《中华民族多元一体格局》，中央民族学院出版社 1989 年版，第 2 页。

② 费孝通：《中华民族多元一体格局》，中央民族学院出版社 1989 年版，第 1 页。

③ 费孝通：《中华民族多元一体格局》，中央民族学院出版社 1989 年版，第 2—3 页。

④ 费孝通：《中华民族多元一体格局》，中央民族学院出版社 1989 年版，第 8 页。

是汉族从多元形成一体的一幕台前的表演。[①] 散杂居民族间的通婚相当普遍，甚至发生在社会上层，结果都分别被吸收在汉人之中。"汉族的壮大并不是单纯靠人口的自然增长，更重要的是靠吸收进入农业地区的非汉人，所以说是像滚雪球那样越滚越大。"[②]

经过南北朝的分裂局面，扩大了的中原地区重新在隋唐两代统一了起来。唐代的统治阶级中有不少是各族的混血。"在继唐而起的五代中后唐、后晋、后汉三朝都是沙陀人建立的，以中兴唐朝出名的庄宗本身就是出自沙陀人。所以有唐一代名义上是汉族统治，实际上是各族参与的政权。"[③]

北宋时北方兴起了一个强大的民族契丹，统治了 210 年才为另一北方民族女真所灭。蒙元统治时期把全国各族人分为四等：蒙古、色目、汉人和南人。这时的女真人、契丹人、高丽人都被包括在汉人之中，与汉人的待遇是一致的。明朝初期曾下令恢复"唐代衣冠"，禁止胡服胡语胡姓。[④]元朝统治了 97 年，清朝统治了 267 年。近代以来，中华各民族遭受帝国主义的侵略，面临亡国灭种的危险，各族儿女奋起反抗，多元一体格局由自在走向自觉自为。

新中国成立后，民族间的政治共生态，通过两个方面反映出来。一方面，就国内民族关系而言，每个民族都有要求自治的愿望，积极争取管理本民族本地区内部事务的权利，谋求对国家管理的有效参与，实现当家做主的民主权利；另一方面，各民族的集中统一对于多民族国家来说，就是各民族政治共生态关系的一种政治组织形式，即通过国家的制度安排实现各民族关系的和谐发展。我国实行的民族区域自治制度，既是现时民族间共生态关系的一种政治调节机制，也是我国各民族政治共生态关系历史发展的必然结果。[⑤]

---

① 在这些地方政权中，匈奴人建立的有三个，氐人建立的有四个，羯人建立的有一个，鲜卑人建立的有七个，羌人建立的有一个，汉人建立的有三个。它们所占的地区遍及个陕西、山西、河北、河南、甘肃、宁夏及四川、山东、江苏、安徽、辽宁、青海、内蒙古等省区的一部分。实际上是中原地区的全部都曾波及。
② 费孝通：《中华民族多元一体格局》，中央民族学院出版社 1989 年版，第 13 页。
③ 费孝通：《中华民族多元一体格局》，中央民族学院出版社 1989 年版，第 14 页。
④ 费孝通：《中华民族多元一体格局》，中央民族学院出版社 1989 年版，第 16 页。
⑤ 费孝通：《中华民族多元一体格局》，中央民族学院出版社 1989 年版，第 34 页。

（3）关于各民族经济共生态的探讨

经济是社会的基础，经济的核心是社会成员和利益主体对社会财富的生产和分配，即对经济利益的占有和分割问题。由于我国东、西、南、北地理生态的差异，形成了不同类型的民族经济文化类型，"平原上的宜耕土地在北方却与蒙古高原的草地和戈壁相接，在西边却与黄土高原和青藏高原相连。这些高原除了一部分黄土地带和一些盆地外都不宜耕种，而适于牧业。农业和牧业的区别各自发生了相适应的文化，这是中原和北方分别成为两个统一体的自然条件。"①

社会经济发展的多元性和差异性，以及人们需要的多样性，使每个民族的生产和创造的财富，成为其他民族需要的提供者，人类在发展中，民族在交往中，各个民族的生产及其创造的财富的互补性是不可或缺的。费孝通先生曾谈道："牧民并不是单纯以乳肉为食，以毛皮为衣。由于他们在游牧经济中不能定居，他们所需的粮食、纺织品、金属工具、茶及酒等饮料，除了他们在大小绿洲里建立一些农业基地和手工业据点外，主要是取给于农区。一个渠道是由中原政权的馈赠与互市，一个渠道是民间贸易。"②

随着社会经济的发展，民族之间、地区之间经济上的联系和互补越来越强。不同类型的民族经济差异性的存在，进而使民族间的交往不可避免。在中国历史上著名的"茶马互市"、"粮畜互市"、"马绢互市"就是最好的例证。农区在耕种及运输上需要大量的畜力，军队里需要马匹，同时农民也需牛羊肉食和皮毛原料。在农区对牧区的供应中，丝织物和茶是重要项目。因而后来把农牧区之间的贸易简称为"马绢互市"和"茶马贸易。"在北方牧区的战国后期及汉代墓葬中，发现很多来自中原地区的产品，甚至钱币。③

我国民族地区和各少数民族经济发展的实践证明，当民族地区和各少数民族的经济得到迅速发展，民族间的发展差距有所缩小，民族关系就会进一步巩固，民族间的矛盾就会减少，中华民族的凝聚力就会增强。反

---

① 费孝通：《中华民族多元一体格局》，中央民族学院出版社 1989 年版，第 9 页。
② 费孝通：《中华民族多元一体格局》，中央民族学院出版社 1989 年版，第 11 页。
③ 费孝通：《中华民族多元一体格局》，中央民族学院出版社 1989 年版，第 11 页。

之，如果各少数民族和民族地区经济发展缓慢，民族之间发展差距拉大，必然引起民族心理失衡、生产生活方式失调、社会失范，人们对党和政府信任度下降，民族之间、地区之间、地方和中央之间的矛盾会加剧。[①] 在把握我国工业化和现代化道路问题上，费孝通先生曾经指出："要依'先进帮后进'的原则办事，先进的民族从经济、文化各方面支持各后进的民族的发展。国家对少数民族地区不仅给优惠政策，而且要给切实的帮助。"[②] 因此，我们党和国家始终坚持扶持和帮助各少数民族发展经济文化的政策，长期致力于解决历史遗留下的民族间经济、文化和社会发展方面的差距。现在我国正在实施的西部大开发战略，就是要从根本上解决地区间、民族间发展极不平衡的问题。对各少数民族实行帮助的特殊政策，既是国家整体发展利益所必需，也是民族共生态规律的客观要求。

（4）关于各民族文化共生态的探讨

文化是民族的灵魂，是凝聚和激励一个民族不断发展的重要力量，也是民族精神的集中体现。我国民族的多样性，决定了文化的多样性、多元性。费孝通先生说："在人类进入文化初期，中华大地上北到黑龙江，西南到云南，东到台湾都已有早期人类在活动，他们并留下了石器。很难想象在这种原始时代，分居在四面八方的人是出于同一来源，而且可以肯定的是，这些长期分隔在各地的人群必须各自发展他们的文化以适应如此不同的自然环境。"[③]

在历史的长河中，各民族多姿多彩的文化相互影响、相互兼容、相互促进是民族文化共生态的重要表征。费孝通先生在多元一体论中，用大量的历史学和考古学资料论证了各民族文化间的共生思想。"当仰韶文化在黄河中游地区突然衰落时，黄河下游的文化即向西扩张，继仰韶文化出现的是河南龙山文化。虽则考古学者认为河南和山东的龙山文化具有地区性的区别，但中游地区在文化上受到下游文化的汇聚和交融是明显

---

① 沈再新：《和谐社会构建对散杂居民族关系的影响》，《中南民族大学学报》（人文社会科学版）2007（4）。

② 费孝通：《中华民族多元一体格局》，中央民族学院出版社 1989 年版，第 34—5 页。

③ 费孝通：《中华民族多元一体格局》，中央民族学院出版社 1989 年版，第 3 页。

的。"①"长江中下游在新石器时代和黄河中下游一样存在着东西不同的文化区。从山东中南部到徐淮平原的青莲岗——大汶口文化（前5300—前2400年）是有近3000年历史的相当发达的农业文化。"②

在多元共生的格局中，同时也在族际接触中出现了竞争机制，相互吸收比自己优秀的文化而不失其原有的个性。费先生举例说："回族现在通用汉语。有人认为商人和军队中妇女较稀少，所以为了繁衍种族，势必和当地妇女通婚，由母传子，改变了民族语言。经商也应当是他们必须掌握当地语言的一个原因，何况回回一般是小聚居、大分散的格局和汉人杂居。在语言和生活各方面和汉族趋同是很自然的社会结果。但是他们坚持伊斯兰教信仰，用以在汉族的汪洋大海中保持和加强自己的民族意识。"③

每个民族都有选择文化的自由，谁也无权强加或取缔各民族所认同或不认同的文化。明末清初的顾炎武在他的《日知录》里记录当时民族混杂的情况曾说："华宗上姓与毡裘之种相乱，惜乎当日之君子徒诵'用夏变夷'之言，而无类族辨物之道。"我国各民族正是在长期共生的历史进程中共同创造了灿烂的古代文明，每个民族也创造了优秀的民族传统文化。这种文化不仅是每个民族赖以生存和发展的精神支柱，也是我国各民族共同的精神财富，是实现中华民族伟大复兴的精神动力。④

2."共生互补"理念的提出

随着当今世界以民族、宗教问题为发轫的局部热点日益突出，"在应对西方话语霸权方面，应该发掘和梳理我们自身的传统，构建自己的学术话语体系。"⑤我国近年来发生的一些涉及民族和宗教因素的事件让我们认识到，如何加强各民族间的团结和理解，如何促进民族关系的更加和谐，如何消除对中国民族关系的种种误解和误区及其他不健康因素，如何认识和解决民族关系和民族问题存在的困难和矛盾，以及各民族发展中面临的新情况和新问题，是中华民族伟大复兴进程中我们在理论和实践上都无法

① 费孝通：《中华民族多元一体格局》，中央民族学院出版社1989年版，第3页。
② 费孝通：《中华民族多元一体格局》，中央民族学院出版社1989年版，第21页。
③ 费孝通：《中华民族多元一体格局》，中央民族学院出版社1989年版，第18页。
④ 马戎：《中华民族凝聚力的形成与发展》，《西北民族研究》1999（2）。
⑤ 郝时远：《民族国家构建中的民族问题》，《中国民族报》2007年1月19日。

回避的新的研究课题。[①] 我们推崇在费孝通先生提出的"中华民族多元一体格局"基础上，倡导"共生互补"理念，促进各民族共同进步、共同繁荣，这不仅是真正的当务之急，而且可能会成为解决某些现实难题的一把钥匙。

（1）对"共生"的解读

人类对共生现象的认识，最早来自生物界，它指生物之间一种相依为命的互利关系，共生双方通过这种关系而获得生命，失去了其中任何一方，另一方都不能生存。可见，共生是人类之间、自然之间以及人与自然之间形成的一种相互依存、和谐、统一的命运关系。

第一，把"共生"从其他类似的"共存"、"共栖"等用语中明确区别出来，并且赋予新的意义，首先要与生物学中的"共生"概念相区别。生物学在区别"共生"与"寄生"时，认为"共生"如同圣甲虫与羊的关系一样，只限于"被封闭的共存共荣的系统"的意义上。[②] 另外，与承认异质物之间"共存"这一概念不加区别而使用"共生"概念的情况也不少。但对于"共存"来说，必须区别消极的共存与积极的共存。这里提出的"共生"，不是各民族或族群间"老死不相往来"那样消极的共存，而是"积极的共存并且是高级的形态"的东西，是以创造出"有活力、相互有效利用"关系的相互信赖为基础的。体现在民族关系上，我们所说的"共生"，是"我族"向"他族"开放的社会结合方式。

第二，明确能够因"共生"理念的提倡而带来积极意义的条件。就这一问题，日本学者山口定的主张既简明，又富有启迪："'共生'的提倡，第一，在我们现今的竞争社会中，必须是对生存方式本身的自我变革之决心的表白。因为在竞争关系中，站在优势一方者虽然也说'共生'，但若没有相当的自我牺牲的觉悟的话，就不会得到弱者的信赖。第二，不是强求遵从现成的共同体的价值观，或是因片面强调'和谐'与'协调'而把社会关系导向同质化的方向，而必须是在承认种种异质者的'共存'的基础上，旨在树立新的结合关系的哲学。第三，它不是相互依靠，而必须是

---

① 许宪隆、沈再新：《构建共生互补型多民族和谐社会的思考》，《学习月刊》2008（10）。
② 井上达夫：《走向共生的冒险》，每日新闻社（日本）1992年版，第24—25页。

以与'独立'保持紧张关系为内容的。第四，是依据'平等'与'公正'的原理而被内在地抑制的。第五，必须受到'透明的公开的决策过程的制度保障'的支撑"。[1]

(2) 对"互补"的理解

互补是指两个事物之间差异中之同一的要求和态势。绝对的同一不可能互补，互补是在差异中的互补，没有差异就失去了双方互补之必要前提；绝对的差异也谈不上互补，互补是在一共同统一体内的互补，没有同一，也就失去了互补双方的本质维系。这一概念包括两个方面的内容：首先是在与"他者"的对比中，更清楚地了解并突出自身的特点。当两种文化相遇时，也就是进入了同一个文化场（Cultural Field），两者便都与原来不同而产生了新的性质。正如中国古代哲人所说的"龟无毛"、"兔无角"，正是和"有毛"、"有角"的东西对比的结果。这种对比使龟和兔的特点更突出了。如果没有这种对比，"无毛"、"无角"的特点就难以彰显。其次，"互补"是指相互吸收，取长补短，但决不是把他者变成自我。

(3) 对"共生互补"的诠释

"共生互补"是指人类的活动及其结果要确保社会系统和自然系统的和谐共生、优势互补、协同进步和发展。它既包括人与自然的共生互补，又包括人类世界中的共生互补（个人与个人、个人与社会、集团与集团、民族与民族的关系，等等）。从社会共生论的视角来看，它强调的是共生单元间优势互补，互相借鉴；共生单元间互为依存，互补共赢；共生单元间有竞争和冲突，要在竞争中产生新的、创造性的互补性合作关系，这种关系是共生系统中的任何一个单元都不可能达到的一种高水平关系；共生单元只有在尊重其他参与方（包括文化习俗、宗教信仰等）的基础上，才能扩大共享领域。[2]

"共生互补"理念的本质是互依、互补、协同与合作，各共生单元互补性在合作中得到优化、发展。其实践目标在于：针对当前我国民族关系和民族问题的现状、特点、发展规律、发展趋势及其影响因素，着眼于全

---

[1] 山口定：《关于"共生"》，《朝日新闻》（日本）1994 年 10 月 30 日。

[2] 许宪隆、沈再新：《共生互补：构建散杂居地区和谐社会的实践理念》，《中国民族报》2008 年 8 月 29 日第 6 版（理论版）。

球化背景下中国多民族与多元文化"共在"的生存场景，各价值主体应重新审视自己的立场，努力践行以人为本的生存文化与价值理论，把"多元共生"作为各民族的存在方式和法则，自觉遵循"互补共赢"的原则，在实现各民族自由平等、相互尊重、和谐共处、共同进步、共同繁荣基础上，共享自己所创造的社会文明和社会成果。

根据功能学派的理论，任何理论与学说得以产生、发展、流传，都是因为具有满足社会在某些方面需求的功能所致。换而言之，必定是某些社会成员能够从该理论和学说中找到他们所需求的精神食粮。"共生互补"理念的理论基础在于它既是对人类物质文明和精神文明是各民族共同创造、每个民族都有优越于其他民族的地方这一马克思主义历史唯物主义观的诠释，也是对费孝通所提出的关于中华民族多元一体格局理论，以及"三个离不开"思想的科学性，从社会共生理论的新视角所作的逻辑证明和必要补充。从我国民族关系的现实出发，我们要构建的是一种平等、团结、互助、和谐的新型社会主义民族关系。但在社会主义初级阶段，民族关系的发展又不可避免地带有一定局限，如民族平等权利的日益保障与民族间事实上不平等现象并存、民族团结的日益巩固与两种民族主义倾向并存、民族间互融性日益增多与民族意识增强并存、民族间互助合作的日益发展与民族间的竞争态势并存、各民族日益繁荣与民族间发展差距的扩大并存。① 因此，倡导"共生互补"理念就意味着各民族必须要对生活方式进行自我变革，承认各民族的生存权利，在激烈的竞争中兼顾弱者的利益，在个体本位的基础上，建立体现平等、团结、互助、和谐的人际互动，最终让各民族群众用"各美其美，美人之美，美美与共，天下大同"②的心态共享社会发展的成果。

3."共生互补"理念的一般性概念及分析方法

民族关系作为一种共生关系，包括共生环境、共生单元、共生模式三个要素。其中，共生单元是基础，共生模式是关键，共生环境是重要的外部条件③，这三个要素的综合作用决定着民族关系的本质特征以及发展趋

---

① 许宪隆、沈再新：《构建共生互补型多民族和谐社会的思考》，《学习月刊》2008（10）。
② 费孝通：《反思·对话·文化自觉》，《北京大学学报》（哲学社会科学版）1997（3）。
③ 袁纯清：《和谐与共生》，社会科学文献出版社2008年版，第8页。

势。共生度是刻画共生单元之间关系的重要指标，反映各民族间相互影响的程度。"共生互补"理念的实践主要有民族共生度分析、民族共生界面分析、民族共生模式分析三种相互联系、相互交叉的方法。

共生单元是指构成共生系统或共生关系的基本能量生产和交换单位，它是形成共生系统的基本物质条件。民族共生单元的分析有两条路径：一是民族共生单元的外部特征；二是民族共生单元的内在特征。我们把反映共生单元外部特征的因素称为象参量，而把反映共生单元内在性质的因素称为质参量。一般情况下，一组质参量中往往有一个质参量起主导作用，我们称之为主质参量。[①] 各民族的民族认同、民族心理、思维模式、宗教信仰、风俗习惯、语言文字是共生单元的质参量；其中，民族认同、民族心理等为主质参量。各民族的居住格局、通婚、人口数量、教育水平、经济发展水平等为共生单元的象参量。质参量与象参量的相互作用是民族共生关系形成和发展的内在依据和基本条件。在民族共生关系中，质参量对共生单元的存在和发展有决定性影响，而象参量对共生单元的存在和发展也有一定影响。[②]

共生模式是指共生单元相互作用的方式或相互结合的形式，它既反映民族之间作用的方式，也反映作用的强度。共生模式多种多样，从共生行为方式上说，存在寄生关系、偏利共生关系、非对称互惠共生关系和对称互惠共生关系，从组织程度上说有点共生、间歇共生、连续共生和一体化共生等多种情形。[③] 由于每个民族都是物质生活和精神生活的生产者，共生单元本身就是一个独立、完整的共生体，其内部已存在物质、信息和能量的互换关系，所以民族共生关系不存在寄生关系。将共生组织模式和行为模式进行组合，可得出民族共生模式的九个基本状态，即偏利共生、非对称互补共生及对称互补共生三种条件下分别相对应的间歇共生、连续共生和一体化共生模式。共生模式不是固定不变的，它随共生单元的性质的变化及共生环境的变化而变化，偏利共生关系可以演变为非对称互补共生

---

①　袁纯清：《和谐与共生》，社会科学文献出版社 2008 年版，第 10—11 页。

②　袁年兴、许宪隆：《民族共生理论：散杂居民族关系及其范式研究》，《青海民族研究》2009（1）。

③　[美]爱德华·威尔逊：《昆虫的社会》，王一民等译重庆出版社 200 年版，第 450—590 页。

关系甚至对称互补共生关系，而间歇共生也可以演变为连续共生直至一体化共生关系。对称互补共生条件下的一体化共生是共生关系的高级形式。

民族共生界面是民族在生存、发展过程中，与其他民族在政治共享、经济合作和文化交流中的媒介和载体，对民族共生单元和共生模式具有决定性的作用。民族共生界面可以划分政治、经济、文化三个层面。民族政治共生界面主要有法律、政府机关、政府机关工作人员；民族经济共生界面主要包括经济市场、基础设施、经济组织等；民族文化共生界面主要有语言、文字、民俗、大众传媒、通信工具、书籍以及民间文化团体等。民族共生界面作为共生民族相互作用的媒介，具有以下功能：共生序的形成功能、文化交流的中介功能、经济合作的主导功能、共生环境的诱导功能以及共生动力机制的决定功能。

4.“共生互补”理念在民族关系中的应用分析

（1）“共生互补”理念在城市民族关系中的应用

共生度分析　城市民族共生度是指城市各民族之间在政治、经济、文化等方面的相互关联度。城市民族经过几千年的交融与整合，形成了多边的交流机制和“你中有我，我中有你”的交融局面。以文化共生为例，城市各民族文化已经开始具有同质性。中华民族文化是各民族、各地区文化在数千年的历史发展中逐步交融、整合而形成有机的文化整体，是各民族在长期的文化互动、交流中形成同质化和一体化现象。城市各民族既认同本民族、本地区的文化，也认同中华民族文化。在这种双重认同中，认同中华民族文化或中华文化是最高层次的认同，认同本民族、本地区的文化是第二层次的认同。

城市民族生活在多民族文化的环境中，除了接受本民族的传统文化外，又接触并接受其他民族文化的影响。为了适应新的环境，使自身的心理、行为和文化发生了与环境相适应的种种变化。在这个过程中少数民族无论是主动的还是被动的，最后都达到了双方相互适应，并形成了城市民族在文化生活中兼收并蓄的特点。[①] 其中，文化的相互借用是一个十分突出的表现。在现实生活中，城市民族文化的相互影响由于区域文化的不

①　沈林等：《中国城市民族工作的理论与实践》，民族出版社 2001 年版，第 101—109 页。

同，共生单元相互影响的程度是存在差异的。很明显，城市主体民族在城市民族共生系统中占有优势。

共生界面分析　在城市民族共生系统中，各民族基本上选择普通话作为共同交际的语言和文字，这基本决定了城市民族文化共生界面的优化趋势。现阶段城市民族问题具体表现在：少数民族下岗待业职工的技术培训和再就业问题、少数民族子女上学就业问题以及流动少数民族人口的权益保障问题等。1954 年《中华人民共和国宪法》从根本上确认了我国的社会主义新型民族关系和少数民族的基本权利，为城市民族提供了基本的政治共生界面。1993 年颁布的《城市民族工作条例》，对城市民族工作的原则、城市人民政府关于城市民族工作的职责及对于城市少数民族各方面的权益进行了明确的规定。为了配合《城市民族工作条例》的实施，各大城市根据本市民族工作的具体情况相应地制定了本市的民族工作办法。城市民族理想的共生模式要求凸显各民族在政治、经济、文化、教育以及宗教信仰、风俗习惯等方面具体的功能作用，而不是使之单纯地处于一种被动的地位。现实的城市民族共生界面没有充分发挥民族共生单元在民族共生系统中的能动作用，没有提高城市少数民族的族内共生能力，增加了民族共生的阻力，限制了城市民族共生系统能量最大程度的释放。为了城市民族共生关系不断优化，不仅要完善保障城市少数民族权益的法律体系，强化相关法律法规的执行监督机制，而且要提高城市各民族的共生能力，充分发挥个体在民族共生系统的作用，使之具有共生序的形成功能以及共生动力机制的决定功能。

共生模式分析　在民族共生模式识别过程中，民族共生度、民族共生能力、民族关系的稳定性、共生界面的特征、系统的开放度及共进化特征起着决定性的作用。我国现阶段城市民族共生关系稳定且具有内在必然联系，民族关系具有稳定的主导共生界面。总体来看，城市民族共生模式为一体化共生模式，但在共生系统中，共生界面的选择也决定共生单元的数量和质量，城市无法无限度地容纳更多的个体。由于户籍管理制度及社会保障体制等共生界面的缺陷，拥入城市的少数民族人口在较短的时间内无法与城市形成一体化的共生模式。于是，城市民族的组织共生模式出现了一体化共生和连续共生的分层。城市少数民族流动人口问题是影响城市民族共生系统优化的一个重要因素。

从行为模式来看，城市各民族既存在双边的物质、信息和能量的交流机制，也存在"你中有我，我中有你"的多边交流机制。但主体民族对非主体民族的影响大于非主体民族对于主体民族的影响，这导致了城市民族共生进程的非同步性，形成非对称性分配。这些因素决定了我国现阶段的民族共生关系为非对称互补共生模式。非对称互补共生模式是影响民族共生利益的关键因素，而影响非对称互补共生的主要因素是共生界面，因此提高共生度、优化共生界面，促进对称性互补共生的实现是改进城市民族共生关系的基本途径。

(2)"共生互补"理念在民族乡民族关系中的应用

共生度分析　民族乡民族共生以政治共生为基础，经济共生为核心，文化共生为表现特征。

在没有条件行使自治权又有一定聚居区域的少数民族聚居地方建立民族乡，更加广泛更加全面地保障了民族乡的少数民族享受到自主管理本地方本民族内部事务的权利。民族乡的人民代表大会制度保障了民族乡少数民族人民的选举权；少数民族人民通过人民代表大会讨论决定当地的重大问题，直接管理本地方本民族的事务，并且通过人民代表参与管理国家大事；同时民族乡的领导班子中，也有相当名额的少数民族干部，各类干部中少数民族干部要占有相当的比例。[①] 民族乡人民代表大会可以依照法律法规的权限，采取适合民族特点的具体措施，从而保障了民族乡因地因民族因事制宜的自主权利，保障了民族乡少数民族政治、经济、文化、语言、文字、风俗习惯等平等权利。

共生界面分析　民族乡民族文化共生在民族共生系统中表现尤为突出。在把中华民族文化作为最高层次文化认同的基础上，民族乡少数民族基本使用本民族通用的语言和汉语，民族乡国家机关在执行职务，如发布文件、通告、通知等时候可以使用当地通用的少数民族文字。

民族乡民族共生系统是以政治共生为基础的，共生界面主要有民族乡相关法律、民族乡政府以及民间社会团体等民族共生载体。1949 年颁布

---

① 沈林等：《中国的民族乡》，民族出版社 2001 年版，第 16—17、101—109 页。

的《共同纲领》、1952 年颁布的《关于保障一切散居的少数民族成分享有民族平等权利的决定》及后来的宪法、选举法、地方组织法等法律法规，保障了少数民族当家做主的权利，特别是 1954 年国家为了保障散杂居民族平等权利，在新中国的第一部根本大法中确立了民族乡制度。国务院在不同时期，还发布了《关于建立民族乡若干问题的指示》、《关于建立民族乡问题的通知》、《民族乡行政工作条例》，做出了具体的规定。民族乡政治、文化共生界面呈优化趋势。

民族乡民族共生的根本问题是经济共生问题，这具体表现在民族经济共生界面上。民族乡的少数民族作为一个特殊的民族群体，大多地处"老、少、边、山、穷"地区，长期处于封闭的自然经济状态，旧的传统观念根深蒂固，旧的生产方式仍占主导市场，尤其是产业结构、产品结构存在着严重的不合理性，加之财政、资金的困难，散杂居民族乡在市场经济的竞争中处于劣势，在民族政策的落实方面与享有民族自治权的地区相比，也出现了一定差距。

共生模式分析　历史上散杂居民族与汉族长期相互接触、交流，形成你中有我，我中有你的局面，从组织程度上说属于一体化共生。但由于汉族地主掌控了政治权利和绝大多数的土地，散杂居民族无论是在经济文化层面还是在政权层面上，基本处于劣势地位，属于偏利共生。现阶段我国民族乡各民族之间逐步形成了"汉族离不开少数民族，少数民族离不开汉族，少数民族之间也互相离不开"的关系，属于正向对称共生状态。中华民族文化的最高层次认同以及少数民族自主管理本地方本民族内部事务权利的充分实现，表明现阶段我国民族乡的民族共生关系属于对称互补的一体化共生模式。民族乡内的民族关系呈现和谐、平等、团结、互助的局面。

然而，站在全国民族共生系统的视角上，透析民族乡民族共生能量的释放，还必须考虑民族共生能力、系统的开放度以及共进化特征。在市场经济条件下，民族乡产业结构严重的不合理性，导致散杂居民族乡以远远低于全国人均纯收入水平而成为我国的主要扶贫对象之一。市场发育的先天不足，经济规模的狭小，导致民族乡在整个民族与其他地区的经济共生无法形成有效的连续状态，因此，散杂居地区民族乡的民族共生问题不仅是民族乡内部各民族的共生关系问题，而且还是民族乡与非民族乡的共生关系问题。强化民族乡与非民族乡特别是经济发达地区的经济共生关系，对于提高散杂居民族乡民族共生能力以及优化民族共生系统具有重要的意义，这是民族乡民族共生系统共生进化的必要条件。

三、散杂居民族关系的考察指标

（一）民族关系的一般性考察方法

民族关系的研究，在内容上具有复杂性、全面性，在方法上具有多样性，尤其是 20 世纪 90 年代以后呈现出多学科乃至跨学科的趋势，如历史学、民族学、民族理论与政策学、社会学、政治学等。金炳镐从宏观与微观、历史与现实、内部与外部等不同的角度归纳了民族关系理论体系的 10 个重要内容：民族实体、民族交往、民族矛盾、民族关系内涵、民族关系的核心问题和特点、民族关系的影响因素、民族关系的发展趋势、民族关系发展的对策、民族关系的调控、民族关系调控机制。[①] 马戎的《民族关系的社会学研究》则从社会学的角度对民族关系的社会目标、衡量民族关系的若干变量、影响民族关系的各种因素等方面进行了介绍，提出 6 大因素的分析方法。周平从政治学的视角探讨了民族间的政治关系，提出了民族政治关系的 7 种基本类型。

就研究的主体而言，民族关系包括民族社会与国家权力之间的互动关系、民族社会各民族之间的关系、汉民族与各少数民族之间的关系，并由此建立起了民族关系纵横交错的三重结构。影响民族关系的因素从宏观上讲，"可以概括为民族自身因素、社会因素和自然因素"，从微观的角度上讲，"经常影响具体的民族关系的重要因素包括民族居住混杂状况、民族间互通语言情况、民族文化交流交融状态、民族间通婚情况等等"。[②] 所以，我们可以将各种相关因素纳入一个统一分析框架，从政治、经济、文化、宗教、社会五个方面对民族关系作一般性分析。

---

① 　金炳镐：《民族理论通论》（修订本），中央民族大学出版社 2007 年版，第 6—8 页。
② 　金炳镐、青觉：《论民族关系理论体系》，《中南民族学院学报》（哲学社会科学版）2001（6）。

政治因素　政治因素是考察民族关系的重要指标。它既反映中国各民族的政治生活方式与国家政治运行具有协调性与冲突性并存的特征，也体现着处于一定的历史、社会、文化条件下的权利义务主体对政治体系、政治活动过程、政治产品等各种政治现象，以及自身在政治体系和政治活动中所处地位和作用的态度与倾向，即各民族的政治认识、政治态度、政治参与、政治情感等。例如，民族政策法规的变动频率、制定数量、实施程度关系着民族地区的稳定，少数民族干部的比例直接反映着对少数民族参与国家管理的程度和民族平等的程度。外部势力干扰程度、外交压力影响程度等同样也影响着国内的民族关系。

经济因素　经济利益问题是少数民族发展最关键的问题，也是较容易导致民族纠纷和民族摩擦的问题。经济因素对民族关系的影响，可以从少数民族生活水平、国民经济发展状况、政府投入和经济结构状况四个方面来体现。通过消费水平差距和民族收入相对差距两个微观指标以反映民族地区的居民生活水平状况。民族地区的经济发展通过民族地区城镇化率和民族地区 GDP 增长率以及人均资源占有率来反映，城镇化率越高、GDP增长率越快、人均资源占有率越均衡则说明经济发展越好，民族关系也就越和谐。政府基础设施投放量体现了政府对民族地区的关心程度，这对于稳定民族关系、加快经济社会发展具有重要意义。就业结构分布比例、劳动就业率和产业流动比例反映了民族地区的经济结构状况，如果经济结构分布不合理则会对民族关系的发展造成极大的影响。[①]

文化因素　由文化因素来反映民族关系的发展状况可以从语言、教育发展水平、民族习惯、民族心理等方面来考察。从民族意识和民族心理关系到各民族之间的文化交流，民族意识认同度越高，价值观念差异程度和民族偏见程度越低，各民族之间交往就会越密切，有利于民族关系的发展；文化交流融合程度、生活习俗差异程度与民俗文化冲突程度可以考察民俗习惯对民族关系的影响，文化交流融合程度越高、民俗文化冲突程度越低，民族关系就越好。

---

① 郑双怡、张劲松：《民族关系评价指标体系构建及监测预警机制研究》，《民族研究》2009（1）。

社会因素　社会因素是社会结构、社会现象和社会过程的具体表现，具有反映少数民族发展现状、评价民族政策、监测社会发展目标、预测社会发展趋势等功能，同时也是政府部门制定民族政策和社会发展规划的重要依据。社会因素对民族关系的影响，可以从人口结构、少数民族权益保障、民族交往等因素来衡量各个民族社会结构的差异。例如，人口结构因素包括人口自然增长率、人口的绝对规模、相对规模、地理分布、城乡分布格局、职业结构、收入结构、消费模式、人口年龄结构、人口城乡比例、人口流动率等方面。各个民族间的结构性差异和特征反映的实际上是各民族对现代社会和经济生活的适应能力，这会影响当前各民族对于现代化进程的参与程度以及改革成果的分享程度，这种参与程度和分享程度无疑会对民族关系带来重要影响。

宗教因素　宗教是各民族传统文化的重要组成部分，影响着信教群众的思想观念和生活方式：它可能在稳定社会、推进社会变革方面发挥积极作用，又可能引发社会动乱，阻碍社会变革。如果民族之间在宗教信仰、礼仪和生活习俗等方面存在很大的差异，就可能直接影响民族之间的日常交往和民族关系。不同宗教在对待其他宗教的宽容度上也各有不同，在我国 55 个少数民族中，有不少是全部信仰某种宗教或部分信仰某种宗教。民族因素往往从信教群众的宗教信仰及具体宗教派别、宗教信仰的虔诚程度、宗教信仰与生活习俗之间的关系、信徒与宗教组织之间的关系、历史上本地各宗教集团之间的关系、政府的宗教政策与实际执行程度等方面来体现。

（二）散杂居民族关系的指标体系

分析一个多民族社区中各民族关系的现状，除了一些可描述的感性印象之外，还需要设定一些客观的指标把民族关系现状以量化的形式显示出来，以便进行历时和历史的比较，即作跨时空的横向与纵向比较。美国社会学家密尔顿·戈登提出了研究检测民族关系的七个基本变量：即文化融合、社会交往或社会结构的相互进入、通婚、族群意识、偏见、歧视、价值与权力冲突。[①] 这七个变量的提出，对研究民族关系从简单的指数衡量

---

① Gordon: *Assimilation in Americian Life*, oxford: Oxford University Press, 1964:71.

深入到具体的变量系统中进行量化分析。马戎在研究拉萨的汉藏民族交往时运用了六个方面的变量：居住格局、学校格局、工作单位、娱乐机构、宗教组织、社会网络。王俊敏在研究呼和浩特市区民族关系时根据研究目的和可行程度，从七个方面做了研究：建置与权力分配、民族迁移与居住格局、民族学校、民族单位、宗教、语言、民族通婚。他认为测量民族关系最好的指标是"通婚"，前五个方面大致属于结构交融，"宗教"与"语言"归于文化交融。综合学界不同观点，虽然我国各民族在长期互动中形成了多元一体格局下的"大杂居、小聚居"特点，但在散杂居区，具体地域又有其独自的特点，所以在研究散杂居民族关系时，所采用的量化指标也应该是"因地制宜"。我们从以下几个方面对影响散杂居民族关系互动的变量展开分析。

1. 语言使用

语言是民族文化基本内容，作为一种文化现象，它是人们之间进行信息交流的工具。共同语言与共同的生活规范会孕育民族亲和的感情[①]，民族语言差异则可能成为民族交流与融合，以及民族关系趋于稳定发展的障碍。语言文字既是各个民族在历史上形成传统文化的载体，也是民众在现实日常生活中相互进行交流的工具，美国学者英格尔在1986年针对美国社会提出，语言的使用情况可以反映民族特征的增强或减弱的倾向。在日常生活中，如果强调使用本民族的语言而非当地社会主流语言，则倾向于民族特征的增强；如果强调使用本地主流语言，则倾向于民族特征的减弱。在某些混合的社会中常常用本地语言来排斥局外人和团结局内人。在我国一些大都市的单位中有些小群体选择本地语言来排斥局外人和保持局内人的稳定性，甚至这些人都可以讲非常流利的主导语言。即使大家都说同一语言，其中有些群体会保持不同的说话方式。只要民族保持高频率的交往和维持民族界线，语言的维持就很重要。一些具有地区性语言的移民，不采用本地的语言或主导语言，而保持自己的方言或次方言。如上海迁到内地"三线"建设的上海人，保持上海方言而不讲当地话，到第二代、三代仍然如此，形成语言孤岛。在一些个案中，一些有某种语言的社

---

① 马克斯·韦伯：《经济、诸社会领域及权力》，北京三联出版社1998年版，第114页。

区成员，因为经济上和政治上处于从属地位，设法公开采用主导语言也获得较好的地位。如澳门的土生葡人就是一例，他们能讲葡萄牙语和广州话，双语的优势提高了就业竞争能力。从语言的角度研究一个地区的不同民族语言，可以了解和分析不同民族的演变历史和交流情况，可以反映不同民族的文化传统以及社会发展状况。对散杂居区各民族语言的比较，可以从中发现不同民族在各个方面的交流与融合情况，还可以通过对民族语言的词汇借鉴预测语言的发展趋势及该民族在社会变迁中对主流文化的适应情况。

2. 人口迁移与流动

人口迁移与流动是指一个民族的整体或部分，由于某种原因离开原有生存环境，进入另一个生存环境居住的民族分布变化过程。导致民族迁徙的原因大体上有四种，即战争动迁、政治动迁、生计动迁、自然灾害和疾病动迁。在当代，更多少数民族群众由乡村流动到城市，由贫困地区迁移到发达地区。少数民族的迁移与流动实质上是民族散杂居化的重要内容。民族迁移与流动不仅表现为民族在空间范围内的流动，还表现为民族的文化、语言、生计方式等各方面的变迁。因此，我们可以用这些人口指标对不同年代、不同社会的不同民族进行横向和纵向的比较，以帮助我们理解现实社会中的民族与民族关系及其变迁。

3. 居住格局

居住格局是某一区域内人口构成及其居住区域的空间组合方式。民族居住格局一般具有三个层面：各民族人口在一个国家或地区中的地理区域分布，在一个地区中的城乡分布，以及在一个社区内的居住分布格局。[①]我国各民族居住格局发展的趋势是由聚居到散居、由"大聚居、小杂居"到"大杂居、小聚居"、由板块式到散点式的过程。这一过程实际上也是各民族在生产生活方式上从接触、碰撞、冲突、调适到逐渐融合的过程。现实当中，各民族在日常生活中的接触与交往因他们在空间分布上的交错与穿插将不可避免地重复多次进行。如果空间分布相对隔离，或者有明显

---

① 马戎：《民族社会学——社会学的族群关系研究》，北京大学出版社 2004 年版，第 397—399 页。

的界线，那么，民族间的交往则较少。以此类推，民族间的杂居程度、相互交往频率的高低与民族间的相互了解、民族关系密切程度成正比。例如在城市化的进程中，兴建居民小区、拓宽道路交通或旧城区改造等在逐渐地改变着城市少数民族的居住状况，成为目前影响城市少数民族居住格局改变的最主要因素。其直接的后果就是：一方面民族间互动的机会更多，民族间交流与融合随之加剧；另一方面出现民族间摩擦和矛盾的概率也越来越高。一个特定区域内的民族构成、人口比例和各民族居住空间的组合状况，可以反映民族凝聚程度、民族间交流合作的空间条件、相应的发展动力。[①]

4. 婚姻与家庭

婚姻与家庭是人类学、民族学、社会学、历史学研究的传统领域。在学理上，家庭与婚姻是一对既紧密相连又相互区别的范畴，二者各有其自身的演变特点和过程。自古以来，就有"有夫有妇，然后为家"之说。[②] 婚姻成为建立家庭的必要前提，家庭则是缔结婚姻关系的产物。家庭是一种社会实体，其中的血缘关系为不可置换的天然关系；婚姻则是一种社会关系，即经社会认可的、男女双方协议的契约关系，具有可置换性。在家庭实体中，除婚姻关系外，还包括有血缘关系、收养关系、主奴关系、雇佣关系等。家庭是社会的细胞，而婚姻则是家庭中"基本三角"[③] 的重要构成部件，婚姻和家庭也就作为现实社会系统一个有机组成部分而存在。在这个意义上，我们可以把婚姻与家庭作为了解散杂居多民族社会的一个窗口来研究它们与社会的相互作用。

婚姻是男女两性依一定法律关系、伦理和风俗的规定结合成夫妻的关系和行为。婚姻从表现形式上看，是男女两性的生理结合；从本质上看，是男女双方结成的一种特殊的社会关系。族际通婚所涉及的不仅仅是两个异性个体之间的关系，而且隐含着这两个人所代表的各自民族的文化和社会背景。影响婚姻的因素有家庭所属民族群体的基本特征和个人基本特征两个方面，前者主要受家庭在社会中的政治、经济地位、文化背景和地缘

---

① 马戎：《拉萨市区汉藏民族之间社会交往的条件》，《社会学研究》1990（3）。

② ［汉］郑玄注：《周礼·地官·小司徒》。

③ 费孝通：《乡土中国生育制度》，北京大学出版社 1998 年版，第 15 页。

网络等因素影响，后者则与宗教信仰、政治态度、教育程度、职位、收入和财产等关联紧密。不同民族成员之间的亲密接触和相互通婚可以反映民族交往中一个较深层面的发展状况。只有两个民族之间的关系在整体上比较融洽与和谐时，他们的成员中才有可能出现一定数量和比例的民族通婚。[①] 具体表现为文化上的较高同化、没有语言障碍、宗教信仰不冲突或不排斥、民族成员交往密切而没有歧视和偏见以及家庭或家庭所在民族成员不反对等。美国社会学家 G. 辛普森和 J. 英格尔把族际通婚率视为衡量美国各族群之间"社会距离"、群体的认同强度、人口异质性以及社会整合过程的一个十分敏感的指标。[②]

家庭总是生存、活动于特定地域的，不同地域中的家庭，具有不同的地域文化色彩。在家庭结构上，有的民族以父系家庭公社为社会基本单位，如独龙族等；有些民族以核心家庭为主，子女婚后就分家另立门户，如瑶族、傣族等；有些民族的家庭是父系父权制，如朝鲜族、维吾尔族等；有些民族是母系母权，如永宁纳西族；还有的民族是父系与母系并存，如裕固族等。在家庭财产继承制上，有些民族实行长子继承制，如满族等；有些民族实行诸子均分制，如土族等；有的民族实行幼子继承制，如哈萨克族等；有的民族赘婿也有财产继承权，如白族等。在生育观上，有的民族认为"男子多，家业衰；女子多，家业兴"，如台湾的阿美人，永宁纳西族等；有的民族则重男轻女，以多子为福，如东乡族等；有的民族则持平等看待男女的生育观，如回族。在祖先崇拜与宗族观念上，有的民族没有祖先崇拜的信仰习俗，也没有宗族观念，如藏族；有些民族则有浓厚的宗族观念，并高度重视祖先崇拜，如毛南族等。在散杂居民族关系研究中，我们既可以探讨丰富多彩的少数民族家庭模式的形成和演变，以及少数民族与汉族间家族文化交流、融会的历史过程，也可以立足于当代社会变迁的大背景，着眼于家庭生活中不同角色的语言称谓、心理、信仰、礼仪、情感和生活方式、行为细节，以及家庭的类型、规模、结构、制

---

① 马戎：《民族社会学——社会学的族群关系研究》，北京大学出版社 2004 年版，第 432—433 页。

② Simpson, George E. and J. Milton Yinger, *1985 Racial and cultural Minorities: An Analysis of Prejudice and Discrimination* (fifth edition), New York: plenum press, p.296.

度、功能的研究。

5. 民族意识

民族意识，也称"民族的共同心理素质"，由民族属性意识、民族交往意识、民族发展意识组成。其中，民族属性意识包括民族自我归属意识、民族认同意识、民族分界意识；民族交往意识包括民族平等意识、民族自尊意识或优越意识、民族自卑意识；民族发展意识包括民族自我发展意识、民族自主自立发展意识、民族协调发展意识。[①] 民族意识是后天形成的，是在社会交往中形成的一种"社会建构"[②]，是一个具有共同生活方式的人们共同体，必须与"非我族类"的外人接触才发生民族的认同。[③] 一个族群的民族意识一旦产生，即会在与他族的交往过程中不断明确和强化本民族的边界，并且努力推动以本民族为单位的集体政治、经济、文化甚至军事行为。在一个多民族社会里，在民族间的交往互动过程中，民族会逐步成为具有特定经济或政治利益的群体单元，并会在此基础上产生某种内部的自身动力，民族的成员和领袖们可能会通过动员民族的集体行为来为自己争取这些利益。[④] 民族意识是综合反映和认识民族生存、交往和发展及其特点的一种社会意识，是民族社会的群体意识，其本质是对自身民族生存、交往、发展的地位、待遇和权利、利益的享有和保护。[⑤]

民族意识是衡量民族之所以成为民族的最稳定的标志，也是民族认同与民族利益的统一。同时，民族自我归属意识又是民族意识最为根本的内容，深刻影响着民族意识的其他多个方面，其清晰程度、强烈程度、牢固程度，以及人们在不同场景民族意识的具体反映等是民族关系的重要因素。在区分民族时所依据的主要差别包括体质差异、文化差异、经济差异、居住地域差异等。这些差异不但能从宏观或者群体的层面体现出民族意识和民族关系的本身，也能从个体或微观层面反映出真实的民族意识和

---

① 汤夺先：《论城市少数民族的民族意识与民族关系》，《中南民族大学学报》（人文社会科学版）2004（3）。

② 马戎：《民族社会学—社会学的族群关系研究》，北京大学出版社 2004 年版，第 70 页。

③ 费孝通：《中华民族多元一体格局》，中央民族学院出版社 1989 年版，第 5 页。

④ Glazer, Nathan and Daniel P. Moynihan, eds., 1975, *Ethnicity: Theory and Experiece*, Cambridge: Harvard University Press, p.7.

⑤ 金炳镐：《民族理论通论》，中央民族大学出版社 1994 年版，第 84—85 页。

民族关系。尤其是当代，市场经济的开放效应、竞争原则使各民族的民族意识得到普遍增强，这种增强，既有促进各民族繁荣和发展的积极作用，也有妨碍民族团结、影响社会稳定的消极作用。原来封闭的人们开始比较强烈地感受到了本民族与他民族的不同，产生较鲜明的民族差别感，原本模糊的本民族经济意识开始清晰或者强烈了。在各民族内聚力不断增强的同时，与此相伴的对外排斥性也不时出现在民族交往过程中，带来族际纠纷增多的隐患。

6. 社会分层

"社会分层"主要是用来研究一个社会中所有成员在社会地位上的分化与流动，分析对象是不同民族集团间由于结构性差异所引起的不平等，目的在于考察一个社会的"社会分层"结构中是否含有一定程度的民族背景，社会不平等是否在一定程度上反映的是民族间的不平等，各民族成员是否存在相同的社会流动机会。通用基本指标包括：劳动力行业结构、人口城乡比例、平均受教育水平、劳动者就业率、职业结构、收入结构与消费模式。在西方国家的一些调查中，犯罪率、社会阶层（如"中产阶级"）的自我认定比例、医疗保险参与率、养老保险参与率等也能反映出各民族之间的结构性差异。[①] 社会分层要说明的是在一个多民族国家里，各个民族在社会地位、经济收入等方面，存在着以民族为基本分野的社会阶层划分，即在一个国家内存在各个民族群体之间在政治、社会、经济等方面的差别。一些民族由于种种原因而占据了社会中的优势地位，而另一些民族则处于劣势地位。

在研究散杂居地区民族关系时，通过被调查对象的个人背景信息，包括民族成分、教育、职业以及收入、消费情况等，我们可以进行社会分层的专题定量分析，以考察各个民族之间在教育结构、经济结构、收入结构等方面的群体性结构差异。但中国各地区在自然环境、人口密度、民族构成、社会与经济发展水平等方面存在巨大差异，在对中国各民族进行社会分层研究时，必须注意到这种区域性差异，需要对各局部地区民族之间的结构性差异进行具体的比较。如居住在东部沿海城市的回族与居住在新

① 　马戎：《民族社会学—社会学中的族群关系研究》，北京大学出版社 2004 版，第 234 页。

疆、青海、甘肃、宁夏等地的回族在教育结构、职业结构和收入结构方面就有着明显的差距。

7. 少数民族干部

少数民族干部在本民族中的作用，是非本民族干部不能代替的。国务院新闻办公室 2010 年发表的《2009 年中国人权事业的进展》白皮书介绍的情况，截至 2009 年，全国共有 290 万少数民族干部，占干部总数的 7.4%。全国公务员队伍中，少数民族约占 9.6%。55 个少数民族都有本民族的全国人民代表大会代表和全国政治协商会议委员，人口超过 100 万的少数民族都有本民族的全国人民代表大会常务委员会委员。历届全国人民代表大会中，少数民族代表人数占全国人民代表大会代表总人数的比例均高于同期少数民族人口占全国总人口的比例。

民族干部成长的情况在一定程度上代表着少数民族的实际参政水平，也是体现本民族享有平等政治权利的一个标志。少数民族干部的数量和职位的高低，是少数民族备受关注的一个敏感话题，其中存在的不以干部自身素质和能力、完全以民族成分为标准作为干部任职的"惯制"，都有可能导致汉族与少数民族干部甚至群众之间产生隔阂，也会增加不同少数民族之间的矛盾。

8. 生活习俗

生活习俗指一个地区和民族在特定的历史时期内，人们在社会物质文化与精神文化生活中形成的社会风尚和民众习惯的集合体。作为社会生活中普遍存在的一种文化现象，生活习俗包括经济生活、饮食习俗、居住空间、文化教育、家庭与宗族、乡村社区、婚姻习俗、人生仪礼、宗教信仰、岁时节庆和日常娱乐活动等多个方面的内容。在特征上既具有传承性、变革性、创新性，又具有地缘性、民族性等多元社会文化特征。

散杂居区是一个多民族聚居区，各民族悠久的历史和丰富多彩的传统文化，使得生活习俗在不同时代的文化背景中和在同一时代不同地域都同样表现出难以限定的丰富性和差异性，所以各民族群众在社会交往中必然会发生矛盾和碰撞，尤其是在当今全球化和市场经济这样的大背景下，急剧变迁的社会给处于长期稳定状态的生活习俗带来了直接或间接的冲击，人们无论在衣食住行还是在文化娱乐等方面都发生着明显的变化，其演变趋势呈现为受外来影响较大、城乡变化不平衡、新旧中西杂糅混合等趋势和特征，构成了少数民族从封闭走向开放、从传统走向现代的一个重要层面。从生活习俗的维度去研究民族关系，不仅能考察各民族生活习俗的历史发展和现实状况，而且可以深入分析这些现象背后的社会、经济、政治、文化等方面的深层次原因。

9. 宗教信仰

宗教作为一种社会化的客观存在，具有内在、外在两类基本要素。内在要素分为宗教观念和宗教体验，外在要素分为宗教行为和宗教制度。[①]内在要素是意识形态，外在要素是社会组织，外在要素一般以行为或制度的方式体现内在要素即宗教意识。对中国部分普遍信教的民族来说，宗教的影响更是渗透于这些民族的社会、文化、生活的各个方面，统摄着这些民族的传统文化。由于宗教的社会功能具有双重性，一方面它可能在稳定社会、推进社会变革方面发挥积极作用；另一方面它又有可能酿造社会动乱，阻碍社会变革。

10、自然因素

影响民族关系的自然因素，是指各民族居住的自然环境，包括人类生活的地域及其地理位置、地貌、地质、各种自然资源、气候条件及生态环境等。自然因素是人类生存发展的自然物质基础，对民族的体质及其繁衍，对民族的思维、意识、性格等都会产生巨大而深刻地影响。自然因素是非人力可以决定的。一个民族所在地区的自然条件良好，气候适宜，物资丰富，就有利于该民族的生产、生活、经济活动；相反，如果一个民族所拥有的自然条件差，就会影响该民族的发展。这种先天性的民族发展差异，更容易造成民族心理的偏差，激化民族矛盾。

---

① 吕大吉：《宗教是什么——宗教的本质、基本要素及其逻辑结构》，《世界宗教研究》1998（2）。

第二节 散杂居民族关系的特点

一、社会主义民族关系的发展历程

从新中国成立到社会主义改造完成之前，我国的民族关系处在由新民主主义向社会主义过渡时期，具有两重性，在民主改革和社会主义改造完成以后，我国的民族关系基本上是各民族劳动人民之间的关系。20 世纪 50 年代后期至 70 年代，民族关系的发展受到"左倾"思想路线的干扰，民族地区开展了反对地方民族主义的运动，运动的扩大化使一些少数民族群众和干部受到伤害。在"社会主义时期民族问题的实质是阶级问题"错误思想的引导下，用阶级斗争的方式来处理民族问题，造成了大批冤假错案，尤其是"文化大革命"期间，民族工作和民族政策遭到破坏，一些地方的民族关系一度十分紧张。

1981 年，党的十一届六中全会通过的《中国共产党中央委员会关于建国以来党的若干历史问题的决议》明确提出社会主义民族关系的基本特征，即"社会主义的团结友爱、互助合作的新型民族关系"和"团结友爱、平等互助的新型的社会主义民族关系"。解除了在社会主义民族问题、民族关系认识上的思想羁绊，为我国民族关系理论的研究指明了方向。

1982 年，第五届全国人民代表大会第五次会议通过的《中华人民共和国宪法》明确规定："中华人民共和国是全国各族人民共同缔造的统一的多民族国家。平等、团结、互助的社会主义民族关系已经确立，并将继续加强。"以宪法的形式明确了我国已确立社会主义民族关系，也明确了社会主义民族关系的基本特征。1984 年《民族区域自治法》沿用了宪法的这个提法。

1990 年，江泽民在新疆考察工作期间提出："在我们祖国的大家庭里，各民族之间的关系是社会主义的新型民族关系，汉族离不开少数民族，少数民族离不开汉族，少数民族之间也互相离不开。""三个离不开"思想是党的第三代中央领导集体对我国社会主义民族关系发展规律的深刻总结和新概括。随着社会主义市场经济体制的建立和发展，各地区、各民族的关系将更加紧密，牢固树立各民族"谁也离不开谁"的思想，符合中华民族的根本利益和长远利益。

1992 年，中国共产党第十四次全国人民代表大会报告中强调："全面贯彻党的民族政策，坚持和完善民族区域自治制度，坚持平等、互助、团结、合作，以促进各民族的共同繁荣。"中共十四大把建立和完善社会主义市场经济体制作为改革的目标，也为社会主义市场经济条件下民族关系理论的确立和发展提供了理论基础。1997 年，中共十五大提出："切实加强民族工作，巩固和发展平等、团结、互助的社会主义民族关系。"2002 年，中共十六大提出"全面贯彻党的民族政策，坚持和完善民族区域自治制度，巩固和发展平等团结互助的社会主义民族关系，促进各民族共同繁荣进步。"

2005 年，胡锦涛《在中央民族工作会议暨国务院第四次全国民族团结进步表彰大会上的讲话》中说，"今天，我国各民族平等、团结、互助、和谐的社会主义民族关系不断巩固"。同年的《中共中央国务院关于进一步加强民族工作　加快少数民族和民族地区经济社会发展的决定》也提出，"平等、团结、互助、和谐是我国社会主义民族关系的本质特征"。在我国社会主义民族关系基本特征中加入"和谐"的要素，这是中国共产党从现阶段构建社会主义和谐社会总体目标出发，基于现实民族问题的特点和规律对我国民族关系认识的重要发展，是新的理论突破，为社会主义民族关系理论注入了新的内涵。

二、社会主义民族关系的本质特征

社会主义民族关系的本质特征是平等、团结、互助、和谐，这是由社会主义民族关系的基本性质决定的，也是正确认识和解决民族问题的前提和基础。

(一) 民族平等

民族平等的含义包括三个方面：一是各民族一律平等，都应该享有政治、经济、文化等各方面的相同权利；二是各民族的文化传统、语言文字、风俗习惯和宗教信仰都应该受到尊重；三是党和国家不仅致力于制定民族平等的政策和法律，而且致力于把平等权利在社会生活的各个方面、各个领域得到充分体现，即实现真正意义上的平等。

虽然各民族间依然存在事实上的不平等，但这个不平等与历史上的反动统治阶级实行的不平等有着本质的不同，历史上的不平等是少数民族无地位、无尊严，受奴役、受压迫，是剥削阶级的反动本质和黑暗制度所造成的，没有任何改变的希望和余地。现实中的不平等主要是少数民族在发展经济和社会事业中与先进地区产生的差距，这种不平等完全可以通过国家制定优惠政策、先进地区的大力支持以及民族地区各族干部群众的艰苦奋斗来逐步消除。

（二）民族团结

民族团结的内涵，有特定的范围、阶级基础、实施的前提及手段。从民族团结的主体来看，是民族之间的团结，既包括国内各民族之间的团结，也包括国际各民族特别是被压迫民族之间的团结，还包括民族内部的团结；从民族团结的实质来看，是特定阶级内容的团结，主要是各民族无产阶级和劳动人民的团结。中国共产党根据中国的国情和各民族的实际，提出民族团结作为解决民族问题的基本原则，并把民族团结概括为三个层次，即中华民族整体的大团结，国内各民族的团结以及与世界平等待我之民族的团结。作为我国民族政策体系的重要组成部分，民族团结包括四个方面的内容：反对民族压迫和民族歧视；维护、促进民族之间和民族内部的团结；各族人民齐心协力，共同促进祖国的繁荣发展；反对民族分裂，维护国家统一。

当前影响我国民族团结的因素依然存在：各民族政治上实现平等之后，在经济、文化方面发展上的差距仍然存在，历史上遗留下来的民族偏见还没有完全消除；在各民族根本利益一致的情况下，各民族交往中产生的一些具体权益纠纷和矛盾；在文化、风俗习惯、宗教信仰等方面，由于相互了解和尊重不够产生的误会和纠纷；对有些宗教问题处理不当而引发的民族纠纷；个别媒体做出伤害民族感情的错误报道而引发的民族纠纷。此外还有国内外民族分裂分子进行的破坏活动等。我们应该主要做好以下工作：一是要加大对四个基本知识（民族理论、民族政策、民族法规、民族常识）和"三个离不开思想"（汉族离不开少数民族、少数民族离不开汉族、少数民族之间也相互离不开）的宣传力度，营造良好的社会氛围；二是建立民族团结的工作机制，对出现的问题，早预防、早解决，把问题解决在萌芽阶段；三是加快民族地区的经济和社会发展，努力缩小地区差距和消除贫困；四是促进民族地区的法制化建设。

（三）民族互助

民族互助是指各民族在平等互利的基础上互相学习、互相帮助、互相支持以及在社会主义现代化建设中亲密合作、取长补短、互相促进的关系。

各民族都有自己的优点和长处，都为中华民族的发展和灿烂文化做出了独特贡献，但各民族在历史进程中的经历和遭遇不同，所处地理位置不同，发展速度和发展模式不同，造成了各民族在经济和社会发展上存在一定差距。各民族共同团结奋斗、共同繁荣发展是通过互助实现的，没有互助，就不可能实现共同进步，互助是民族关系充满活力的表现。

民族互助在市场经济条件下是一种互惠互利的关系，既不是历史上朝贡封赏关系，也不是现实中的等、靠、要的依赖关系。发展各民族的互助关系，首先是汉族对少数民族的支援和帮助，同时，广大民族地区资源丰富，汉族地区经济建设所用的许多原材料和生活资料，来自民族地区的支援。这种互助不仅依靠经济指标来衡量，而且还要从国家统一的全局利益和构建和谐社会不可或缺的文化多样化、生态多样性、资源多样性等多方面去认识，通过相互交流和互补互助激发各民族的创造力。

（四）民族和谐

民族和谐是指在各民族间仍然存在着特点差异和文化多样性的基础上，民族交往中表现出的和睦相处、和衷共济、协调发展的相互依存关系。构建民族和谐包括两个层次：一是各民族之间的和谐，二是一个民族内部的和谐。只有民族内部的和谐达到一定程度，它才有条件与其他民族构建和谐关系，因此，一个民族内部的和谐是最基础的和谐，其和谐程度也体现了这个民族的文明发达程度，全社会和谐民族关系的形成必须从民族内部的和谐建起。

民族和谐是社会整体和谐的重要内容。社会主义和谐社会的实现不仅仅取决于经济建设、政治建设、文化建设和社会建设，还取决于民族关系的和谐，原因在于：第一，体现了我国多民族的国情。以汉族为主体的大杂居、小聚居的交错杂居的分布状况，为汉族与各少数民族的社会和经济交往创造了便利条件，尤其是各民族间固有的唇齿相依的地缘关系和共生互补的经济关系，为和谐民族关系提供了客观条件。第二，体现了中华民族多元一体的格局。历史上的各民族经过接触、混杂、通婚、融合、同化、嬗变、合并以及分裂和消亡，形成了骨肉相亲的血缘关系和水乳交融的文化关系，你中有我，我中有你，使民族和谐更具亲和力。第三，体现了两个共同的时代主题。历史上各族人民共同反对压迫，争取自由和幸福，共同抗击外敌入侵，形成了休戚与共的发展关系。中国共产党领导各族人民构建社会主义和谐社会，也是要实现各民族的和睦相处、同舟共济、和谐发展。第四，体现了民族团结进步事业的内在要求。中国特色社会主义建设包括了物质文明建设、政治文明建设、精神文明建设、生态文明建设与和谐社会建设五位一体，把和谐作为社会主义民族关系的重要内容和特征，是建设中国特色社会主义的应有之义。

三、当代散杂居民族关系的特点

当代中国散杂居民族关系的特点主要体现在民族构成的多样性与分布的广泛性、居住地域的交叉性与生活的交融性、民族意识的自觉性与行为的同步性、社会交往的联动性与流动的扩散性、风俗习惯的相容性与信仰的重叠性、民族竞争的互惠性与利益的协同性、民族发展的层次性与目标的一致性等方面。①

---

① 岳雪莲：《共生互补视角下中国散杂居民族关系的特点》，《广西民族研究》2010（2）。

(一) 民族构成的多样性与分布的广泛性

从民族构成上看，散杂居民族人口包括了我国 55 个少数民族成分的全部。其中，阿昌、基诺、德昂、门巴、珞巴、塔塔尔、俄罗斯、乌孜别克、赫哲、京、高山 11 个民族，由于没有建立自治地方，因而在散杂居民族中占有特殊的地位。在建立了自治地方的 44 个少数民族中，满、回、朝鲜、瑶、傈僳、畲、东乡、土 8 个民族的散杂居人口接近或超过了 50%。其中满族 3/4 的人口为散杂居人口。回族有 80% 以上散居在除宁夏以外的全国 30 个省、自治区、直辖市之中。占回族人口 10% 以上的只有甘肃省，占 5% 以上的有 6 个省市，占 2% 以上的有 4 个省区，占 1% 以上的有 8 个省区，不足 1% 的有 11 个省区。其他各民族也都有部分人口散杂居于全国各地，壮、蒙古、朝鲜等民族的散杂居人口都超过了 100万。藏族有 20 多万人散居在全国 2000 多个县市。即使居住比较集中的维吾尔族，还有 10 万多人散居在全国 1100 多个县市。

从地域分布来看，散杂居民族几乎分布在全国各地的每个角落。散杂居民族人口遍及 30 个省、自治区和直辖市（台、港、澳未统计）以及全国 97% 的县、市，相对集中于西南、东北以及中间的连接带上。

(二) 居住地域的交叉性与生活的交融性

散杂居民族分布广泛，全国 97% 以上的县市都有两个以上的民族成分。在一定的地域内是几个或者几十个民族交错居住的，比如有一大半的省份其民族成分有 40—50 个，中等以上的城市或地区也大部分有十几个到几十个民族成分。即使在民族自治地方，也往往形成多个民族共同生活居住的局面。

散杂居民族的居住形式决定了各民族生活上的交融性。共同的地域使各民族之间互相了解和学习，加强了民族间的团结，促进了共同的经济文化生活的发展，使各民族间的共同因素增多，在此基础上形成了散杂居民族关系中的文化互融性。比如居住于云南西双版纳傣族自治州的回族，其居住形式、衣饰等日常生活的许多方面都已经和当地的傣族不分彼此了。随着民族之间交往程度的加深，散杂居民族间异族通婚的现象越来越普遍，不同民族通婚尤其是少数民族与汉族通婚日益增多，也在一定程度上拓展了族际交融向更多领域延伸。

（三）民族意识的自觉性与行为的同步性

每个民族都有自己共同的心理素质，它不会随着各民族散杂居化而消失和淡化。散杂居民族的民族意识相对于聚居区少数民族来说不断增强，具有自觉性。散杂居民族进入汉族地区，脱离了本民族的居住与文化环境，在与当地主流文化交往的过程中无意识地暗中比较，两种民族文化潜意识的较量使得散杂居少数民族所保留的民族文化传统、宗教信仰反映到心理上的暗示会更加强化，民族自我意识不断增强。

在各民族自我意识不断强化和明晰的过程中，维系着民族群体的民族自我意识使得对本民族的尊严和民族利益表现出心理的敏感性。散杂居民族无论是在人口数量上，还是在社会政治经济文化生活中都处于绝对少数，是容易受到伤害的脆弱群体。人口上的弱势导致了他们心理的敏感以及对周围事件、环境的敏感。心理的敏感性，往往会表现为行为的同步性。散杂居民族要求得到理解和尊重，获得平等权利，如果侵犯了他们的共同利益或个人利益，往往会导致他们产生为争取社会生活的平等权利而采取一些失当或过激行为。

（四）社会交往的联动性与流动的扩散性

散杂居地区发生的影响民族关系的事件，会对其他地区产生连锁影响。"散杂居民族关系的联动性是由散杂居少数民族的形成过程所决定的。"[1] 这种联动性主要体现在农村与城市的联动、内地与边疆的联动、不同城市之间的联动、国内与国外联动这四方面。散杂居民族成员和本民族聚居区同源同种，有着天然的密切联系，有高度的民族心理认同。这方面既存在散杂居地区主动加强和聚居区的联系，更多的是聚居区在注视散杂居地区的发展，所以发生在本民族聚居地的一些事情，很容易传递到各地的散杂居民族中，同样，发生在散杂居民族中的一些事情，也很容易在其

---

① 沈林等：《散杂居民族工作概论》，民族出版社 2001 年版，第 93 页。

本民族的聚居地、边疆地区甚至全国发生波动，引起连锁反应。另外，对于一些跨境民族而言，他们往往和国外的某一民族有着历史联系，一旦发生矛盾和纠纷，还很容易扩及国外、境外，造成更大范围的影响。散杂居民族关系这种联动性的特点，使得个别民族成员、局限于散杂居地区的事件可能会被认为是针对整个民族群体的事件，从而上升为全局性的民族问题。

（五）风俗习惯的相容性与信仰的重叠性

风俗习惯是一个民族政治、经济和文化的具体反映，在不同程度上表现了该民族的生活方式、历史传统和心理情感。散杂居民族远离本民族聚居区，在风俗习惯上入乡随俗，与周围民族在风俗习惯上同习共俗的较多。对风俗习惯的彼此了解不但能够加强民族之间的联系和交往，也会增进民族之间的相互尊重与合作。同时，民族的风俗习惯与宗教信仰大多是交织在一起的，随着各民族相互交往的频次和深度的增加，不同宗教之间的容忍度也相应增加。宗教之间的客观差异虽然使各民族在认同方面有一定的界限，但并没有因为宗教信仰的不同而导致或出现民族之间的隔阂。因为无论什么宗教、什么民族，作为社会的个体成员，必须在接受他人的过程中取得生存和发展的机会，所以宗教差异不再是民族关系融洽和谐的障碍，也不再是社会成员划定交际圈、生活圈的参照。

（六）民族竞争的互惠性与利益的协同性

在社会主义市场经济的背景下，不同群体的利益冲突和矛盾更为直接和尖锐，发展差距和贫富差距在迅速扩大，民族之间的竞争更加激烈。市场经济在促进各民族联系日益密切的同时，也大大激发了各民族，尤其是少数民族积极寻求发展、缩小与先进民族之间发展差距的愿望和诉求。由于市场经济是以市场和公平竞争来调节经济活动，使得各民族之间的竞争意识普遍得到加强。不同民族之间既有竞争、又有互助，通过竞争和互惠，加深各民族间的交往程度，加强不同民族间文化的沟通、理解、认同，催化民族文化的更新与创造，进而达到社会、经济、文化发展上的同步，形成新型的民族关系。散杂居民族在竞争压力下，更有理由加深民族间的理解和交往，最终达到利益的一致和协同发展。

（七）民族发展的层次性与目标的一致性

散杂居民族各方面的发展水平与汉族相比，还有很大的差距。即使在散杂居民族内部，经济发展也很不平衡，特别是不同区域的不平衡表现得更为明显。城市少数民族的经济状况较好，平原地区的民族乡和其他的农村相对次之，山区、丘陵地区的民族乡和农村状况较差。地区之间的差距、同一行政区划内的不同民族之间的差距存在不断拉大的趋势。

在散杂居地区的经济发展上，少数民族与汉族要优势互补，把各自的优势、长处结合起来，取长补短，加快民族间资本、技术、信息的交流，共同发展经济。目前散杂居各个民族之间的发展不平衡，经济和文化发展存在差距，具有层次上的差异，但各民族的根本利益是一致的，在民族平等、民族团结、各民族共同繁荣以及民族区域自治的政策指引下，最终会实现同一目标，即各个民族共同发展，共建社会主义和谐社会。

第三节　影响散杂居民族关系的因素

一、当前散杂居民族关系中的突出问题

（一）经济利益和社会发展的矛盾

一是经济发展不平衡引起的民族关系和社会关系问题。不同地区间，不同民族间，或同地区内不同民族间，或同民族内不同地区间，经济发展程度不一，贫富程度不均。如何处理资源开发与生态平衡的关系，资源开发与当地发展的关系，国家大中型企业与当地政府、当地群众之间的利益关系问题？因竞争引发经济利益格局变化和重组而产生的矛盾，在散杂居区突出表现为不同利益群体和不同民族之间的矛盾。

二是不同民族之间因经济利益等原因发生的矛盾和纠纷，有些属于个体成员之间孤立的民事纠纷或治安案件，因经济赔偿等问题处理不及时或

者不当，引起不同民族群众的不满，或者在一些人的煽动、纵容下，也可能使矛盾激化，使问题的性质出现变化。

三是在进行城市改造以及城市规划建设过程中，有时会引发个人利益和集体利益或国家利益的冲突。涉及少数民族成员的利益时，如果不能够正确掌握国家的民族政策，或处理问题的方式不适当，也很容易引起少数民族群众的不满。

四是一些企业和单位出于经济利益等方面的考虑，有意或无意地忽视城市少数民族的风俗习惯，没有能够认真落实国家有关少数民族饮食、节假日方面的政策；部分独资、外资及私营企业寻找借口拒绝招收少数民族职工的现象也时有发生。经济利益的纷争一旦与民族问题纠合在一起，哪怕是微观环节上的问题，激烈程度也常常牵动面很大、持续时间很长。

（二）屡防屡犯的媒体事件

在不同民族的文化习俗当中，各个民族往往都有本民族最忌讳的一些习俗或习惯。新闻媒体如果发表或登载某个民族的习惯、习俗异常忌讳的言论，就很可能导致受到伤害的民族群众的群体抗争，甚至演变成大规模的暴力事件。我国已经建立了一套较为完善的民族理论和政策体系，对媒体宣传报道少数民族事项有着严格的规章，但部分传媒人对党的民族政策认识不足，对少数民族的基本常识了解不够，出现一些有关少数民族宗教信仰、风俗习惯报道失误的情况。网络上对少数民族负面传播的文章和作品也不断出现，甚至到可笑、可耻的程度。如近年颇为流行的"披风帮"和"新疆小偷"，不仅严重损害了少数民族形象，而且极大地伤害了少数民族群众的感情。

（三）人口流动催生民族纠纷

民族人口的流动给散杂居区民族关系带来不少新问题：少数民族流动人口在具体经济权益保障上的问题；不同民族成员在语言、文化、风俗、宗教信仰等方面，因缺乏了解和尊重而引发的矛盾，尤其是少数民族原有的生活方式和行为准则与城市生活方式的巨大反差所引发的矛盾和纠纷；个别少数民族流动人口因不了解当地的法律、法规或法制观念淡薄而给城市管理所带来的违法犯罪等诸多社会问题，增强了城市管理和发展难度。此外，少数民族流动人口在城市里是"弱势群体"，遇事容易"抱团"，把涉及个别民族成员的问题看成"本民族"的事情，很容易酿成群体性事件，演化成少数民族与当地政府部门之间的对抗。

（四）不尊重少数民族风俗习惯和宗教信仰

一是少数汉族群众由于无知或者故意，时而出现伤害民族群众感情的言行，如给少数民族起外号，取笑少数民族的服装或风俗习惯，对少数民族使用带侮辱性的称谓等；二是由于"清真不真"、"清真不清"和"清真不便"的问题，导致穆斯林群众误购误食非清真食品；三是广播电视等媒体和报刊、书籍等文化出版物出现伤害民族感情的内容；四是少数民族流动人口因务工经商的利益问题与当地群众或城市管理、工商部门发生摩擦，如2012年岳阳的"切糕门"等问题；五是因城市建设、改造或拆迁过程中，对少数民族群众不能妥善安置，如回族群众多聚居在城市的老城区，围清真寺而居，长期以来在生活上特别是在清真牛羊肉供应上自发地形成了一套与之相适应的服务体系，群众生活比较方便，但拆迁还建时却没考虑这些因素。

（五）民族优惠政策难以落实

现行民族政策的具体内容基本上是计划经济体制下形成和发展起来的，在很多方面已不适应现代社会转型的需要：一是原有的一些民族经济优惠政策由于经济体制的变化而过时、失效。国家为发展民族经济而实施的"财政三照顾"和"民贸三照顾"等优惠政策，在实行市场经济体制后已经名存实亡。税制改革后，原来给予少数民族的减免税政策也停止执行。二是随着经济利益关系的调整，国家相关政策调整相对迟缓，民族自治地方在依法管理和开发利用本地资源方面缺乏相应的政策支撑。三是城镇化进程中相关的民族政策不健全，经商的少数民族群众在户籍问题、子女上学问题、政治权益问题、医疗保险问题、生活问题等方面，还缺乏少数民族流动人员的管理和服务规定，没有得到有效保护。四是长期以来，我国民族政策取向基本是支持和帮助少数民族发展，偏重于解决不发展问题。但对少数民族发展中的问题和发展后的问题却缺乏关注和研究。[①]

(六) 民族文化差异性被放大

文化的交流遵循由高势位向低势位流动的规律。主流社会物质文明、精神文明的发达势必会对相对不发达地区及民族产生较大的影响，散杂居少数民族在接触、接受先进文化方面有一定的有利条件，但汉族在深刻理解少数民族文化方面尚显不足。民族间交往的单方面倾斜最终会使民族间交往出现难以深入的不利局面。应该充分认识到，民族文化的交流需要实际上是民族间的交流需要。文化的交流对一个民族的观念意识和民族间的相互理解、信任、合作有着至关重要的促进作用。

(七) 极端民族主义思想死灰复燃

极端民族主义，是民族主义与政治野心相结合的产物，它以极端、狂热、狭隘和排他意识为特征。主要是指"危害多民族国家统一、煽动民族仇恨、挑唆民族矛盾、鼓吹民族至上、把本民族利益置于其他民族利益之上、以种种方式侵犯其他民族利益的民族主义，如民族分裂主义、泛民族主义、宗教民族主义和民族扩张主义"。[②] 在第三次民族主义浪潮的巨大冲击下，极端民族主义思想死灰复燃，主要表现为：暴力活动频繁发生，破坏规模越来越大；非法组织层出不穷，并由分散走向联合；手段多种多样，大肆制造分裂舆论。极端民族主义倾向不仅破坏了民族团结、还将损害与其利益密切相关的国家利益。

在我国几千年的发展过程中，汉族在数量上和发展程度上一直占有绝对的优势，两千年封建统治时期的民族关系，实质上主要是汉族压制少数民族。大汉族主义表现为，凭借其民族的优越感和历史上对其他民族实行压迫统治及其封建残余思想，轻视、歧视少数民族的特点，不以平等态度对待少数民族，不尊重少数民族的习惯，损害少数民族的利益等现象。地方民族主义也由来已久，是对待民族关系上的另一种错误倾向。地方民族

---

① 宋涛、许进品、蔡家东：《全面建设小康社会新阶段我国民族关系良性发展的思考》，《广西民族研究》2005（1）。

② 葛东升、周小宁：《冷战后极端民族主义与世界安全》，《军事历史》2006（12）。

主义的主要特点是忽视各民族团结的重要意义，过分夸大本民族、本地区的特殊性，忽视国家和中华民族的整体利益，强调本民族、本地区的局部利益，主张在狭隘的范围内闭关自守、盲目排外，反对民族之间的交往与互助合作。对于统一多民族国家的民族关系而言，既要反对大民族主义，又要反对地方民族主义。

（八）敌对势力和非法宗教交叉渗透

长期以来，西方敌对势力对我国实施"西化"、"分化"的战略图谋没有改变，各种敌对势力打着"人权"、"民主"、民族、宗教等幌子，从舆论到社团、从内政到外交、从国内到国际对我国发起围攻，对一些地方的社会政治稳定造成不良影响。

一是世界民族分离主义运动扩散的影响。冷战结束前后苏东剧变引发的民族主义浪潮在世界范围内扩散并与历史积怨、领土争端、边界矛盾等问题交织在一起，导致了一些多民族国家的民族仇视、社会动乱，甚至国家分裂。达赖集团、"东突"恐怖势力等民族分裂势力加紧了分裂祖国的颠覆破坏和暴力恐怖活动，严重危害着包括少数民族在内的各族人民的生命财产安全，影响着我国边疆民族地区的社会政治稳定和民族关系的和睦。

二是中国在国际中的地位、作用和综合国力的增强，受到来自西方社会某些国家和敌对势力的不断干涉。敌对势力往往利用中国社会转型和经济发展中存在的问题指责中国，企图将建筑于西方政治、经济、文化背景下的人权观念全面强加给中国。还不断地通过议员和国会的一系列活动，借"西藏问题"、"新疆问题"以各种形式向中国施压，为民族分裂势力打气。

三是境内外民族分裂势力相互勾结，利用民族、宗教问题进行渗透、颠覆、破坏活动也比较突出。（1）境内外敌对势力利用各种广播电台、互联网、印刷品等宣传工具，在思想、意识形态领域进行一系列的渗透、破坏活动。仅 2002 年、2003 年两年，广西南宁海关共查获违禁印刷品、音像制品、介质 1.15 万件。（2）暗中支持极少数民族分裂分子、宗教极端分子进行分裂祖国、破坏民族团结的活动。2003 年 3—5 月间，广西发现境外宗教组织通过捐资助学等名义进行宗教渗透活动6起。(3) 投资办厂，以商养政，扩大非法宗教势力。投资办厂既可以为非法宗教渗透活动提供经费，又可以利用工厂或商号发展和培养非法宗教势力骨干，还可以利用工厂、商号作为进一步向内地进行渗透的基地。在一些外资工厂工人被陆续发展为教徒，接受洗礼。有些工厂还定期举行宗教仪式，并将工厂所得利润用于资助其他地下教会。[①]

四是邪教势力的迅速蔓延，邪教组织活动已涉及全国27个省、市、自治区。据学者在广西的调查，一些已被依法取缔的邪教组织如"呼喊派"、"门徒派"、"全范围教会"、"主神教"等又在广西发展教徒，设立分支机构，任命骨干。桂林地区的邪教组织"主神教"发展教徒2000多名，隆林各族自治县的一个苗族聚居区在1996年1—4月，有600户3000多名苗族同胞因听信邪教谣言而放弃生产，在惶恐中等待世界末日到来"升天"。三江侗族自治县有150余户600余人听信谣言丢荒田地，变卖山林，有4人生病时只祈祷不医治而导致死亡。2003年，广西发生"法轮功"违法犯罪活动947起，发生有害气功组织非法活动案件13起，处理骨干分子69人。近年来，"主神教"、"门徒会"等邪教组织和会道门在钦州、百色等地都有活动。[②] 邪教组织有如社会肌体的"毒瘤"，在不断地给民族团结、社会稳定和改革开放散播毒素。

二、影响散杂居民族关系的因素

(一) 历史的传承

民族之间历史上的关系如何往往成为影响和衡量现今民族关系的重要变量，它通常以一种民族的历史记忆的形式而存在。就我国历史上的民族关系而言，战争以及战争带来的民族隔阂和创伤普遍存在，民间和平交往

① 周建新、覃美娟：《中国南方跨国民族地区发展中的现实问题及其前瞻讨论》，《广西民族研究》2010 (2)。

② 周建新：《和平跨居论：中国南方与大陆东南亚跨国民族"和平跨居"模式研究》，民族出版社2008年版，第317—318页。

的格局也一直没有间断。例如，在我国西南民族史上，一方面存在着不间断的战争、屠杀、掳掠，既有南诏与吐蕃和唐王朝的对立与合作、惨烈的三次天宝之战，也有土司之间的纷争，还有清王朝在血雨腥风中以强大的武力对"苗疆"的开辟等；另一方面，西南各民族的口碑传说和历史文献中，可以考察到大量的和平交往的历史事实，这些史实表现出民族之间的通婚、居住格局，乃至民族之间的融合等内容。两种看似截然不同的特征共同存在于西南民族关系发展的历史长河中。历史上民族关系的特点在对现实的民族关系的影响上，不仅是通过历史上民族关系的特点本身，也通过人们对历史上民族关系的认识而发生作用的。也就是说，人们对历史上民族关系的感知和重新评价才构成影响民族关系的历史因素。20 世纪 50 年代初期，当中央访问团初到云南少数民族地区，以一种"准备受冷淡，决心赔不是"的态度带去"毛主席的慰问和关怀"的时候，不少地方的民族关系状况仍是十分紧张的，有的地方甚至在开会的时候不同的民族代表不坐在一起。有的地方因为历史原因而导致的不同民族间的械斗一直持续。① 态度的转变显然得益于当时访问团就民族关系做了大量耐心而细致的疏通工作。在当时比较流行的阶级斗争的话语体系中，人们明白了历史上民族之间的隔阂和民族关系的紧张是由于"统治者的欺骗和挑拨"，从而也明白了在新的时代不应该再算历史旧账的道理。

（二）经济活动类型的异同

少数民族传统文化的基础结构包括生态结构、经济结构和政治结构。② 对于散杂居地区的民族结构而言，民族经济结构的差异所反映的生产力水平可能会引起民族整体发展的不平衡，民族关系会在不同的经济活动中表现出不同的特点。

在青海循化地区，撒拉族以粮食种植业为主的传统农业虽然继续存在，但商业如汽车运输业、牛羊肉生意、外出务工等逐步代替农业，成为家庭生活收入的主要来源。当地藏族过着以畜牧业为主、以青稞种植业为

---

① 云南省编写组：《中央访问团第二分团云南民族情况汇集》，云南民族出版社 1985 版。

② 宋蜀华等：《中国民族概论》，中央民族大学出版社 2001 年版，第 157—173 页。

辅的经济生活。随着人口的增长，物价的上涨，以及家庭生活需求量的增加，仅仅依赖农业、畜牧业只能满足基本生活。越来越多的藏族群众开始走出家门搞副业，到建筑工地打工、挖虫草、卖藏药，也有些人学驾驶从事运输业。早期定居县城的汉族，房屋占地面积、郊区耕地面积较多。通过土地买卖、门面房屋出租、建筑包工等方式增加家庭收入。离县城较远的汉族主要依赖农业为生，有些也外出务工，从事运输业、手工业等。从不同地区迁入并定居循化地区的回族，他们早期的经济结构与汉族相差无几，后来逐渐与撒拉族相融合，在保持原有以农业为主、副业为辅特点的同时，走出家门从事商业活动。

循化地区的四大主体民族形成了以农业为主、畜牧业、手工业、服务业、商业等为补充的经济活动特点，不管是民族内部，还是民族之间，虽有贫富不均现象但差距并不悬殊。近年来在利用有限资源和共同市场环境实现经济有效增长的过程中，出现了既互惠又竞争的矛盾关系，主要体现在加工业和牛羊肉贩运等行业。藏族利用草场资源，放牧耗牛、山羊、绵羊等牲畜，因不擅商业运作，畜牧业没有形成合理的市场转换带动经济发展，当地撒拉族、回族擅长生意往来和市场运作，他们就利用藏族的畜牧业资源耗牛发展牛绒加工，制造牛绒衫、羊绒收购和外销，以及牛羊肉加工等商业活动。这种商业行为不仅为撒拉族、回族商人带来了利润，同时也带动了藏族畜牧业的纵深发展，改善了藏族牧民的生活条件。在循化地区有限的土地资源环境中，各民族尽管与内地农村一样，经历土地改革，接受土地划分政策，但混杂居住的部分地区在利用水资源灌溉方面出现竞争矛盾，有时甚至因资源竞争导致武力械斗，这种行为往往会上升为民族意识作用下的集体行为，损伤民族感情。

（三）社会结构性差异

散杂居各民族间的社会结构性差异是一项重要的参考变量因素，社会结构主要指社会的阶级结构或阶层结构。不同民族集团之间由于结构性差异所引起的不平等，是研究民族关系的一个极为重要的参量。结构性差异反映的民族分层是各民族之间交往的社会环境基础，在很大程度上影响着民族关系的稳定和发展。社会结构性差异主要表现在教育结构、行业结构、职业结构、城市化程度等方面。

　　教育是衡量一个民族集团劳动力素质和竞争能力的重要因素。一方面受教育程度投射出社会对某些群体或个人的态度、评价或期待；另一方面受教育程度也制约着个人和群体的社会认知和社会态度，包括民族意识和民族交往态度等。[①] 比如几个民族在受教育程度上（指群体而非个人）可能会存在结构性差异，教育方面的结构性差异会影响民族成员的职业分布，职业分布结构的不同又会影响到收入水平结构，进而影响到该民族整体的消费水平和社会地位。[②]

　　民族的行业结构指的是各民族集团在各个产业领域的分布情况。通常是社会劳动力大量地从农业向制造业、再向服务业转移的过程。一些少数民族由于地处于中、西部地区，第二、三产业发展较迟，少数民族的农业人口往往占了本民族人口的大多数，反映了少数民族集体介入国家现代化的程度较低，经济社会发展状况欠佳。改革开放以来，各民族自身的行业结构比例以及民族间的行业结构比例差别的变化较为明显，在第二、三产业的少数民族从业人口不断增加。例如，在天山南北，锡伯族、乌孜别克族、俄罗斯族和塔塔尔族这几个教育结构较好的民族，其行业结构、职业结构中的从业人员也多倾向于第二、三产业中的工人、技术人员、干部等，在人口城市化程度方面显示出了优越性。回族和维族因为历史传统中经商的习俗，也表现出了与教育结构相差较大的人口城市化程度，尤其是回族，人口城市化程度远远超过了全国的平均水平。

　　在民族交往过程中，不同社会结构的人们伴随着自身的民族情感，不同民族集团的人在交往中会将这种因不同社会、经济地位引起的不均势放大，使冲突升级为民族问题。

（四）文化多样性的客观现实

　　文化多样性主要用于描绘一种社会现实，形容一个社会的状况和特征，就其含义而言，主要是指一个社会的多文化、多民族和多语言的特

---

① 李秋洪：《广西民族交往心理》，广西人民出版社 1996 年版，第 93 页。

② 梁茂春：《广西各民族间的结构性差异》，《广西民族研究》2001（2）。

征，即民族成分和民族文化的多样性。影响民族关系的文化因素主要指表现于各民族在文化、语言、风俗习惯等方面的差异，包括在民族之间是否存在语言不通、生活习俗不同、价值观念不同、行为规范不同等等现象。不同民族如果在这些方面存在着重大而且十分显著的差别，对于民族成员之间的交往与融合就会造成程度不同的障碍。[①]

在新疆维吾尔自治区，现有民族成分 53 个，世居在这里的民族有维吾尔、哈萨克、回、柯尔克孜、蒙古、塔吉克、锡伯、满、乌孜别克、俄罗斯等民族，此外汉族和其他民族也不断进入新疆定居。新疆的少数民族均保持着自己的传统文化，其中最具代表性的是维吾尔族。维吾尔族自古以来以绿洲农业为主要生计方式，在绿洲农业基础上形成的庭院社会组织是其传统文化发展的基础，迥然不同的语言文字，颇具特色的风俗习惯，体现着他们独特的民族文化特征。新疆民族成分众多，文化传统迥异，不同民族在互相交往的过程中因为语言、宗教信仰、风俗习惯及在长期传统文化影响下的民族心理及外现行为不同而导致的民族关系问题也呈现多发性[②]。由于少数民族的社会弱势和心理弱势，宗教情绪往往容易被放大，表现在政治、经济、社会及文化各个层面，形成不同程度、不同类型的紧张与冲突。

（五）国家政策的导向和偏差

在执行党和国家的民族政策的过程中，由于执行者缺乏常识或存有偏见，在敏感问题上出现随意更改政策或滥用政策的情况，往往容易引发少数民族群众情绪上的波动和反感。如国家民政部对因宗教信仰和民族习俗而在丧葬中不实行火化的政策，就是充分考虑少数民族特殊情况而制定的。有些地方擅自改变这一政策的原意，或者提出附加条件，甚至强拆少数民族的公墓，引起冲突。有些正在执行中的民族政策，因为贯彻执行得比较好，收到的效果也比较明显，有的人就认为问题已经彻底解决而对政策进行改变，使原有的政策效能半途而废，还为今后重新出台政策设置下

---

① 马戎：《民族社会学——社会学的族群关系研究》，北京大学出版社 2004 年版，第 480 页。
② 徐黎丽：《论民族关系及民族关系问题》，民族出版社 2005 年版，第 7 页。

障碍。例如多年来，党和国家为了扶持发展散杂居民族经济，曾先后出台过扶贫政策、开发政策，少数民族经济状况稍有好转，就终止对这些优惠政策的执行，造成一些少数民族村组刚解决温饱又再度返贫。再如，扶持发展民族教育事业，是党和政府的一贯政策，但个别地方对这一政策擅自进行变更，造成少数民族学生入学率低、辍学率高和文化素质较差的状况。

（六）宗教信仰差异

民族是宗教的社会载体，宗教是民族的精神家园，两者有着内在的密切关系。古今中外，一切民族都具有不同程度的宗教性，一切宗教也都具有不同程度的民族性。在各民族的社会交往过程中，宗教信仰仍然固守着民族边界。宗教信仰不同而导致的民族关系紧张仍然占有很高权重，甚至因为宗教信仰差异和生活习俗差异等成为民族矛盾的引发点。

（七）民族法制建设的缺陷与不足

我国的民族法制建设还不是很完善，在实践中相关法律、法规没有充分发挥应有的法律作用，使得少数民族的政治权利、经济权利、文化权利等难以真正落到实处，在某种程度上反而因对相关法律、法规理解、把握不够而导致了工作的偏差或失误。主要表现在：一是民族法规体系不健全，一些急需的、重要的法律法规尚待制定，如自治法实施细则、散杂居少数民族权益保障法、民族乡法、五大自治区的自治条例、民族教育条例，等等。二是立法质量不高，许多民族法规在内容覆盖范围上也有很多空白区和空白点：城市化进程中的县改市和撤乡并镇，可能使当地少数民族失去自治主体的地位变成散杂居民族。这种权力和权益上的损失难以从《民族乡行政工作条例》、《城市民族工作条例》中得到充分补偿；因为通婚、务工、经商等原因离开本民族聚居区而星散于主流社会的少数民族人口，即离开自治地方和民族乡而又没有城市户口的少数民族人口，实际上处于政策法规保护体系之外。三是一些法规的操作性不强，例如从国务院颁布的三个民族乡行政法规的比较来看，1955 年的《关于建立民族乡若干问题的指示》和 1983 年的《关于建立民族乡的通知》中，都对民族乡人大主席、乡长的民族身份做了规定。1993 年的《民族乡行政工作条例》虽然是一部全面系统的法规，但由于权限所致，对上述问题无法作出规定，使得民族乡法规权威性减弱。四是一些地方、一些部门民族法律意识淡薄，民族法律法规的宣传教育力度不够。五是散杂居地区的法律法规建设进展不仅不平衡，而且缺乏统一尺度。有的省、市出台了《少数民族权益保障条例》、《城市民族工作条例》、《清真食品管理条例》、《少数民族流动人口暂住管理办法》等，有的省数年仍然列不进立法程序。

(八) 国际环境的变化

影响民族关系的国际因素，是指国际关系中能够影响一个国家内部民族关系的言论、事件等。这些因素的主体可以是主权国家或主权国家的民族，也可以是某些政党、社会团体、组织的某种思潮或政策措施等。从性质上讲，包括积极性因素、破坏性因素，在具体情况下这些因素通常表现出二重性；按内容分，主要包括全球化因素、霸权主义和强权政治因素、跨界民族因素和世界性宗教因素等；从范围看，涉及国际间交往的政治、经济、文化等领域。当前影响我国民族关系的主要国际因素，既有霸权主义和强权政治利用民族宗教问题公然干涉、分裂中国，也存在民族分裂主义与宗教极端主义、恐怖主义结成三位一体，同流合污，破坏我国边疆民族团结和社会稳定，应当引起我们高度关注。

第四章　散杂居民族的社会结构

社会结构是一个在社会学中广泛应用的术语。广义的社会结构，是指社会各个基本活动领域，包括政治领域、经济领域、文化领域和领域之间相互联系的一般状态，是对整体社会体系的基本特征和本质属性的静态概括。狭义的社会结构指由社会分化产生的各主要社会地位群体之间相互联系的基本状态。这类群体主要有：阶级、阶层、种族、民族、职业群体、民族团体、宗教团体等。在阶级社会中，阶级结构是理解其他群体地位和作用的基础，阶级关系决定着整体社会和各个社会群体的发展方向。

第一节　散杂居民族的政治结构

一、城市少数民族的政治参与途径

城市少数民族是基于我国民族工作与其所面对的基本对象之间的互动，根据我国民族工作体制而对少数民族的分布形态所做的一种划分。这一概念的内涵具有动态性特征，并在实际工作中不断发展变化。从字面上讲，城市少数民族是指分布在城市中的少数民族，主要包括世居少数民族、新进少数民族。但从地方行政的角度来看，城市民族工作的客体一般包括建制市行政区域内的所有少数民族，不仅包括城市市区，也包括城市所辖农村中的少数民族。尤其是改革开放以来，城市中的少数民族流动人口也被纳入城市民族工作的范畴。

（一）政治参与的内涵

政治参与，顾名思义就是一定的政治主体从事与政治相关的活动。政治参与的一般意义就是普通民众为了维护和实现自身的利益，通过各种方式参与国家政治生活以影响政治体系的构成、运行方式、运行规则和政策过程的活动，目的是使自身的利益在公共政策中得到最大地满足。政治参与的主体是普通公民或公民组成的团体，而非专门从事政治或政府职业工作的政治职业者，政治参与的政治活动通常具有非职业性的特征。政治参与的客体是政府活动，不包括某些非法的参与，它可以是对政府行为的支持，也可以持反对态度。

现代民主理论认为，政治参与是公民沟通政治意愿、制约政府行为，实现公民政治权利的重要手段。政治参与的有效性及其规模、程度也成为判断一种政体是否民主的重要指标。随着现代国家在社会生活中的影响不断增强，民众通过政治参与表达自己的政治意愿，使政府政策更多地以民意为基础，日益成为一个政治系统稳定运行的重要保证。我国正处于社会变革和转型期，有效的政治参与有助于培养少数民族对国家政治体系的认同、对国家政权的支持以及民主法制观念和公民意识的增强。这对于维护城市乃至国家的安定团结，促进城市的经济、社会、文化发展，以及实现少数民族的现代化具有极为重要的作用。

（二）城市少数民族的政治参与途径

我国《宪法》规定："中华人民共和国各民族一律平等。国家保障各少数民族的合法权利和利益。"尊重和保障少数民族的合法权益，是我国社会主义政治文明的重要特色，是党和国家民族工作的重要内容。城市少数民族制度化的政治参与主要有四种渠道，即政治选举、政治结社、政治表达和政治接触。

1. 政治选举

政治选举指国家或其他政治组织依照一定的程序和规则，由全部或部分成员抉择一个或少数人充任该组织某种权威职务的政治过程。政治选举除投票行为外，还包括政治捐助、组织选民、政治宣传及其他影响选举过程或结果的活动。《宪法》、《中华人民共和国全国人民代表大会和地方各级人民代表大会选举法》、《城市民族工作条例》等法律法规中对城市少数民族政治选举的途径和形式都做了规定，促进了城市少数民族政治平等权利的实现。

2. 政治结社

政治结社包括参加政党和社团活动两大类。城市少数民族公民加入该组织以后，不管是否参加了该组织影响政府的活动，参加这种组织的事实本身就构成了一种政治参与方式。在中国，共产党是执政党，各民主党派是参政党，公民参加了共产党或者民主党派，都是政治参与，其主要活动包括参与执政、政治协商、提供建议批评等。政治性社团是社会团体中参与政治比较显著的部分，它们是由具有某些方面共同利益的社会成员所组成。参与政治的社团一般是政治社会团体，包括工会、共青团、妇联、工商联等，分别代表社会上不同成员的利益，又在根本利益上具有共同性，因此成为参加国家事务管理的重要组织形式。

此外，民族社团也为城市少数民族政治参与发挥着重要的作用，成为党和政府联系城市少数民族群众的纽带和桥梁。这里所说的民族社团是指少数民族自发成立或在政府帮助和推动下成立的以少数民族成员为主的社团和组织。近年来，各地大力扶持和帮助建立民族社团，充分利用民族社团的特殊作用做好民族工作，取得了显著的成绩，走出了一条民族工作社会化的探索之路。

3. 政治表达

政治表达指公民通过宪法规定的手段和机会来表达自己的政治观点和政治态度，进而影响政府政策的行为过程。政治表达的手段主要包括政治集会、政治请愿、政治言论等制度性表达和非制度性表达。政治表达主要是通过汇集一种集体效应，使政府明确感受到某种利益要求和支持意向。大众传播媒介作为社会公共舆论机构，成为城市少数民族重要的政治表达渠道。虚拟网络路径的开拓和迅猛发展极大地推动了基层民众民主政治参与的发展。2007 年被媒体称为"公众参与年"，公众通过网络广泛地参与了重庆钉子户事件、山西黑砖窑事件等。2008 年西藏骚乱、汶川大地震、瓮安事件、北京奥运会等，不断激发了公众的参与热情，提高了公众参与的积极性。通过近年来广大民众的网络参与，提高了民众民主政治表达的自由，拓宽了民主政治参与的手段和途径，推动了公民与政府的直接对话，增加了广大民意在政府行为中的分量，提高了民众对于政治权力以及系统模式运作的社会影响力和参与水平。

4. 政治接触

政治接触本身包括合法和非法两种，政治参与意义上的政治接触仅指合法的政治接触，不包括贿赂或威胁等非法手段。我国公民经常性、制度化的政治接触活动是信访，对于普通公民来说，信访既是参政议政的特殊途径，又与他们意见表达的习惯相吻合。在少数民族农民工比较集中的地方，劳动信访在处理劳资纠纷、保护劳动者权益方面，取得较大成效。劳动信访部门的设立，使权益受到侵害的少数民族农民工有一个表达其意愿、寻求当地政府帮助的场所，确实起到了一个社会安全阀的作用，有利于实现少数民族农民工与政府的双向信息沟通，有利于实现社会的稳定。

（三）保障城市少数民族政治权利的实践

政治权利是公民的基本权利，是公民平等参与政治生活的基本条件。我国保障城市少数民族享有平等的政治权利主要通过以下几个方面来体现：

1. 以《宪法》和法律赋予少数民族公民选举权和被选举权

我国《宪法》在"公民的基本权利和义务"一章中规定年满十八周岁的公民，除依照法律被剥夺政治权利的人之外，不分民族、种族、性别、职业、家庭出身、宗教信仰、教育程度、财产状况、居住期限，都有选举权和被选举权。在城市社区，少数民族人口比例较低，国家通过规定少数民族代表的最低比例，使得少数民族代表得以参与本地方的政治生活，在处理有关本民族的特殊问题时有主要的发言权。目的主要是为了保障城市少数民族能够有效地参与地方事务管理。《中华人民共和国全国人民代表大会和地方各级人民代表大会选举法》规定："散居的少数民族应选当地人民代表大会的代表，每一代表所代表的人口数可以少于当地人民代表大会每一代表所代表的人口数。""有少数民族聚居的不设区的市、市辖区、县、乡、民族乡、镇的人民代表大会代表的产生，按照当地的民族关系和居住状况，各少数民族选民可以单独选举或者联合选举。"

由于这些规定，不少城市人民代表大会中少数民族代表的人数都超过了该城市中少数民族人口的比例。政协委员中也对少数民族委员做了专门的安排。随着人大、政协职能的加强，城市少数民族参政议政的积极性不断提高，参与地方事务管理的广度和深度也不断延展。

2. 保证少数民族领导干部参与地方行政事务

在城市少数民族比较集中的市辖区、街道，以及城市所辖范围内的少数民族聚居乡、村，建立专门命名的民族行政单位，根据其民族特点配备少数民族领导干部，保障少数民族能够有效地参与管理地方事务。如《城市民族工作条例》规定：少数民族人口较多的城市的人民政府、少数民族聚居的街道的办事处，以及直接为少数民族生产、生活服务的部门或者单位，应当配备适当数量的少数民族干部。

3. 有计划地培养、选拔、使用少数民族干部

培养、选拔、使用少数民族干部，是保障城市少数民族政治平等的重要内容之一。各级组织、人事部门，主动把民族干部的培养工作纳入干部整体培养教育规划，不断提高少数民族干部的政治素质和业务素质，使少数民族能够在各行各业发挥自身优势参与国家建设工作。

4. 尊重少数民族代表人士的意见

在制定相关政策或处理相关问题时尊重少数民族代表人士的意见，是正确制定政策和有效解决问题的需要，也是社会主义民主的要求。如《北京市少数民族权益保障条例》规定：在制定涉及少数民族的重要政策、决定以及处理涉及少数民族的重要问题时，应当听取少数民族代表人士的意见，发挥少数民族在发展经济、维护社会稳定、促进社会团结进步方面的积极作用。《上海市少数民族权益保障条例》规定：少数民族公民受到歧视、侮辱，有权向有关国家机关提出申诉或者控告，有关国家机关必须依法调查处理。

城市少数民族平等地参与政治生活与城市管理，逐步消除了历史上遗留下来的民族间的隔阂与偏见，使得城市和整个国家中各民族的凝聚力不断增强，并为涉及少数民族的一些特殊问题提供了适宜和有效的解决途径。

二、民族乡的政治结构

民族乡是我国少数民族自己管理自己内部事务、依法行使当家做主权利的一种基层政权形式，民族乡制度经历了曲折的发展过程，从 20 世纪 50 年代初期乡区级自治区到民族乡，到 20 世纪 50 年代后期民族乡改为人民公社，再到 20 世纪 80 年代初期民族乡的恢复和建立，经历了从无到有，从有变无，又从无到恢复建立的过程。根据中华人民共和国国家民族事务委员会 2004 年的统计数据，全国共有民族乡（镇）1248 个，含民族镇 59 个。建立民族乡的少数民族有 47 个，未建立民族乡的 8 个民族是景颇族、仫佬族、撒拉族、怒族、保安族、独龙族和高山族、京族。

（一）民族乡的设立

1. 建立民族乡的条件

根据国务院 1983 年 12 月 29 日发布的《关于建立民族乡问题的通知》，"凡是相当于乡的少数民族聚居的地方，应当建立民族乡，民族乡可以在一个少数民族居住的地方建立，也可以在两个或几个少数民族居住的地方建立"，"建立民族乡，少数民族的人口在全乡总人口中所占的比例，一般以百分之三十左右为宜，个别情况特殊的，可以低于这个比例"。有关民族乡（镇）的建立事宜，由省、自治区、直辖市人民政府决定。

2. 民族乡的类型和名称

民族乡（镇）的建立有三种类型：一是以一个少数民族聚居地区为基础建立的；二是以两个少数民族聚居地区为基础联合建立的；三是以三个少数民族聚居的地区为基础联合建立的。民族乡的名称按照地方名称、建乡民族名称、行政地位的顺序组成。

3. 民族乡国家机关及其工作人员的相关规定

民族乡除依照《中华人民共和国地方各级人民代表大会和地方各级人民政府组织法》第五十二条的规定，行使和一般乡、镇的职权之外，还具有比一般乡镇更多的自主权，可以根据有关法律和法规的规定，结合本地区的具体情况和民族特点，因地制宜地发展经济、文化、教育、卫生等事业；对于上级人民政府及其所属工作部门的决议、决定和其他规定中不符合本民族乡情况的部分，可以报请该上级人民政府及其所属工作部门批准变通执行或停止执行。民族乡乡长应由建乡少数民族公民担任，两个或三个少数民族联合建立的民族乡，根据民族干部的条件，经过协商，选举建乡民族的公民分别担任乡长、副乡长。乡人民政府其他工作人员的配备，应保证建乡少数民族公民占有一定的比例。民族乡在执行职务时，使用当地通用语言文字或同时使用两种以上的语言文字。国家对民族乡实行优惠政策，各级党委和政府在制定政策时，要充分注意民族乡的特点，帮助和扶持民族乡发展经济和文化事业。

4. 设立民族乡的意义

建立民族乡（镇），是我们党和国家对散杂居的少数民族在政治上的关怀，是关系到加强民族团结、保障少数民族实现民族平等权利的大事。

第一，设立民族乡（镇）能够更好地贯彻落实民族平等政策。设立民族乡（镇），能够有效地保障聚居地区的少数民族群众不仅在法律上、在国家政治生活领域中实现民主平等，而且在经济、文化、教育、语言文字、风俗习惯、宗教信仰等一切社会生活领域中也实现权利平等。

第二，设立民族乡（镇）能够更好地维护和促进民族团结。设立民族乡（镇）能够更好地反对民族压迫、民族歧视、民族分裂，能够极大地鼓舞聚居地区的少数民族群众致力于生产生活建设和地方经济建设，能够有效地维护和促进少数民族地区的民族团结。

第三，设立民族乡（镇）能够更好地实行少数民族地区的区域自治。设立民族乡（镇）不仅有利于保障散杂居少数民族当家做主的自治权利，维护国家的统一，而且有利于把国家的方针、政策和少数民族地区的具体实际结合起来，有利于把国家的发展和少数民族的发展结合起来，发挥各方面的优势。

第四，设立民族乡（镇）能够更好地促进民族发展、维护社会稳定。邓小平曾经指出，"中国百分之八十的人口在农村，中国稳定不稳定，首先要看这百分之八十稳定不稳定。城市搞得再漂亮，没有农村这一稳定的基础是不行的"。[①] 农村的稳定是整个社会稳定的关键，直接影响着国家

---

① 邓小平：《邓小平文选》第 3 卷，人民出版社 1993 年版，第 62—66 页。

整体的安定团结。设立民族乡（镇）可以让广大少数民族农民更好地行使其当家做主的权利，可以增加他们参加民主政治活动的机会，可以增强他们的主人翁意识和社会责任感。

（二）民族乡的法律地位和性质

1982年，第五届全国人大五次会议通过的《中华人民共和国宪法》第三十条，把民族乡作为我国最基层的政权形式，和乡、镇同属一级政权。同时又把民族乡排除在民族自治地方之外，也就是不属于民族自治地方的一级政权。这就是说，民族乡是非自治性质的，与乡、镇同级，但称谓和某些内容上又有区别的最基层政权。

《中华人民共和国宪法》第九十九条第三款规定："民族乡的人民代表大会可以依照法律规定的权限采取适合民族特点的具体措施。"这一规定又使民族乡享有一般乡、镇所没有的特殊的权利或者一定的自主权。

1983年国务院《关于建立民族乡问题的通知》，就民族乡建立的条件、原则，以及民族乡的职能权利，做出了八条规定，指出建立民族乡是一件重要的工作，是关系到加强民族团结、保障少数民族平等权利的大事。

1984年颁布实施、2001年修订的《中华人民共和国民族区域自治法》在第十二条中规定，民族自治地方内其他少数民族聚居的地方，建立相应的自治地方或者民族乡。

1987年中共中央"13号文件"指出："民族乡是不同于一般乡的基层政权，各级党委和政府在制定政策时，要充分注意他们的特点，帮助和扶持他们发展经济和文化教育事业。"这一文件确定了民族乡不同于一般乡的地位和性质。

1993年国务院批准发布了《民族乡行政工作条例》。该条例是在国务院有关民族乡工作的指示和规定基础上，总结我国民族乡工作几十年的经验而制定的，对民族乡工作做出了全面、系统、规范的规定，是新中国成立以来颁布的关于民族乡的第一个行政法规。该条例共24条，涉及政治、经济、文化等各个领域。该条例第二条规定："民族乡是少数民族聚居的地方建立的乡级行政区域。"第四、五、六条中规定了民族乡人民政府工作人员配备、政府执行职务时的语言文字、发展经济、教育、科技、文化、卫生等事业时都应注意少数民族人员及他们的语言文字以及民族特点、地区特点的问题。

民族乡的地位和性质可以归纳为以下三个方面：

1. 民族乡是解决民族问题的一种政治形式

解决民族问题的政治形式多种多样，往往是以少数民族聚居的某一个或若干个行政区域作为行政单位，通过法律的形式赋予比一般行政单位较为特殊的权利，并通过这种特殊权利的行使，以实现保障少数民族平等权利的目的。民族乡正是这些解决民族问题的政治形式中的一种。从微观来看，在长期的社会历史发展进程中，各民族形成了你中有我、我中有你的大杂居、小聚居的民族分布格局，也形成了各民族千差万别的文化差异。用来解决民族问题的形式不可能只是单一的某一种形式，而应该是多种多样的适应各种复杂民族情况的形式。除了有不同行政级别的自治区、自治州、自治县外，为了适应民族杂居、交错居住的情况，政府还采取了民族乡的行政体制。所以，民族乡是中国共产党根据马克思主义民族理论，结合中国民族居住和分布的实际情况，在解决中国民族问题的实践过程中的一种创新形式。

2. 民族乡制度是一种区别于民族区域自治制度的政治制度

民族乡是中国在实施民族区域自治的实践过程中产生和创立的，并随着民族区域自治制度的发展和完善而得到发展和完善。大多数民族工作者和学者都认为，民族乡是属于民族区域自治的范畴，但在无法说清民族乡与民族区域自治"关系"的时候，就只能强调民族乡是民族区域自治的一种补充形式。同为解决中国民族问题的政治形式，民族乡与民族区域自治在内容上有其相同之处：

一是建立的理论和政策依据相同，都源于党的民族区域自治理论和政策。

二是建立的宗旨和目的相同，都是旨在建立适合我国多民族的国情的政治制度，维护祖国统一，保障少数民族当家做主的平等权利和自主管理本民族内部事务的自治权利。

三是建立的前提基础和原则基本相同，以少数民族聚居区为基础建立，以民族关系、经济发展条件并参酌历史情况为区划原则，类型上有以一个民族聚居区为基础建立的，也有以两个以上民族聚居区为基础建立的。

四是地方政府的组成原则基本相同，民族区域自治法第十七条规定："自治区主席、自治州长、自治县长由实行民族区域自治的民族公民担任。自治区、自治州、自治县人民政府的其他组成人员，应当合理配备实行区域自治的民族和其他少数民族人员。"国务院《关于建立民族乡问题的通知》规定："民族乡人民政府配备工作人员，应当照顾到本乡的各民族。民族乡的乡长由建立民族乡的少数民族公民担任。"

五是政府机关使用民族语言文字的规定基本相同。民族区域自治法第二十一条规定："民族自治地方自治机关在执行职务的时候，依照本民族自治地方自治条例的规定，使用当地通用的一种或几种语言文字。"国务院《关于建立民族乡问题的通知》规定："民族乡使用当地通用的语言文字。"

六是在发展经济、文化、教育、卫生等方面的照顾规定基本相同。民族区域自治法第六条规定："民族自治地方的自治机关根据本地方的情况，在不违背宪法和法律的原则下，有权采取特殊政策和灵活措施，加速民族自治地方经济、文化建设事业的发展。"国务院《关于建立民族乡问题的通知》规定："民族乡依照法律和有关规定，可以结合本地区的具体情况和民族特点，因地制宜地发展经济、文化、教育和卫生事业。"

七是上级国家机关的领导和帮助的原则基本相同。民族区域自治法五十五条规定："上级国家机关在制定国民经济和社会发展计划的时候，应当照顾到民族自治地方的特点和需要。"国务院《关于建立民族乡问题的通知》规定："上级人民政府应当切实加强对民族乡的领导，并注意照顾当地民族的特点和少数民族人民的需要。"

由此可见，这两个层次的政权在性质上没有较大的区别，但作为两种不同的政治形式，也必然有着不同之处：

从解决民族问题的形式和手段上看，它们是两种不同的政治形式。我国《宪法》明确规定，民族乡不是民族自治地方，民族乡不属于民族区域自治的范畴。民族乡和民族区域自治作为解决民族问题的两种类型，它们在对象、范围、内容以及方法上都是不同的，各自有着不同的特定内涵。

从民族乡与民族区域的本质特征上看，它们虽然都是在少数民族聚居地方实施的政治制度，但最根本的区别在于是否拥有"自治权"。民族区域自治是在行使我国《宪法》赋予的"自治权"的少数民族聚居地方实施的一种政治制度，而民族乡则在没有条件行使"自治权"的少数民族聚居地方实施的另一种政治制度。

从民族乡和民族区域自治的地位来看，民族区域自治制度是中国的一项基本政治制度，而民族乡制度则是国家的一般性政治制度，它对整个国家政治制度的影响力，远远不及基本政治制度。

从各级地方国家政权机构的组成来看，县级以上的地方各级人民代表大会设立常务委员会，而乡镇、民族乡的人民代表大会则不设立，因为在这一级行政区域内没有必要。人民法院、人民检察院的设置也是如此。

3. 民族乡是一种特殊的基层政权形式

民族乡是一种特殊的基层政权形式，它不是自治地方，也不能等同于一般的乡镇，民族乡通过法律赋予的形式，获得了一般乡镇所没有的"自主权"。

民族乡与一般乡的主要联系是：它们都是国家同一级的基层政权，都要行使《中华人民共和国地方各级人民代表大会和地方各级人民政府组织法》所授予的职权。民族乡与一般乡在法律或行政地位、机构设置、职权行使等方面都有着广泛的联系。

民族乡与一般乡的区别也是明显的：

一是设置的目的不同，一般乡的设置是作为国家管理的一级政权组织，而民族乡的设置则是为了更好地保障少数民族平等权利，在乡级政权的基础上设立的特殊基层政权。

二是建立乡级政权的主体不同，建立民族乡都是以少数民族为主体的。

三是民族乡比一般乡有更多的自主权或特殊的职权。

四是民族乡政府机关的组成也比一般乡特殊，即民族乡乡长由建乡的少数民族公民担任，民族乡政府配备工作人员应照顾到本乡内的各民族。

五是民族乡行使职权时与一般乡也有所区别，即民族乡可以使用当地通用的语言文字，民族乡可以结合本地区的情况和民族特点，因地制宜地发展民族乡的经济文化。

（三）民族乡的特殊权利

作为乡级政权，民族乡级国家机关在组织原则上同一般乡、镇一样，实行民主集中制和首长负责制，依照《宪法》、组织法和其他法律的规定，具有同级乡政府国家机关共同的职能，行使同乡一级的职权。我国《宪法》第九十九条第三款规定："民族乡人民代表大会可以依照法律规定的权限采取适合民族特点的具体措施。"我国地方组织法不仅规定了乡级人民代表大会和人民政府的具体职权，而且还专门规定："民族乡的乡长由建立民族乡的少数民族公民担任。"因此，民族乡除了行使同级国家机关的职权外，还要行使法律赋予的特殊职权。

1. 民族乡人民代表大会的特殊职权

一是制定民族乡民族团结进步公约，并监督公约的实施。

二是制定民族乡管理和开发境内自然资源的规划和发展少数民族经济、文化和其他特色产业的特殊措施。

三是制定保护和发展少数民族传统文化、民族文化遗产、传统工艺、传统医药及其他传统的物质和精神产品的措施。

四是通过和发布民族乡国家机关使用一种或几种语言文字执行职权的决议。

五是制定保障少数民族感情和利益以及风俗习惯等方面事项的措施。

六是根据社会经济的发展形势，制定其他需要制定的公约或措施。

2. 民族乡人民政府的特殊职权

在政治方面，民族乡人民政府配备工作人员，应当尽量配备建乡的民族和其他少数民族人员。在上级国家机关的帮助和指导下，采取各种措施，加强对少数民族干部的培养和使用。应当采取多种形式和提供优惠待遇，引进人才参加本乡的社会主义建设事业。县级以上地方各级人民政府应当采取调派、聘任、轮换等办法，组织教师、医生、科技人员等到民族乡工作。民族乡人民政府有权使用和发展自己民族语言文字的自由权利，民族乡的国家机关和文化事业单位的牌匾、印章或一些标志物可以同时使用当地通用的少数民族的文字和汉文，等等。

在经济方面，民族乡的财政应按照优待的原则确定，民族乡上级政府在编制财政预算时，给民族乡安排一定的机动财力，民族乡财政的超收部分和财政支出的节余部分，应当全部留给民族乡周转使用；民族乡依照法律、法规管理和保护本乡的自然资源，并对可以由本乡开发的自然资源有优先合理开发利用的权利；上级政府和有关部门在开发利用民族乡区域内资源时，必须照顾民族乡的利益和当地人民群众的生产、生活；民族乡的上级人民政府应当帮助民族乡加强农业、林业、牧业、渔业和水利、电力、交通、通信等基础设施的建设；依法规定在财政、税收、商业、民贸、边贸等方面享有特殊优惠的待遇；为一些有特殊生产方式或传统的少数民族的群众提供必要的帮助和方便的条件，等等。

在文化方面，民族乡根据实际情况，可以兴办小学、中学和初级职业学校；牧区、山区以及经济困难的民族乡，在上级政府的帮助和指导下，可以设立以寄宿制和助学金为主的学校。民族乡的中小学可以使用当地少数民族通用的语言文字教学，同时推广全国通用的普通话。使用民族语言文字教学的中小学，其教育行政经费、教职工编制可以高于普通学校。在上级政府的帮助和指导下，积极开展扫盲工作。县级以上地方各级政府可以根据当地实际情况，在有关大中专院校和中学中设立民族班，尽可能使民族乡有一定数量的学生入学。在县级以上地方各级政府的帮助下，民族乡应当加强开展科学技术知识的普及工作，组织和促进科学技术的交流和协作；创办广播站、文化馆等文化设施丰富文化生活，保护和继承具有民族特点的优秀文化遗产；发展医药卫生事业，扶持民族乡办好卫生院，培养和使用少数民族医疗保健人员，加强对地方病、多发病、常见病的防治，积极开展妇幼保健工作。

随着我国改革开放的不断深入，以及我国社会主义民主政治的进一步发展和完善，民族乡作为一种解决民族问题的特殊的政治形式，其特殊的权利或职权，将会越来越具体，越来越显著地体现出来，并发挥独特的作用。

三、城市少数民族流动人口的社会管理

（一）城市少数民族流动人口管理的特殊性

城市少数民族流动人口多来自边疆民族地区，风俗习惯、饮食文化及受教育程度，与流入地汉族存在很大差异，即便与流入地同一少数民族之间也或多或少存在一定的差别。这种差异表现在社会交往中则是人们往往寻求跟自己有共同性的人群接触，这使外来少数民族流动人口难以在短时间内实现与流入地人群的融合，直接影响着他们与居住城市的适应，也使少数民族流动人口管理工作更加复杂、敏感而多变。

1. 事关民族团结社会稳定

来自民族聚居地区的少数民族流动人口进入城市后，彼此间的联系以及与流出地的联系十分密切。在适应和融入城市的过程中，因为风俗习惯和宗教信仰不同，与城市中的汉族和其他少数民族之间容易产生摩擦和纠纷，不仅影响城市的民族团结和社会稳定，还会波及流出地。多年来，社会上普遍认为民族工作是民族自治地方和民族系统的工作，其他政府部门和企业在处理涉及少数民族流动人口的问题时，缺乏政治敏感性，不能及时妥善解决到位，致使一些原本可以避免发生的矛盾纠纷激化升级。近年发生在大中城市的涉及民族问题的群体性事件，让社会付出了沉重的代价，也警示地方政府一定要充分认识做好少数民族流动人口管理工作的重要性。

2. 事关党和国家民族政策

城市少数民族流动人口管理必须认真贯彻落实党和国家的民族政策。《城市民族工作条例》明确规定：城市人民政府对进入本市兴办企业和从事其他合法经营活动的外地少数民族人员，应当根据情况提供便利条件，予以扶持。国务院办公厅多次下发文件，对严格执行党和国家民族政策，维护民族团结和社会稳定提出了明确要求。但一些部门和个人对外来少数民族流动人口抱有偏见，忽视对城市少数民族流动人口的管理和服务，没有认识到做好城市少数民族流动人口管理工作对巩固民族团结、构建和谐社会的重要意义。民族工作部门要继续加大民族政策宣传力度，积极沟通

协调，监督有关部门贯彻执行党的民族政策。

3. 事关少数民族合法权益

少数民族流动人口从农村涌向城市、从经济欠发达地区到相对发达地区寻求更好的发展机会，这当中有对城市的向往，有对财富的渴望，有对事业的追求。正是这诸多因素构成了强大的吸引力，引领了人口的流动。这种流动对于加强各民族之间的交往联系、活跃城市经济、丰富市民生活、提高少数民族收入水平、发展民族地区经济都产生了积极地影响。政府在管理工作中要高度重视少数民族流动人口的特殊需要和合理诉求，注重维护少数民族流动人口的合法权益。

(二) 城市少数民族流动人口的社会效应

改革开放的不断深化和社会经济的快速发展，推动了人口流动的规模和频率，边疆少数民族进入内地城镇经商、务工和旅游观光的数量也在迅速增加。这一群体可以概括为四个主要类型，即普通务工型、特色经营型、盲目流动型、异地开发型。[①] 少数民族流进城市，改变了城市原有的民族结构，加速了城市的多民族化和文化的多元化。

少数民族流动人口对城市发展也产生了一定的负效应：一是现有的经济社会体制、户籍制度等行政壁垒，造就了流动人口进入城市后具有农村与城市、农民与市民的双重生活空间和双重社会身份，致使他们陷入城乡边缘人的尴尬境况，在社会保障、政治参与、子女教育等方面难以与城市市民一体化。二是少数民族流动人口由于自身的生活环境与现在的城市环境不同，原有的生活方式、行为准则同城市生活存在一定的反差，不能迅速适应城市生活。三是城市居民对流动少数民族的歧视。外来的少数民族人员由于民族特性较强，城市人在与其交往中往往容易以点概面，容易形成"一好俱好、一坏俱坏"的思想观念，也容易将一些不满心理迁怒于外来少数民族，使他们产生对立情绪、报复心理。四是城市犯罪率的上升与流动人口的增加，两者之间存在着一定的相关性，部分流动人口成为产生

[①] 湖南省民族事务委员会：《做好城市少数民族流动人日管理工作，维护少数民族的合法权益》，《民族政策研究文丛》第三辑，民族出版社 2004 年版，第 376—377 页。

社会不良现象的主要源流人群之一，成为产生社会负效应的高危人群，这在一定程度上增加了城市治安管理的难度。五是城市一些政府部门由于民族观念淡薄，使得少数民族的合法权益得不到维护。

目前，许多城市中少数民族流动人口总数已经超过当地少数民族户籍人口数，成为城市人口中的一个重要组成部分，城市少数民族流动人口问题已成为城市民族研究的新课题。

（三）城市少数民族流动人口管理的政策法规

城市少数民族流动人口是中国改革开放和市场经济快速发展的产物。流动人口管理法规分散在不同领域的单项行政法规中，涉及计划生育、人口登记、民族事务、社区服务等方面。

关于计划生育工作的管理。《中华人民共和国人口与计划生育法》第十四条规定："流动人口的计划生育工作由其户籍所在地和现居住地的人民政府共同负责管理，以现居住地为主。"《流动人口计划生育工作条例》对流动人口的概念作出了界定，明确流动人口计划生育工作的主管机构和工作职责。

关于人口登记的管理。公安部根据《中华人民共和国户口登记条例》和有关规定，制定了《暂住证申领办法》（公安部令第25号），对暂住证和办理暂住证的人群做出了明确界定，规定了暂住证的办理手续和内容，要求暂住人在暂住地办理劳务许可证、工商营业执照等证照时应当出示居民身份证和暂住证。公安派出所是暂住证的发放和管理部门，居（村）民委员会根据需要设立暂住人口管理站，聘用户口协管人员；居住暂住人口较多的机关、团体、部队、企业、事业单位和水上船舶等，应当根据需要确定户口协管人员。暂住人口管理站和户口协管人员接受公安机关的委托，协助做好暂住人口的登记、发证和日常管理工作。

国家民委于1987年印发了《关于加强进入内地城镇经商、旅游的边疆少数民族人员的工作的意见》：一是重视少数民族人口流向地各级干部和群众的宣传教育工作。正确对待边疆少数民族人员到内地城镇的经商、旅游活动，尊重少数民族的风俗习惯，防止歧视、侮辱少数民族的事件发生，尽可能地为他们提供方便。二是加强对少数民族流动人口的接纳和管理工作。针对这部分人对所在城市的治安、工商管理制度等不够熟悉的实际，主动地进行宣传教育，使他们了解有关的政策规定，自觉地服从城市有关方面的管理。对进行非法活动的，要视情节轻重，依照有关规定处理。①1993 年出台的《城市民族工作条例》对此也做出了原则的规定："城市人民政府有关部门对进入城市兴办企业和从事其他合法经营活动的外地少数民族，应当根据情况提供便利条件，予以支持。城市人民政府应当加强对少数民族流动人员的教育和管理，保护其合法权益。少数民族流动人员应当自觉遵守国家的法律、法规，服从当地人民政府有关部门的管理。"2001 年，国家民委、中央统战部等七部委联合下发了《关于处理新时期影响民族团结问题的意见》，对少数民族流动人口问题提出了比较具体的政策措施，具有较强的指导性和可操作性。2004 年，国家民委出台了《关于进一步加强新形势下城市民族关系协调工作的意见》，对城市民族工作中存在的问题，特别是有关城市少数民族流动人口合法权益保障、城市民族关系的防范和处理等一系列的共性问题，积极探索行之有效的解决手段和办法，不仅从理论层面上丰富了城市民族工作的基本理论和政策，也在实践环节上提供了可资借鉴的经验和指导。

关于社区管理和服务。《国务院关于加强和改进社区服务工作的意见》（国发〔2006〕14 号）的实施推进了社区流动人口管理和服务。按照"公平对待、合理引导、完善管理、搞好服务"和"以现居住地为主，现居住地和户籍所在地互相配合"的原则，实行与户籍人口同宣传、同服务、同管理，为流动人口的生活与就业创造好的环境和条件。

（四）城市少数民族流动人口管理存在的问题

1. 管理政策法规依据亟需完善

现有的法律体系中涉及少数民族流动人口管理的内容太少，仅《城市民族工作条例》第十六条有所规定。法规的薄弱直接导致管理工作存在三种问题：

---

① 国家民委办公厅、政策研究室、政法司：《中华人民共和国民族政策法律法规选编》，中国民航出版社 1997 年版，第 64 页。

一是管理主体不明确。不同职能部门按照各自政策法规和职责分工，管理少数民族流动人口的某项事务，相互之间缺乏联系沟通，遇到问题时容易出现推诿。

二是政策落实不到位。近年来，虽然国家和地方多次下发规范性文件，要求做好少数民族流动人口的管理和权益保护工作，但很多要求仍停留在贯彻落实民族政策的层面，没有上升为国家意志。

三是权益保护困难。少数民族流动人口的管理所依据和参照的相关政策法规，对少数民族流动人口的权益保护没有做出具体规定，缺乏可操作性。目前还没有专门适用于少数民族流动人口的法律法规，也没有专门适用于少数民族流动人口权益保护的法律规范。少数民族流动人口的合法权益到底有哪些，群众不明白，部门不清楚。

此外，政策空白导致实际工作的苍白，例如《城市民族工作条例》没有制定罚则，无法律约束力，在维护少数民族流动人口合法权益方面发挥的作用一般。另一方面，来自民族地区的少数民族流动人口进入城市后，可享受的优惠政策往往达不到心理预期，容易产生失落和不满情绪，影响对城市生活的适应。

2. 管理工作存在较多薄弱环节

外来少数民族流动人口的统计数据未实现部门间的共享。目前，政府职能部门中只有公安机关详细掌握了外来少数民族流动人口的相关数据资料，包括性别、年龄、民族、学历、职业、住址、流出地、流入时间等具体情况。民族工作部门掌握的少数民族流动人口数据并不十分准确，而且时效性不强。其他职能部门从未开展过针对少数民族流动人口的专项统计。

重管理轻服务的现象依然存在。职能工作部门长期把工作重心放在流动人口的管理而非服务上，很少主动联系服务流动人口，与外来少数民族流动人口疏于情感沟通。民族工作部门也存在这样的问题，常常是接到少数民族流动人口的求助后，才会展开维权工作，很少深入外来少数民族流动人口中，了解他们的生活，倾听他们的诉求。

职能部门处理民族问题的能力有待加强。在处理涉及少数民族的问题时，政府其他职能部门顾虑重重、过于敏感，担心处理不当会引发其他矛盾，表现出推诿和退却。这种职能的"缺位"令简单问题复杂化，不利于问题的解决。少数民族流动人口在遇到问题时，首先向民族工作部门反映和求助。在职能部门和少数民族流动人口双重力量的作用下，民族工作部门往往被迫发生职能的"越位"。事实上，这种"越位"行为无法真正解决问题，因为涉及少数民族流动人口的问题，多是在经济领域和社会交往中产生的，超出民族工作部门的处理权限。

3. 管理对象不适应城市管理法则

外来少数民族流动人口不适应甚至排斥城市生存法则。中国经济东强西弱的发展现状和城市生活对农村的推拉作用，世代居住于西部地区的少数民族越来越多地流动到中东部城市从事商业活动，大多数从事小饭店、小副食店、小熟食店、小理发店、小旅店等一批与老百姓日常生活紧密相连的行业。因为规模较小、设施简易、卫生不达标以及无证经营等成为城市治理的对象之一。因为外来者和少数民族的双重身份，这些经营人员对城管部门的执法非常敏感，把正常的执法和管理误解为故意刁难。随着城市化进程加快，因拆迁和城市管理等原因造成外来少数民族流动人口与城管执法部门之间的摩擦和纠纷也日益增多。

4. 政策法规差异使管理工作更加复杂

少数民族流出地与流入地在政策法规方面存在一定差异，使少数民族流动人口管理工作更加复杂。在管理外来少数民族流动人口时，要充分考虑到民族地区相关政策的特殊性，比较典型的是计划生育管理和社会治安管理。《中华人民共和国人口与计划生育法》第十四条规定："流动人口的计划生育工作由其户籍所在地和现居住地的人民政府共同负责管理，以现居住地为主。"第十八条规定"国家稳定现行生育政策，鼓励公民晚婚晚育，提倡一对夫妻生育一个子女；除去法律、法规规定条件的，可以要求安排生育第二个子女。具体办法由省、自治区、直辖市人民代表大会或者其常务委员会规定。少数民族也要实行计划生育，具体办法由省、自治区、直辖市人民代表大会或者其常务委员会规定。"外来少数民族流动人口在流出地已经生育子女，进入城市以后主动配合计划生育工作部门的意识不够，加上流入地与流出地之间还缺乏有力的协调配合，给管理工作带来了一定的难度。

（五）城市少数民族流动人口管理的实践

1. 社会保障制度的创新与完善

城市少数民族流动人口作为城市中一个特殊群体，他们在城市中从事着本地人不愿问津的脏、苦、累、重、险的工作，虽然国家在针对包括少数民族流动人口在内的流动人口社会保障上显得心有余而力不足，但各个省、自治区、直辖市根据自身的情况对流动人口在社会保障方面有所改善。例如，江苏省打破包括流动人口聚居区居民在内的各民族进城农民同城市居民之间的二元化待遇落差，扩大社会保障体系的适用对象与保障范围，并在现有的法规制度下保证其公平实施。具体做法是：

一是做好医疗保障工作。南京市的南湖医院专门在所街村一带设立分院，与当地甲级卫生室相配合，为以"河南村"居民（包括外来的少数民族，尤其以回族居多）为代表的外来工提供医疗保健、卫生防疫、计划生育等低廉的医疗服务。已为外来工的子女体检，普服糖丸 362 人，为育龄妇女提供孕检证明 22 份，并免费提供避孕药具。[①] 南京市白下区七家湾社区也利用社区的卫生院，也坚持为附近的回民提供了多年的医疗帮助。

二是做好就业保障工作，江苏省苏南地区为外来工进城就业创造了一系列的便利条件，建立起包括外来少数民族在内的所有劳动者的失业保险体系。南京市所街村免费为外来工提供门面房、私房、加工场所等租赁信息服务；利用村办企业、驻地单位、饭店免费为外来工提供就业务工信息。从 2002 年 4 月起，南京市开始实施《失业保险办法》，失业人员可领取失业保险金的期限，根据所在单位和本人累计缴费时间确定，交费每满1 年可享受 2 个月，但最长不超过 24 个月。失业人员的门诊医疗费用是其领取的失业保险金的 10%，按月发放。

三是做好工伤保险工作。江苏省各级政府部门对省内的企业单位做出硬性规定，敦促将外来雇工（含少数民族流动人员）纳入社会保障体系

[①] 吴明伟、吴晓等：《我国城市化背景下的流动人口聚居形态研究》，东南大学出版社 2005 年版，第 83 页。

中，并制定相关监督措施；还发动多方力量进行集资，成立外来人口专项基金，主要用于外来工的人身安全和伤病康复。南京市劳动部门在2003年开展了"维权年"活动，对非公有制企业不签订劳动合同、不提供必要劳动保护条件、不缴纳社会保险费、超时加班、克扣劳动工资等一系列侵害劳动者合法权益问题，采取了"拉网式"检查。

四是做好法律援助工作。置身于城乡文化、地区文化差异之中，少数民族流动人员时常感到精神压抑，无所适从，产生了"浮萍一族"和"边缘人"的感觉。对这种心理上的不适感，如果不以积极、豁达、健康的心态去化解，很容易产生盲目的民族情绪。在南京市建邺区政府的主导下，江东村成立了南京市首家流动人口法律援助工作站，将法律援助职能引入流动人口的维权行动中，进一步深化了流动人口服务的工作内涵。2005年，靖江市在流动人口集中的企业、贸易市场等处设立外来少数民族法制宣传站，建起"法律之家"，提供方便快捷的法律服务，有效地防范和化解涉民矛盾和纠纷。

2. 社会管理制度的创新与完善

在人口与计划生育管理制度方面，目前计划生育管理的人员配置、资金划拨等资源性要素的投入并没有按照市场配置的方式来运作。20世纪80年代中后期，浙江、广东、上海、福建、山东等省（市）较早地进行了流动人口计划生育管理新方法的探索工作。例如1988年，浙江义乌市就出台了《义乌市外出人口和外来人口计划生育管理实施细则》；1993年，浙江省人民政府发布《浙江省流动人口计划生育管理实施办法》，为我国较早的地方流动人口计划生育管理法规。经过多年探索，政府计划生育职能部门摸索出一套新的流动人口与计划生育管理制度，如查验婚育证明、建立流动人口管理站，建立"三位一体"管理制度等。

在户籍管理制度方面，城乡二元结构的分离体制，流动人口对户籍制度产生了巨大的影响和冲击。从20世纪80年代中期开始，为适应改革开放后城乡劳动要素流动的客观需要，许多大中城市户籍制度进行了大胆的改革尝试，取消城乡壁垒，实现有条件的户籍迁移自由。随着市场经济的深入发展，人口流动必将促使传统户籍制度的根本性创新，以实现人口迁移的自由度与国民待遇等问题得到更为充分的体现和更好的解决。

3. 现有制度框架中组织体系的创新

一是发挥社区的功能与作用。社区作为社会基本的细胞和城市各民族的共同归宿，是维系现代都市社会生活和居民家庭间联系沟通的桥梁和纽带。现代社区管理的思想就是将过去的防范性管理模式转变为服务参与型管理模式，以适应当前政府事务重组、社会组织逐步分化的形势。少数民族流动人口居住的社区，应该为少数民族流动人口提供迫切需要的服务和保障，促使少数民族流动人口参与到所居住社区的各项服务和管理之中，增强其社区意识，培养其社区认同感和归属感，促进其对城市生活的心理适应与调解。社区对少数民族流动人口的管理涉及面广，如对少数民族流动人口的教育、培训和保障等项目的服务，以提高其法律意识和知识水平，利用社区资源，保障少数民族流动人口的合法权益等。为此，就要加强社区的管理能力建设，加强社区的资金投入和专业人员的培养与使用。城市的一些街道或社区针对外来的少数民族应成立专门的少数民族流动人口服务站、联络组，如"民族之家"、"民族驿站"，对辖区内的少数民族登记、造册，对少数民族流动人口给予帮助。

二是发挥少数民族民间组织的作用。少数民族民间组织既是少数民族自治性的组织，也是一种重要的社会力量。他们一方面将少数民族的意愿和要求反映给政府有关部门，增加了少数民族流动人口和政府间的交流；另一方面在加强本民族内部凝聚力、维护民族传统文化方面起到了政府无法替代的作用。对城市少数民族流动人口进行管理组织体系的创新，强化城市少数民族流动人口的自组织化程度，可以建立一些具有合法地位的民间组织，包括商会、行会、外来人员自治协会、宗教团体、民族研究机构等，这样有利于城市管理、社区管理等部门与少数民族流动人口的交流，通过提高流动人口的组织程度，使他们的利益表达纳入政府的合作化、制度化轨道，帮助城市少数民族流动人口解决在劳动就业、劳动报酬、社会交往、城市适应等方面遇到的实际问题。1996 年，深圳市就成立了第一个市一级的民族团体——"深圳民族团结发展促进会"[①]，通过这个特殊平台，提高了广大少数民族同胞热爱深圳、建设深圳的主人翁精神，也增进

---

① 李燕晨：《深圳——南海边兴起的民族城市》，《中国民族》2004（10）。

了深圳市广大少数民族同胞与政府之间的沟通，发挥了该团体在促进深圳民族团结、社会稳定和经济发展的特殊作用。

三是发挥少数民族代表人物的特殊作用。少数民族流动人口进入城市后，籍贯、行业、民族等是其相互聚集的重要条件。城市流动少数民族分布在各行各业，有些民族问题、民族突发事件，由少数民族代表人物出面处理解决，可以起到缓和矛盾，便于沟通的作用。另外，城市民族工作部门一般都存在编制少，人员少的情况，搞好城市民族工作除了民族工作部门的支持协助外，也需要发挥少数民族代表人物的作用。

第二节　散杂居民族的经济结构

散杂居少数民族所处的地理条件和历史发展决定它是同所在地区的经济和生产力布局紧密地联系在一起的，是整个地区经济的一部分，其自身没有也不可能有一个完整的独立体系和运行机制。同时它又不完全等于地区经济，具有不同于地区经济的特殊内涵，主要是具有不同于当地汉族的特殊行业和经济生活状况，具有少数民族集体、个体和联合体经营的企业、手工业和服务业等经济实体，具有为少数民族服务的、从事生产和销售少数民族特需用品的厂家和店家等。

一、城市少数民族的经济构成

新中国成立60多年来，城市少数民族经济的发展主要经历了三个时期。

第一个时期是基本完成社会主义改造的7年。主要是对城市少数民族的职业结构进行调整，对少数民族的厂、店、铺和农业、手工业进行社会主义改造，由私有制转变为全民所有制和劳动群众集体所有制。

第二个时期是开始全面进行社会主义建设的10年。主要是有计划地帮助城市少数民族创建一些集体企业，帮助市区内的少数民族居民办起了一批以少数民族为主的、或各民族联合的工厂和店铺，帮助郊区少数民族聚居的乡村建立了一批乡镇企业，有的还建立了少数民族生产生活特需用品生产基地。河南开封曾扶持以少数民族为主的厂、社，先后创办电工、建筑、妇幼、司机等培训班，分别介绍学员参加适当的工作，初步改变了回民群众的贫困落后状况。[①]

第三个时期是十一届三中全会以来，积极鼓励少数民族发展多种所有制和多种经营形式的经济，大力发展社会生产力，发展商品生产。采取各种措施和优惠政策，发挥少数民族的产业特长，恢复和发展传统手工艺品、民族特需用品、清真饮食业等工商业。帮助少数民族聚居的街道开展多种经营，生产为城市服务的农副产品，或以城市为依托、根据当地的资源和技术条件，发展第二、第三产业。对经营少数民族生产生活特需品的企业、以少数民族为主经营的企业和直接为少数民族地区服务的经济实体，在税收、贷款、信息提供、技术指导以及原材料供应等方面给予帮助。对为少数民族生产生活特殊需要而经营的微利和亏损企业，采取保护措施，给予减免税收、低息或无息贷款等照顾。各级人民政府还鼓励少数民族充分利用各种有利条件，引进外资、技术、设备，发展外向型经济。对生产出口商品的少数民族企业，给予优惠的外汇额度和留成。

一些大城市如北京、上海、广州、哈尔滨等，在发展少数民族经济的同时，还充分发挥少数民族同边疆少数民族地区的天然联系，相继与少数民族地区开展经济技术合作，帮助少数民族地区的经济发展。充分发挥他们与港澳台本民族群众的各种关系，同周边国家经济交往的历史传统，陆续建立实业公司、开发中心等经济实体，通过内联外引，引进国外资金和技术，沟通少数民族地区与内地以及国外的商品流通。

二、民族乡的经济特色

民族乡（镇）遍布全国，条件各不相同，发展很不平衡。总的来说，经过改革开放 30 多年的建设都有较大的发展。

---

① 胡云生：《传承与认同：河南回族历史变迁研究》，宁夏人民出版社 2007 年版，第 128—134 页。

　　河南省孟州市南庄镇皮毛加工业具有悠久的历史，素有"皮毛之乡"的美誉。该镇桑坡回族聚居区有4300多人，全部从事皮毛加工行业，生产量和交易量居全国首位，产品80%出口国外，是亚洲最大的羊剪绒加工基地。桑坡推出的高档裘皮汽车坐垫、沙发垫、地毯、裘皮服装等系列产品，出口到日本、美国、意大利、韩国、俄罗斯等国家和地区，还在天津、上海、深圳等沿海城市设立了进出口基地。1991年，皮毛加工业发展到800多户，年加工能力为100多万张成羊皮。1993年，以农户入股的方式成立了"焦作市雪羊皮毛集团公司"，凝聚了全村26家私营皮毛厂和1026户个体皮毛加工户，集料、工、贸、产、供、销为一体进行统一生产。当年创产值2.1亿元，实现利税2500万元，出口创汇500万美元，人均收入5000余元。到2004年，这里有加工企业150家，其中中外合资企业18家，自营进出口权的企业35家，年加工羊皮1200万张，从业人员15000人，年产值12亿元。2005年国内生产总值已达13亿元，国际业务结算额1.5亿美元。该村充分利用国内外"两个市场"、"两种资源"，实现了生产原料和销售市场的"两头在外"。为提高产品质量，桑坡每年从澳大利亚进口羊皮250万张，占全国进口澳国皮毛的80%。村里150家企业，有35家享受外贸进出口权。目前这里生产的高档羊剪绒汽车靠背、坐垫、挂毯、地毯、沙发垫、床毯、拖鞋、羊毛被、服装、高级擦车手套、婴儿睡袋、皮毛玩具、毛革两用皮、掸子皮、鞋里皮、医用皮等30多个具有国际先进水平的裘皮系列产品远销日本、美国、英国、德国、意大利、瑞典、土耳其、澳大利亚、俄罗斯、韩国、中国香港等几十个国家和地区。温州、广州、重庆、成都等地制鞋企业所用鞋里皮的90%来自这里，村中每年定期都有人专门从事在这些城市鞋业和皮革市场发货业务，进行大宗贸易活动。桑坡经济具有显著的"三外特征"，资源、市场、劳动力都在外，生羊皮一般从澳洲、俄罗斯进口，加工的成品床毯、鞋里皮等销往日、美、俄罗斯等国。桑坡皮毛已成为一个品牌，蜚声海内外。

　　成立于1984年的湖南省常德市许家桥回族维吾尔族乡是一个以农业为主的民族乡，盛产水稻、油茶、黄花菜，矿产有黄金及优质金刚石。该乡充分利用优势，因地制宜地发展经济文化事业：利用产粮多的优势，发展养殖业；利用庭院优势，发展林果业；利用靠近城市的优势，发展为城市服务的乡村企业；利用劳动力多的优势，发展第三产业。2009 年，全乡有民营企业 17 家，其中产值在 1000 万元以上的民营企业有 6 个，如环城鬃刷厂南方海绵厂的产品畅销全国多省及欧美、东南亚，年上缴国家税费 100 万余元；商贸业日趋兴旺，个体工商户高达 200 余家，年成交额近 1000 万元，全乡从事工业、商业、运输业、建筑业和服务业的劳动力占总劳动力的 42.3%。农业生产从传统单一的水稻种植转变为种、养、牧、渔的复合型结构，兴建雷竹、苎麻、优质牧草、柑桔、茶叶等经济作物基地 1 万亩，经济林地 4000 亩，鱼池 1000 亩。全乡 4000 多农户已有 90% 的农户修起了砖瓦房，100% 的农户有了电视机，并且建立了文化中心，成立了农民管弦乐队和体育运动队。

1980 年率先在全国成立的第一个满族镇——吉林省四平市铁东区叶赫满族镇，是个"六山一水三分田"的半山区，过去在"以粮为纲"的指导下，荒废了六分山，放弃了一分水只守着三分田过穷日子。1979 年，每个劳动日日值才三四角钱，年人均收入只有 111 元。建立民族镇以后，不断调整农村产业结构，在稳步发展粮食生产的同时，合理利用和大力开发本地资源，扶持以水果、食用菌、中草药、山野菜为重点的特色产业项目，大力发展旅游产业，使全镇经济得到稳步发展。2008 年，全镇完成地区生产总值 3.8 亿元。其中，第一产业增加值 1.9 亿元，第二产业增加值 0.8 亿元，第三产业增加值 1.1 亿元，实现旅游收入 5000 万元，财政收入 518 万元，城镇居民人均收入 6061 元，农民人均纯收入 4580 元。曾四次被国务院评为"全国民族团结进步模范集体"，2005 年和 2008 年连续两届评为"全国创建文明村镇工作先进村镇"。2008 年，叶赫满族镇被评为"中国历史文化名镇"，吉林省确立为百镇建设工程首批镇。

湖南省绥宁县麻坛苗族乡森林和水资源丰富，农林牧产品有木材、楠竹、松脂、玉兰片、稻谷、肉羊。因多山不通公路、水和电，致使资源开发和商品生产受到制约。1950 年粮食产量每亩仅 148 公斤，第二、三产业落后，仅有一些手工作坊与手工业者和零散商业店面。近年来，该乡狠抓治本，把上级拨发的资金，重点用于通路、通水、通电的"三通"上，促进了商品生产和乡村企业的发展。2006 年，全乡有竹器加工、造纸、陶器制作等企业 26 家，实现国民生产总值达 10260 万元，农业生产总值达 608 万元，工业生产总值 1200 万元，第三产业生产总值达 674 万元，农民人均收入 2660 元。同时，还开办了农民技校，培养了一批迫切需要的技术人才，为经济的可持续发展增添了后劲。

过去生产靠贷款、吃粮靠返销的贫困乡——广东省连州市瑶安瑶族乡，境内林业资源和水资源丰富，发展农业主要以种植林业为主。建立民族乡后，根据该乡山多田少的特点，充分发挥山区优势，将山权、林权交给群众，逐步建立了杉木、茅竹和果木三大商品生产基地。在此基础上，又陆续发展了反季节蔬菜、冬菇、木耳、药材等特色产业，利用山区水流落差大，修建了 4 个小型水电站，既解决了群众照明问题，又以此为动力发展了竹器、食品、制衣等 10 多家民营企业。逐步走出一条林、农、工、贸、旅游综合发展的路子，使全乡面貌大为改观。2004 年，全乡工农业总产值 3107 万元，其中工业产值 1823 万元，农业产值 1275 万元，增长 9.3%；财政总收入 121.8 万元，增长 9.3%；预算内收入 80 万元，增长 9.5%；农村人均纯收入达 2669 元，增长 9.2%。2007 年，全乡农业生产总值 2310.6 万元，工业生产总值 12942.8 万元。

这些民族乡、民族镇的变化，只是就其自身的过去与现在相比。如果与汉族乡、镇的发展作横向比较，能够赶得上汉族发展水平的是极少数，大多数还有相当的差距，有一部分甚至连温饱问题还没有彻底解决。造成这种状况的原因主要有：一是自然条件恶劣，基础设施落后，生存条件差；二是社会发育程度低，生产方式落后，科技文化素质差，教育卫生落后；三是长期以来投入不足，投入欠账多。

三、少数民族人口流动在城乡对接过程中的特殊作用

（一）少数民族人口流动在城乡对接中的积极作用

人口的迁移流动已经成为当代中国社会的人口运动、经济运动的主要特征之一，少数民族人口流动也已成普遍现象。无论是东北朝鲜族等社会经济状况较好的地区，还是甘宁青等社会经济状况较差的民族地区，少数民族都积极汇入了"以流动求发展"的潮流。从流动方向来看，少数民族

人口流动的总体走向是从农村流向城市，从社会经济状况差的地区流向较好地区；从流动人口的类型看，既有从事非农业活动或随家庭迁移城市定居的农村人口，也有从边疆城镇向内地城市流动的市民人口。其中，农村流动人口占比例更大。农村少数民族流动人口以当地的青壮年农民为主体；从流动的结果看，城镇流动人口的经济和社会状况并不优于农村流动人口。流动人口作为经济活动的产物，对社会的经济发展产生着直接的影响与作用。

对城市而言，流动人口加快了全国各地的交流与合作，使市场的理念深入人心；流动人口的经济活动为城市增加了财政收入，扩大了消费市场，促进了城市建设特别是市政建设步伐的不断加快；人口流动加快了人口城市化进程。以回族、维吾尔族、朝鲜族、藏族等少数民族为例，他们流动到内地或沿海城市的从业特点都与传统的民族文化和生计方式关系密切。这不仅使他们的从业领域带有鲜明的民族特色，而且其从业地点也多选择在城市原有的民族聚居社区内及其周边。从事餐饮服务和民族食品或商品供应者的场地选择与所在城市原有民族格局关系更为密切。这种选择既有文化接近，习俗相似，语言沟通方便，解决问题便捷的优势，更因为它能接近市场和服务对象，易于获得生存和发展途径。

农村方面，农民外流已成为部分民族地区农民摆脱贫困奔小康的重要途径；外出民工把部分收入回流农村，用作农业资本的积累与投入，弥补了民族地区农村经济发展资金缺口，扩大了农村资金规模，促进了农村的发展；部分外出少数民族人口学到了本领，回乡创业，勤劳致富，带动了家乡的产业发展。

（二）少数民族人口流动对城乡发展构成的挑战

少数民族人口流动引起了农村人口的空洞化和土地资源的大规模流转。土地流转固然能促进土地制度变革和农业生产要素的重新配置，包括促进土地规模化经营。但由于出让了土地使用权的外流人口并没有在城市获得相应的社会保障，所以城市发生经济困难时，他们可能最先成为受害群体。人口流动则使农村因为大量丧失了青壮年农民而失去了社会经济文化发展的活力。中西部许多民族地区已经很少看到青年男女。留守村庄的多半是妇女、老人和儿童，被戏称为"3861部队"。相关资料显示，部分少数民族农村地区还出现了因为年轻妇女外流而出现性别比严重失衡的局面。少数民族人口大量外流的另一个结果是改变了流出地的民族分布和民族关系格局。

少数民族流动人口管理服务已经成为目前中国东部城市普遍面对的问题。由于拥有民族文化身份和特点，少数民族流动人口显然不同于一般流动人口，对城市流动人口的管理也提出了更高的要求。少数民族流动人口管理应当尽快研究的重要问题可以分为两种类型。一是事关公民基本权益或经济与社会权益的保障问题：包括他们参与城市生活的程度不高，存在的制度性歧视，政府管理和服务体系的不健全，流动人口自身的维护权益组织化程度较低等；二是涉及少数民族特殊权益的维护问题，即少数民族流动人口如何在以汉族为主体的城市社会保存和发展其自身文化的问题，包括如何保护民族文化资源特别是语言和宗教习俗，如何使少数民族保持自己的民族文化和生产生活方式以增加城市文化的多样性，如何提高城市平民的多元文化意识、多民族统一国家意识和少数民族权利意识等。

（三）新生代少数民族农民工市民化问题

在新形势下，新生代少数民族农民工阶层的出现，既给城乡经济社会发展提出了新的挑战，也为少数民族流动人口的城乡对接过程赋予了特殊内涵。

"新生代农民工"又称"农二代"，与"富二代"、"贫二代"、"官二代"一样，主要是指20世纪80—90年代后出生的人，这批人目前在农民工外出打工的1.5亿人口里面占到60％，大约1个亿，正成为社会生活最引人瞩目的群体之一。[①] 其社会特征可以从"新、农、工"这三个关键字进行解读。[②]"新"是与第一代或第二代农民工相比，他们受教育程度高、职业期望值高、物质和精神享受要求高，在文化程度、人格特征、打工目的、城市认同感、生活方式、工作期望与农村家庭的经济联系等方面

---

① 木佳：《"新生代农民工"达1亿》，《中华工商时报》2010年2月2日。
② 吴漾：《论新生代农民工的特点》，《东岳论丛》2009（8）。

迥然不同，因而在利益诉求上存在重大差异。"农"是因为在现行户籍制度和社会管理方式下，他们仍然具有农村居民身份，与有城市户口的工人同工不同酬，同工不同权，同工不同福利保障，不能平等地享受所在城市的公共服务。[1]"工"是他们大多数正在从事现代工商业活动，有一定的现代产业技能，能够接受现代社会理念并且按照现代产业规律从事生产和生活。

新生代少数民族农民工是新生代农民工中具有少数民族身份的群体，除具有"新生代农民工"的共性特征外，其特殊性在于：一是身份的双重性，即相对于拥有城市户籍的人口而言，他们属于农民；相对于占主体地位的汉族人口而言，他们是少数民族人口。二是面对农耕文明和城市文明的冲突，他们处于主流文化边缘，承受着主体民族文化与本民族文化差异带来的适应压力。当前社会更多地是把目光投向农民工问题的层面，更多的讨论农民工带给城市社会的消极影响，而较少关注他们作为城市中双重弱势群体所遇到的困难和艰辛。

新生代少数民族农民工阶层的出现是民族地区经济社会结构变化，乃至中国整个社会结构变化的重大问题。"融不进城市，回不去乡村"事实上已成为他们尴尬身份与地位的真实写照。但其自身特性的变化和技能素质提升，加上农村土地制度的变迁，使得他们不可能像父辈一样返乡务农[2]，这一特殊性决定了他们有着市民化的基本诉求：一是追求融入城镇化进程，他们没有返乡务农的意愿，更没有务农的技能；二是追求融入工业化进程，他们大多数人直接从学校进入外出务工行列，对于现代产业规律的熟悉程度远高于传统农业；三是追求融入现代化进程，更愿意成为现代城市文明的一员，享受现代化进程带来的生活方式的变化和生活品质的提升。

这里所指的市民化，是指让广大新生代少数民族农民工离开土地，进入城市从事非农产业，其身份、地位、工作方式、生活方式及价值观念向

---

[1]　程士华、郭奔胜等：《新生代农民工：对农民身份普遍不认同》，《经济参考报》2009 年 10 月 26 日。

[2]　李锋：《"新生代农民工就业状况"调研系列报告之融入城市》，《佛山日报》2010 年 8 月 27 日。

城市市民彻底转化的社会化过程。它具有四层含义：一是身份转化，由农村户口转变为城市户口；二是地域转换，居住地由农村转变为城市社区；三是职业转换，由从事农业生产转变为非农业生产；四是角色转化，由农民的价值观念、行为方式和生活方式等向城市市民转变，这是新生代少数民族农民工市民化的核心内容，也是较难实现的一种转变。

新生代少数民族农民工是农民工队伍中的一个特殊群体，也是最有可能实现市民化的一个群体，从某种程度上讲，新生代少数民族农民工能否市民化，关系到贫困是否转移到第三代人身上的问题。新生代少数民族农民工市民化进程的推进应当从农村退出、城市进入和城市融合三个环节进行。在农村退出环节，需要解决的核心问题是牧地耕地流转制度与机制的创新、农牧地征用制度与机制的创新；在城市进入环节，需要解决的主要问题包括：新生代少数民族农民工户籍制度的转型、城乡一体化就业制度的变革、人力资本的投资与积累、社会资本的投资与积累，以及城市安居工程的构建；在城市融合环节，需要解决的核心问题是新生代少数民族农民工生存保障的社会化和生存环境的市民化。城市现有的制度障碍是新生代少数民族农民工市民化面临的最主要的障碍。

第三节　散杂居民族的阶层结构

十一届三中全会以后，我国的社会阶层结构发生了深刻变化，西方国家一些阶级阶层理论逐渐为我国社会学界所认识和关注，如马克斯·韦伯在其社会分层论中提出了著名的"三位一体"的综合标准：在经济领域存在着阶级，在社会领域存在着身份地位或声望群体，在政治领域存在着政治派别。他在强调经济因素的基础上，重视市场能力和市场中机会对社会阶层划分的意义。在他看来，社会分工应当根据经济标准、政治标准和社会标准来进行，这三个标准相应地代表着市场条件、权利和声望。[①] 人们把他的理论称为"分配论"，即强调社会资源在社会成员和社会群体之

---

① 马克斯·韦伯：《经济与社会》（下卷），商务印书馆 1997 年版，第 217 页。

间的不平等分配。在此基础上，丹尼尔·贝尔也断言，在后工业社会中，"在某种程度上，职业化是社会阶级阶层最重要的因素。"① 新马克思主义的主要代表人物赖特，基于马克思的生产关系理论视角，也认为"阶级不能被简单地定义为某种职业分类，而是一种控制资本、决策、他人工作和自己工作的关系。"② 我国学者在坚持马克思主义阶级阶层理论基本原则和方法的前提下，从不同的视角和纬度出发，对阶级阶层变动情况进行了新的思考和有益的探索，提出一些非常有价值的阶级阶层理论。

一、改革开放前散杂居民族的阶层结构

在新民主主义革命时期，中国共产党人坚持马克思主义的阶级分析法，按照人们的经济地位，将各民族社会阶级区分为地主和买办阶级、民族资产阶级、小资产阶级、无产阶级和半无产阶级等几个不同的阶级。新中国建立后，我们党对社会阶级结构重新进行了划分。1950 年，中央人民政府政务院通过了《关于划分农村阶级成分的决定》，后来又颁发了一些补充决定，将当时各民族社会的阶级成分划分为地主、资本家、开明绅士、富农、中农、知识分子、自由职业者、小手工业者、小商小贩、贫农、工人、贫民 12 种。1956 年年底社会主义改造基本完成以后，理应对各民族的阶级阶层结构做出新的划分，但种种原因使建国之初的阶级划分被保留下来，直到十一届三中全会前后，党对社会阶级阶层结构认识才发生了重大改变。1978 年召开的全国科学大会上，邓小平代表我们党将知识分子重新确认为工人阶级的一部分。我们党不仅在农村给那些被定为地主、富农分子的社会成员摘去了"帽子"，而且在城市恢复了原工商者的劳动身份。各民族的社会结构就又被划分"两阶级、一阶层"，即工人阶级、农民阶级和知识分子阶层。与之对应的劳动人事管理制度和户籍管理制度把社会分割成三个高低有序、地位不同的部分，即干部、工人、农民。干部的经济和社会地位最高，农民的最低，并且这种分割限制了社会

---

① ［美］丹尼尔·贝尔：《后工业社会的来临》，商务印书馆 1986 年版，第 23 页。

② 李路路、孙志强：《透视不平等—国外社会阶层理论》，社会科学文献出版社 2002 年版，第 5 页。

成员在阶层之间的流动。每个社会成员的户口成为象征其身份的标签，农民被限制在农村的土地上，城市和农村在经济和文化上缺乏互动，这在很大程度上阻碍了社会经济的继续发展。无论社会分层以"两阶级、一阶层"划分为标准还是以"干部、工人和农民"划分为标准，都说明改革开放以前各民族的阶层结构既较为简单，又较为封闭，国家权力成为影响各民族间甚至各民族内部阶层差别的主导性变量。

二、改革开放后散杂居民族的阶层结构

改革开放后各民族的阶层结构发生了新的变化：农民的比例明显下降，内部分化迅速；工人阶级队伍明显壮大，不少工人群众的工作岗位发生变化；以个体户、私营企业主为代表，恢复和新产生了一些阶层和群体；许多人的职业、身份经常变动，他们在不同所有制、不同行业、不同地域之间频繁流动，使现阶段各民族社会阶层结构仍处在不稳定状态。20世纪80年代中期，社会学界开始使用"利益群体"这一术语，将其定义为：具有相同的利益地位，有着共同的利害与需求、共同的境遇与命运的群体。广义的社会利益群体泛指以各种不同标准划分出来的社会特质人群，如以生产资料占有与否和是否受剥削为标准划分出的阶级，以某项社会差别的不同层次划分出的阶层，以具有某项特殊利益划分出的集团等等均可涵盖在内。[①] 也有学者提出不同看法，认为利益群体就是"在物质利益上的地位相近的人所构成的群体"或"在经济利益上地位相近的人所构成的群体"，并根据改革开放以来人们利益获取状况，将我国公民分为特殊获益者群体、普通获益者群体、利益相对受损群体和社会底层群体。[②]2002年，中国社会科学院"当代中国社会阶层结构研究课题组"提出了以职业分类为基础，以组织资源、经济资源和文化资源的占有状况来划分社会阶层的理论框架[③]，引起了国内外舆论的广泛关注。他们将中国社会划分为十大阶层：国家与社会管理者阶层、经理人员阶层、私营企业主阶层、专

---

① 顾杰善、刘纪兴等：《当代中国利益群体分析》，黑龙江教育出版社1995年版，第4页。
② 李强：《当代中国社会的四个利益群体》，《学术界》2000（3）。
③ 陆学艺：《当代中国社会阶层研究报告》，社会科学文献出版社2002年版，第13页。

业技术人员阶层、办事人员阶层、个体工商户阶层、商业服务业员工、产业工人阶层、农业劳动者阶层和城乡无业失业半失业者阶层。

马克思的阶级分析法为我们研究社会转型期阶层分化提供了方法论基础和原则，在我国社会阶级阶层结构的变化已成为不容回避的事实、新社会阶层的出现也无可辩驳的前提下，阶层分析法是分析我国社会阶级阶层结构的一个很好的技术手段。任何一种理论的发展与完善都是与时代背景密切相关并且随着时代的变化而不断发展变化的。我们根据马克思主义阶级阶层理论分析方法、分析路径和以职业为主的多元划分标准，将现阶段散杂居民族的社会结构划分为五个阶层和若干个群体。

（一）少数民族农民阶层

少数民族农民的阶层分化主要有五大部分构成。

1. 少数民族农业劳动者

少数民族农业劳动者以土地为基本生产资料，主要从事种植业和养殖业，并且大部分或全部生活来源依靠农业生产的收入。他们在一个较长时期内仍然是我国民族乡村的主要劳动力，但总的趋势是这部分人在不断减少并继续发生着分化。

2. 少数民族农民工

少数民族农民工主要指常年或绝大部分时间在城镇第二或第三产业从事各类劳务，但其户籍在农村，身份还是户籍制度所认定的农民这样一个少数民族群体。他们从农村牧区来到大中城市，从西部边疆来到沿海地区，是我国发展乡镇企业、发展小城镇、实现城市化和工业化的生力军。这部分人的数量在不断扩大，相比农业劳动者，他们的收入相对较高，劳动强度相对较轻。相比城市工人，他们的劳动强度相对较高，劳动条件相对较差，收入相对较低，且劳动保障相对较弱。较长时间的城市生活，使这一阶层的成员价值观念有所转变，利益表达意识增强，组织程度也相对提高。

3. 少数民族乡村知识分子

主要是指居住在农村，从事教育、科技、医疗卫生、文化、艺术、体育等工作的少数民族教师、医生、兽医、农业技术人员和乡村企业中的科技人员，他们是中国知识分子的重要组成部分。由于农村条件艰苦，城乡差距大，后顾之忧多，这支队伍并不稳定，相对而言，这是少数民族农民结构中文化素质较高的阶层。

4. 少数民族乡镇企业管理者

少数民族乡镇企业管理者是指在乡镇企业担任少数民族厂长或经理的人，他们的文化程度一般较低（大多是小学、初中文化程度，有的甚至是文盲和半文盲），既不懂技术，也不懂现代管理和法律知识。这一阶层中有一大部分后来都转变为农村中的少数民族私营企业主或个体工商户。在农村散杂居少数民族中，他们无论在经济上还是政治上都很有地位。

5. 少数民族农村管理者

他们居住在农村，从事农业并兼做农业基层社会管理工作，是基层民主自治的具体组织者、基层行政管理的具体执行者和集体财产所有权的主要代表者。这个阶层是国家与农民之间的桥梁和纽带，他们对下代表政府行使国家的权力，执行党和国家的政策与法令，完成各项任务，对上代表农民群众，反映民意和保护农民的利益，他们不但拥有政治资源，而且还掌握着各种公共资源，特别是在经济发达的农村，还兼任乡镇企业管理者，直接控制着企业的经营管理和分配大权，在农村起着举足轻重的作用。

（二）少数民族工人阶层

1. 少数民族企业家阶层

少数民族企业家大体分为两类：一类是企业所有者的少数民族企业家，作为企业的所有者，他们仍从事企业的经营管理工作；另一类是受雇于所有者的具有少数民族身份的职业企业家。更多的情况下，少数民族企业家只指第一种类型，而把第二种类型称作职业经理人。20 世纪 90 年代以后，国有、集体企业的厂长经理与股份合作制、三资企业和私营企业等非公有制经济组织的少数民族企业家汇合成少数民族企业家阶层。

2. 少数民族"白领"阶层

少数民族"白领"阶层指各类现代企业中从事管理职能，掌握着某一方面权力的少数民族脑力劳动群体，主要是技术人员、管理人员和营销服务人员。在企业中他们属于管理者阶层，他们虽不拥有生产资料，不拥有或很少拥有股份，但却拥有对生产资料和普通工人的日常控制权，在收入水平、享有权利、接受教育程度和价值观念等方面，都明显不同于普通工人。他们作为工人阶级一部分，规模和影响日益扩大，先进性更加鲜明，是未来工人阶级的主导阶层。

3. 少数民族"蓝领"阶层

这一阶层是工人阶级中的基本阶层，包括产业工人和服务业职工，人数占工人阶级的大多数，包括股份制企业职工、三资企业职工和私营企业职工。他们是社会物质财富的最直接生产者、创造者。随着劳动制度改革，劳动合同制推行，普通工人的劳动关系已发生根本性变化，即由原来人身依附性的固定工人转变为人身自由的合同制工人，取得了自主择业和竞争上岗的权利。但在企业富余人员增多，劳动力供大于求的情况下，他们还要面对住房货币化、非义务教育收费等问题，感到就业和生活的压力在加大，心理承受力降低。

（三）少数民族个体劳动者

少数民族个体劳动者指拥有少量私人资本，在城乡从事小规模生产、流通、服务业等经营活动，并以此为生的人。其构成来源广泛，有工人、农民、知识分子、退伍军人和待业人员等。这一阶层人员自己参加劳动和经营，有些还有专业的技术和手艺，不雇请帮工或雇请少量帮工（不超过7 人）。他们被称为小业主、小雇主、个体工商户。改革开放以来，这部分人已经成为我国一个独立的社会阶层，其实力和发展潜力不可低估。

（四）少数民族精英阶层

少数民族精英是该民族利益的代表，是民族工作的重要力量，他们最了解本民族的情况，与本民族有着密切的联系，享有一定的威望和影响，对民族工作和活动都比较热心。少数民族精英阶层既包括各民族民间有威望者、经济能人、文化人、企业家，还包括具有少数民族身份的公务员、知识分子、职业经理人等。

1. 少数民族公务员

指在各级国家机关、政党机关和社会团体中专门从事决策、领导和行政管理职业的少数民族领导者和管理者：一部分属于领导干部，指从中央到地方各级国家机关、政党机关和社会团体中具有实际管理职权的科级和科级以上级别的少数民族干部；一部分属于协助这些领导干部处理日常行政事务的少数民族专职办公人员。少数民族公务员依存于社会主义经济制度，受少数民族群众的委托，代表少数民族群众行使管理国家和社会的权力，是工人阶级的一部分，是党和国家联系少数民族群众的桥梁和纽带。作为工人阶级一部分的少数民族公务员，特别是其中的高级领导干部，在少数民族群众的政治、经济、文化生活中影响较大，甚至发挥着决定性的作用。

2. 少数民族专业型知识分子

指在国家机关、政党机关、社会团体、全民和集体企事业单位、非公有制企业等单位中专门从事各种专业性工作的少数民族知识分子。主要包括两部分：一部分是在国家机关、政党机关、大中小学、社会团体、全民和集体企事业单位等公有制单位工作的少数民族专业型知识分子；另一部分是在民营企业、外资企业等非公有制单位工作的少数民族专业型知识分子，他们是改革开放以后新出现的社会人员。在民营企业和外资企业工作的少数民族专业型知识分子，掌握着企业的核心技术，进行着科技经济一体化、科技成果市场化、高新技术产业化的开发和生产，是科学技术到现实生产力的转化者。

3. 少数民族职业经理人

指企业中非业主身份的从事高中层管理工作的少数民族经营管理者。这一阶层主要由四部分人员组成。第一部分是国有和集体企业的负责人，这部分人原来具有国家干部的身份，随着政企分开和现代企业制度的建立，已经和正在从公务员系列中分离出去，成为独立的职业经理人。第二部分是乡镇企业的负责人。第三部分是私营企业聘用的经理人员。私营企业经过多年的发展，经营规模日益扩大，技术档次逐步提高，一些私营企业主开始聘用管理和技术水平较高的职业经理。第四部分是在"三资"企业即中外合资企业、中外合作企业和外方独资企业中从事高中层管理工作的知识精英。

（五）其他少数民族阶层

1. 城乡少数民族无业、失业、半失业者

指无固定职业的在劳动年龄内的少数民族群体。其产生的主要原因是就业机会不足使许多新进入劳动力市场的少数民族青年劳动力长期待业。城市大批征用农牧用地，使大批少数民族农民无地可（牧）种，而这些少数民族农民在城镇一时还找不到合适的职业。另外，还有不少城乡少数民族居民因为残障或长期卧病的困扰而不能就业，他们多数也陷入贫困境地，形成了一个相当规模的少数民族贫困群体，数量还在继续增加，需要社会给予相应的救济和保障。

2. 中介组织中的少数民族从业人员

中介组织泛指介于企业、个人之间，并为企业、个人服务、沟通、协调以及对其进行监督的社会组织。它主要包括：行业性中介组织，如行业协会、学会、商会、研究会；公证性中介组织，如律师、会计、资产评估等专业事务所以及证券、仲裁等中介组织；服务性中介组织，如提供就业、广告、公关、房地产等服务的组织。这些组织的少数民族从业人员大多数都受过专门训练，专业化程度比较高。

3. 少数民族自由职业人员

是指那些不与用人单位建立正式劳动关系，而是凭借自己的知识、技能与专长，为社会提供合法的服务性劳动，从而获取劳动报酬的少数民族劳动者。他们在国家法律、法规、政策允许的范围内从事职业活动，接受管理、照章纳税、受到国家认可、鼓励和保护。主要包括自由撰稿人、自由作家、翻译、自由画家、自由音乐人、自由摄影师、自由制片人、自由主持人、自由演员、市场模特、自由策划咨询服务人员、自由代理人、自由经纪人、自由承包人、自由高科技信息技术工作者、各类自由职业工作室、个体医生等。一些少数民族公职人员下海经商，其中的一些文艺工作者、自由画家、自由作家、自由撰稿人等成为最早的少数民族自由职业人员。

4. 农村少数民族留守群体

留守妇女、老人、儿童，组成中国广大农村的基本留守群体，是由农民工阶层衍生出的一个新阶层，成为当代中国的一种社会实景，少数民族亦不例外。全国妇联统计，全国留守儿童的人数约为 5800 万，多数集中分布在我国中西部民族地区。四川、安徽、河南、湖南、江西、贵州、广东 7 个省份的农村留守幼儿数量都超过 100 万，学龄前留守儿童总和接近全国学龄前留守儿童总数的 2/3。[①] 农村少数民族留守群体在一定程度上导致了少数民族在现代化进程中家庭结构残缺化、家庭功能失调和弱化的变迁困境。

5. 少数民族"复旧群体"

指那些在旧中国曾存在过，新中国建立后消失，在社会开放和生活方式多元化的条件下重新出现，但发挥着消极社会作用的一些少数民族社会群体，如游民、休闲人士、社会求助者、性工作者等。

第四节　散杂居民族社会调控机制的构建

散杂居民族关系调控机制应充分考虑散杂居民族和散杂居地区的特点，注重民族关系主体之间权益的均衡配置，构建一个多层次、全方位的并能自我调整的动态系统。民族工作部门应该结合民族关系的特点和处理影响民族关系的内在规律，从明确调控主体、完善调控手段、增强调控机制等方面，不断提高散杂居民族关系调控的措施与办法。

一、调控主体的多元化

民族关系的调控主体是国家、政党、社会组织、团体，也可以是代表组织、群体和团体的个人。构建散杂居民族关系的调控机制，首先要明确和加强调控主体的功能和作用。从广义上讲，凡是涉及散杂居民族的部门和社会团体都属于调控主体。按其性质又可划分为官方调控主体和民间调

---

① 谢晓怡：《留守儿童人数近 5800 万　逾 8 成隔代或临时监护》，《人民日报》2010 年 12 月 22 日。

控主体两大方面。前者包括权力、行政、司法等机构，后者主要是社会上的少数民族群众团体和民族地区在城市中的办事处，以及具有浓厚民族色彩的企业。

（一）官方调控主体

1. 党委

历史经验告诉我们，只有在中国共产党的领导下才能推翻反动统治，消灭民族剥削和民族压迫，也只有在中国共产党的领导下，才能用彻底的民族平等的政策解决民族问题，建立起国内民族之间的真诚合作。散杂居民族关系主要由民族经济关系、政治关系、文化关系组成，但它不是单纯的政治关系、不是单纯的经济关系，也不是单纯的文化教育关系，它牵涉到国家政策、社会工作、社会生活的方方面面。因此，民族关系关键在于各级党委的正确领导。党委对政府，对统战、民族宗教事务等民族工作部门贯彻执行民族政策、民族工作具有指导的职能，对散杂居民族关系起指导调控的作用。

2. 人大、政协

人民代表大会制度、人民政治协商会议制度是中国特色的重要政治制度，我国各级人大、政协大多设有专门负责民族工作的委员会。人民代表大会作为国家权力机关，就保障少数民族权益进行立法，同时监督司法机关、政府及其有关部门对民族法律、法规的执行，从而对民族关系起到法律监督的调控作用。政治协商会议作为爱国统一战线组织，政治协商，参政议政，吸收了少数民族代表人物参加，通过政府及其部门以及对司法机关工作的民主监督而对民族关系起到调控作用。人大代表、政协委员组织的民族工作考察活动，是有效监督政府民族工作的形式。它们对于民族工作的影响，可以是事前的调查研究、讨论协商、立法建制，也可以是事中的检查监督，还可以是事后的批评、建议、纠正改错。随着我国民主政治进程的发展，人大、政协在民族工作中的作用越来越重要，越来越得到社会最广泛的认可和接受。

3. 政府相关职能部门

政府相关职能部门掌握着各种各样经济社会资源，掌握着制定公共政策、社会政策的权力。这些部门通过行政管理、依法行政，对民族关系起直接调控作用。根据我国的实际情况，最主要的相关职能部门包括民族宗教、财政、公共安全、城管、民政、工商、文化等，这些部门涉及民族问题的工作做得好坏，协调程度的高低直接关系到散杂居民族关系解决的好坏，进而直接对散杂居民族关系产生积极或消极的影响。只有这些部门各尽其责，齐抓共管，才能形成民族工作的合力，使调控民族关系的工作网络有效运作。

（二）民间调控主体

民间调控主体包括少数民族社会团体、民族色彩浓重的企业、民族地区在城市中的办事处等。民间调控主体对散杂居民族关系起到自我调控作用，具体体现：一是协助党和政府宣传和贯彻党的民族政策，国家的法律、法规，引导少数民族群众增强对党和政府的信任和支持；二是积极开展各种具有民族特色的联谊活动，弘扬民族文化，促进民族团结；三是反映民情民意，协助政府处理涉及少数民族的矛盾和纠纷；四是为少数民族群众排忧解难，给政府部门减轻负担；五是会聚骨干，通过团体和组织把热心民族团结工作的积极分子调动起来，增添城市民族工作的力量；六是积极倡导社会新风尚，移风易俗。[①]

散杂居民族工作仅仅依靠党和政府的职能部门也是不够的，随着我国政府机构的精简，体制改革朝着"小政府、大社会"的方向发展，社会群团组织发展迅速，它们不仅为各族公民提供了大量的服务性帮助和发展的空间，而且还为政府工作发挥了拾遗补缺的作用。发动社会各界力量也十分重要，例如宗教界、知识界，特别是新闻界在民族政策的宣传教育中的效果更加明显。

二、调控手段的多角度

民族关系的调控机制是一个有机的统一体，调控手段是其中重要的组

---

① 铁木尔：《民族政策研究文丛》第二辑，民族出版社 2003 年版，第 159 页。

成部分，各种调控手段齐备有力，才能促进调控机制充分发挥作用，对民族关系进行有效调控。民族关系调控手段包括法律、政策、制度、民族意识、舆论宣传以及社会调控等。

（一）法律调控

法律是调控散杂居民族关系的根本手段。法律对社会成员具有最强的约束力，它由国家制定或认可，并依靠国家强力推行。法律对民族关系的调控具有广泛性、强制性和稳定性的特征。例如，民族乡是为了贯彻落实新中国第一部根本大法建立的地方基层政权。1993 年，在总结民族乡法制建设经验的基础上，国务院批准发布了《民族乡行政工作条例》，这是民族乡工作的第一个全面系统规范的行政法规，改变了在实际工作中因法制不健全，许多工作无法可依、无章可循所造成民族乡工作易被忽视，对民族乡支持不力的现象。黑龙江、四川、云南、湖北、湖南、山东、河南等近二十个省、自治区、直辖市随后也出台了"条例"的实施办法、实施细则或地方法规。目前已经初步形成了以《宪法》、《地方组织法》为基础的，以国务院《关于建立民族乡若干问题的指示》、《关于建立民族乡问题的通知》、《民族乡行政工作条例》及其地方民族乡法规和规章为主干的，以中央和地方其他有关民族乡的法规性文件和涉及民族乡的法规、规章为补充的民族乡法律法规体系。城市民族工作方面，各大城市均在大力加强民主法制建设，加大民族法律法规的宣传力度。上海、北京、哈尔滨、武汉等地都先后颁布了少数民族权益保障条例，有力地维护了少数民族的合法权益，有效地调控了城市民族关系。

（二）政策调控

政策是调控民族关系的基本手段。相对于法律法规来说，政策具有灵活性和针对性。在民族关系格局复杂、多样、发展变化快的现实情况下，依靠政策调控是极为必要的。依据新情况出台新政策，根据新问题采取新举措，是民族关系调控的现实需要。特别是在社会主义市场经济不断发展的形势下，就是要把鼓励参与市场竞争和适当照顾结合起来，适时调整，制定有关民族政策，扶持少数民族经济文化等事业加快发展。政策调控手段对城市民族关系的作用是长效的、宏观的、间接的，但也有一部分具有很强针对性的政策对城市民族关系的调控具有直接的作用。

（三）民族意识调控

民族意识是调控散杂居民族关系的重要手段。民族意识从根本上说是一种利益意识，它能唤起民族成员对民族利益的关注，也能促使民族成员站在本民族的立场上，看待和审视本民族与其他民族交往过程中所体现出的各种关系，反映的是民族关系的重要内容。影响民族意识的因素较多，如民族认同的条件、认同的核心、认同的结构等，都有可能对民族意识的形成与发展产生影响。然而影响力最大的、最直接的是国家权力。国家权力至高无上的独立性，决定了它对全社会具有普遍的约束力和组织调控力，对民族意识的调控也不例外。国家可以通过有关的政策与法律，对民族意识的过程进行调控，具体表现在三个方面：

第一，政治领域的调控。就是通过国家的政治设施以及政治生活的政策和法规，对各族公民的社会政治生活进行调控，增加民族成员对国家政治体系和公共事务及其运作过程的参与和影响，并且通过制度化的渠道和方式实现政治参与，这是发挥民族意识积极作用的重要途径。

第二，经济领域的调控。就是通过实施国家经济发展战略和具体经济政策法规，对经济活动进行调控，促进各民族中的个体与个体、个体与群体以及不同民族群体与群体之间在物质资料的生产、交换、分配和消费过程中的互助互惠互利。近年来国家西部大开发战略及各省、市扶植少数民族发展经济的各项政策的落实等，都直接或间接地激发了民族意识的积极作用。

第三，文化领域的调控。就是通过国家政策、法律对文化活动进行调控，促进民族成员在价值取向、思维方式、社会理想等方面的共享程度。国家在切实保障各民族在宪法或法律上所共享的平等权利的前提下，组织社会文化力量，向公民灌输在多民族和多元文化社会中应具备的知识修养和社会行为，培养开放和宽容的公民文化价值观念。

（四）舆论宣传调控

舆论宣传手段是调控民族关系的有效手段。涉及散杂居少数民族的各种问题之所以容易触发民族关系方面的矛盾，其中有民族关系特殊性的原因，但多数情况还是由于某些部门和社会群体对散杂居民族关系缺乏认识，很多人对民族知识和民族政策不了解所致。广泛地开展民族理论、民族政策法规和民族知识的宣传教育活动，让更多的干部、群众了解民族方面的基本国情，了解国家的民族政策和法律法规，并在日常工作和生活中使尊重少数民族风俗习惯成为公民的一种习惯，使民族平等和民族团结成为公民的一种自觉意识。一是可以充分利用报刊、电视、广播等有效媒体进行长期积极的舆论宣传。例如，深圳市曾利用深圳电视台、《深圳商报》、《深圳特区报》、《深圳青少年报》等新闻媒体把对城市管理规范的宣传教育工作"关口前移"至新疆有关地区，向新疆的少数民族宣传深圳经济特区的城市管理规定，以及深圳市民族宗教局组织社会各界力量撰写宣传党的民族方针政策和介绍深圳市民族工作发展的文章，并刊登在《深圳民族通讯》上，营造了民族和睦的氛围。二是对重点单位、重点人群进行宣传教育。民族工作部门可编印类似《民族宗教政策法规汇编》等普及读物及其他与少数民族相关的基本资料发送到各宣传单位、少数民族员工多的企业和学校。还可以由民族工作部门主持，定期以专题形式举行干部培训班、少数民族代表座谈会，举办民族知识讲座，民族法制宣传日、民族知识竞赛等活动。这样会提高各族群众维护民族团结的自觉性，增强全社会共同推进民族团结进步的共识。这些舆论手段对于引导人们正确认识民族关系，正确处理民族问题、营造民族团结的良好社会氛围，对散杂居民族关系的调控机制良性运作起到润滑作用。

（五）制度调控

制度是调控民族关系的必要手段。相对法律和政策来说，制度更具直接性和时效性，民族关系的制度调控是法律调控和政策调控的必要补充。这里所说的制度包括民族委员会制度、民族团结进步表彰制度、信息报送制度、信访制度、外来少数民族联系制度、法律援助制度等。

（六）多种形式的社会调控

多种形式的社会调控是调控民族关系不可忽视的手段。一般意义上的社会调控是指国家、政党对整个社会生活和社会关系的调控。现代社会的国家往往广泛利用科技、政治、经济、法律文化和教育等手段，形成一个有综合效应的社会调控系统，调控人与自然、种族之间、民族之间以及其他利益群体之间的关系。民族关系调控的不同手段各有特点，各具优势，在具体的民族关系调控实践中，应注意综合运用各种手段，获取民族关系调控的最佳效果。例如，在我国散杂居民族关系的调控上，就离不开少数民族社会团体和宗教团体发挥作用。

三、调控机制的全方位

（一）机制的内涵及其与相关概念的辨析

"机制"一词在《辞海》上的解释是："机制是原指机器的构造或动作原理。"生物学和医学通过类比借用，特指生物机体结构组成部分的相互关系，以及其间发生的各种变化过程的物理、化学性质和相互关系。近年来，"机制"一词被广泛用于社会科学，尤其是社会学、管理学、民族学、经济学、教育学、政治学等领域。主要是指社会机体中某些部门、领域通过建立富有生机活力的制度、体制、程序、规划、督导等，使该系统健康、有序地发展。

机制包含如下基本含义：机制是由各构成要素按一定组合方式构成的整体；各构成要素的功能状况及其组合方式决定着整个机制的功能；各要素功能的发挥通过与其他要素的相互作用而在整个机制的运行过程中实现。因此，机制是有机体事物各要素之间相互适应、相互制约、自行调节的组织，其功能是耦合的，其形式是动态的。

机制并不等于制度和体制，也不能把机制简单地等同于方式方法、运行方式或调节手段。

首先，机制和方式、方法是有区别的，表现在：机制是经过实践证明有效的，较为固定的方法，单纯的工作方式、方法是可以改变的；机制本身含有制度的因素，并且要求所有人员遵守，方式方法的运用则与个体的经验直接相关；机制是系统化、理论化的方式方法，单纯的方式方法不一定上升为理论层次；机制是多种方式方法综合起作用的，方式方法可以独立起作用。

其次，机制与制度的区别表现在：制度是机制的基础，任何机制必然有相应的制度，但制度是有关机构制定的，以强制力或约束力保障实施的行为规范，机制的实施除了制度要素外，还有相应的方式方法和运用这些方式方法的主体因素等；制度是具体的，静止的，而机制的运行是无形的，具有动态性的特征。在民族关系研究中，我们可以把机制的内涵界定为：机制是引发民族关系发生规律性变化，决定民族关系存在状态的作用原理和过程。

（二）散杂居民族关系的社会协调机制

1. 散杂居民族关系社会协调机制的含义

散杂居民族关系社会协调机制是指依靠社会协调手段进行散杂居民族关系调控的机制，是依据社会协调的原理、过程和功能完成散杂居民族关系调控的机制。散杂居民族关系调控不是哪一个部门的工作，也不只是国家机关的工作，而是全社会的工作。动用社会力量参与散杂居民族关系的调控是符合现代民主政治发展趋势的，在散杂居民族关系调控中可以发挥出重要的协调作用的社会力量，主要有少数民族社会团体或民间组织、民族研究机构、社团、宗教团体、企业、大专院校等，当然其中也包括传统上所说的民族上层人士。这些构成最广泛的社会组织网络，渗透于人们生活的方方面面。

2. 散杂居民族关系社会协调调控机制的构成

散杂居民族关系社会协调机制有着自己庞大的调控主体、特色的方式方法和基点式的具体调控对象（包括潜在的和现实的）。协调机制的主体主要有：少数民族社会团体和民间组织、宗教团体、民族研究机构、社团和其他社会力量。少数民族社会团体和民间组织主要是指少数民族自发成立的或在政府和有关部门领导与推动下成立的、并在政府主管部门登记注册的或政府有关部门认可的、以少数民族成员为主的社团和组织，如少数民族联谊会等，也包含直接协助政府协调民族关系的基层组织，如"民族关系协调小组"等类似组织。宗教团体是依法成立的信教群众组织。民族研究机构和社团是各级政府建立的专职研究民族现象和民族问题的学术研究机构和团体。民族研究社团是以研究民族问题的某一方面而组织起来的社会科学各有关领域的学者参加的学术团体。其他有关的社会力量，如部分企业和大专院校，主要是在其内部贯彻执行有关民族政策，对少数民族职工、教师和学生的生活给予实际帮助，积极解决他们遇到的问题等。

散杂居民族关系社会协调机制的方式方法以思想工作为主。主要是社会力量的代表或相关成员对所调控的群体或个体的说服、教育、劝导、疏导以及提供的各种形式的帮助。调控对象是具体的基点式的民族关系，一般是基层的、具体的、局部的民族关系。既可以是对潜在的可能要发生的民族矛盾和纠纷的预防性调控，消除隐患的调控，也可以是针对已经发生的不严重的民族摩擦和纠纷的调控，或是对政策、法律调控后的善后"扫尾"，消除遗留影响的调控。

3. 散杂居民族关系社会协调机制特点

散杂居民族关系社会协调机制的作用是非强制性的，方式方法是以说服劝导为主的，一旦调控发挥作用，便是调控对象的心悦诚服，有利于民族关系的长期发展；这种机制更适合在民族关系微观调控中发挥作用，有助于基层的、基础性的民族关系改善与发展；机制的效力具有一定的局限性，如协商、调解无效，还有可能导致民族矛盾和纠纷的出现或升级；这种机制必须在当地基层组织和政府的领导和督导下运行，调控思想、原则和方向必须明确。

散杂居民族关系社会协调机制必须与政府调控机制合力作用才能取得明显效果。政府调控机制依靠政策和法律手段，具有"硬调控"功能。民族关系调控中社会协调机制依靠引导调解，具有"软调控"功能。两个机制各有利弊，只有综合运用，才能互相取长补短，相得益彰，形成调控合力。

（三）散杂居民族关系的预警机制

1. 民族关系预警机制的含义

民族关系预警机制，是指民族关系调控主体通过预警指标体系对民族关系发展变化状况发出信号、显示民族关系已经或即将可能发生无序现象的临界状态，从而及时分析原因，采取有效措施，对民族关系发展变化进行调节控制的运行过程。预警机制分为执行体系和指标体系。执行体系包括国务院、国家民委、省、市、县、乡、村各级部门和组织，负责对民族关系进行实时监控，对民族关系问题进行处理。指标体系包括警源、警兆、警情、警级等内容。执行体系中的国务院、国家民委、省、市、县等各级相关部门负责运用指标体系对民族关系问题的状况进行分析和判断。

2. 预警机制指标体系的构成要素

根据散杂居民族关系的影响因素，在建立预警指标体系时，需要考虑政治、经济、文化、社会等诸多方面的要素。

政治状况是指社会制度、国家政权、意识形态以及公众对政治共同体认同的稳定状况。对于民族关系稳定来说，政治稳定居于核心地位，它是民族关系其他几个稳定特征的基础和前提。在社会转型的过程中，政治稳定往往决定着民族社会能否良性运行和协调发展。

经济发展状况是影响社会稳定的重要因素。民族对自身利益的意识觉醒以及因利益驱动而进行的经济活动，是市场经济发展的原动力。散杂居民族人口众多且分布广泛，在经济稳定当中，应该考虑到各民族有着自身的特殊经济利益要求。主要因素包括各民族经济发展速度、流动人口、下岗失业情况、贫富分化、社会保障程度等。

民族文化总是处于不断发展变化和不断整合之中。民族文化稳定的基础就是各民族对不同文化的接受与适应。影响民族文化稳定的主要因素有民族心理认同、歧视民族宗教信仰和风俗习惯的行为等。

社会发展状况是政治、经济、文化、民族、外交、军事等综合因素反映出来的一种状态，所有的问题或因素都可以包容在社会大系统之中。

3. 预警机制指标体系的结构

预警机制指标体系的结构由警源分析、警兆识别、警情监测、警级评估等组成。[1]

---

[1] 阎耀军、张美莲、王樱：《论我国民委系统民族关系预警机制的构建》，《中南民族大学学报》（人文社会科学版）2009（6）。

警源分析。警源是导致警情发生的根源，包括民族分裂主义、宗教极端主义、暴力恐怖主义、违反民族宗教政策、突发刑事案件、少数民族失业率、民族间发展差距、少数民族流动人口、经济权益不均、民族文化冲突、民族心理认同摩擦、宗教信仰冲突、歧视民族风俗习惯等。寻找警源，就是运用从现象到本质的科学方法，对数据资料进行反复的分析和论证，合理区分和分析不同警源的不同作用过程和作用效果，进而发现警源。在民族关系预警研究中，寻找警源是制定预警预案和对策的重要依据。

警兆识别。所谓警兆即警情在孕育与滋生过程中先行暴露出来的现象，所有警情在发生之前必有征兆可循。如出现不满和不安情绪，出现激进和煽动性言论，出现流言、干群关系紧张、群体关系紧张、教派关系紧张、非法群体性活动，出现不尊重其他民族文化的行为，出现不尊重民族风俗习惯和宗教信仰的行为。在民族关系预警研究中，对这些警兆进行科学加工和设计，就形成了民族关系预警中的警兆指标，也叫先行指标。

警情监测。所谓警情，就是那些值得人们警惕的客观情况，一般用一些基本的、重要的民族关系预警指标来加以监测和反映，如串联、聚集、声援、游行、械斗、堵塞交通、打砸抢烧、冲击党政机关、冲击重要场所、各族人民群众生命财产遭受损失等。

警级评估。警级是人们为表达警情的严重程度而人为划分的预警级别。一般分为特别重大级、重大级、较大级、一般级这四个级别。预报警级是预警系统的最终产出形式，也是民族关系预警的直接目的。警级的划分是根据人为制定的警限标准而设定的。所谓警限，是警情由量变转化为质变的临界点，亦称警戒线。警情作为一个过程包含着其孕育、发展、扩大、爆发等若干阶段，警限就是对这些阶段之间的"临界值"的主观判断。确定警级通常就是运用各种定性与定量方法划定其静态或动态的警限变化区间，当实际数值超过特定的警限区间，则表明相应级别的警情。在预警研究中，各种警限的确定是难度最大的一项工作。因为警限不是一成不变的，在不同历史时期和不同地区，警限往往会有所不同，需要进行科学的研究才能确定。

4.散杂居民族关系预警机制的微观运行

散杂居民族关系预警机制的微观运行过程分为预警信息汇集、预警信息分析、应急处置三个部分。

预警信息的汇集是民族关系预警机制的基础工作，是预警机制运行的起点，包括信息的收集和传递。预警信息的收集主要由基层预警组织完成，基层的民间组织在基层党委政府的领导下和各级民宗部门的指导下，承担了主要的民族关系预警信息的收集工作，弥补了各级民宗部门人员较少、精力有限的软肋，保证了收集的预警信息较为全面、真实。各级民宗部门也承担了部分带有宏观性和整体性民族关系预警信息的收集。预警信息的传递主要是信息在各级政府之间的共享，关键是保证预警信息传递的及时和准确。由于传递过程中各个传递环节的过滤，往往存在不同程度的信息失真。因此，建立一个有效的预警信息传递渠道并保持其通畅是工作的关键。

预警信息的分析是民族关系预警机制的重要工作，主要由各级民族宗教部门完成。分析工作是根据所收集到的民族关系预警信息通过指标体系进行分类研究，确定警源和警级。通过定量和定性研究准确分析警源和评估警级，才能使政府部门根据实际情况及时启动预案，采取有效措施，合理处置预警信息，保证民族关系问题的顺利解决。因为分析工作技术含量较高，所以应由各级民宗部门组织社会研究机构或专业人员完成。

应急处置是民族关系预警机制的反馈性工作，是建立在各级各部门协同配合的基础上，对民族关系出现的问题应急响应和及时处置的过程。应急处置分为两种形式。一是乡镇党委政府、街道党委办事处、村（社区）两委、民间组织等在发现预警信息后，边上报边进行先期处置，争取时间，把问题消灭在萌芽状态。在实际工作中，绝大部分民族关系问题能够通过先期处置工作解决，因此要采取有效措施切实提高基层组织处置民族关系问题的能力。二是国务院、国家民委、省（市、区）、县（市）各级政府根据所掌握的预警信息，启动应急预案对民族关系问题进行统筹处置。

（四）散杂居民族关系的应急机制

1.民族关系应急机制的含义

应急机制是指国家建立专门的常设行政机构通过有效利用社会资源进行预防和控制突发事件而形成的一整套机制的总和。建立突发事件应急机制的目的在于提高政府对突发事件的预见能力和救治能力，及时、有效地处理突发事件，恢复社会稳定以及公众对政府的信任。现代社会对政府提出前所未有的挑战，面对突发事件，需要专门的政府机构利用应急机制进行有效的协调、统一指挥，力争将危害降到最低限度。应急机制是出现民族关系危机之后的应对，是一种建立在应急预案基础上的各部门协同配合的应急响应。因此，应急处置仍然属于预警管理的范畴。

2. 民族关系应急机制的结构体系

我国城市化、现代化程度越来越高，散杂居民族关系呈现出许多新的特点和规律，对政府应急管理提出了新的挑战，也对应急管理的理论研究提出了新的要求。目前，我国"一案三制"应急体系基本形成①，《中华人民共和国宪法》、《国家突发公共事件总体应急预案》、《中华人民共和国突发事件应对法》、《城市民族工作条例》、《民族乡行政工作条例》、《中华人民共和国境内外国人宗教活动管理规定》、《宗教事务条例》相继颁布施行。但仍然缺乏一套比较完整的民族关系监测系统，还没有建立处置涉及民族因素突发性事件的应急预案。

（1）制定民族关系应急预案

应急处置的首要前提是应急预案的制定。应急预案是政府组织管理、指挥协调相关应急资源和应急行动的整体计划和程序规范，包括完善的应急组织管理指挥系统、强有力的应急救援保障体系、综合协调、应对自如的相互支持系统、充分备灾的保障供应体系、体现综合救援的应急队伍等。制定好应急预案是科学、有效地处置危机事件的前提和重要基础。民族关系应急预案体系在遵照中央、省级总体预案的基础上，不能忽视以本地民族关系特殊情况为根据来研究和设定相关体系。散杂居区民族关系特殊性是制定应急预案体系的基础，缺少了这个基础，建立起来的预案体系便成了无源之水、无本之木。

（2）演习民族关系应急预案

预案制定的目的是为了解决实际问题，能否起到实际效果要经过实践检验，我们不希望发生民族关系突发事件，检验完善预案的唯一途径就是

---

① "一案"指国家突发公共事件应急预案体系，"三制"指应急管理体制、运行机制和法制。

对预案进行演习，通过演习才能发现预案的不足并及时进行补充修正。随着各地政府应急管理工作逐渐拉开帷幕，各级政府、各个部门积极努力探索，各项预案纷纷出台，但更多的预案束之高阁，事件突发时未能真正发挥作用，这与预案未进行事前演练有着直接关系。

（3）建立健全民族关系应急管理组织体系

在"国家建立统一领导、综合协调、分类管理、分级负责、属地管理为主"的原则下，应急管理组织体系中各部门的协同配合具有突出的地位。要建立协调一致、有序、高效的指挥系统，这是有效应对突发公共危机的重要基础和关键。当代社会瞬息万变，各种情况错综复杂，危机事件往往突如其来，猝不及防，使得任何一个部门，有时甚至是一级政府难以单独应对。很有必要建立一种"统分结合"的机制，即平时各部门各司其职，危机来临时则必须形成资源统一配置、部门统一协调、力量统一指挥的协同应对机制。反观目前我国危机指挥体系和应对机制的现状，各系统、各部门各自为政的力量较强，政府统一指挥协调的机制相对较弱。应在各民族人口相对较多的地区率先建立危机应急指挥中心，同时逐步尝试建立跨行政区域的联动体制，便于统一配置资源，协调各种关系，提高应对效率。在完善散杂居区内部应急管理体制的基础上，预留外部接口，与附近省（市）相连通，建立起城市群应急管理联动体制：

第一，确定联席会议的参加对象。以上海市为例，向外拓展可成立长三角地区城市群应急管理联席会议，包括无锡、宁波、舟山、苏州、扬州、杭州、绍兴、南京、南通、常州、湖州、嘉兴、镇江等邻近城市。

第二，成立联席会议办公室。一般来说，由于大城市应急管理体制相对比较完善，应急动员能力强，办公室可设在应急体系相对比较完善的大城市。

第三，明确联席会议制度。通过定期召开会议，明确城市群（如长三角地区城市群）在应对民族关系突发事件上的共同问题，进行研究探讨，并具体化。此外还可通过实施网上联合演习等，加强区域合作。

第四，明确信息交流制度。建议每年都要由联席会议办公室对本年度应急管理方面的所有信息进行汇总。汇总以后，一份由联席会议办公室留存，另一份则反馈给各参与主体，因为信息对称是联席会议能够有效运转的重要前提。只有思想统一、信息对称，才能共同推进联席会议制度，才能真正建立起城市群应急管理联动体制。

(4) 建立健全民族关系应急管理的责任和监督机制

一是建立健全散杂居民族关系应急管理问责制。切实有效的应急管理问责制，是民族关系应急管理体制能够高效运作的重要保障。建立健全应急管理问责制，一要制定明确、详细的责任对应机制并细化到应急管理中的各个环节、步骤、岗位，还要建立健全主要负责人责任制、部门责任制和岗位责任制。二要进行责任分类。应急管理作为非常态下的非程序性决策过程，需要一定的经验积累作为支撑。因此，应急管理问责制不适合一票否决，而要针对应急处理不当的原因，进行责任区分。对于那些确实是行政责任的，应当承担。对于那些可能是缺乏经验造成的，以吸取教训为主，辅以批评鼓励。三要对责任进行分级。对在应急管理中发生重大问题、造成严重损失的，要追究主要负责人的责任。对在应急管理过程中不履行职责、不作为的，则追究渎职责任。

二是建立健全应急管理监督机制。要使责任制真正落到实处，还需要建立相对应的监督机制，以监督机制来促进民族关系应急管理的顺利开展，监督机制要贯穿应急管理的全过程。监督不仅是主要领导的视察检查，还需要成立专门的检查组对下级政府和部门进行监督检查。同时还要充分发挥新闻舆论监督和社会公众监督的作用。通过多种形式的监督使政府应急管理职责真正落到实处，使责任制发挥应有的作用。

(五) 构建两型社会的长效机制

1. 相关概念的理解

两型社会指的是"资源节约型、环境友好型"社会。资源节约型社会是指整个社会经济建立在节约资源的基础上，建设节约型社会的核心是节约资源，即在生产、流通、消费等各领域各环节，通过采取技术和管理等综合措施，厉行节约，不断提高资源利用效率，尽可能地减少资源消耗和环境代价，以满足人们日益增长的物质文化需求的发展模式。环境友好型社会是一种人与自然和谐共生的社会形态，核心内涵是人类的生产和消费活动与自然生态系统协调和可持续发展。

长效机制是指为了实现一定目标，在执行制度过程中各构成要素按一定的机理和组合方式相互联结，能长期、有效地发挥预期整体最佳功能并保证正常运转的运行方式。长效机制不是一劳永逸、一成不变的，必须随着时间、条件的变化而不断丰富、发展和完善。

散杂居民族地区的社会经济发展模式与进程，关系到本地区人民的生产生活，与各民族共同富裕、全面小康目标的实现，以及国家"和谐社会"目标建设及长治久安关系重大。所以，构建两型社会的长效机制不是一般意义上的保护资源，节约资源，而是应坚持生产发展、生活富裕、生态良好的文明发展道路，是实现速度和结构质量效益相统一、经济发展与人口资源环境相协调，使各族人民在良好生态环境中生产生活，实现经济社会持续发展。散杂居地区两型社会的建设，要在认清自然条件、经济基础、文化形态、以及国家政策等特殊性的基础上，通过生产、消费、思维三个层面的转变，推动经济、生活和意识的全面转型，以实现散杂居民族地区的生态文明、社会文明和精神文明建设，最终实现社会主义和谐社会建设的目的。

2. 散杂居民族地区两型社会构建的特殊性

（1）地理环境的多样化与生态环境的脆弱

散杂居民族在居住地域上分布广泛，3000多万散杂居少数民族人口分布在全国31个省、直辖市、自治区的每一个角落，2000多个县（市）几乎都有少数民族居住。因此，地理环境作为人类生活场所和物质财富的源泉，对各民族经济社会发展的影响是客观存在的。例如我国西北地区深居内陆，来自海洋的水汽很少，夏季风难以到达，属于干旱与半干旱气候和高原气候区。地貌类型以高原为主体、山地和盆地相间分布，沙漠和半沙漠亦分布很广，生态环境非常脆弱，加之多年以来无节制地人为破坏，使得本已脆弱的生态系统功能逐渐下降。主要体现为过度开垦、放牧导致的森林和草地植被锐减，水土流失严重，沙漠化日益严峻；水资源短缺，水生态平衡失调、江河断流、湖泊萎缩和地下水位下降；旱灾、洪灾、风灾等自然灾害比较频繁。

（2）经济发展基础弱、起点低

长期以来，散杂居民族地区的经济增长大多是以高投资、高能耗、高污染为支撑，加之教育、资金投入等因素的制约，许多地区仍保留着十分落后的生产方式，生产力水平低，人均GDP、人均工业总产值、人均储蓄、人均消费、人均收入等指标均低于全国平均水平。产业结构不够优化，第一产业所占的比重仍然偏高，第二和第三产业所占的比重偏低，没有达到全国的平均发展水平。此外，经济发展也表现出明显的封闭性，外向程度非常低。

（3）多元文化交互影响

散杂居少数民族赖以生存和发展的自然环境和经济产业不同，历史背景及宗教信仰各异，形成了多层次、多元化的民族文化和地域文化。这种独特而又复杂的社会文化环境，是影响散杂居地区市场经济发展进程的一个特殊因素。首先，一些民族传统文化体系所形成的价值观、财富观（如一些游牧民族"牲畜就是财富"的实物财富观）、职业观（一些民族重农牧、轻工商的职业贵贱观）和生产生活方式，是与现代市场经济运行的基本准则不协调的，使散杂居区面临着比发达地区更大的阻力和障碍。其次，散杂居地区多层次、多元性的社会文化环境，决定了本地区内部不同民族、不同地域的居民在价值取向、创业精神、竞争意识以及适应市场的能力、对待变革的态度等方面必然存在较大差异，在发展社会主义市场经济过程中，人们的主观能动性、积极性和适应性将因所属文化圈的不同而不同。最后，散杂居地区复杂的文化环境和众多的民族成分，不仅使本地区在同其他地区进行经济交流时面临着更多的文化障碍(语言、文字、民族习俗、宗教等)，而且使发展市场经济过程中产生的经济利益冲突很容易以民族纠纷和宗教纠纷的形式表现出来。

（4）国家政策的倾斜性支持

党和国家对发展、扶持、帮助散杂居民族和民族地区发展制定和实施了一系列特殊的优惠政策，从资源管理、生态环境保护、基础设施建设、财税金融、农牧业发展、工业发展、贸易、扶贫和开发等各方面建立了较详细的政策体系。在《中华人民共和国宪法》、《中华人民共和国民族区域自治法》、《民族乡行政工作条例》、《城市民族工作条例》中明确指出了在不违背宪法和法律的原则下，各民族可以根据本地的具体情况和民族特点，有权采取特殊政策和灵活措施，加速地方经济、文化建设事业的发展。同时，为了实现经济与生态环境协调发展，在中共十四届五中全会和中共十五大会议上，以江泽民同志为核心的中央第三代领导集体明确提出实施"可持续发展战略"，"要注重民族地区生态环境的保护和建设，要把它放在与经济发展同等重要的地位"，"有目标、分阶段地推进民族地区人口、资源、环境与经济社会的协调发展"等一系列政策措施。党和国家对少数民族的政策倾斜体现了民族平等和社会主义的优越性，增强了中华民族的凝聚力，激发了少数民族人民的积极性，是散杂居地区两型社会建设源源不绝的正能量。

3. 散杂居民族地区两型社会构建的路径

（1）转变生产模式，推进经济转型

一是加快生产方式生态转型，转变经济增长方式以经济生产为核心，从经济生产的源头、经济生产过程、经济生产的成果三个方面考虑改变生产方式，推动经济从传统的粗放型的经济增长模式向生态型经济发展模式转变。在经济生产的源头，从传统经济增长中只注重制造资本、劳动力、土地这三类资本转变为生态经济视角下的自然资本、人力资本、制造资本、社会资本。重点考虑制约散杂居民族地区经济发展的生态环境问题和劳动力素质问题。要积极发展清洁能源，利用可再生资源，合理放牧，保护土地，实现经济发展与环境的和谐。大力促进人力资本的发展、从根本上提升散杂居民族地区人口素质。散杂居地区应建立以"循环经济"和"成本内化"为重要特征的经济发展模式，发展并应用环境友好的科学技术，实现经济增长向节约、清洁和安全的发展方向转变。

二是推动产业转型，转变发展模式。

第一产业：散杂居地区贫困山区较多，农业生产中很少使用农药和化肥，劳动力成本低廉，且国家对散杂居民族地区的经济发展有较高的政策倾斜性，所以拥有发展生态第一产业的优势。应因地制宜，以有机生产条件和环境潜力为依托，改变传统农业生产方式，建立有机产业集群，积极发展生态农业、特色农牧业，不断提升农业生产的科技含量。构建以节水为核心的生态农业发展模式，禁止各地区、单位占用和使用生态用水；加大退耕还林还草力度，涵养水源以及防治土地荒漠化。

第二产业：调整散杂居地区由高环境压力型工业向科技工业、生态工业转变，优化工业结构，积极发展能源节约型、环境保护型产业，改进落后的生产方式，淘汰严重污染的技术和设备，提高资源利用率，减轻环境压力。努力发展循环经济，建设生态工业园，通过对园区内的基础设施和园区企业的绿色设计、实施清洁生产、防治污染、加强企业内部合作等，实现生态工业的建设。

第三产业：积极发展"占地少、能耗少、污染少"的现代服务业。散杂居地区的服务业在国民经济中的比例很低，科技含量不高，应大力发展特色旅游和特色饮食业。少数民族特有的民族习俗、民族餐饮和宗教信仰孕育了浓厚的民族文化气息和深厚的历史文化底蕴，具有发展特色文化旅游和特色餐饮的优势。

（2）转变消费方式，推进生活转型

双赢的消费方式，要求既要满足人们正常的、合理的、适度的物质和精神消费需求，也要符合自然生态发展的需要，还不能以牺牲自然生态为代价，这就是生态消费。散杂居地区生态消费模式的构建，是以当地经济发展基础、消费现状、生态环境条件以及文化价值观为基础的。结合区域现实条件和生态消费的内涵与特征，生态消费模式应包括健康消费、环保消费、延续消费、协调消费、发展消费。以"发展消费"为基础，保证"健康消费"和"环保消费"，促进协调消费和延续消费，通过规范生活领域和生产领域的消费行为，发挥消费需求在社会经济发展中的拉动性作用与导向性功效，以生态消费转型促进生产方式转型。

一是进行宣传教育，树立生态消费观念。要在散杂居少数民族中推行生态消费观念，应该把生态环境教育内容逐步落实到教育体系和教育计划之中，落实到地区的社会发展规划。政府机构、学校和行业协会等组织应承担起对消费者、生产经营者进行生态消费教育的责任，利用各种宣传工具和手段积极推广环境保护和生态消费知识，引导人们树立生态消费观念，反对奢侈浪费、炫耀性消费，努力使生态消费的道德标准得到广泛传播和深刻支持。

二是运用经济手段，激励生态消费。首先，建立多元化的融资渠道，增加绿色投资，为生态消费奠定物质基础。通过增加政府财政投资、吸收民间绿色投资、设立绿色基金等方式探索和形成"政府组织推动，财政扶持启动，内资外资联动"的投资格局，加大公共设施建设、绿色产业发展以及绿色产品开发和技术研发等方面的投资力度，为生态消费发展提供资金保障。其次，制定和利用必要的经济政策，鼓励和扶植生态消费的发展。要制定合理的价格政策，以补偿对环境的治理费用。对绿色产品的生产和销售，实行优惠价格，并给予适当的税收减免；对绿色技术的研制开发给予必要的财政补贴和可贴息贷款。

三是运用法律手段，保障生态消费。为使传统的消费模式转移到适度的、生态化的可持续消费模式的轨道，必须制定较完备的法律体系，把环境的代价纳入生产者和消费者的决策范围，以法律手段规范企业和消费者的行为，进一步要求企业在生产经营中必须考虑对环境的影响和资源的利用效率，确立新的成本观。各级政府的工商管理、技术监督、卫生防疫等部门应协同工作，建立有效的监管程序，加大执法力度，通过建立法律规定，健全对产品的检验检查，保证真正的绿色产品的有利发展，缩减高资源消耗型、环境损耗性产品的市场。政府还可以通过对绿色产品、生态消费的倡导，促进公众形成良好的消费习惯，通过绿色立法规范消费者的消费行为，对有碍于经济持续发展和持续消费的非绿色消费予以有效的约束，营造一个安全、健康、舒适、环保的消费环境。

（3）转变思维方式，推进观念转型

散杂居地区经济增长缓慢，资源消耗高，环境污染、生态退化严重，经济增长的环境代价高，为了实现经济的可持续发展，需要树立绿色GDP观念，充分考虑环境和资源的承载能力，积极转变经济增长方式，尽快实现人口、资源、环境的和谐发展。从只考虑人的经济利益转变到综合考虑人与环境的和谐发展。建立人与自然的良性互动关系，树立人类大利益观，确保社会系统和生态系统的协调发展，促进互利型思维方式的尽快形成。

第五章　散杂居民族的宗教信仰

民族问题与宗教问题有着千丝万缕的联系，民族问题的解决经常受到宗教问题的制约，散杂居民族研究也应该包括对宗教信仰的研究。

第一节　民族与宗教的基本关系

宗教学的研究表明，几乎没有一个民族没有自己的宗教信仰[①]，很多学者还把宗教信仰作为某一民族区别于其他民族的重要依据，这说明民族与宗教的关系是十分密切的。

一、民族与宗教的社会属性

（一）民族与民族文化

"民族"是一个耳熟能详的概念，但要完整地界定"民族"这一概念，使之从朴素的直观上升到科学的认识，却是民族学研究的基础内容之一。民族产生于特定的历史阶段，并在历史中不断发展、演化。古希腊时期就形成了"ethnos"这一概念，原来指称通过历史、语言等联系为整体的人群。中国古代则有所谓的"夷夏之辨"，对不同的人群从历史、文化、传

---

① 是否存在着没有宗教信仰的民族，我国学术界对这一问题存在着不同的看法。我们认为，之所以对这一问题存在不同的回答，关键是学者们对宗教信仰的定义存在分歧。至少我们可以认为，宗教信仰是世界各民族中普遍存在的现象。

统等方面进行辨析，"非我族类，其心必异"，正是中国古代民族观的一种反映。现代意义上的民族概念来源于西方，尤其是伴随着资本主义的发展而出现了民族国家，使得民族这一概念的内涵越来越丰富。相应的，对于民族含义的界定，也变得越来越丰富。

中国使用"民族"一词是在 19 世纪后期。梁启超在翻译和介绍西方的学说时把"nation"一词翻译为"民族"，还在著作中多次使用了民族这一概念。孙中山 1924 年《三民主义》一文中提出，除了自然力之外，血统、生活、语言、宗教、风俗习惯等是造成民族的五种力量。在当前我国学术界最通行的各种民族定义中，相当长一段时期内以斯大林关于民族的定义影响最大。斯大林指出："民族是人们在历史上形成的一个有共同语言、共同地域、共同经济生活以及表现于共同文化上的共同心理素质的稳定的共同体。"[1]

但斯大林所定义的民族主要来自于对西欧资本主义上升时期民族国家的考察，并非完全适用于前资本主义时代，具有一定的片面性。以此对世界各民族进行鉴别，许多公认的民族单位都要被排斥出去。正如黄淑娉教授所说："这些等待识别集团的民族文化特征很突出，但并不同时具备斯大林所强调的四个特征，而且，这些缺损的特征也不是处于'萌芽状态'或仅是一个'潜在因素'，而是在历史上曾经存在过，只是在复杂的民族过程中消失。这些事实不仅与斯大林的民族理论大相径庭，也与中国化的斯大林民族理论凿枘不合。换句话说，民族识别开始预设的理论不能覆盖和说明民族识别的事实。"[2] 林耀华先生也认为，民族"共同文化特点却是相对稳定、不易变化的。否则就不成其为原来的民族。因此可以说，共同文化特点是构成民族的最基本特征，或者说，文化是民族的根本尺度。"[3] 力主建立民族宗教学学科的牟钟鉴教授把民族的内涵概括为："民族是历史上人们在共同祖源基础上形成的文化共同体，是在它族交往比照中产生认同感一体感，意识到自身具有共同来源和共同命运的稳定的社会人群。

---

① 《斯大林全集》（第 2 卷），第 294 页。
② 黄淑娉著：《民族识别及其理论意义》，《中国社会科学》1989（1）。
③ 林耀华主编：《民族学通论》，中央民族大学出版社 2003 年版，第 196 页。

换句话说，祖源、文化、自我意识是民族最终形成的三要素。"①

当代中国学者都强调了共同的文化在民族共同体中所占据的重要地位和影响，认为共同的文化是某个民族之所以成其为民族的根本因素。文化是一个很宽泛的概念，简单地说，文化可以划分为物质文化和精神文化两个方面，宗教文化往往是一个民族精神文化最深层和最核心的部分。宗教作为民族的价值理想和精神支柱，与民族的生存与发展形成密切的互动关系，成为维系民族共同体的重要力量。强调宗教文化作为民族文化的核心部分影响着民族历史过程，往往被视为背离了在民族认识上的经典结论。其实，只有正视宗教在民族生活中的影响和作用，才可能客观、正确地分析历史和现实中的民族和民族问题。

一些民族的形成之初，宗教就曾发挥过重要的影响，这种传统一直延续到当代。这些民族是以某个宗教作为认同特征的，犹太人就是这方面的一个典型。据《旧约圣经》中记载，犹太人在其祖先亚伯拉罕时期即选择了耶和华（雅赫威）作为部族的保护神和上帝。如果说亚伯拉罕的一神崇拜为犹太教奠定了基础，那么 500 年后，摩西在西奈山领受上帝赐予的法律，确认以色列人和上帝之间的牢不可破的契约关系，则标志着犹太教的正式形成。根据犹太教律法《哈拉卡》的定义，一切皈依犹太教的人以及由犹太母亲所生的人都属于犹太人。犹太人发源于古代中东地区的以色列或希伯来，犹太人的民族、文化和宗教信仰之间具有很强的关联性，犹太教是维系全体犹太人之间认同感的传统宗教。千百年来，世界各地许多不同肤色的人群通过皈依犹太宗教而成为犹太民族的一部分，犹太人也由此从阿拉伯半岛的一个游牧民族，发展成为遍布全球的世界性民族。犹太人在数千年的历史中始终保持着民族的延续性，并且创造了令世人惊叹的文明成果，犹太教作为犹太民族的精神支柱其作用是不可低估的。由此来看，民族与宗教之间的确存在着十分重要的联系，值得我们进一步认识。

2005 年，胡锦涛同志《在中央民族工作会议暨国务院第四次全国民族团结进步表彰大会上的讲话》对于民族范畴给予了新的阐述："马克思主义认为，民族是一个历史范畴，民族问题是一种社会现象。民族问题

---

① 牟钟鉴主编：《民族宗教学导论》，宗教文化出版社 2009 年版，第 32 页。

与民族的存在相伴而生，只要有民族和民族差别存在，就有民族问题存在。"[①] 他指出，在现实生活中，我国的民族问题不但往往表现为经济问题与政治问题交织在一起，现实问题与历史问题交织在一起，而且民族问题还往往与宗教问题交织在一起。这些观点简明扼要地阐明了民族范畴的历史性与现实性，对于我们认识民族范畴以及处理民族问题具有重要的指导意义。

(二) 宗教范畴

"宗教"是一个令很多学者感到困惑的概念。宗教现象源远流长，人们对宗教的认识也由来已久，很多人从小就对各种宗教现象耳濡目染，甚至对一些宗教信条、教义以及宗教故事耳熟能详，但当要求回答什么是宗教时，却出现了众说纷纭的情况。

宗教的复杂性，首先表现在宗教现象的多样性和流变性上。除了佛教、基督教和伊斯兰教这世界三大宗教之外，在世界各地还流行着许许多多的宗教。各个宗教在信仰、教义、习俗、礼仪、价值观念、行为规范和社团组织等方面都有各自的特点，即使同一个宗教内部，也往往存在着许多彼此差异的派别，例如佛教有小乘佛教和大乘佛教，汉传佛教和藏传佛教之分。其次，宗教对于不同的人的影响也是千差万别的，不同的人可以在宗教中发现不同的东西，得到不同的影响。比如有人认为佛教讲的是四大皆空，让人遁入空门，也有的人则汲取大乘佛教积极入世的精神，去改造世界。最后，宗教自身也处于不断的演变过程之中。每一种宗教对历史中的宗教既有继承的一面，也有突破、创新的一面。为了认识宗教的实际影响，就不能抽象地看待宗教现象，要联系宗教在社会历史中的具体作用，进行客观的分析。

另外，宗教所涉及的领域十分广泛。在精神领域中，它表现为各种信念、情感和观念体系，也可以物化为不同的经典、撰述、文学艺术和建筑作品，等等。宗教既有丰富的道德伦理内容，可以作为一定的伦理规范制

[①] 胡锦涛：《在中央民族工作会议暨国务院第四次全国民族团结进步表彰大会上的讲话》，http://news.xinhuanet.com/newscenter/2005-05/27/content_3012700.htm.

约人们的社会关系和社会行为。宗教还表现为一种社会实体，在社会结构的分化和社会秩序的维系和变迁中产生重要影响。更值得注意的是，宗教作为特定文化传统的核心，对社会历史的发展发挥着重要的影响。宗教现象和其他社会历史现象密切联系，形成了"你中有我，我中有你"的关系。

最后，宗教现象的复杂性还反映在对宗教的定义上。迄今为止尚无为学术界公认的宗教定义。这主要有两个原因：一是由于宗教现象具有多个层次、涉及许多领域，很难用一两句话表达清楚宗教的含义。二是由于宗教现象的复杂性和流变性，也造成很难在形形色色、彼此差异的现象中概括出具有普遍适用性的本质特征。宗教是一种社会历史现象，不可能像研究自然现象那样，用纯客观的态度去看待宗教问题。认识宗教现象的前提，是以辩证的思维对各个历史时期中存在过的宗教现象进行广泛研究，从中发现一般性的本质特征。有些西方学者认为不可能有一种为社会所认同和接受的实质性定义，因而避开对宗教本质的探讨，转而从功能方面认识宗教，产生了宗教的功能性定义（functional definition），这种定义强调宗教功能的内涵，即宗教在社会中的角色。

宗教社会学一般把宗教在人类社会生活中的社会功能和作用作为宗教的基本因素，有些学者把宗教的社会功能当成宗教的本质，并以此来规定宗教的定义。但社会功能学派以某种功能来界定宗教现象，抹煞了宗教与非宗教的根本区别。宗教人类学和宗教历史学的学者一般侧重于以宗教信仰的对象（神和神性物）为中心来规定宗教的本质和定义，他们承袭了传统宗教以神灵信仰为中心的传统观念，把宗教理解为某种以神灵为中心的信仰系统，把各种各样的宗教信仰对象化、一般化，使用"无限存在物"、"精灵实体"或"超自然的存在"之类抽象的哲学概念来表述，使之适用于世界历史上的各种宗教体系。这种类型的宗教定义，很难适应于一切宗教。

在我国宗教研究学界，以吕大吉先生的宗教"四要素"说影响最大。他认为在社会有机体这个大系统之中，宗教只是一个构成要素，但就宗教本身而言，它又是一个自成一体的有机系统，由多种要素构成。宗教的"四要素"实际上也构成宗教的四个层面。第一层次是宗教观念，包括灵魂观念、神灵观念、神道观念，这是处于基础层或核心层。第二层次是宗教体验，包括对神的神秘感、敬畏感、依赖感、惊异感、羞耻感、宁静感等，是在宗教观念的基础上产生的对宗教对象、对神的心理感受或体验。第三层次是宗教行为，包括巫术、禁忌、祭祀、祈祷等，是宗教观念和宗教体验的外在表现。第四层次是宗教的组织与制度，包括教会、僧团教团、寺观教堂、教义系统、教阶体制、修道修行体制、信仰体制、宗教礼仪等，是宗教观念信条化、宗教信徒组织化、宗教行为仪式化、宗教生活规范化和制度化的结果，它处于宗教体系的最外层，对宗教信仰者及其宗教观念、宗教体验和宗教行为起着凝聚、团结的作用，保证宗教这种社会现象作为社会结构的一部分而存在于社会之中。①

吕大吉认为，在马克思、恩格斯关于宗教的各种论述中，以恩格斯在《反杜林论》中的这段话最接近宗教的定义："一切宗教都不过是支配着人们日常生活的外部力量在人们头脑中的幻想的反映，在这种反映之中，人间的力量采取了超人间的力量的形式。"② 恩格斯这一论断虽然深刻地揭示了宗教观念的本质特征，但还不是关于宗教的完整定义。吕大吉给出了关于宗教的定义："宗教是关于超人间、超自然力量的一种社会意识，以及因此而对之表示信仰和崇拜的行为，是综合这种意识和行为并使之规范化、体制化的社会文化现象。"③ 这个定义既继承了马克思主义经典作家关于宗教的各种论述，也吸收了一些西方宗教学家的研究成果，应该说是对宗教现象比较全面的概括。与社会学家涂尔干在《宗教生活的基本形式》中对宗教的定义相比较，我们可以发现二者的微妙区别："宗教是一种既与众不同、又不可冒犯的神圣事物有关的信仰与仪轨所组成的统一体系，这些信仰与仪轨将所有信奉它们的人结合在一个被称之为'教会'的道德共同体之内。"④ 涂尔干不认为宗教现象一定是与"超自然"意识相关的，而是与"神圣事物"有关，再进一步参照鲁道夫·奥托关于"神圣"的宗教现象学理论、米尔恰·伊利亚德关于"神圣"是人的意识结构中的一个元素的观点，我们就可以看到这些西方学者在宗教的界定上更为宽泛一

---

① 吕大吉：《宗教学通论新编》，中国社会科学出版社 1998 年版，第 76—77 页。
② 《马克思恩格斯选集》第 3 卷，人民出版社 1972 年版，第 354 页。
③ 吕大吉：《宗教学通论新编》，中国社会科学出版社 1998 年版，第 79 页。
④ 埃米尔·涂尔干：《宗教生活的基本形式》，上海人民出版社 1999 年版，第 54 页。

些。他们认为，"神圣"意识是与"世俗"意识相对存在的，而不只是与"超自然"意识相关，宗教的边界不但包括了自古以来的各类超自然崇拜和建制性宗教，而且还包括了现代社会中的"公民宗教"和各种"神圣"意识，从而扩展了宗教学研究的视野并顾及到了宗教的历史延续性。

当代中国学者关于宗教的看法已经有了很大变化，在继承宗教作为一种"社会意识形态"这一经典结论的基础上，进一步强调宗教作为一种社会现象和文化现象的存在，突出了宗教的社会属性和文化属性。这是受现代西方宗教学思想和理论影响的结果，也是当代中国宗教学研究在应对现实需要中实现的认识转变和发展。强调宗教社会属性的题中之义，应该是突破传统的哲学研究、宗教史研究，更注重从宗教社会学的视角对宗教的现状及其现实影响和作用作出实证性的调查研究，为应对中国宗教的现实挑战和为中国宗教的自我更新提供切实的学术依据。强调宗教的文化属性，则要引入宗教人类学、文化人类学等研究理念和理论，对作为文化的宗教现象进行细致的研究和正确的评价，让宗教更好地在文化传承和民族振兴过程中发挥应有的作用。

二、民族与宗教的依存与背离

（一）民族与宗教的一般联系

民族与宗教是两个不同的范畴，各有自己不同的内涵和外延，将民族与宗教混同起来将导致严重的认知错误。但民族与宗教之间也存在着密切关系，需要给予充分的认识。民族与宗教的联系，首先表现在世界上的民族都有自己的宗教信仰。据《中国宗教报告（2008）》的统计数据，当今全世界信仰各种宗教的人已达50亿人[①]，而且信教人数还处于持续增长的过程中。在当今世界的约2000个民族中，存在着形形色色的宗教信仰。宗教史和民族史的大量材料证明，古代民族形成之前的原始社会阶段，宗

[①] 卓新平：《当代中国宗教研究：问题与思路》，载金泽、邱永辉主编：《中国宗教报告（2008）》，社会科学文献出版社 2008 年版，第 2 页。

教是当时人类精神生活的重要内容。随着时代的发展，民族成员接纳了不同的宗教，宗教信仰在整个民族中的地位和影响也出现了很大的变化，民族精神逐渐突破了传统宗教意识的束缚，民族信仰呈现出复杂化的局面。

另外，许多民族在发展过程中形成了几乎全民信仰宗教的状况，宗教广泛渗透到民族生活的方方面面。在我国，有近 20 个少数民族至今仍然近乎全民信仰宗教，这些民族或者信仰某一种宗教，或者在大部分人信仰一种宗教的同时还有少数人信仰其他宗教。如回族、维吾尔族、哈萨克族、乌兹别克族、塔吉克族、塔塔尔族、柯尔克孜族、撒拉族、东乡族、保安族等民族信仰伊斯兰教，藏族、蒙古族、土族、裕固族、门巴族等民族信仰藏传佛教，傣族、德昂族、阿昌族、布朗族等民族信仰南传上座部佛教。这些民族的文化打上了宗教影响的深刻烙印，常常以"宗教文化"的形式出现。

宗教与民族是两个不同的范畴，我们不能把宗教问题与民族问题进行主观的联系，但由于宗教与民族生存的历史共时性，它们之间的相互渗透、相互影响是不可避免的。在当今世界，既存在着民族性宗教，也存在着为众多民族所信仰的世界性宗教。前者与民族的密切关系自不待言，后者虽然表现出了超越民族界限的特征，但我们仍然不能否认它与民族生活、民族利益之间存在着复杂的关系：从犹太教与犹太民族的关系而言，是否信仰犹太教成为是否可以做一个犹太人的基本条件；作为世界性宗教的佛教，依它与不同民族之间千丝万缕的联系，可以划分为藏传佛教、汉传佛教、日本佛教、欧美佛教，等等。正是由于民族与宗教之间这种极为密切的关系，"民族宗教"、"民族宗教问题"才成为现实政治与日常生活中频频出现的通行词语。

对于民族与宗教的不同关系，有学者概括为宗教限于民族、宗教超越民族、民族超越宗教等几种形式。①

宗教限于民族。这主要是指在民族形成之后、世界宗教形成之前的古代社会中，宗教的形态主要是民族宗教。这个时期宗教的神灵属于民族的保护神、主宰者和监督者，民族依赖对民族宗教的信仰维系民族内部的团

---

① 牟钟鉴主编：《民族宗教学导论》，宗教文化出版社 2009 年版，第 41—42 页。

结和民族的社会生活秩序。如在古代中国，"敬天法祖"是华夏民族的民族信仰，在古代的以色列，对于耶和华的信仰则发展成为犹太人的民族宗教。

宗教超越民族。佛教、基督教、伊斯兰教最初都是民族宗教，由于其内在宗教素质和社会历史条件的影响，后来都发展为超出民族界限的世界性宗教。这个过程既是宗教普世性的放大，又是宗教民族性的增加，使它具有了多种民族文化的形态，因此，世界性宗教是跨越民族的，又是贯穿民族的。

民族超越宗教。在近代欧洲民族国家的形成过程中，基督教一统天下的局面被打破，民族超越宗教成为一个人主要的身份标志。奥斯曼帝国瓦解之后，伊斯兰教虽然仍然是穆斯林各国彼此之间的精神文化纽带，但民族国家的利益实际上超越宗教上升为第一位。

另外，还有学者提出了宗教涵化民族的观点，其主要例证是欧洲中世纪的"蛮族"日耳曼人在基督教的影响之下，完成了文明进化的过程。其特征是基督教成为欧洲各民族的统一身份，基督教在政治、文化和社会组织等方面占据了主导地位，而欧洲各民族的身份则在一定意义上退居其次。[①]

不论怎样，民族与宗教存在着密切的联系，其最基本的关系就是民族表现出一定程度的宗教性和宗教具有一定的民族性。宗教与民族信仰、民族的心理素质与风俗习惯紧密相连，是民族的显著特征之一。宗教的民族性是指"它与民族的产生、发展和消亡的规律相适应的问题"[②]，在世界上不存在绝对一般化的、没有民族文化特点的宗教，宗教的发展会一如既往地与民族生活联系在一起。

（二）宗教对民族的影响

宗教具有信仰和实践两个方面，也是构成整个社会系统的重要组织制度之一。德国古典社会学大师西美尔认为，宗教始终在不断地新陈代谢，

---

① 牟钟鉴主编：《民族宗教学导论》，宗教文化出版社 2009 年版，第 74 页。
② 李德洙、叶小文、龚学增：《高度重视当代世界民族宗教问题》，载牟钟鉴、赵学义主编：《宗教与民族》（第三辑），宗教文化出版社 2004 年版，第 10 页。

就像一棵树不断地奉献出成熟的果实一样。宗教的社会功能在于提供社会整合性的绝对形式:"所谓整合性,不外乎指多个因素彼此相连、休戚与共。"① 社会整合性表现为通过某些社会组织形式使个体形成一个紧密的整体,这些组织形式包括:种族、家庭、国家和专业组织等。宗教对民族的影响表现在以下几个方面:

1. 宗教对民族发展的双重影响

宗教对民族的影响在民族形成之初表现得十分突出。在原始社会向阶级社会过渡的过程中,氏族—部落宗教也逐渐演变为国家—民族宗教。宗教的崇拜活动将民族意识神圣化,它作为新的意识形态和"集体意识",强化了民族成员的自我认同,对于禁止族内乱伦和实行族外婚姻制度起到了重要作用。同时,宗教对于民族共同的经济生活和共同语言的形成也产生了重要的影响。现代人类学的研究表明,一个民族道德伦理的形成,原始的宗教禁忌产生了不容忽视的影响,有些道德伦理观念甚至脱胎于宗教禁忌。在民族艺术的形成和发展过程中,与宗教意识与宗教崇拜活动存在着密切的关系。在民族形成之后,宗教对民族意识的影响也是不容低估的。如我国现存的诸民族中,汉族、穆斯林诸民族、藏族在民族性格方面的巨大差异,就与宗教文化的长期熏陶有着密切的关系。②

宗教是对超自然力量的信仰,这种信仰不仅为人类来世的幸福提供保证,而且寄托了人类对现实生活的理想,从而发挥其心灵的支持、慰藉功能:在面对生活的无常时,宗教可以发挥精神上的支撑作用;在遭受失望时,宗教可以为人们带来心灵上的慰藉,当人们为实现某种目标而斗争时,宗教信仰可以提供强大的精神力量。宗教的这种功能既可以作用于个体,也可以作用于社会群体。由于共同的宗教信仰而产生的强烈的"宗教感情"③,可以增强民族成员对本民族的认同感,产生超越个体的社会性力

---

① 西美尔:《现代人与宗教》,中国人民大学出版社 2003 年版,第 12 页。
② 张践:《宗教在民族形成和发展过程中的重要作用》,《民族与宗教》,宗教文化出版社 2002 年版。
③ 关于宗教一词的起源,一说为拉丁语中的 religare,意为再联结或再结合,即表示"人与神的再结合";而 religio(宗教性的),则意味着是必须执行的。这都反映了宗教力量对于人的精神世界的巨大作用。(参见威尔弗雷德·史密斯:《宗教的意义与终结》,中国人民大学出版社 2005 年版,第 20—21 页。)

量。不论是在原始社会后期民族的形成过程中，还是在其后民族的演化、发展过程中，都可以发现宗教释放的力量。特别是在抵御外侮、反抗民族压迫的斗争中，宗教可以凝聚民族意识，起到维系民族生存和发展的精神支柱的强大作用。以宗教形式反映和保存下来的民族文化，对于发扬民族自尊心和自豪感也起到了积极作用。

宗教对民族的这种积极作用，已经成为一个不争的历史事实。同时，宗教的这种功能在特定的社会情景中也会发生逆转，产生负面影响，成为阻碍民族发展和社会变迁的力量。一般来说，一个民族所处的传统宗教氛围越浓厚，对该民族的思想解放束缚作用就越大，该民族的经济社会发展也越缓慢。① 长期以来，宗教信仰成为藏族人民战胜恶劣的自然条件、顽强发展的精神力量，但以保守的宗教意识为核心形成的超稳定意识结构也延缓了西藏经济社会的发展，特别是在西藏民主改革之际，西藏上层集团分子利用政教合一制度和宗教思想的控制作用，顽固抗拒在西藏地区实行有利于西藏社会发展的民主改革，违背了西藏社会的发展规律，也损害了藏族人民的民族利益。时至今日，仍有某些分裂主义分子企图借助于宗教信仰对藏族群众进行精神控制，以达到其维护个人利益、集团权益的目的。因此，不能抽象地理解宗教的社会功能，应结合实际情况，具体地分析该宗教与什么样的社会力量相结合，在社会进程中扮演了怎样的角色。

2. 宗教对民族关系的双重影响

宗教使信仰、价值观念权威化、教条化，为人类各种混杂甚至相互矛盾的观点、意见提供若干现成的参照点，可以在维持群体目标的统一和防止社会群体的冲动上，发挥主导性作用。② 因此，宗教信仰是影响民族关系的主要方面，宗教信仰的这种作用是建立在宗教作为一种神圣的世界观这一基本前提之上的。在同一民族内部，由于民族成员在同一宗教信仰之下分享共同的价值观念，因此有利于民族成员个体对民族共同体的认同感和归属感，影响到在民族这一社会共同体内部产生思想与组织上的整合。另外，通过宗教礼仪活动，宗教可催生一种超越的意识，使现行的规范和

---

① 龚学 主编：《宗教问题概论》（第三版），四川人民出版社 2007 年版，第 86 页。

② 托马斯·F. 奥戴、珍妮·奥戴·阿维德：《宗教社会学》，中国社会科学出版社 1990 年版，第 27 页。

价值观念神圣化，利于社会秩序的控制、调节，这同样有助于民族内部关系的整合。

宗教神圣化的结果同样是双重性的。共同的宗教信仰对于民族内部关系的整合会起到积极地作用，不同的宗教信仰则往往使不同民族之间的关系产生更加复杂的后果。宗教具有神圣的同一信念和共同价值，是内聚力很强的社会实体，加之又具有一定程度的民族性，使它在一定条件下成为民族利益的体现者和代言人。基于民族是一个"命运共同体"这一基本事实，民族主义者在将某种民族意识上升为普遍的社会意识的过程中，容易将本民族的利益至上化、永恒化、神圣化。如果不能使自己的宗教或教派比较好地适应社会，仍然固守传统陈旧的东西，甚至将宗教信仰作出原教旨主义的诠释，宗教信仰的极端化会导致该民族一些成员的狭隘性和盲目的排外性，这不但不利于民族关系的健康发展，甚至还会导致信奉不同宗教或不同教派教义的民族之间的冲突。比如当一场战争以"圣战"的名义出现时，它的某些信奉者就会无视其他民族的权益，在狂热宗教情感的支配下做出对其他民族造成巨大伤害的残暴之举，这种行为自然也对民族关系带来严重的破坏。即使在同一民族内部，由于宗教意识的褊狭和绝对化，也必然会加剧宗教派别之间的矛盾，为民族内部群体之间的关系带来隐患。

宗教对民族关系的影响还可以从宗教的"先知功能"加以考察。在所谓的先知宗教[1]中，先知在宗教社会生活中占据着重要的地位。先知功能可以为现行秩序的存在基础和依据提出权威性的见解，极大地影响宗教的现实取向。但这种功能同样是双重性的：先知功能对于民族的发展来说，是一种重要的手段，但先知们预言性的批评可以是十分不现实的，以至于掩盖了真正的问题。在把自己的要求当作"上帝"的意志时，先知宗教又可以将一种极端主义的催化剂投入冲突的反应堆中，从而使妥协成为不可能。[2] 因此，先知功能也可以导致不同信仰民族之间的冲突，使民族关

---

① 某些宗教研究者将世界的宗教划分为先知宗教和神秘宗教，前者一般包括犹太教、基督教和伊斯兰教。

② 托马斯·F.奥戴、珍妮·奥戴·阿维德：《宗教社会学》，中国社会科学出版社1990年版，第32页。

系的调和更为困难。在先知宗教的历史上，其负面影响也是不容回避的，如一神信仰的狂热，自我称义、傲视他人的态度，缺乏包容性等。这种宗教倾向的极端化后果就是：宗教战争、暴力事件、迫害异教，等等。

对于我国现实的民族关系，宗教同样既可以带来积极影响，也可以带来消极作用，这主要取决于宗教是否能够与时俱进，更好地与社会主义社会的政治、经济、文化等方面相适应。这就需要我国的各大宗教自觉地顺应时代要求，不断加强神学思想的建设，对当代社会的新问题、新情况作出深刻的理性认识，为广大信众给出信仰上的合理解答，努力让宗教在民族关系的良性发展中发挥更为积极地作用。

3. 宗教对民族认同的双重影响

宗教认同就是具有同一信仰的人群的自我确认与抱有其他信仰人群的相互区别。宗教可以影响民族中的个人对认识"我"与"你"、"我"与"他"这类问题的理解，社会个体通过接受那些包含在宗教之中的价值观念与关于人类命运的信念，逐步形成他们的自我理解和自我认定。宗教对民族认同的积极影响是，宗教认同可以成为巩固民族关系、维系民族共同体的纽带。同样的道理，宗教在认同方面的负功能，就是它会把自身变成效忠的对象，阻碍新认同的发展。历史证明，宗教认同有时不仅是制造分裂的因素，而且还是恶化或加剧冲突的因素。特别是在由宗教改革引起的宗教战争中，宗教认同作为人们自我界定的主要内容，使得冲突更加剧烈。宗教的替代物如民族主义，在为人们提供认同内容的同时，也以和宗教相类似的方式为民族间的冲突起推波助澜的作用。[①] 当然，不能将宗教认同与民族认同简单地画等号。宗教认同的核心是对某种超自然、超人间力量的信仰。民族认同则主要是围绕着共同的地域、语言、经济生活、文化心理产生的，宗教认同至多是其中的一部分。

在相对单纯、封闭的环境中，宗教认同有助于强化民族认同。[②] 霍布斯鲍姆指出："因为宗教原本就是人类用来团结力量、交换心灵的最古老组织之一。通过共同的仪式和兄弟之情，宗教便可以将完全没有共同性的

---

① 托马斯·F. 奥戴、珍妮·奥戴·阿维德：《宗教社会学》，中国社会科学出版社 1990 年版，第 33 页。

② 牟钟鉴主编：《民族宗教学导论》，宗教文化出版社 2009 年版，第 116 页。

人群集结在一起。"① 宗教的符号、仪式、活动等具有强烈的象征意义，可以强化同一民族内部的认同感，并在不同民族之间形成区别。民族是在氏族、部落的基础上聚合而成的，图腾崇拜则是氏族、部落据以相互区别的社会的和文化的标识，因而民族也必然有自己独特的图腾标志，具备共同的宗教特征。宗教认同与民族认同内容不同，两者的性质上具有某些共通性，即对人群的归属感而言都具有某种终极性。一个民族之所以为一个民族，一个重要标志就是形成了自己独特的宗教。例如，回族的主要来源是元朝从中亚和西亚迁入中国的"西域回回"，即中亚各族人，包括波斯人和阿拉伯人，在东来中国的历史过程中，他们始终保持着自己的宗教信仰和风俗习惯。在回族的形成过程中，还有其他民族成分融合进来，特别是汉族成分，另外还有蒙古人、维吾尔人等。由于经济上的联系日益密切，以及政治上的共同命运、宗教上的一致，逐渐形成了共同的民族意识。

相对于国家等社会组织形式，民族属于一种隐形的社会存在。对于生活在民族中的宗教徒而言，其生存的空间并不是均质的，而是在"凡俗"的世界之外还有一个"神圣"的空间，这是宗教认同的缘由所在。在民族认同的同时，民族成员还有其他社会身份或价值观念的认同，如国家认同、共同文化的认同、普世价值的认同，等等。只有处理好诸多认同之间的关系，才能形成和谐、健康的民族关系与社会秩序。

(三) 民族对宗教的作用

民族的发展对宗教会产生重要的"形塑"作用。

首先，从民族与宗教的不同内涵分析，民族的发展为宗教的演变提供了重要的社会基础。民族是一种社会组织形式，它是人类在历史中基于一定的社会条件结成的特殊群体。在漫长的历史进程中，民族是社会发展的主体，社会的发展和进步在一定意义上就表现为民族的发展与进步。民族的发展，既包括了物质基础和物质文明的进步，也包括了思想的解放和精神文明的发展，因此，民族的发展必然要带来作为民族意识重要方面的宗教意识的变化。新的民族意识必然要冲破传统宗教意识形态的束缚，促进

---

① 埃里克·霍布斯鲍姆:《民族与民族主义》，上海人民出版社 2006 年版，第 65 页。

民族宗教信仰的自我更新和新陈代谢。这种更新表现在宗教的各个方面，包括了宗教观念、宗教情感、宗教行为、宗教的组织形式以及宗教文化的其他方面。相对于民族，宗教本质上属于上层建筑领域，表现为某种观念和意识，从宗教作为民族信仰的角度看，民族的发展和进步，也就是宗教的演化与发展的过程，这是一个问题的两个方面。从宗教与民族各自的不同内涵来看，民族与宗教的历史演进又具有非同步性，当民族发展处于特殊的关键时期，需要民族精神和民族意识的深刻变革时，宗教的更新就成为迫切的要求，要求宗教内部从思想、教义、仪轨和组织形式等都要作出相应的改革。所以，民族的发展为宗教的新陈代谢提供了社会物质条件和动力。当然，由于民族与宗教属于不同的社会"实体"，它们之间必然存在着不统一性和矛盾甚至对立的地方，所以民族与宗教的诉求不可能是绝对一致的，当它们之间的关系相对统一时，社会的发展就会相对和谐平顺，当它们之间出现较大的张力或矛盾时，就会为民族的发展带来麻烦和问题。

另外，从民族信仰与宗教信仰的关系看，民族信仰与宗教信仰，民族意识与宗教意识，它们虽然是不同的概念，具有不同的内涵，但它们之间存在着密切的关系：民族信仰具有一定的宗教性，宗教信仰也都有一定的民族性。民族信仰具有宗教性，这是迄今民族信仰的内容所证明的。在历史上，各民族的精神信仰和民族文化往往就是以民族宗教的形式表现出来的。民族信仰与宗教信仰都具有信仰的一般属性，都是人的一类特殊的情感和心理状态，表现为对周围世界的态度，是知、情、意三者相统一的综合性心理现象。但民族信仰和宗教信仰在内容和性质上还是存在明显的区别。民族信仰是一个民族共同的信仰，既可以包括宗教信仰，如藏族等民族对藏传佛教的信仰，回族等民族对伊斯兰教的信仰，还包括其他内容的信仰，如科学信仰、政治信仰等，这些信仰结合在一起共同构成一个民族的信仰。另外，民族信仰也不是一成不变的，随着一个民族认识和改造自然、社会能力的不断提高，随着民族自信心的不断提高，民族信仰的内容也会不断得到更新。民族信仰是民族精神生活的一部分，随着民族文化的发展，作为民族信仰一部分的宗教信仰也必然要发生相应的变化，一些不合时宜的、不再与民族精神相适应的宗教教义、教规和宗教习俗会逐渐被淘汰，传统的宗教也会适应民族发展的需要不断得到重新阐发和解释，与民族、社会的发展阶段更好地协调起来。在以儒家思想占据中心地位的古代中国，佛教为了得以更好地生存和发展，不断地协调与儒家的哲学、道德伦理观念以及中华民族固有风俗习惯的关系，这对于佛教，既是一个不断适应的过程，也是不断创新的过程，对于信仰主体中华民族而言，则是其民族信仰不断得以更新发展的过程。近代以来，由于人类认识能力的空前提高和民族生存环境的急剧变化，中华民族的信仰世界发生了前所未有的巨变，这种变化给传统的佛教信仰也带来深远地影响：佛教是否还能继续成为中华民族信仰世界的构成部分，佛教如何自我更新以协调与其他信仰的关系，这是延续了两千多年的佛教必然要面对的严峻挑战。对于佛教是如此，对于道教、基督教、伊斯兰教等任何宗教，大概都是如此。

第二节 散杂居民族的宗教信仰与社会控制

散杂居化是民族发展进程中的一个重要规律，必然也会对散杂居地区的各民族宗教带来重要的影响，使散杂居地区的宗教与宗教问题呈现出新的特点。

一、散杂居民族的宗教信仰

在散杂居地区，我国的主要传统宗教以及各种民族宗教乃至民间信仰都有多少不等的信仰者。每个民族从诞生之日起，其分布格局就一直处于不断的运动之中，不仅现代的民族在不断地"散化"，古代的民族也同样经历过不断"散化"的过程①，因此，民族的散居化是一个持续不断的历史进程。特别是在进入现代社会以后，民族人口的散居化进一步发展，形成了多区域、多流向的散居化浪潮。随着散居化的过程和散杂居地区民族格局的演变，散杂居地区的宗教发展也呈现出新的特点。

---

① 沈林等：《散杂居民族工作概论》，民族出版社 2001 年版，第 2 页。

(一) 佛教信仰

公元前后，佛教由印度传入中国，长期传播形成具有民族特色的中国佛教。由于传入的时间、途径、地区和民族文化、社会历史背景的不同，中国佛教形成了三大支系，即汉传佛教（汉语系）、藏传佛教（藏语系）和云南地区上座部佛教（巴利语系）。传统上信仰佛教的少数民族有藏、蒙古、土、满、裕固、纳西、门巴、傣、布朗、德昂、佤、拉祜、白、壮、布衣、畲等民族，其中藏族、蒙古族、土族、裕固族、纳西族、门巴族等民族信仰藏传佛教，傣族、德昂族、阿昌族、布朗族等民族信仰南传上座部佛教。

藏传佛教大小乘兼学，显密双修，相对于汉传佛教它更加注重密法的修习。藏传佛教传承各异、仪轨复杂、像设繁多，是其有别于汉传佛教的一个显著特点。藏传佛教分为各具特色的几个派别，至今仍然传承的主要有格鲁派（黄教）、宁玛派（红教）、噶举派（白教）、萨迦派（花教）等。各派都有自己的寺院组织和传承制度以及学经制度。"活佛转世"制度是藏传佛教中活佛传承继位的独特方式，有严格的程序和法律规定，国家宗教事务局2007年通过的《藏传佛教活佛转世管理办法》指出，活佛转世应当遵循维护国家统一、维护民族团结、维护宗教和睦与社会和谐、维护藏传佛教正常秩序的原则，不得恢复已被废除的封建特权，不受境外任何组织、个人的干涉和支配。

上座部佛教14世纪左右从东南亚缅甸等国传入我国云南，主要流传于傣族等少数民族中，是中国佛教中仅存的巴利语系统的佛教。上座部佛教传统上又被称为小乘佛教，它在经历了与当地各民族的原始信仰融合后，成为傣族的全民信仰，并传入布朗、德昂、佤、拉祜等少数民族之中。我国的上座部佛教也有自己特有的经典、仪轨、组织形式和宗教风俗。

在当代社会经济文化背景下，佛教信仰在少数民族中间也发生了深刻的变化，这主要表现为人们在信仰目的和信仰动机上呈现较大的差异，在信仰方式和信仰特征上更为多样化。以藏族地区为例，老年人信仰佛教，主要是视佛法为精神的皈依；中年人信仰佛教，在很大程度上带有现实利益的追求；知识分子信仰佛教，则主要把佛教看作是藏民族的文化象征，是一种伦理规范和道德准则。青少年的宗教意识和参与宗教活动的热情均有明显降低，虽然他们一般不认同宗教的价值体系，但是他们愿意将宗教与民族特征或者族群认同联系起来 ①，这一趋势也体现在蒙古族等传统上信仰藏传佛教的少数民族中。在蒙古族的宗教信仰中，宗教信仰的多元化首先表现为五大宗教和各种民间宗教都出现了复兴的态势，而且信仰特点也极不统一。另外，宗教活动也呈现出世俗化的发展趋势：喇嘛阶层自身表现出很多世俗化特征，许多喇嘛还俗回家或有世俗家庭；藏传佛教僧侣的许多日常活动也带有很强的世俗功利性；藏传佛教寺院教育的影响进一步弱化；普通信众参与宗教活动的实用性和娱乐性特点日益突出。蒙古族地区宗教发展的另一个特点是民间信仰非常活跃，且其规模有上升的趋势。②

随着藏族地区与外界的交往不断增多，藏传佛教这一独特的宗教文化受到了越来越多的关注，许多内地人纷纷前往西藏踏上了自己的"朝圣"之旅。另外一个值得注意的现象是，随着民族交往的日益深入，很多传统上不以佛教作为宗教信仰的民族，也有很多人信仰了佛教等其他宗教。藏传佛教在内地得到传播，是近几年藏传佛教的一种发展趋向。藏传佛教本来在内地就有一定的基础，随着更多信仰藏传佛教的少数民族进入内地，必然会在民族散杂居地区带来进一步的影响。藏传佛教在内地的传播，一方面满足了特定信众的宗教需求，发挥了藏传佛教作为宗教文化的重要功能；另一方面也会带来一些值得关注的问题，主要表现在藏传佛教在教义、仪轨、戒律等方面与内地传统宗教文化存在着某些矛盾，这种矛盾会在特定条件下成为社会问题的诱因。传统上主要由少数民族信仰的藏传佛教、上座部佛教会随着民族散居化的过程进一步向内地扩散，同时汉传佛教也会随着各种途径进入少数民族地区，各种宗教之间以及它们与现代文明之间的接触和碰撞，必然会为当代佛教的嬗变、发展带来新的契机，这

---

① 班班多杰等：《近年来藏族宗教生活中出现的若干新现象》，牟钟鉴主编：《宗教与民族》（第六辑），宗教文化出版社 2009 年版，第 197 页。

② 宝贵贞：《多元化·世俗化·民间化——新时期蒙古族宗教信仰的特点》，牟钟鉴主编：《宗教与民族》（第六辑），宗教文化出版社 2009 年版。

需要进一步关注和考察。

(二) 道教信仰 ①

道教是我国本土产生的宗教，在产生之初就与少数民族的原始信仰有着密切的关系。东汉末年，张陵以鹤鸣山为中心设二十四治，创立五斗米道（天师道）时，鹤鸣山一带就是少数民族居住与活动的地区，有氐族、羌族之外，周围还有氐、羌、僰人、邛僰、叟、濮、摩沙、昆明等民族。最初的道教徒中，就有不少是少数民族。道教具有"杂而多端"的特点，善于对不同的宗教文化兼收并蓄。早期的道教，在很多方面都吸收了少数民族的宗教信仰内容，西南地区的少数民族"俗好巫鬼禁忌"，早期的道教信仰和法术，也带有这些特点。即使成熟形态的道教，在各种法事活动中，也要常常迎请各少数民族的各路神灵，对"华夷大防"并没有忌讳。

少数民族原来崇奉原始信仰，在中华民族多元一体格局下，也都受到"三教"影响。西南滇、黔、桂、蜀、渝、藏、湘西、鄂西、粤北，历史上是多民族聚居地区，受道教影响较深的民族有瑶、壮、苗、土家族等。

大约在宋元时期，道教、佛教相继传入瑶族地区，并与瑶族社会的原始宗教相融合，尤其是道教对瑶族影响甚深。现在瑶族的宗教信仰，是瑶人在原有的信仰基础上主要吸收道教的诸多因素而形成的。瑶族在丧葬中的一套祭祀仪式，基本上都是按道教仪式进行的。

道教在南北朝时期即已在壮族聚居区传播和流行。到了近代，广西地区的壮族普遍崇奉道教，村村寨寨有道公。道公的主要职能有打醮、替死人开路和赶鬼祭神等，类似汉族地区散居于民间的正一派道士。有的村庄为了全村的平安，要定期或不定期地请三个道公（一个主祭，两个助手）举行为期两昼夜的斋醮法事。村社内瘟疫流行、人畜不宁时，也要请两三个道公来赶鬼封村，做类似于汉族地区送瘟神的焚烧纸船的仪式。

信仰道教在苗族中很普遍。苗族道士分为文武两班，他们所供奉的神灵和使用的符印、经书都不相同。在斋醮法事中，武道士供奉三清、三元

---

① 本节内容主要参考引用了卿希泰主编《中国道教史》（修订本）（四川人民出版社 1996年版）第四卷第十二章第一节的有关内容，特此说明。

等神，文道士则供奉神农等神。各神之间职守分明，所司人间事务不相混淆。

土家族的宗教信仰中，也渗透了许多道教文化的因素。土家族的法师"土老师"，每逢举行重大的宗教活动，都要先请太上老君来授予职权后，才能驱使鬼兵神将。土家族中还有火居"道士"，俗称"先生"，其宗教活动以民间道教因素为主，兼收并蓄了佛教和土家族传统宗教的成分。

仫佬人的宗教信仰也以道教为主。仫佬族的道教内部分为茅山教和梅山教两个派别。茅山教道士的道法接近于汉族道士的道法，差异不大；梅山教道士的法术则具有浓厚的本民族特色。

毛南族在宗教信仰方面，以混有佛教色彩的道教为主。毛南族的道士专作打斋超度亡魂的法事。毛南族的人在家宅人丁家畜不旺时，往往请道士作安龙谢土的法事，届时要悬挂张天师、城隍和灶王等道教神灵的神像。

在京族人民中，道教的活动主要是在丧葬方面。每村都有三四人，称为"师傅"，多系父子相传。师傅执行法事时用汉字或用"喃字"写的经书，念咒时则一律用京语。

云南白族也有道教信仰。大理的白族信教群众组成洞经会的宗教团体，崇奉老子、文昌帝君等道教神灵。洞经会在阴历二月初三文昌帝君诞辰和二月十五老子诞辰，都会举行庆祝活动。

近现代以来，羌族地区修建了许多道观。四川理县富裕的羌族人家办理丧事时，往往要请道士作法事。清明上坟和中元节祭，要请道士念经。道士念经作法、举办庙会时，羌族群众和汉族群众都前往参加。

云南丽江等地的纳西族亦有道教信仰，并有由信教群众组成的洞经会组织。洞经会以宣讲《文昌大洞仙经》而得名。洞经会每年定期在各地文昌宫、武帝庙或私宅庭院张挂神像，设坛做会，祭元始天尊、太上老君、玉皇大帝、文昌帝君、关圣帝君等大批道教尊神，以及少量佛教菩萨和儒家圣贤。洞经会以音乐伴奏方式演唱10多部经典。这种音乐称为"洞经音乐"，是道教文化融合当地民族音乐的结晶。

道教在阿昌族、傣族、彝族等少数民族中也有不同的影响和传播。道教的传播，促进了少数民族对汉文化的认同，推动了中国各民族的融合，增强了中华民族多民族大家庭的向心力和凝聚力，在一定程度上消除了由于少数民族入主中原而激化的民族矛盾。① 可以说道教已经广泛渗透于众多少数民族的信仰之中，成为名副其实的中华民族的传统宗教。随着中西部地区少数民族的"东进"，也必然会把他们各具特色的道教信仰带入更广泛的地区，与中原地区、东部沿海地区的道教以及其他宗教发生联系，这为道教文化发挥更为积极的功能提供了历史的机遇。同时，这对于五大宗教中发展相对迟缓的道教而言，也必将是一个需要付出艰苦努力的自我更新的过程。

（三）基督教信仰②

基督教与我国少数民族的关系可以上溯到唐代。唐初，当时称为景教的基督教聂斯脱利派（Nestorian）传入我国，在中原及西北少数民族中都有流行。唐武宗会昌灭佛，景教在中原绝迹，但在西域的维吾尔、蒙古等民族中继续流传。元代基督教第二次传入中国，被称为也里可温教，主要也是在蒙古贵族中间传播。

近代随着西方列强的入侵，基督教第三次大规模地涌入我国。17 世纪中叶时，荷兰殖民主义者占领了台湾，大批传教士随之进入建立教区。据 1643 年统计，高山族教徒人数达到了 5400 余人。19 世纪中叶后，传教士再一次深入我国边疆、内陆少数民族中间。葡萄牙、西班牙、法、英、美、德、俄等国天主教、东正教、基督新教的传教士接踵而至，其中一些人深入穷乡僻壤，向少数民族群众传教。据调查，我国蒙古、维吾尔、朝鲜、俄罗斯、羌、彝、白、哈尼、景颇、傈僳、独龙、拉祜、佤、怒、苗、瑶、壮、侗、黎、布依、土家、高山等少数民族中，都流行过或仍在部分流行基督教。

我国许多少数民族生活在山高水险、荒凉贫瘠的地理环境中，生活条件相当恶劣。一些传教士出于宗教热情深入民族地区，为当地民众做了一些有益的事。传教士开办的学校尽管重在传输宗教知识，但也为少数民族

---

① 张桥贵：《道教传播与少数民族贵族对汉文化的认同》，《世界宗教研究》2002（2）。
② 此处为天主教、基督教新教、东正教的统称。

培养了文化人才。在一些没有文字的民族中间，传教士用拉丁字母为他们制造拼音文字，例如景颇、傈僳、拉祜等民族，都曾使用过传教士创造的拼音文字。基督教反对偶像崇拜，在民族地区起到了移风易俗的作用。基督教传播带来的消极作用也是不容忽视的，如为了赢得少数民族的信任，一些传教士千方百计地破坏少数民族与汉族、少数民族之间的团结，挑动民族冲突，阴谋分裂国家。在边陲地区的一些少数民族中，传教士还策划过分裂领土、民族外逃事件，等等。

在全球化的背景下，多种文化共同主导社会成为一个普遍的现象。在中国这样一个地域辽阔并且多民族的社会中，基督教为了进一步消除其文化上的"异质性"，更应该与其他文化传统、宗教互相宽容。一种开放的态度、包容的精神不仅使基督教更加容易适应当代中国社会，也容易与其他宗教和谐共存，为基督教在中国的发展提供尽可能广阔的空间。时至今日，基督教信仰对我国少数民族的影响仍然需要进一步认识。对贵州少数民族基督教信仰的调查表明，基督教对少数民族的生活方式、思想观念、民族认同、文化教育等都有主要的影响，苗族、彝族、拉祜族等少数民族普遍接受了男女平等的观念，增强了法制意识和道德意识，提升了少数民族社会的整合度和组织能力，改变了某些落后的生活习俗。基督教宣扬基督教内部的认同，淡化甚至排斥民族认同，在某种意义上会有益于消除各民族之间的隔阂，同时，基督教的强势扩张也对民族的传统文化和观念体系带来较大的冲击。总之，基督教在少数民族中的传播和发展，确实起到了很多积极的影响，但是也存在某些问题和隐患，需要我们给予客观的认识和辩证的分析，加以正确的管理和引导①。

（四）伊斯兰教信仰

中国信仰伊斯兰教的少数民族包括回、维吾尔、哈萨克、柯尔克孜、乌孜别克、塔塔尔、东乡、保安、撒拉9个民族，同时在汉族、蒙古族、白族、苗族、藏族、傣族等民族中也有部分人信仰伊斯兰教，信仰者的总

---

① 宫玉宽：《贵州少数民族基督教现状》，游斌等：《多元民族文化中的基督教："基督教与云南少数民族"调查报告》，牟钟鉴、赵学义主编：《宗教与民族》，宗教文化出版社2004年版；唐戈：《基督教在中国少数民族中的传播》，《世界宗教研究》，2010年第5期。

数约 2000 多万。[①] 伊斯兰教有着统一的教义、严密的组织和规范的教仪，各个信教民族在基本信仰、主要仪轨方面大体一致，使这些民族在文化上表现出很大的共同性。如他们都相信安拉是唯一真神，穆罕默德是安拉的使者，《古兰经》是安拉的启示，世间一切事物皆由安拉前定，穆斯林都遵守念、礼、斋、课、朝五大天命功课，过开斋节、宰牲节、圣纪节，忌食猪肉，等等。但是各个民族生活的具体环境不同，接受伊斯兰教的时间有先后，如回族从形成之日起就信仰伊斯兰教，维吾尔族先后信仰过萨满教、祆教、景教、摩尼教和藏传佛教，直到 15 世纪才全部改宗伊斯兰教。

在漫长的历史发展过程中，各民族穆斯林分化成了不同的教派。回族的伊斯兰教本来都属于格底木派，后来分化出嘎达林耶、库布林耶、胡夫耶、哲合林耶四大门宦。新疆维吾尔族等少数民族中，绝大多数穆斯林属于逊尼派，部分属于什叶派。在逊尼派内部，又存在着两类不同的教派，一类是重视教乘宗教功修的教派，包括传统逊尼派和近代兴起的瓦哈比派；另一类是注重道乘修持的神秘主义派（即伊禅教派）。不同的教派在一些具体教义、教仪的理解与执行上存在差异。另外，不同民族在基本信仰统一的前提下，在宗教制度和活动方面又都带有本民族特色。在一些少数民族聚居区，清真寺与各派宗教组织形成了一张密不透风的文化网络，将人民的生老病死、婚丧嫁娶、年节吉庆笼罩在其中。

改革开放以来，西部地区少数民族到东部沿海地区打工、经商、求学的人数有了明显的增长，这成为伊斯兰教不断散播、扩散的一个重要步骤，形成了 20 世纪末以来所谓"中国伊斯兰教东渐"的局面，在很大程度上改变了东部散杂居地区"有教门、无信仰"，"有回族、无穆斯林"的态势。[②] 但少数民族到达东部地区之后，由于信仰和文化上的差异，往往游离于主流社会以外，与当地文化的交流与融通产生困难，还存在生活方式等一系列实际问题，这些问题与穆斯林的宗教信仰联系在一起，对于所在地区的各民族群众以及当地民族宗教管理部门都产生了现实的挑战。

---

① 马明良：《和谐社会中的穆斯林与非穆斯林》，牟钟鉴、刘宝明主编：《宗教与民族》，宗教文化出版社 2006 年版，第 149 页。

② 马平：《当前我国伊斯兰教的问题以及若干思考》；金泽、邱永辉主编：《中国宗教报告（2008）》，社会科学文献出版社 2008 年版，第 160 页。

对于各级政府及部门来说，问题主要表现为对宗教事务存在着认识上的混乱，在民族、宗教事务管理过程中存在着不愿管、不敢管、不会管和简单粗暴的问题，另外，还存在着爱国宗教组织的作用发挥不够，对中青年教职人员的争取、团结、教育工作远远不够等。伊斯兰教界也存在着某些需要解决的问题，如有极少数人利用宗教干预国家行政、司法、教育、婚姻、计划生育，以及妨碍群众正常生产、生活和社会秩序的现象时有发生；对依法管理与宗教自由之间关系的认识还需要一个适应的过程；少数穆斯林群众在"爱国"与"爱教"关系上存在一定的糊涂认识；有些地方的部分宗教人士和信教群众甚至少数民族干部，对政府依法处理犯罪行为认识不足，有抵触情绪；在宗教封建剥削特权制度的废除上存在错误认识；存在着教派纠纷，非法传教等问题。①

中国的伊斯兰教是"源"在外、"流"在内的宗教，其宗教性对中国穆斯林民族特性影响至深，由于伊斯兰教与民族问题紧密结合在一起，而且容易受到当代国际环境的制约和影响，因此就更需要给予客观的认识、理性的评价、科学的管理，积极地引导宗教与社会主义社会相适应，更好地发挥其积极的文化功能。

（五）传统宗教信仰

民族传统宗教是指少数民族中普遍流行的原生性宗教，它没有明确的教主、确切的创造时间、独立完整的教团，与佛教、道教、伊斯兰教、基督教等人为宗教有很大区别。

传统宗教是各民族在原始社会中自发产生的，其中有的已经明显地具有了阶级社会色彩。某些民族的传统宗教或多或少地吸收了其他民族创生性宗教（人为宗教）的观念、教仪和教规，但只要它仍然以本民族的信仰对象、活动形式为主，我们仍然将它视为传统宗教。至 1949 年，比较完整地保留传统宗教的是赫哲、鄂伦春、鄂温克、达斡尔、基诺、纳西、佤、德昂、仫佬、高山、傈僳、阿昌、独龙、怒、彝、羌、珞巴、苗、

---

① 马平：《当前我国伊斯兰教的问题以及若干思考》，金泽、邱永辉主编：《中国宗教报告 (2008)》，社会科学文献出版社 2008 年版，第 163—165 页。

瑶、水、侗、黎等民族。此外，满、蒙、锡伯、哈萨克、朝鲜等民族主体上已经改信其他宗教，但民间仍普遍存在传统信仰。

在西南、中南、东南（包括台湾）广大南方地区生活的少数民族，较为普遍地保持着信仰万物有灵的原始宗教。保持着自然崇拜的有：基诺、德昂、拉祜、傈僳、珞巴、怒、羌、彝、侗、毛南、哈尼、畲、高山等民族；保持着动物崇拜的有：布依、独龙、德昂、佤、怒、侗、傈僳、哈尼、壮、高山等民族；保持着鬼神崇拜的有：景颇、苗、侗、布依、阿昌、布朗等民族；保持祖先崇拜的有：拉祜、苗、仫佬、土家、黎、布朗、德昂、侗、哈尼、高山等民族；保持着图腾崇拜的有：羌、彝、畲、高山、苗、仫佬、珞巴、布朗等民族；保持着神灵崇拜即多神信仰的有：阿昌、布朗、侗、独龙、仡佬、哈尼、景颇、门巴、苗、仫佬、土家、怒、畲、佤、彝等民族；保持着灵物崇拜的有：阿昌、傈僳、苗、毛南、羌、彝、畲、普米、佤、土家等民族；保持着英雄崇拜的有：京、侗、毛南、土家、彝、布依族等。另外，白族的本主崇拜也属于原始崇拜的范畴。

在东北地区，存在着原始宗教的晚期形式——萨满教文化圈。萨满教信仰是一种原始宗教信仰，起源于万物有灵的信仰思想。满、锡伯、赫哲、鄂伦春、鄂温克、蒙古、土、东乡、保安、达翰尔、维吾尔、撒拉、乌孜别克、塔塔尔、裕固、朝鲜等民族都在不同程度上存在着萨满教信仰活动。相对地说，萨满教在科尔沁草原的东部蒙古，在三江流域的赫哲，在鄂伦春、鄂温克、达翰尔，以及在部分锡伯族当中得到了较为完整的继承。

随着社会文明的发展，传统的萨满教也在不断地瓦解分化，改变形态。在封建社会中，汉传佛教、道教、民间宗教、藏传佛教、伊斯兰教中的许多神灵，宗教观念逐渐被吸入萨满教中，如清代满族人的堂子里也供上了释迦牟尼、观音、关羽。赫哲人的灵魂观中包含着从佛教学来的轮回思想。

在南方许多少数民族中，不同程度地保存着从原始社会遗留下来的传统宗教。就基本形态而言，这些传统宗教与萨满教是近似的，都有自然崇拜、图腾崇拜和祖先崇拜，但缺少系统的宗教理论和完善的宗教组织。如生活在西南地区的纳西族，普遍信仰东巴教，宗教经典由专门记述宗教内容的东巴文写成。四川凉山的彝族地区保留了比较完整的传统宗教形态，主持宗教仪式的人称为"毕摩"（意为"教师"、长老），他们通过各种巫术活动维系着彝族的传统宗教。尽管受到现代文明以及人为宗教的冲击，少数民族传统宗教仍然表现出不可磨灭的文化价值和现实生命力，对于那些将其作为精神火种传承至今的少数民族而言，仍然是他们生命中难以割舍的情感寄托。这些传统宗教凝聚了众多民族的智慧，积淀为各民族的基本精神和悠久传统，在一定程度上影响着各民族人民的精神世界，约束和规范着人们的行为。在多元文化并存的民族散居化过程中，它对于当代的少数民族究竟具有怎样的现实意义，它会与其他宗教、文化进行怎样的"对话"和"交往"，值得我们关注和研究。

二、散杂居地区的宗教信仰与社会控制

（一）民族的散居化对宗教信仰的影响

从功能主义的角度来说，民族的散居化会产生出新的功能，对民族生活的各个方面带来新的影响，这种影响当然也包括各民族的宗教信仰在内。如果把散杂居现象与社会其他信息相对分离出来，就可以把它视为自成一定体系的、相对封闭的结构。这一体系的过程要素大致可以包括几个方面：一是散居的"主体"，即"散居极"，在一定的散居结构中至少要包括两个或两个以上的"散居极"。二是散居的"过程"，可将散居化的过程再进一步分为几个阶段。三是散居的"环境"，即民族的散居现象所处的历史环境和社会、政治、经济及文化等的环境。四是散居的控制，即社会对自发散居过程施加的各种有意识的影响，使其按照社会预定的设想进行。①

首先，散杂居地区民族关系的内容和性质制约和影响着散杂居地区的宗教发展。宗教信仰属于一个民族意识形态的一部分，在各民族分别信仰不同的宗教时，宗教矛盾会在一定程度上折射出民族矛盾。"平等、团

---

① 沈林等：《散杂居民族工作概论》，民族出版社 2001 年版，第 37—40 页。

结、互助、和谐"是社会主义社会民族关系的最基本原则，也是社会主义民族关系的特征或内容的准确表述，体现了各民族间政治上、经济上的平等团结、平等互助的内容和特点。我国还处于社会主义初级阶段，民族关系受社会发展阶段的制约带有以下特点：一是各民族间事实上的不平等还存在；二是民族间不团结的因素还存在；三是民族间的相互帮助是有一定限度的；四是各民族只能实现初步的共同繁荣。[1] 同民族聚居区相比，散杂居地区的民族关系还具有自身的特点。例如，它具有分布上的广泛性，涉及全国各个地区和社会政治、经济、文化生活的全部区域；散杂居地区的问题容易在各散杂居地区以及与聚居区之间发生联动且易于扩散；由于历史与现实的原因，散杂居民族关系具有很大的敏感性；散杂居民族关系不但表现为民族之间的联系与往来，而且更多地表现为社会政治关系、经济地位与待遇、民族尊严、生存与发展等问题；散杂居民族关系还与散杂居少数民族的宗教信仰、风俗习惯相联系，民族问题与宗教问题交织在一起，具有高度的复杂性。[2] 随着我国人口流动政策逐渐放宽，民族地区与内地之间、各民族地区之间的人员流动、交往越来越频繁，涉及少数民族经济利益和民族尊严的事件不断增多，散杂居民族关系的处理不断面临新的挑战。

受到时代和社会新环境中各种因素的诱发，散杂居地区的宗教现象可能会发生嬗变，出现传统宗教的异质化或发展为新兴宗教。另外，散杂居地区宗教问题的散播更为迅速，宗教事件对社会的影响更为强烈。从宗教信仰自身的属性来分析，宗教是一种具有强烈的社会属性的社会实体，宗教意识与民族意识、宗教律法与民族习惯法、宗教仪式与民族习俗，甚至宗教组织与民间组织之间都存在着极为密切的关系，宗教会对民族关系、民族问题的处理施加无形和有形的强烈影响。由于散杂居民族关系的特殊性，宗教利益与民族的根本利益并非总是相向而行的，当两者的目标出现分离甚至背道而驰时，宗教给民族关系带来的负面影响就会进一步扩展。

一般来说，民族散居化的过程也就是伴随着宗教深度传播的过程。对

---

[1]　图道多吉主编：《中国民族理论与实践》，山西教育出版社 2004 年版，第 129 页。

[2]　沈林等：《散杂居民族工作概论》，民族出版社 2001 年版，第 92—96 页。

散杂居地区宗教的认识，应该从两个方面着眼：一是在今天看来已经完成的、相对稳定的散杂居地区；二是还在形成之中的或新近形成的散杂居民族地区。对于前者来说，因为散杂居地区的经济、文化格局已经形成，宗教信仰状况也就会呈现相对比较稳定的态势；对于后者来说，宗教的生存与发展就会受各种因素的影响，处于变动性较强的状态。当一个民族的成员从一个地区（迁出点）移居到另一个地区（迁入点）时，也必然带去他们的观念、修养、生活方式等，宗教信仰也会随着民族成员的迁移而传播到新的地区。宗教的传播，小部分原因是出于宗教热情、对信仰的虔诚的信徒主动到异地传播宗教，这种情况仍然会导致民族的散居化，这种传播形式所占的比例很小。多数情况下宗教的传播可以说是一种被动性的、或者从属性的方式，即民族成员主要是出于其他原因移居异地，随之也将他们的宗教信仰带到了其他地区。我国社会政治经济的状况决定了民族散居化的过程基本上是有序和可控的，进而影响到散杂居地区宗教的传播过程也基本上是有序和可控的。

散杂居地区特殊的民族结构和民族关系会对散杂居地区的宗教带来哪些具体的影响，需要作出进一步的分析和说明。民族的散杂居带来的宗教散播必然产生、增加各宗教之间的接触，这种接触会带来什么样的后果？是彼此之间的和谐共处、互补共生，还是互不相容乃至相互冲突呢？历史和现实说明，这两种情况是都可能发生的，它取决于诸多主客观方面的因素。

不同宗教的产生既有相似的共性，也有互不相同的个性，彼此之间不存在绝对化的相容性或排斥性。回顾中国宗教史，可为当今宗教间相互关系的处理提供借鉴。佛教是外来宗教，具有印度宗教烦琐的哲学与神秘主义的宗教体验，特别是在发展的后期，更是趋于高度的经院化。但佛教传入中国之后，为了在中国这块陌生的土地上生存并完成其"普度众生"的宗教理想，积极地适应中国的文化和现实需求，在一代代高僧大德的创造性努力下，实现了从印度佛教到中国佛教的演变，为中华文明以及东亚地区的文化发展增添了极其珍贵的文化元素。犹太教、基督教、伊斯兰教三教同源，教义上共通之处甚多，又同属一神教，但历史上和现实中不断发生严重的冲突。所以，宗教之间的关系（包括原因、各种可能性与对策）虽然会受到宗教自身教义、教规的影响，但"宗教的可兼容性的答案不仅隐藏在不同宗教之间,重要地隐含在信仰不同宗教的民族之间"。① 为了宗教间的和谐共处,最根本的问题在于宗教的信仰者是否有足够的智慧和能力正视彼此的差异,化解彼此的矛盾,真正弘扬宗教博爱众生、升华心灵的宗旨。世界上存在着形形色色千差万别的宗教,尽管其信仰各不相同,但都有一个基本的伦理规范,那就是"爱人"或"己所不欲,勿施于人",有一个基本宗教情感,即对生命的尊重与同情。在当今世界,对话代替冲突已成为处理宗教关系的必然选择,任何宗教如果视自己为唯一的真理之源,而视其他宗教为荒谬邪说或罪恶渊薮,那么宗教之间就无对话可言,宗教之间的和解与和谐也就成为空话,民族之间的矛盾和纷争也就难以避免。一切有历史责任感,希望有所作为的宗教领袖和宗教学者,都应该为整个民族的根本利益和前途着想,为世界各民族的共同命运着想,抛弃不合时宜的成见、陋见,倡导和弘扬宗教有益于世道人心的思想和精神,切实致力于现实生命的关怀与拯救。

散杂居民族格局的形成与发展,实际上为宗教的自我更新与提升提供了难得的历史契机。"文明的冲突"只是当代国际政治、经济等众多因素作用下的一种暂时现象,文明之间从来不是只有冲突之路可走。不同宗教、文化之间的接触并不一定带来对立和冲突,而是可以并存共赢,从而带来文化的"增值"与创新。因此,和谐、共美而不是对立、对抗,是散杂居民族地区宗教之间关系的现实而必然的选择。

(二) 散杂居地区宗教信仰与社会控制

1. 宗教与社会控制

所谓社会控制是一种以社会秩序的稳定为追求目标的社会过程和手段,就是社会对作为社会行为主体的个体或群体的行为的各个方面予以约束,协调个人与社会之间、社会各个构成要素与部分之间的关系,以便保持社会的相对稳定与和谐发展。② 显然,宗教自身就可以视为一种社会控制的力量,这种力量在古代社会曾经发挥过重要的作用,至今它的某些功能仍

---

① 牟钟鉴主编:《民族宗教学导论》,宗教文化出版社 2009 年版,第 261 页。
② 孙尚扬:《宗教社会学》(修订版),北京大学出版社 2003 年版,第 123 页。

然无可替代。社会控制包括两个层面：一方面是宗教自身的社会控制作用，同时也包括了社会对作为社会系统构成部分之一的宗教施加的控制，即对宗教的社会功能进行监督和控制，使其发挥正常的社会控制作用。

宗教的社会控制作用，是指宗教基于宗教信仰对团体成员的控制，使得可能造成社会失序、破坏社会稳定，甚至导致社会崩溃的各种因素受到制约，维护社会稳定。宗教主要通过其"神正论"的解释，对苦难和罪恶的存在加以合理化的理解，达到消除这些原因所导致的反社会力量。佛教宣扬善有善报、恶有恶报，将人生的苦难与个人行为的善、恶联系起来，强调人的现实状况与前世的因果有关，在一定程度上强化了人们对困境、苦难、疾病、失败、贫困等在心理上的承受力，使人们不至于因为自己的困境和苦难而攻击社会、危害社会的稳定。也就是说，通过宗教的控制作用，把社会的罪恶与个人行为联系起来，并且将社会给个体造成的不幸归因于个体行为的过失，对个体的苦难与不幸加以合理的解释，从而抑制了个体的反抗性，维护了社会的稳定。基督教认为，人之苦难是由人的原罪恶造成的，是上帝对人之罪恶的惩罚，所以人应当忍耐、顺从、甘愿接受苦难。在阶级存在的社会里，一切居于统治地位的宗教都利用超自然的神的力量来使社会秩序合法化和神圣化，要求人们安于自己现实的社会地位，甘心承受一切苦、乐、祸、福。宗教还通过一系列宗教礼仪和祭祀活动强化人们对彼岸世界的认同，将信徒团结约束在宗教道德、律法的范围之内，以控制人的现实行为。例如，佛教徒日常生活中的上香、上供、礼佛、诵经、斋戒等，天主教的洗礼、坚振、告解、圣体、终傅、神品、婚配七件圣事，伊斯兰教中的念、礼、斋、课、朝"五功"，道教的各种斋醮科仪，等等。安定有序是和谐社会的基本要求，也是和谐社会得以建立的必要条件。因此，发挥宗教的社会控制作用为维护社会稳定服务，符合我国社会发展的根本目标，也符合广大信众的根本利益。

"宗教制度化过程中所固有的二律背反，也在不断增加和加剧宗教与社会的关系中所固有的那些张力和冲突。"[1] 由于宗教本身的复杂性及其社

---

[1] 托马斯·F.奥戴、珍妮·奥戴·阿维德：《宗教社会学》，中国社会科学出版社1990年版，第27页。

会联系的广泛性，决定了宗教的社会作用具有正面和负面两个方面，也决定了宗教与所在的社会既有适应的方面，也有不适应的方面。我们需要对宗教的负面功能或消极影响进行监督和控制，最大程度地发挥其正面功能，抑制其负面功能。

散杂居地区宗教信仰的社会控制，主要基于宗教社会学的理论。以帕森斯和莫顿为代表的结构功能学派的基本观点是：社会是由各种社会组织机构及其制度组成的动态平衡系统，在这样一个综合体中，其每一个组成部分或构成要素之间都不可避免地保持着一种互相依赖的关系，每一部分的变化都会影响其他部分以及系统整体的存在状态。宗教社会学家贝格尔则认为，宗教神圣的合法性具有一种"提醒机制"来维持其效用，因为人们恐惧过多的例外和动荡引起的混乱，就会本能地追求普适性和稳定性。对普适性和稳定性的追求，使得个体或群体努力将所有日常的事件和经验整合到一个有意义的整体之中，并且以一种惯性捍卫这种规范和意义系统。

对宗教本身的社会控制主要从以下几个方面来实施：（1）政权的社会控制作用。政权是政府实行统治的力量和机构，是国家一切权力的基础。政府通过建立行政体系，设置各级分支机构和委任政府官员实现对内的管理，并凭借军队、警察、法庭等专政工具对破坏国家利益、严重危害社会秩序的行为进行制裁。（2）法律的社会控制作用。法律是由国家的立法机关制定，国家政权保证执行的行为规则。它以国家规定的形式告诉人们可以做什么，不能作什么，并靠国家政权控制力量推行，是最严厉、最权威的社会控制手段。（3）社会舆论的控制作用。社会舆论是社会大众关于某一事件或现象的议论和意见，包含了对于某事件或现象的评价。其内在机制是：社会舆论作为一种评价性意见，会对背离公众意愿的人产生环境压力，在这种压力下，使其改变或放弃原来的言行，与众人保持一定程度的一致。每一种宗教，不论是教职人员还是一般信徒，其言行都要受到这几种力量的影响和控制作用，当他们的言行背离政权、法律或公众的意志或意愿时，自然会受到这些力量的制约甚至制裁。

2. 宗教信仰与社会控制之间的关系

把少数民族宗教问题纳入宗教社会学的视域来考察，是科学认识散杂居地区宗教信仰状况的必要前提。宗教作为诸多社会文化子系统中的一员，在社会整合、社会控制方面发挥着重要作用，尤其是在宗教信仰比较普遍的民族中，这种作用更加明显。宗教在社会控制方面的功能特殊性在于，通过诉诸超自然的力量，为人类建构的社会秩序涂上神圣化的色彩，达到维系其稳定的目的。宗教礼仪更是以象征化的方式来演示社会中的各种社会关系，以及在处理这些社会关系时所应遵循的规范，从而参与到社会控制的过程中。

宗教社会学主要采用外部研究法，即自觉地置身于宗教之外来看待和解释宗教现象，以价值中立的立场对待研究对象，重视经验依据，拒绝考虑非经验性的问题。所以在具体研究过程中，一切的结论都从"现象"和"资料"中合理推演，避免臆测和过度推理。目前，相比较于城市散杂居少数民族和农村散杂居少数民族而言，民族乡在法律、法规方面界定更为明确，管理更为规范，统计更为系统、全面，所以民族乡的宗教问题可以作为研究的基本单元。

宗教中所呈现的"秩序"和"意义"，以及宗教与民族之间的交错复杂关系是认识宗教及其社会控制作用的主题。围绕这个主题，需要给予认识的是：作为社会现象的宗教是如何建构神圣的秩序，如何与社会秩序发生互动关系，如何为其行为主体提供关于其行为的意义资源。具体需要探讨如下问题：不同民族、不同信仰的主体在相互交往中的心理机制和行为方式如何；宗教与经济、政治、道德、教育、思维模式等之间的关系如何；现代化浪潮中宗教产生了哪些变化，世俗化、城市化以及社会变迁对宗教的影响如何；宗教在社会群体的交往与冲突中的表现及其后果怎样；在家庭、社区、村落中，宗教以何种程度、何种方式介入人们的日常生活，等等。

以中南地区为例，六省区内主要分布着回族、苗族、瑶族、土家族、壮族、黎族、侗族、白族、仫佬族、水族、毛南族、京族、畲族等少数民族，零星杂居的少数民族分布更加广泛。民族自治地方除了湖北恩施土家族苗族自治州和湖南湘西土家族苗族自治州外，还有为数众多的自治县，即便在自治地方，杂居现象也很普遍。不但传统宗教与民间信仰并行不悖，而且各种地下宗教组织的影响也不容忽视，形成了中南地区特有的宗教信仰生态，同时也使得该地区的社会发展面临着更多的挑战。充分发挥宗教文化的正面功能，最大程度地消除宗教的消极影响以及有效地打击各种邪教组织，实现散杂居地区各民族的共同繁荣和社会文化的和谐发展，是摆在我们面前的现实问题。

民族和宗教之间复杂而特殊的关系，不仅是现阶段我国民族问题的一个特点，也是当今世界一个带有普遍性的现象，宗教问题与民族问题相互影响、相互渗透，成为各国关注的热点和难点。对许多民族来说，宗教信仰支配着人们的思想感情，宗教的组织和宗教的礼俗也支配或影响着人们的日常生活，特别是在虔诚信仰宗教的民族中，宗教因素是诸多民族性中最敏感、最容易触动的因素。对宗教问题处理不慎或不当，就会影响到民族关系，甚至引发社会动荡。因此探讨散杂居民族地区宗教信仰与社会控制之间的关系，对于保持和促进社会的和谐发展具有十分重要的意义。

第三节　散杂居地区的民族问题与宗教问题

一、民族问题与宗教问题的联系与区别

作为一种历史范畴，民族问题有自己的产生、发展和消亡的规律。民族问题表现在政治、经济、文化、生活方式和风俗习惯、宗教信仰等各个方面，在不同的历史时期和不同的条件下，具有不同的内容和性质。从广义上讲，民族问题还涉及民族自身的发展以及民族和阶级、国家之间的关系问题。宗教问题首先表现为一个信仰差异问题，从信仰角度看，宗教问题主要是指确立和保持不同信仰的个人及其团体或组织之间，由于信仰的不同而导致的世界观、人生观及价值取向的区别和差异，这些区别和差异还会影响到信仰不同宗教的人们之间和信教徒与非信教徒之间的关系。

（一）民族问题的根源

纵观人类社会发展的历史，民族问题的产生可以归结为两方面因素，即自然因素和社会因素：一是民族差别的存在是产生民族问题的基本原因

或自然因素，这些差别在民族社会中普遍存在，一旦条件许可，就会在民族之间交往接触过程中成为产生民族问题最直接、最基本的诱因。二是民族问题产生的社会原因，也就是人为地违背民族发展的客观规律而导致的民族问题。在私有制社会里，民族内部存在的阶级压迫和剥削扩展、延伸到民族之间，导致民族间的压迫剥削和矛盾斗争，进而形成民族之间的对抗关系。在公有制取代私有制的社会主义社会，由于民族发展程度不一致、民族权益存在差别，在某些主观认识不足或其他原因导致有关民族政策、措施不当时，也会导致民族问题。

在社会主义初级阶段，民族问题的主要表现形式是少数民族和民族地区要求更快地发展经济文化。这是社会主义初级阶段我国社会的主要矛盾，即人民日益增长的物质文化需求同落后的社会生产之间的矛盾在民族问题上的客观反映。民族问题首先受到各种现实因素的影响，又有历史因素的影响，具有一定的历史传承性；既有经济因素的影响，也有政治因素的影响；既有文化因素的影响，也有思想意识领域和宗教信仰方面因素的影响。随着社会主义时期市场经济的发展，民族间交往的日益频繁和深入，各民族特别是少数民族对自己民族的平等地位、平等权利，对民族关系和民族矛盾的关心程度和敏感度普遍提高和加强，因此，民族问题的产生与民族的语言文字、风俗习惯、宗教信仰等问题有了更加密切的关系。①

（二）民族问题与宗教问题的联系

1. 宗教问题与民族问题相互关联

宗教因素不是我国民族问题产生的基本原因或根本原因，但宗教问题往往在民族问题的产生、发展和解决过程中扮演着一个十分特殊的角色。

首先，少数民族宗教信仰具有民族性和群众性。宗教在我国少数民族之中传播广泛，历史悠久，基础深厚。特别是有一些少数民族只信仰一种宗教，民族性格和民族生活、民族文化的各个方面都受到该宗教极为深刻地影响。信仰佛教和伊斯兰教的少数民族，在衣食住行、生老病死、婚丧

---

① 图道多吉主编：《中国民族理论与实践》，山西教育出版社 2004 年版，第 124 页。

嫁娶、风俗习惯等各方面都与所信仰的宗教有着密切的联系。在散杂居地区，这些少数民族仍然大都保持着传统的宗教信仰，他们生活的方方面面仍然与宗教信仰有着千丝万缕的联系。宗教信仰上的民族性和群众性，使得任何宗教问题的发生，所涉及的都不只是单一事件的当事人，而是某一散杂居地区甚至整个民族的成员。

其次，民族信仰与民族感情和民族自尊心紧密地联系在一起。宗教信仰带有民族性，少数民族有宗教信仰的人口占整个民族的比例较高，宗教观念和宗教情感比较专一和虔诚。在许多民族地区，宗教文化往往代表着民族的文化，宗教感情也紧密联系着民族感情，宗教领袖往往是民族中德高望重、有重要影响的人物，因此，对宗教教义、宗教风俗、宗教代表人物的冒犯和伤害往往会伤害到民族的感情，激起民族自尊心的强烈反弹，并引发民族问题和社会问题的产生。

最后，宗教并不单纯是一个信仰问题，而且还是一种社会存在，与国内外的各种宗教力量、政治力量存在着各式各样的关系，各种社会和政治力量也往往利用宗教来影响信教群众，把宗教问题复杂化，使得单纯的信仰问题发展为社会政治问题，使人民内部矛盾在还没有得到解决的时候演化为敌我矛盾。我国少数民族信仰的几大宗教除道教是土生土长以外，佛教、伊斯兰教、基督教、天主教都是外来宗教，也是世界上最有影响的宗教，具有显著的国际性。随着我国宗教国际交往活动的增多和扩大，少数民族宗教人士积极地参与世界性的宗教联谊活动，为促进民族友谊和世界和平作出了贡献。与此同时，境外一些宗教势力利用宗教手段实施"西化"战略，推进和平演变，实现分裂中国、搞乱中国、削弱中国的图谋也一直没有停止。近些年来，境外宗教势力渗透呈加剧趋势，境外敌对势力利用现代传媒手段，支持宗教界极少数民族分裂主义分子，进行破坏民族团结和分裂祖国的活动，如利用现代传播媒体进行宗教渗透；利用旅游、讲学、探亲等机会，非法在我国内地举办神学班、地下神学学校进行传教活动；发展非法宗教组织，同爱国宗教组织争夺信教群众，对抗中国政府；捐资非法修建宗教活动场所，鼓吹原教旨主义和宗教极端主义，煽动宗教狂热和民族仇恨；等等。我们需要充分估计宗教问题的复杂性，对单纯的宗教信仰活动和借助宗教进行的违法犯罪活动进行认真甄别。

2. 宗教因素在民族问题中的特殊影响

首先，在很多情况下，民族问题都有宗教问题参与其中，宗教问题成为民族问题的一部分。宗教在民族的产生和发展过程中发挥了不可替代的独特作用，近现代以来的民族问题特别是当代民族问题的发展现状，更证明了宗教问题在民族问题中占据了不可低估的分量。在当今的"后冷战"时代，除了经济、政治、传媒等领域的飞速发展之外，宗教领域也出现了世界性的复兴趋势，"宗教全球化"成为全球化进程中一个重要的组成部分。宗教信仰人数在世界范围内迅速增长，基督教新教保守派和伊斯兰教保守派势力的持续增长，更是20世纪下半叶以来世界宗教最引人注目的两大趋势。[①] 当今世界许多地区的民族争端都有宗教问题的背景，从巴以冲突、前南斯拉夫内战到印度的民族矛盾，都有深刻的宗教根源。全球宗教复兴还加剧了跨界宗教和民族流动，对国际秩序造成了新的冲击。我国出现的一些民族、社会问题背后，也可以发现宗教的影子。随着我国民族散杂居格局的进一步发展，中外宗教之间的联系更加密切，互动更为频繁，宗教问题对民族问题的影响也就更加值得我们关注。

其次，宗教因素与民族问题交织在一起，宗教问题往往成为民族问题的触发点、催化剂。随着少数民族对民族平等、民族权利的关心程度日益提高，宗教信仰问题成为少数民族社会生活中一个具有高度敏感性的问题。在当代社会，宗教信仰作为一项基本人权，与有关国际文书和公约一样受到普遍尊重，中国政府赋予公民包括少数民族公民宗教信仰自由并给以法律保障。但事实表明，很多民族问题是由宗教情感的伤害或在宗教问题上处理不当引起的。造成这些突发事件的原因很多，导火索往往是一个相对简单的宗教信仰"冒犯"事件。散杂居地区民族宗教方面的突发事件有几个主要特性：(1) 突发性。因偶然的小事处理不当，可能突然爆发并迅速酿成重大事件。(2) 群体性。参与者往往代表某一个或几个少数民族、某一教派信教群众或某一个利益团体，构成了一个特殊的群体。(3) 交织性。民族方面的矛盾与宗教方面的矛盾相交织，对抗性矛盾与非对抗性矛

---

① 徐以骅：《当前国际关系中的"宗教回归"》，徐以骅主编：《宗教与美国社会》第4辑，时事出版社2007年版，第2—3页。

盾相交织，国内的矛盾斗争与国际政治斗争相交织，造成民族宗教方面的矛盾处理十分复杂。(4) 剧烈性。由于触及群众的基本信仰和切身利益，如果再被人利用，往往引起群众的剧烈反应。(5) 延展性。处理不及时就会造成事件扩大，矛盾性质迅速转化，使处理问题的难度不断加大。①

二、正确认识和处理散杂居地区的民族宗教问题 ②

历史经验说明，对于宗教问题的处理需要十分慎重，散杂居地区的宗教问题与民族问题联系密切，就更需要我们对散杂居民族地区宗教现象产生的原因、宗教的现实功能和影响以及散杂居地区宗教问题的存在规律及解决途径等作出切合实际的认识和分析。

1. 掌握民族宗教问题的特点和规律，做好民族宗教问题的知识储备

首先，散杂居地区宗教信仰的种类和层次繁多，宗教的传统功能发生变化，宗教摩擦和宗教和谐发展的趋势共存。各少数民族既有本民族产生和传承下来的传统宗教信仰，即原生型宗教信仰，同时也受到佛教、伊斯兰教、基督教、道教等宗教的影响，各大宗教在少数民族中都有相当的信众。宗教信仰的情况也很复杂，不仅表现为不同的民族信仰不同的宗教，又表现为不同的民族信仰同一种宗教，还表现为同一民族信仰多种宗教，也有同一民族只信仰一种宗教的情况。不同的群体和阶层，在宗教中发挥着不同的作用，扮演着不同的角色，有不同的政治诉求和利益诉求，差别和矛盾日益多样化、复杂化。在散杂居地区文化环境的影响下，特别是经过历次政治、文化运动的冲击，宗族的祭祀功能日渐式微，宗族教育教化的功能趋于衰退。散杂居地区的不同宗教同居一地，为各民族之间的相互交往与文化发展提供了机遇，同时不同宗教之间的排他性也可能带来民族关系的疏离和民族间的摩擦。

---

① 　王树青：试论新形势下民族宗教方面突发性事件的特点、成因和处置对策。http://www.hebmzt.gov.cn/discussDetailed.aspx?articleid=105.

② 　"民族宗教问题"一词常见于书刊等媒体，然其意未见明确界定，本文中的"民族宗教问题"表示的是，"(散杂居) 民族地区的宗教问题"，以及"与民族问题密切相关的宗教问题"。

其次，散杂居地区的宗教问题很大程度上受到了政治、经济、文化等因素的影响，在社会转型时期，市场经济的不确定性、不可预测性有可能使宗教方面的矛盾纠纷进一步增大。在当前还存在宗教管理相关法制不够健全，贯彻执行法律、政策不到位的情况下，少数民族的教育问题、婚姻问题、社会不公问题等其它社会矛盾问题反映到宗教方面，就可能引发某种形式的民族宗教问题甚至是违法、犯罪事件。另外，随着现代媒体的发展和国内外交往的日益频繁，宗教传播方式不断更新并趋于多元化，也极有可能导致诸如信教人口迅速膨胀、强迫信仰、宗教极端主义思想蔓延等不正常情况的发生，给宗教事务管理增加了新的难度。

再次，散杂居地区信教群众存在着"五多"现象：老年人多、妇女多、农民多、文化水平低的人多、偏远穷困地区的人多。近年来，大中型城市宗教信徒中知识分子、大学生的比例不断增加，但仍没有根本改变信教群众的整体素质。信仰群体素质多处于低层次水平：对宗教教义缺乏深层次的理解；对宗教基本知识往往缺乏了解，把握不准宗教的真实精神。特别是一些宗教内部存在教派纷争或争权夺利，宗教上层脱离群众、压制群众的情形时有发生，引发信教群众与当地民众的不满。我国几大宗教普遍存在改革滞后的问题，这也将是导致社会经济文化的发展与宗教发生矛盾的重要原因。随着社会经济文化的进步，对广大教徒的综合素质提出了相应的要求，特别是对教职人员的要求越来越高。要求他们提高自己的思想政治素质、宗教神学素质、科学文化素质、研究分析与处理各类问题的综合素质。[1]

最后，散杂居地区的宗教发展对宗教政策的调整和宗教立法提出了新的要求。少数民族散杂居化的进程加快，使城镇日益成为宗教问题和宗教工作的中心，城镇宗教工作的压力不断增大：大量的农村信教群众向城镇转移，由于城镇化进程中宗教活动场所布局不合理、数量不足、面积有限，与实际需要不相适应，已不能满足信教群众的实际需求；一些原有的宗教矛盾随着人员的流动转向城市，城镇日益成为宗教矛盾纠纷的会聚地，累积的矛盾极易转化为纠纷与事件，给城镇的发展、稳定与社会和谐带来新的隐患。如何提高执政能力，认真解决构建和谐社会中的宗教问

---

[1]　冯今源、胡安：《对新形势下我国宗教问题的理论思考》，载《河北学刊》2002（5）。

题，打造新形势下的和谐城镇社区，成为城镇管理者必须面对和解决的重点和难点。

2. 从教外、教内两方面入手，双管齐下推进民族宗教工作

坚持从维护国家统一、民族团结、社会稳定的大局出发，认真执行国家法律和党的宗教政策，积极消除影响民族团结和社会稳定的因素，努力维护各族群众的合法权益和根本利益，应该从改善宗教的社会环境和解决宗教自身问题两方面着手。各族干部群众是维护民族团结的中坚力量，必须最大限度地取得他们的理解和支持，孤立和打击极少数别有用心的人。同时，大力发展散杂居地区的文化建设，以健康、文明的精神食粮丰富各族群众的文化生活，为民族宗教问题的解决创立良好的文化环境。还要努力造就高素质的民族宗教干部队伍。从现实案例来看，散杂居地区的部分领导干部还没有树立正确的马克思主义民族观、宗教观，政策水平较低，不能正确处理发展与稳定的辩证关系，缺少应有的认识水平和实际工作能力。有的工作作风不够扎实，对民族宗教工作不够重视，甚至有个别党员干部支持、参与、纵容、组织群众采取过激行为。因此，要抓紧制定培养高素质少数民族干部工作的规划和措施。

宗教信仰自由作为公民的一项权利，得到我国《宪法》和法律的保障。"使全体信教和不信教的群众联合起来，把他们的意志和力量集中到建设现代化的社会主义强国这个共同目标上来，这是我们贯彻执行宗教信仰自由政策，处理一切宗教问题的根本出发点和落脚点。"[1] 在宗教问题上，尊重和保护宗教信仰自由，坚持独立自主、自办教会和"三自"（自治、自传、自养）方针；团结、教育宗教界爱国人士，发挥他们以及爱国宗教组织的积极作用；支持和帮助宗教界对外开展友好往来与交流，抵制境内外反动势力的渗透；这些政策的落实，可以从根本上保障我国广大信教群众享受宗教信仰的自由。但从宗教自身来说，也还存在着与社会主义社会不和谐、不适应的因素。散杂居地区的突发事件表明，有些信教群众缺乏政策和法制观念，遇事便以出格的言语、过激的行为、违法的手段向党和政府发泄不满，提出不切实际的要求。有的宗教界头面人物的教育引导不

---

① 《新时期宗教工作文献选编》，宗教文化出版社 1995 年版，第 60—61 页。

力，造成对教职人员队伍管理上失控，有的甚至在突发事件中，持有错误观点或采取了错误行为，直至造成严重后果。有的教派领袖争夺教权，争夺群众，争夺教民，试图一统其他教派门宦。这说明宗教内部的改革、宗教组织的建设和整个宗教素质的提升，都是刻不容缓的。宗教改革主要是依靠其内部的力量，因此对宗教上层人士的培养教育是当务之急，必须采取必要的特殊手段，尽快提高具有较高地位的高僧大德的宗教造诣。有的学者提出，要从宗教秩序的重建入手，完善宗教资源、建立新的学说，加快宗教与社会主义社会相适应的进程。宗教变革还应充分发挥政府、宗教协会和更大信众各方的不同功能和积极性，把人们的精力更多地吸引到现代化建设中来，为国家富强、人民安康和自身发展而奋斗。[①]

3. 重视宗教立法，夯实解决民族宗教问题法律基础

健全的法律体系是有效处理包括散杂居地区在内的全国民族宗教问题的根本保障。新中国成立以来在宗教立法方面做了很多工作，把宗教信仰自由作为公民的基本权利之一列入《宪法》，《中华人民共和国刑法》、《中华人民共和国民族区域自治法》、《中华人民共和国民法通则》、《中华人民共和国义务教育法》等法律文本中从不同方面对民族宗教作出了规定。另外，国务院、国家宗教事务局还陆续颁布了一些行政法规，如《宗教活动场所管理条例》、《宗教事务条理》、《宗教教职人员备案办法》、《宗教活动场所主要教职任职备案办法》、《藏传佛教活佛转世管理办法》、《宗教院校设立办法》等，对涉及宗教事务的一些问题作出了具体规定。在全国性的法律规章之外，还有地方政府颁布的宗教事务管理规定。这些法律法规，形成了包括宪法、法律、行政法规与行政规章、地方性法规与政府规章、民族自治地方法规与规章等五个层面八个级别在内的法律体系，为民族宗教问题的依法治理提供了重要的法律依据。但"从发挥法律调节的杠杆作用解决宗教方面的实际问题来看，整个体系还很不完善，存在着若干需要解决的原则问题"。[②] 宗教方面的许多重大原则如政教分离、宗教团体的

---

① 杨学林：《从东西部伊斯兰教的差异看东部伊斯兰教秩序的重建》，牟钟鉴主编：《宗教与民族》（第六辑），宗教文化出版社 2009 年版，第 217、221 页。

② 刘澎：《中国宗教法制化的历程》，载金泽、邱永辉主编：《中国宗教报告（2008）》，社会科学文献出版社 2008 年版，第 267 页。

法人资格与地位、宗教事务管理部门与宗教团体的关系、宗教进入社会公共领域的平等路径等问题，在上述法律中没有明确的规定。目前，我国没有宗教的专门法，在其他法律中虽有涉及宗教问题的规定，但从整体上看缺乏统一考虑，涉及宗教问题的法律规定尚存在许多空白。

民族宗教法制建设是依法治国的必然要求。历史上清政府在《大清律》和一切律例上，既有《大清律例》以及《理藩院则例》总的条款，作为清代各衙门办事的章程、条理等，也有《蒙古则例》、《回部则例》、《西宁番子治罪条理》等针对各民族的不同法规，对不同民族的迁徙、出外经商、互相通婚、求学拜师等方面，均有一定的规定。清政府的这些措施对我们多民族国家的安定与统一发挥了积极作用，值得我们借鉴。① 从国家和社会的角度讲，在全面贯彻和执行宗教信仰自由政策，尊重和保护信教自由以及合法的宗教活动与宗教界合法权益的同时，仍须依法加强对宗教事务和宗教活动的管理，促使和引导宗教与我国社会主义社会相适应。从散杂居地区产生的宗教问题来看，主要表现在围绕要不要依法加强对宗教事务和宗教活动的管理以及如何管理等方面而发生的分歧，乃至涉及对具体宗教场所、宗教人员、宗教活动因处置不当而引发的冲突。考虑到近年来民族宗教问题的新变化，极有必要通过立法，建立民族、宗教等有关的突发事件处置机制。通过立法形成完备的民族宗教法律体系，才能从根本上保证和促进民族宗教正常地存在和发展，保证信教群众能够与广大非信教群众和睦相处。

4. 找准结合点，积极引导宗教与社会发展相适应

积极引导宗教与社会发展相适应是我国现阶段的一项战略目标，是正确处理我国宗教问题的理论平台与指导方针，同样适合于对散杂居地区宗教问题的认识和处理。积极引导散杂居地区宗教与社会主义初级阶段相适应，既是时代的要求，也是处理散杂居地区民族宗教问题的根本原则和必由之路。

首先，时代的发展需要散杂居地区的宗教自身作出相应的调适，以适

---

① 杨桂萍、游斌：《历史经验的借鉴：清代的民族宗教政策——访清史专家王锺翰先生》，牟钟鉴主编：《宗教与民族》（第一辑），宗教文化出版社 2002 年版，第 222 页。

应新的时代对宗教的要求。不论是从社会意识形态的角度，还是从文化的视角进行分析，宗教都必然要随着社会的发展而不断地改变自己的内容和形式。宗教作为人们精神世界的一个方面，作为社会上层建筑的一个方面，必然要随着经济基础以及社会生产力的发展而发生深刻地嬗变，这一点可以从宗教发展史得到很好地说明。产生于原始社会的自然崇拜、图腾崇拜和各种巫术，进入阶级社会之后，受到新产生的"人为宗教"、"高级宗教"的强大冲击，作为一种宗教体系在各"文明"民族中逐步趋于瓦解，只能作为一种文化遗迹而存在。在各民族宗教的竞争之中，某些弱化、淡化了种族色彩，具有超种族、超地域的"普世"特点的宗教，更好地顺应了时代，逐渐发展成为具有世界性影响的宗教。佛教、基督教和伊斯兰教三大宗教在不同国家、民族中的传播过程，实际上也就是一个顺应时代要求，"适应"所在国家、民族政治、经济、文化传统而不断发展演变的过程。这既是一个普适化的过程，也是一个更高层次上民族化的过程。社会主义社会形态的出现，是人类历史上一次极为深刻的社会变革，它不但与先进的生产力、先进的制度、体制相联系，也与更高的精神文明形态相联系，因此，各个宗教不可能因循守旧、故步自封，把原有的教义、礼仪、组织形式一成不变地照搬、移植到这个新的社会中来，必须要以创新性的改革顺应社会的要求，发挥宗教特有的社会文化功能，这正是宗教的文化价值之所在。

其次，散杂居地区的宗教信仰，具有自身的生存格局和发展特点，其复杂性和敏感性决定了宗教信仰的适应性调适是一个更为迫切和现实的问题。受散杂居地区各种政治、经济、文化因素的综合影响，宗教信仰面对新的社会文化环境，必然解决宗教自身的适应性问题。同时，散杂居地区宗教问题与民族问题联系极为密切，对国内外各种因素的影响更为敏感，宗教问题的社会影响和后果也更为突出。因此，散杂居地区宗教信仰与社会主义社会相适应应该成为一个优先考虑的现实课题。

宗教与社会主义社会发展相适应，不是取消宗教自身的特征，而是宗教的自我调整和自我更新，以使宗教自身与时俱进，更好地发挥积极的社会、文化功能。宗教适应具有丰富的内涵和广泛的内容，从不同的层面看，包括如下几个方面：

一是积极与社会主义的经济基础和上层建筑相适应。这是宗教发挥其功能的政治基础，即将自身的发展与进步与建设有中国特色的社会主义这一目标相协调，自觉地服从国家和中华民族的最高利益。这就要求宗教界和信教群众爱国守法，自觉地维护社会主义制度，维护《宪法》和法律的尊严，维护祖国的统一和民族的团结，把爱教和爱国更好地结合起来。东晋时期的高僧道安就体认到"不依国主，则法事难立"这一道理，这也成为后来中国佛教处理与世俗政权关系的基础。佛教历来倡导"庄严国土，利乐有情"，道教提倡"济世度人，护国安民"，伊斯兰教主张"爱国是伊玛尼（信仰）的一部分"，天主教提出"爱国爱教都是天主的诫命"，基督教强调"一个好基督徒应该是一个好公民，爱自己的祖国是一个基督徒的本分"，这些思想很好地把宗教的出世追求和现实责任统一起来，也从一个方面协调了宗教与国家政治的关系。这是宗教神圣使命的一部分，也是国家人民之福祉。

二是与中国的文化传统，包括与其他宗教的积极适应。佛教经过在中国社会长期的融合发展，作为传统的"三教"之一，早已成为中国传统文化的重要组成部分。基督教、伊斯兰教在中国的传播过程中，虽然经历过一些波折，但是也积累了很多值得珍视的宝贵经验。任何一个不持有原教旨主义观念的人都会承认，宗教是在历史中不断发展的，都有与不同的文化传统和平共处、融合创造的可能性和必要性。基督教提倡"爱人如己"、"作盐作光"、"和平同心"，这些思想与中国传统的和平、宽容精神相一致，是基督教更好地融入中国社会的宝贵思想资源。伊斯兰教的"汉译经学"运动，把伊斯兰教信仰与中国优秀传统文化结合起来，使伊斯兰教在中华民族的沃土上扎下了深厚的根基。宗教与中国文化传统相适应，不是宗教的被"同化"，而是为宗教的发展注入新的力量，佛教在中国的发展过程已经很好地说明了这一点。各宗教之间也应该相互适应，中国奉行宗教信仰自由的政策，各宗教之间的关系是平等的。每种宗教都有其特殊的文化价值，也有其特殊的社会适应性，因此，每一种宗教也应该平等、包容地对待其他宗教，做到"各美其美，美人之美，美美与共"。

三是与现代文明的积极适应。宗教本身就是人类文明的产物，对人类文明的发展进程起到了重要的影响。如果我们把现代文明的成果分为物质文明和精神文明两部分，那么自古及今宗教就与包括了自然科学和人文社会科学的精神文明成果存在着十分密切的关系。随着人类文化的不断分化，自然科学与人文社会科学大多逐渐脱离了宗教的"庇护"，成为"世俗文化"的一部分。自然科学已成为人类文明最重要基石和动力之一，正如德国哲学家卡西尔所说："在我们现代世界中，再没有第二种力量可以与科学思想的力量相匹敌。"[①] 自然科学的发展，不但极大地改变了我们的物质世界，也深刻地改变了人类的世界观。宗教要成为当代社会中的一个和谐因素，就必须客观地对待自然科学的发展，在与科学的关系中扮演一个积极的角色。现代人文社会科学的发展形成了人类文明最宝贵的成就之一，宗教也只有充分地理解人文社会科学的各项成就及其意义，才能在现代文明的对话中占据一席之地。对现代文明的"适应"不是无视宗教的价值和地位，而是期望宗教因时制宜地调整自己，共同促进人类文明的和谐发展。在散杂居地区，特别是城市，各种文化成果和各种现代思潮的影响更为迅速和深入，因此，散杂居地区宗教与现代文化的适应就成为一个更具有现实意义的问题。

5. 以不同信仰群体间的和谐共处，促进散杂居各民族的共生互补

在散杂居地区，既存在着不信仰宗教的各族群众，也存在着信仰不同宗教的各族群众。为了发展各民族的关系，就要实现不信仰宗教的各族群众与信仰宗教的各族群众之间的和谐共处，以及信仰不同宗教的各族群众之间的和谐共处。对于如何实现宗教间的和谐共存，当代许多学者对此提出了自己的见解，从理论层面对民族宗教的良性发展进行了探索。

学术界提出了在我国建立宗教生态学的观点，认为建立宗教文化生态学"不仅在于研究各种类型的宗教产生和演变的机制、它们整合社会文化的方式，还要考察在一个国家或地区，在跨文化的大范围内，宗教文化生存的状态，宗教与社会、宗教与宗教之间的关系，它们对于文明发展的影响，它们在当代发展的趋势，以及如何保护宗教的多样性和优化宗教文化生态，使之有益于人类的和谐与进步。"[②] 文化生态学是从人类生存的这个

---

① [德] 恩斯特·卡西尔：《人论》，上海译文出版社 1985 年版，第 263 页。
② 牟钟鉴：《宗教文化生态的中国模式》，《中国民族报》第 536 期，第 6 版，2006 年 5 月 16 日。

自然环境和社会环境中的各种因素交互作用来研究文化产生、发展、变异的规律的，文化层次与生物层次之间交互影响、交互作用，在生态就形成一种共生关系。对于宗教这一文化因素本身而言，每一种宗教都有其产生、发展、兴盛、衰亡的过程，不同的宗教在一定的时间与空间中相遇，形成了一个处于运动之中而又相对稳定的宗教复合"群落"，产生彼此之间的作用与互动。宗教的群落作为文化生态系统的一种，主要属于价值观念的一部分。[①]"群落"内部不同宗教之间的相互作用，形成了不同性质的关系：不同宗教之间的相互包容与尊重，彼此之间的相互吸收与反哺，会促进各自的发展，形成宗教间的互益的"共生"关系；宗教之间无序的相互疏离与排斥，可能会破坏宗教生态的平衡，恶化宗教发展的环境，最终形成两败俱伤的结果。

有学者提出了构建散杂居新型民族关系的"共生互补"实践理念，这一理念对于认识和处理现阶段的宗教问题具有启示意义。由于市场经济的发展和城市化的进程，民族的散杂居化成为不可逆转的社会趋势，各民族之间的文化差异日益凸显出来，民族的生存和发展问题在一定程度上表现为民族文化之间的博弈与竞争。宗教信仰是民族文化重要的乃至核心的组成部分，对于传承民族精神、塑造民族灵魂具有不可替代的作用，是保障民族正常发展的重要精神因素。非常有必要更为切实地认识宗教自身的生存规律，深刻领会宗教生存的历史长期性，将宗教间共生互补的意义纳入到民族和谐相处和共同发展的思路中。

社会主义制度的建立，根本上改变了各宗教之间关系的实质。信教群众与不信教群众、信仰不同宗教的群众之间在根本利益上是一致的，已经具备了宗教间和谐共处的基本条件。从宗教自身来看，我国的各宗教都有着追求和平、崇尚和谐的价值理念与内在诉求，应该在新的文化背景下深入挖掘宗教教义中的和谐思想，充分实现宗教积极的社会、文化功能。同时，要发挥我国先进的政治、文化优势，按照宗教存在和发展的规律，积极引导宗教界和信教群众朝着与社会主义社会相适应的方向发展，从政策上、思想上和理论上为宗教的和谐共处提供保障与支撑。宗教生态圈作为

---

① 　司马云杰：《文化社会学》，中国社会科学出版社 2001 年版，第 155 页。

民族生态圈的一个部分或一个层面，宗教间形成的良好的发展态势，也会为民族间的和谐共处创造必要的交往通道和文化基础，建立健康的民族生态，促进民族关系的良性发展。因此，在处理散杂居地区宗教问题时，确立不同宗教间的共生互补理念，也应成为各民族间实现共同发展的重要前提。

第六章 散杂居民族问题的表现形式

第一节 民族问题与民族关系问题

一、从民族到民族问题

在民族研究和民族工作中，民族问题这一概念的使用频率相当高，但关于民族问题的内涵和外延仍未达成共识。有学者认为：民族问题就是民族这个人们共同体从产生、发展、直到民族融合或消亡的全过程中所涉及的一切问题的总和。它不仅表现于各民族之间（民族差别、民族矛盾、民族斗争、民族压迫等），而且渗透于每个民族的内部（经济、政治、语言、文化、思想、风俗习惯等）。[①] 在多民族国家里，它既包括民族自身的发展，又包括民族之间，民族与阶级、国家之间等方面的关系。它可以表现在政治、经济、文化、语言、生活方式和风俗习惯等各个方面，并且贯穿于民族存在和发展的全过程。民族问题在不同的历史时期和不同条件下，具有不同的内容和性质。[②] 它是在多民族国家中，或在不同国家之间关系中经常遇到的社会问题，是在民族的活动、交往联系中发生的问题[③]；是和民族存在的一定历史阶段相联系的，存在于民族的活动、交往联系过程中，基于民族特点和差异所发生的，表现在民族诸特征及其具体形式上的

---

① 彭英明、唐奇甜：《民族问题及其实质浅谈》，《民族研究》1981（1）。
② 民族理论和民族政策编写组：《民族理论与民族政策》，民族出版社1985年版，第49页。
③ 金炳镐：《民族理论政策概论》，中央民族大学出版社1994年版，第95页。

民族间复杂的社会矛盾问题。①

　　1992 年，江泽民在中央民族工作会议上提出："民族问题既包括民族自身的发展，又包括民族之间，民族与阶级、国家之间等方面的关系。"这个阐述揭示了民族问题的内涵至少包括四个方面，即民族自身的发展问题、民族之间的关系问题、民族与阶级之间的关系问题、民族与国家之间的关系问题。这标志着中国共产党对民族问题的认识提高到了一个新的水平。② 民族问题的产生是以民族间的交往和联系为前提的。民族一经形成，它们在生存和发展过程中，不可避免地要与邻近的其他民族发生日益广泛的密切交往，也不可避免地发生各种错综复杂的矛盾，构成民族问题。③ 民族问题分为广义的民族问题和狭义的民族问题，江泽民同志关于民族问题的科学阐述，可以理解为广义的民族问题概念。金炳镐教授认为："民族问题是在民族的活动、交往联系中发生的，基于民族特点、民族差异发生的，与民族存在的一定历史阶段相联系的，表现在民族诸特征及具体形式上的民族间复杂的社会矛盾问题。这就是一般所说的民族问题，也可以说是狭义的民族问题概念。"④

　　归纳起来，学术界对于民族问题的主要观点有：一是党和政府提出的民族问题是指广义的民族问题，不是狭义的民族问题。二是我国民族问题的内涵至少包括江泽民同志提到的"一个发展"和"三个关系"四个方面，其中，在实践中采取措施帮助少数民族加快发展，是民族工作的首要任务，是解决民族问题的重要措施。三是民族差异是民族问题产生的基本原因。社会主义时期民族特征、特点等差异将长期存在。社会主义社会虽然消灭了剥削阶段，但产生阶级的社会根源还没有完全消失，还起着不可忽视的作用，因而民族问题仍将长期存在。四是在社会主义时期，民族问题的实质是坚持各民族的平等、互助、团结、合作，以促进各民族的共同繁荣。⑤

---

① 　图道多吉：《中国民族理论与实践》，山西教育出版社 2002 年版，第 99 页。
② 　吴仕民：《中国民族理论新编》，中央民族大学出版社 2006 年版，第 118 页。
③ 　吴仕民：《中国民族理论新编》，中央民族大学出版社 2006 年版，第 133 页。
④ 　金炳镐：《民族理论通论》，中央民族大学出版社 2007 年版，第 293—294 页。
⑤ 　彭英明：《新编民族理论与民族问题教程》，中央民族大学出版社 1995 年版，第 64 页。

民族问题作为当今世界普遍存在的社会问题之一，它与民族相伴而生。基于前人的研究成果，我们认为，民族问题既是一个民族自身发展的问题，也是各个民族之间的关系问题。在一个国家内部，民族问题集中体现为政府怎样处理与各个民族的关系问题。当民族问题体现为国家与国家之间的关系问题时，它则是一个具有主权领土意义的集体概念。我国作为一个多民族国家，民族问题在不同社会形态中具有复杂多样的反映和不同性质的内容。在当代中国，民族问题主要体现在经济、政治、文化、民族关系、民族分裂主义、极端宗教势力和国际恐怖主义七个方面。所以在考虑民族问题的含义时，不仅要考虑民族特征，也要考虑到影响民族生存发展的社会环境，民族问题的产生和发展离不开民族特征和社会环境。也就是说，民族因自身的特征而产生差异，可以构成民族问题；还包括因生存和发展空间不断恶化产生的问题；因民族之间、跨国（省、区）民族之间交往过程中产生的问题，以及非民族自治地方和民族自治地方的散杂居少数民族问题。

二、族际交往诱发民族关系问题

民族关系问题是指民族在交往过程中产生的矛盾。关于民族关系的定义较多，主要有以下几种：

民族关系是一种社会关系，是民族发展过程中相关民族之间的相互交往、联系和作用、影响的关系。它是双向的、动态的，民族关系中突出问题是民族权利、民族利益、民族发展问题。[①] 在这个定义中，民族关系问题只是民族关系的组成部分。

民族关系是民族与民族之间的交往关系，主要包括政治关系（政治上的对抗、隶属、结盟、联邦、平等、民主等关系），文化关系（宗教、科技、文艺的交流、风俗习惯的相融性、语言的相互影响），民族体的交融关系（民族体之间的同化、融化关系）等。[②] 民族与民族之间进行政治、

---

① 金炳镐：《民族理论通论》，中央民族大学出版社 2007 年版，第 195—197 页。

② 都永浩：《论民族关系与民族发展》，《民族理论研究》1990（1）。

文化、族体间的交往时出现的矛盾、纠纷及冲突应当属于民族关系问题。

民族关系是两个或两个以上民族之间的问题，它包括单一民族与单一民族之间的联系与矛盾、单一民族与统一的多民族之间的联系与矛盾、统一的多民族内部各民族之间的联系与矛盾。民族关系应包括两个方面的内容，一方面是两者之间的联系统一；另一方面是互相之间的矛盾。民族关系中只有联系统一，或只有矛盾和斗争，这样的民族关系不会存在。既然两个民族在一起，要交往，就不可能经常处于战争状态，总有相对和平的经济交往文化交流时期。① 民族关系中的矛盾和冲突则构成了民族关系问题。

民族之间的关系，必定要有一定的社会规范，作为民族交往中的行为准则，民族之间的交往有着不同的范围，因而民族关系也有着不同的领域：一是政治领域的关系，即各民族在政治生活中的地位。二是经济领域的关系，即各民族对生产资料所有权的关系，以及由此产生的互相交换自己产品的活动。三是文化领域的关系，即不同的民族文化在现实中的地位问题。这三个方面的关系，既互相联系，又相对独立，不能彼此替代。因此不同领域的关系，应有各自具体的行为准则，也就是说，民族关系的行为准则必须由政治、经济和文化三方面的具体准则构成②，民族关系的内容应包括政治、经济和文化三方面。

民族关系指在一个国家中，各个民族在政治、经济、文化、生活以及心理因素诸方面表现出来的具有社会性的联系。在我国汉族与各少数民族之间所表现出来的政治、经济、文化、生活以及心理因素诸方面的社会联系是民族关系，而各少数民族之间所表现出来的政治、经济、文化、生活以及心理因素诸方面的社会联系也是民族关系。③ 民族关系是社会关系的组成部分，表现在汉族与各少数民族之间以及各少数民族之间的政治、经济、文化、生活以及心理因素等方面。

民族关系应该是民族内部、民族之间、多民族及跨国（省、区）民族

---

① 黄世君：《关于"民族问题"、"民族关系"的再认识》，《民族研究》1989（6）。
② 殷存毅：《社会主义商品经济中的民族关系》，《民族研究》1987（4）。
③ 刘锡淦：《巩固与发展具有中国特色的民族关系》，《新疆大学学报》（哲学社会科学版）1992（4）。

在政治、经济、文化交往等方面表现出来的和平、战争或和平与矛盾并存的关系。[①] 这个定义从类型上将民族关系划分为民族内部关系、民族之间关系、多民族关系及跨国（省、区）民族关系；在范围上将民族关系概括为政治、经济、文化方面；在形式上将民族关系确定为和平、战争或和平与矛盾并存三种形态，后两种形态为不和谐的民族关系表现形式。由于民族关系有和谐与不和谐之分，民族共同体在交往的过程中如果形成不和谐的民族关系就是有问题的民族关系。因此，所谓的民族关系问题，不外乎两种形式，一种是战争的形式；另一种是与和平共存的矛盾形式。

总而言之，民族关系问题是涉及一个民族共同体根本利益或权益的问题，它是带有全民族性质的，本质上是民族共同体内部与外部或多个民族共同体之间为了各自的民族利益或权益而进行的关系协调的反映，其实质是民族交往中的利益矛盾或权益分配不协调。今天民族群体在很大程度上体现的是利益关系。研究民族问题时，既要看到民族是分成不同阶级的，同时也应该看到，在民族关系问题上，把一个民族的统治阶级和被统治阶级截然分开，也是不实际的。历史表明，民族问题，特别是民族关系问题，总是带有一定程度的全民族的性质。当前世界民族问题的表现多种多样，但大体上可以分为三个层次：一是全球性的民族关系问题；二是跨国民族关系问题；三是一个国家范围之内的民族关系问题。它们相互渗透，彼此交错和纠缠在一起，使得民族关系更为纷繁复杂。

三、民族问题与民族关系问题的相辅相承

民族问题和民族关系问题是既有区别又有联系，两者不能互相取代。

首先，民族问题和民族关系问题均为社会问题的组成部分。从当前世界民族发展现状出发，依据民族结构的差别和族体间互动的形态的不同，可以将世界上的国家划分为四种基本类型：即一元主导型、两极对抗型、多元平等共存型、对立统一型。[②] 国家和社会都是由一定的民族组成的，

---

① 徐黎丽：《论民族关系与民族关系问题》，民族出版社 2005 年版，第 8—10 页。
② 宁骚：《当代世界国内民族关系的类型与成因分析》，《民族团结》1999（7）。

构成社会的问题当然包括民族问题和民族关系问题，尤其是在民族成分单一的国家里，民族问题就是社会问题。在多民族社会里，民族问题和民族关系问题隶属于社会问题而存在。由于在多民族社会中社会问题通过民族问题和民族关系问题反映出来，有时民族问题和民族关系问题会上升成为社会的主要问题。

其次，民族关系是民族问题的主要组成部分。从两者的定义来看，民族问题就是在民族自身发展过程中和民族交往过程中，因民族差异和民族利益而产生的问题和民族政治、经济、文化交往过程中产生的矛盾。民族关系应该是民族内部、民族之间、多民族及跨国（省、区）民族在政治、经济、文化交往等方面表现出来的和平、战争或和平与矛盾并存的关系，其中的战争或和平与矛盾共存的民族关系就是民族关系问题，因此，民族问题的范围比民族关系问题的范围大，内容也比民族关系问题的内容多。在多民族的国家中，各个民族在自身发展过程中不可避免地与其他民族接触、联系，因而容易因自身民族特征和利益关系而产生各种各样的矛盾和纠纷。另外，在世界经济逐步一体化的过程中，民族之间的壁垒被逐渐打破，任何一个民族的生存和发展均离不开民族关系的制约和影响。

最后，民族关系问题不等于民族问题。民族问题和民族关系问题均有自身独立的内涵和外延。民族在自身发展过程中还有一些问题不属于民族关系的范围之内，比如民族人口问题、民族成员的犯罪问题、民族成员的教育问题等，这些问题应属于民族问题的范畴。

第二节　城市散杂居民族问题

一、城市散杂居民族问题的重要地位

（一）城市散杂居民族问题的中心作用

我国城市化进程发展很快：一是城市化水平不断提高。2006 年全国城市总数达 661 个，城镇人口 57706 万，占全国总人口比重为 43.9%，

城市化水平比 2002 年提高 4.8 个百分点。从区域上看，2006 年我国东、中、西部城市化水平分别为 54.6%、40.4% 和 35.7%。分地区来看，城市化水平最高的是上海，为 88.7%，其次为北京和天津，分别为 84.3% 和 75.7%；城市化水平较低的是贵州和西藏，分别为 27.5% 和 28.2%。二是城市发展体系逐渐走向成熟，东部沿海地区密集的城市群已经成为我国经济发展的核心。除原有的长江三角洲城市群、珠江三角洲城市群、环渤海城市群外，厦泉漳闽南三角地带城市群、山东半岛城市群、辽中南城市群、中原城市群、长江中游城市群、海峡西岸城市群、川渝城市群和关中城市群也开始发挥作用。2006 年，环渤海、长三角和珠三角三大城市群（包括市辖县）地区生产总值 78305 亿元，占全国 GDP 的 37.4%。其中，长三角城市群地区生产总值 39613 亿元，珠三角城市群地区生产总值 21618 亿元，环渤海城市群地区生产总值 17074 亿元，分别占全国 GDP 总量的 18.9%、10.3% 和 8.2%。2006 年，长三角城市群、珠三角城市群和环渤海城市群人均地区生产总值（包括市辖县）分别为 37819 元、49093 元和 32036 元，分别比全国平均水平高出 21735 元、33009 元和 15952 元。①

城市化作为社会经济发展的必然产物，是各个国家和民族现代化的必由之路。我国东西部城市化水平的差距仍然很大，因此，东部城市发挥其资金、技术和人才方面的优势，对民族地区进行对口支援和经济技术协作，带动其周围和民族地区的经济文化发展，不仅能体现我国社会主义各民族"共同富裕"的原则，也是整个国民经济均衡发展和巩固边防、保持社会稳定的客观要求。随着我国发展战略重心的西移，西部大开发的实施，民族地区的城市化速度、规模也将有更大的发展。

城市化与民族散杂居化是人类社会发展主线的两个方面，民族散杂居化在城市化中表现得更加深刻、更加充分，城市化进程在民族散杂居化的作用下表现得更加丰富多彩、更加充满活力。在这种双向的互动过程中，城市将越来越多地改变着各族人民的生产方式和社会活动形式。城市与乡村相比，社会关系更加复杂更加多元，其影响更加深远更加重大。城市民族问题是众多城市问题中的一个重要方面。一是进入中东部发达地区城

---

① 闻哲：《中国城市化进程加快》，《人民日报》（海外版）2007 年 9 月 27 日。

市的少数民族越来越多；二是进入西部或边疆民族地区城市的汉族越来越多；三是各少数民族和民族地区的人口流动越来越频繁。因此，城市作为不同民族和各种文化的主要交汇点，是民族问题的主要引发区，成为国内外观察民族问题的窗口。另外，民族作为一个客观实体，必然关心自己民族在社会交往中的地位和社会生活中的权利。城市少数民族对自己在社会生活的各个领域的处境和待遇十分关心、十分敏感，对少数民族被歧视、侮辱、轻视现象，会引起很大的反响。

（二）城市散杂居民族问题的辐射功能

城市在现代社会生活中具有较强的辐射功能。散杂居少数民族一般都是从相对封闭落后的地区流向较为开放发达的地区，这些地区相对封闭落后的地区来说，对于信息的加工和传播能力与速度都是很强的。特别是在市场经济因素的全方位渗透和经济"全球化"、"一体化"的当代社会，区域发展的整体性要求更加强烈。城市作为一定范围的区域中心，具有能够有效地凝聚和调动分散的资金、技术、人力等各类生产要素能力，还可以"居高临下"，将这种优势及其产品，通过多种渠道和形式，播散到城市以外包括少数民族在内的农区和牧区去。

城市的辐射过程并不限于经济范围，还包括政治、文化、社会等诸多渠道；不仅包括城市与民族地区经济往来所带来的积极效应，还包括危及社会稳定、损害民族关系等一系列消极后果。散杂居在城市里来自四面八方的少数民族，无时无刻不与聚居区或周围其他民族发生着经济、政治、文化和宗教等方面的联系，民族问题也往往会在城市中产生"聚合"、"裂变"，然后以其强大的辐射力扩散出去，使许多易于化解的小问题，发展成为难以解决的矛盾和冲突。

（三）城市散杂居中知识分子地位举足轻重

城市是经济、政治、文化高度发达的中心地区，也是人才云集之地。城市少数民族知识分子多，是代表人物和知名人士集中的地方。他们相对集中在行政管理部门、民族教育、文化事业单位、科研院所和一些国有大型企业，主要包括干部、工人、教师、科技和文艺工作者等。山东烟台市民族宗教事务局的一份调查显示，2004 年在烟台韩资企业打工的朝鲜族员工，大多受过高等教育，文化素质比较高，有的不仅精通汉语、朝鲜语，还懂英语、日语等外语。从大宇重工（烟台）公司、星普工业（山东）有限公司、民镐服装有限公司及 LG（烟台）信息通讯技术有限公司来看，朝鲜族员工 80% 是既懂技术，又懂朝鲜语的大学本科毕业生，尤其是 LG（烟台）信息通讯技术有限公司的 50 多名朝鲜族员工，90% 是学习计算机电子信息技术的大学本科生，劳动密集型较强的民镐服装有限公司朝鲜族员工有 10 人，也都是大专以上学历。①

　　热爱自己所属的民族是每个少数民族成员的一种天性。在这种先天情感因素的作用下，城市少数民族知识分子都会发自内心地希望本民族能够不断发展壮大，凡是对本民族发展有利的事情，他们都会积极主动地去做，并引以为荣。在政治上他们积极要求参与国家政治生活、关心民族问题上的民主进程、关心本民族代表在各级政权中的地位和作用；在经济方面强烈要求国家提供平等、均等的发展机会；在文化上要求为大力弘扬民族文化、创造宽容宽松的政治条件和提供强有力的物质文化保证。他们对民族关系中的问题有着强烈、尖锐、深刻的反应，但同时也正因为他们较高的文化素质和较强的社会影响力，在化解和解决民族矛盾和纠纷中也起着很大的作用。

二、城市散杂居民族问题的主要内容

（一）本民族政治上的平等地位和待遇的要求

　　对城市少数民族来说，充分得到和保障自己应有的民族平等权利，特别是在国家政治生活中和社会生活中的平等权利，是自己民族全面发展的前提条件和基础，也是自己民族在经济发展和文化方面与其他民族一样取得平等发展机遇或结果的基本条件。所以，有效地保障国家法律法规赋予城市少数民族的各项平等权利，是城市少数民族首要关心的问题。

---

① 　烟台市民族宗教事务局：《烟台韩资企业中的朝鲜族员工》，《中国民族》2004（4）。

城市社会之中的少数民族群体是一支不容忽视的力量。据有关资料显示，2002 年在全国 662 个城市中定居和常住的少数民族人口达到 1240 多万，约占全国少数民族总人口的 11.7%。[①] 实际上这个数字还没有准确地反映出中国城市中少数民族的全貌。一方面，它没有准确量化少数民族流动人口的情况，在迅速城市化的当代中国，城市中的少数民族流动人口是一个十分庞大的数字，仅以北京和上海为例，每天的少数民族流动人口都不低于 10 万人。另一方面，这个数字并没有反映出中国城市化进程中乡镇一级区域所涵盖的少数民族数量。城市中少数民族的政治、经济、文化等方面的发展，与城市中属于主体民族的汉族相比仍然具有一定的差距。这种差距反映到政治、经济、文化等现实生活的各个领域和层面，就构成了城市社会中民族问题得以滋生、发展的总根源。城市中的少数民族通过各种渠道和途径，要求有关部门要采取切实有效的政策措施，来保障法律赋予的各项合法权益，缩小与汉民族的发展距离，实现事实上的民族平等。这种要求不是寻求特权，而是本民族在政治上的平等地位和待遇要求，是对民族生存权和发展权的基本诉求。

（二）民族经济现代化的要求

少数民族经济作为我国城市经济社会发展的重要组成部分，在城市经济发展的总体格局中是一个不可或缺的组成部分。近年来，我国不少城市以进一步贯彻和体现民族平等政策为契机，千方百计为城市少数民族提供各种机会，特别是创业和就业机会，十分注意调动和发挥他们在促进城市经济建设中的作用，并以此作为提高和改善他们生活水平的基本手段。例如《广东省杂散居少数民族工作若干规定》中要求："要扶持少数民族发展经济，对申请工商登记的少数民族公民，凡符合政府有关政策规定开办的企业，有关部门在核发营业执照、提供场地、原材料、货源、能源、交通等方面给予优先照顾。对经营具有民族特色，符合民族生活习惯的行

---

① 国家民委政策法规司编：《全国城市民族关系协调工作经验交流会文件汇编》，民族出版社 2003 年版，第 6 页。

业，应积极扶持和帮助。"① 需要强调的是，在更强调经济"一体化"的城市区域内，包括少数民族经济在内的城市经济的发展，在满足和丰富少数民族生产生活需求的同时，也提高和改善了城市少数民族成员的生产生活水平，对少数民族经济的现代化水平产生了直接的积极影响。

城市少数民族经济虽然在结构和性质上发生了较大变化，但在现代化的发展过程中仍面临诸多困局与困惑：一是少数民族经济整体上基础薄弱，仍然处于低水平阶段。普遍存在产业单一、工艺落后、管理粗放、产品技术含量低等现象。二是资金困难。民族企业发展存在融资难的实际困难，多数民族企业流动资金主要靠非正规、小规模的借贷、集资来解决，大额贷款难以解决。三是技术人才匮乏，信息不灵，产品科技含量低，管理较为落后，家族式管理企业多，发展后劲乏力。四是土地紧张。因土地政策紧缩，一些效益好的民族企业扩大生产，需要必要的土地难以解决。五是城市少数民族成员在就业条件和机会上处于弱势。他们的职业构成较单一，层次较低，特别是流动的少数民族成员，从事行政事业管理和科技研发者相对较少，大多属于"蓝领"阶层，是城市中比较典型的弱势群体。六是城市少数民族特需经济在城市经济份额中的比例不大。少数民族特需经济事业，是指为适应和满足一些少数民族特殊的生活习俗而形成的相关产业等。由于少数民族在中国城市中的广泛分布，以及其中一部分成员的特殊生活习俗所形成的市场需求，在客观上逐渐形成了民族特需用品的生产经营行业，其中最主要的就是民族餐饮行业。由于民族餐饮行业的敏感性和严格要求，我国一些地方如天津市、宁夏回族自治区、新疆维吾尔自治区乌鲁木齐市等专门制定了比较具体的政策和措施，强调严格遵循正常和必要的程序，切实保障这一行业的正常运行和发展。各级政府都应顺应市场经济的新形势，贯彻落实好党和国家的各项民族优惠政策，调整出台一些新的政策，实实在在地解决城市少数民族经济发展中的困难。

---

① 国家民委政策法规司编：《中国城市保障少数民族权益法规选编》，中国致公出版社2000年版，第99—100页。

（三）本民族的风俗习惯、宗教信仰被尊重的要求

风俗习惯反映着一个民族的共同心理感情，也是一个民族区别于另一个民族的重要标志之一。历代统治者强迫少数民族或被统治民族改变自己的生活习俗和信仰，曾激起强烈的反抗。新中国成立以来，党和政府一直把尊重和正确对待少数民族的风俗习惯作为新中国民族政策的一个重要内容，特别是以法律的形式作了明文规定，使各族人民的风俗习惯和宗教信仰得到了应有的尊重。1979 年，第五届全国人民代表大会通过的《中华人民共和国地方各级人民代表大会和各级人民政府组织法》第三十五条，把"保障少数民族的权利和尊重少数民族的风俗习惯"列为县级以上各级人民政府的职责之一。同年的《中华人民共和国刑法》第一百四十七条规定：国家工作人员非法剥夺公民正当宗教信仰自由和侵犯少数民族风俗习惯，情节严重的，处二年以下有期徒刑或拘役。

宗教信仰问题与民族问题也是紧密相关的。一个民族的文化和生活是多层面的，其中不可缺少的一个层面便是宗教信仰，它是一个民族社会生活的精神支柱和精神家园。所以对于多数民族来说，宗教信仰是神圣、崇高、不可亵渎的。在虔诚信教的民族那里，宗教信仰是其诸多民族性中最敏感最容易触动的神经感应器，一旦受到外界的刺激，便会作出最迅速最强烈的反应。

一些媒体和出版物缺乏民族常识、违反民族政策，刊登一些有辱少数民族风俗习惯和宗教信仰，伤害少数民族感情的文章，时常引起少数民族的强烈不满。城市中一些私营业主生产经营假冒清真食品，也引发了不少事端。针对这些伤害民族感情的问题，国家民委曾于 1983 年、1986 年先后发出《关于宣传报道和文艺创作要正确对待少数民族习惯的通知》、《关于慎重对待少数民族风俗习惯问题的通知》；1985 年，中央统战部发出了《关于公开发行的书籍报刊中慎重对待民族、宗教问题的通知》；1987 年，中宣部、统战部和国家民委联合发出《关于在宣传报道和文艺创作中防止继续发生丑化、侮辱少数民族事件的通知》；1993 年，中宣部、统战部、新闻出版署、国家民委、国务院宗教局联合发出《关于对涉及伊斯兰教的出版物加强管理的通知》；1994 年，国家民委、中宣部、统战部、文化部、

广电部、新闻出版署、国务院宗教局联合发出《关于严禁在新闻出版和文艺作品中出现损害民族团结内容的通知》等。这些文件下发后，有关新闻、出版、文艺、影视部门积极贯彻执行，对造成有关问题的部门和责任人进行了处理，维护了国家政策法规的尊严。

第三节　农村的散杂居民族问题

一、农村散杂居民族问题的重要地位

农村散杂居民族问题主要体现在政治上要求民族平等、经济上尽快脱贫致富、文化教育事业的提高几个方面。

(一) 农村散杂居民族问题与自然生态环境的密切联系

自然生态环境是各民族生存发展的基本条件，指自然生态环境里对人类经济、社会、文化活动有影响的各个自然要素及其组成的自然综合体，包括地理、地貌、水文、气候、生物、土壤等各种要素。各民族的社会活动和社会关系除受政治、经济、文化因素影响外，也会受到自然生态环境的影响，生态结构、经济结构和政治结构可以并列称为我国少数民族传统文化的基础结构。[①]对于自然生态环境的文化研究在学术上有着许多成果，美国人类学家斯图尔德将生态学引入人类学，考察自然环境对人的影响，以及人们如何了解、利用和改变自然生态环境，从而提出"文化—生态适应"的理论。前苏联民族学家托尔斯托夫、切博克萨罗夫等人提出"经济文化类型"理论，1958 年中国学者林耀华和切博克萨罗夫合写了长篇论文《中国的经济文化类型》，将中国的经济文化类型划分为三组。1996 年，宋蜀华在此基础上提出了中华民族生态文化区的概念，并将中国划分出多民族的八大生态文化区。这些研究对于我们认识农村散杂居民族问题与自然生态环境的密切联系都有着重要的意义。

---

① 宋蜀华等:《中国民族概论》，中央民族大学出版社 2001 年版，第 157—173 页。

我国西部民族地区荒漠化土地为 262.2 万平方公里，占全国国土面积的 27.3%，沙化速度从 20 世纪 70 年代的每年 1500 平方公里增加到 90 年代的 2460 平方公里，尤其是西北地区，荒漠化扩展速度高达年均 4%，成千上万的群众在风沙线的威逼下被迫迁徙而沦为"生态灾民"。[①] 导致民族地区自然条件恶劣的原因较多，共同性的原因在于长期对生态植被、土地资源的过度利用、滥用和缺乏足够的保护，使水土流失、森林大面积消失、水资源匮乏、环境污染日趋严重、生物多样性不断丧失、自然灾害频繁等生态环境问题普遍存在。但我们也必须注意到造成地区生态环境问题的特殊性：一是自然条件的客观限制。多民族杂居区大多是多山地区，土层薄，肥力差，不利于生态植被的培育和保护，生态环境的严重脆弱在一定程度上具有客观性。二是各民族人口增长过快对生态环境产生巨大压力。人口的增长、分布地域的扩大和人口密度的加大等，必然对生态环境、生态资源造成一定的压力，当这种压力达到生态系统反馈机制所不能承受的限度时，就会产生一系列生态问题。三是经济贫困导致生态的贫困。散杂居区当今面临着这样一个怪圈：恶劣的环境造成了他们的经济贫困，而他们摆脱经济贫困的努力在很大程度上又进一步恶化了环境。世界环境与发展委员会则认为，"贫困是生态及其他灾难的根源。"[②] 在农村散杂居地区，贫困不仅使个体或群体产生出有悖于生态平衡与经济平衡的客观规律的行为，一些地方政府或行政管理部门在贫困现状下，一方面由于财力的限制不能更多或者全面地考虑生态与经济的协调发展；另一方面由于对经济增长或政绩显现的渴求，在实际工作的运作中自觉或不自觉地忽略了生态环境问题的重要性。例如，贵州清水江干流地区是全国的主要林区之一，林业收入是当地的主要财政收入，为了经济增长的需要，长期以来对山的依赖性极强，因而对森林资源的采伐量居高不下，加之采取"由近及远"的集中采伐方式，造成已开发林严重过伐、资源枯竭。这种行为长期运行的结果必然是生态环境建设与经济增长相互脱节，生态环境恶化问题更趋严重。因此，在农村散杂居民族可持续发展过程中，我们不仅要

---

① 周泓洋：《西部开发看生态》，《人民日报》2000 年 4 月 6 日。
② 世界环境与发展委员会著：《我们共同的未来》，王之佳、柯金良译，吉林人民出版社 1997 年版，第 10—11 页。

关注其经济的问题、文化的问题、社会的问题，更要关注其自然生态环境问题。

（二）各民族经济的共同发展是农村散杂居民族问题的关键

加快农村散杂居民族经济社会发展，促进我国各民族共同繁荣发展，是全面建设小康社会、加快推进社会主义现代化的必然要求，也是开创中国特色社会主义事业新局面，实现中华民族伟大复兴的必然要求。毛泽东曾讲过："中国有几十种民族，少数民族居住的地方比汉族居住的地方面积要宽，那里蕴藏的各种物质财富多得很。我们国民经济没有少数民族的经济是不行的。"① 从经济角度来讲，国家在进行经济建设时，并未约束少数民族使用先进科学技术和装备，是文化发展的迟缓和专业技术人才的稀缺，客观上约束了少数民族对科学技术和先进装备的使用，导致经济速度的迟缓并对人民生活水平的改善造成负面影响，阻碍各民族在事实上平等地行使宪法与法律赋予的各种发展经济与文化的权利。

20 世纪 80—90 年代中期，国家基本上是重点发展东部沿海地区，内地的资金、人才、生产资料大量地流转到东部，大大加快了东部地区的发展速度，同时却明显加大了它和全国其他地区，尤其是与民族地区之间的差距。从 1994 年开始，由于市场经济在财政、税收、金融、外贸等方面的全面推行，国家过去给予民族地区的一些优惠和照顾政策难以实行，这给民族地区的经济发展带来了不小的影响。民族地区长期以来商品经济不发达，市场观念淡薄，难以掌握瞬息万变的市场变化，造成了经济交往中的利益流失，加大了同其他地区发展的差距。竞争中的不利地位，不仅表现在地区之间，也表现在民族的个体之间。由于西部是少数民族聚居区，所以东西部的利益差距将直接影响到西部地区少数民族同东部地区汉族之间的关系。同时，西部地区汉族仍占这一地区人口的相当比重，除西藏和新疆外，汉族还是西部地区各省、区的主要人口，这样又使东西部之间的利益差距也表现为西部的汉族和东部的汉族的利益差异，表现为西部的少

---

① 国家民族事务委员会政策研究室：《中国共产党主要领导人论民族问题》，民族出版社 1994 年版，第 115—116 页。

数民族同西部的汉族之间的利益差异。此外，不同产业的民族之间、同一产业的相邻地区的民族之间也都会因一些具体的利益分歧而发生矛盾。诸如草场之争、森林之争、水源之争、矿产资源之争等都牵涉到一些具体的民族利益。所有这些都会使农村散杂居少数民族或在竞争中处于劣势的民族产生心理不平衡。要使这些问题得到根本解决，只能加快发展少数民族的经济，为将来彻底解决民族问题逐步创造条件。

（三）农村散杂居区的民族团结教育有助各民族相互尊重

农村散杂居民族在各民族大杂居、小聚居的民族分布总格局的基础上，又呈现出各民族在不同区域范围交错插花居住的状况，各民族之间形成了密切而复杂的民族关系。只有加强民族团结、宣传教育，促进各民族相互尊重、理解和支持，才能实现各民族共同发展和繁荣。

人类学家、民族学家从文化的相对性角度提出了"他者"的概念。"他者"概念的意义在于对异族的文化要持特别谨慎态度，不能随意做出好坏、高低、是非的判断，应该深入理解其内在的原理，而不是对其他民族的文化特征表示歧视、否定、责难。在农村少数民族经济社会发展过程中，我们不时会看到一些指责少数民族"愚昧"、"落后"、"保守"、"懒惰"之类的批评和指责，许多批评是对当地民族文化内涵与特点不了解的误判。例如，在滇西北、滇西、滇西南、滇南以及与缅甸、老挝、越南相邻的半月形亚热带地区，是一个"绵延千里的刀耕火种地带"，彝族、哈尼族、瑶族、苗族、拉祜族、佤族、布朗族、基诺族、景颇族、德昂族、傈僳族、怒族、独龙族等少数民族在新中国成立 60 年后，依然或多或少存留着刀耕火种的生活方式。多年来人们较多地用"落后"来解释这一现象，而有学者就用"他者"的眼光给出了不同的解读："自古迄今络绎不绝迁往滇西南山地的内地汉民，一旦定居也不免刀耕火种起来，须知他们是早已开化、并无原始残余的先进民族。陷在'先进'、'落后'的框架中，不足以认识这一现象。刀耕火种在相当长的时期内一直盛行不衰，原因在于这种生产方式是对当地独特生态环境的适应。"[①] 周恩来曾经指出："兄弟民族多

---

① 尹绍亭：《试论当代的刀耕火种——兼论人与自然的关系》，《农业考古》1990 (1)。

数是处在经济、文化比较落后的状态，汉族同志在批评时，就容易去指责这些客观存在的落后现象，这就变成民族歧视了。另一方面，站在少数民族方面批评汉族中的大汉族主义时，如果不从共同目标出发，也容易造成对立。因为历史上遗留下来的经济、文化方面事实上的不平等今天还存在，历史上反动统治压迫的后果也还存在。"① 如果用自身的好恶、是非标准去评判"他者"的文化特质，就难免产生误差、偏见、谬论。如果我们都能够尊重"他者"，尊重"他者"的文化，尊重不同民族、不同群体、不同个人所选择的生存方式，而不是用自认是放诸四海而皆准的原则去指责"他者"的风俗，用自认正确的文化观念强加于"他者"的行为，用自认是高尚的文化去解放"他者"的思想，用自认是合理的标准去统一"他者"的选择方式，那么民族的偏见就可大为减少，民族的冲突就可以避免。

对于农村散杂居民族来说，通过民族团结宣传教育来促进各民族的相互理解和尊重，首先要大力倡导和践行各民族之间的相互理解和尊重。要尊重不同民族的风俗习惯、价值观念和宗教信仰，要尊重不同民族的发展历史，不说伤害民族感情的话，不做伤害民族感情的事。其次要大力营造民族团结的社会氛围，大力倡导和努力实践各民族"共同团结奋斗、共同繁荣发展"这一主题，切实做到团结中凝聚力量、发展中实现繁荣。最后要进一步完善现行法律、法规、规章和自治条例、单行条例中的相关规定，更好地发挥法律"定分止争"的功能，及时化解矛盾，维护民族团结。

二、农村散杂居民族问题的主要内容

(一) 政治上要求民族平等

农村散杂居地区经济、文化、教育发展水平低于城市和民族聚居区，少数民族人员平均素质要低于民族聚居区和城市少数民族群体，所以在民族经济社会发展方面处于边缘地位，在少数民族权益保障上处于弱势地

---

① 国家民族事务委员会政策研究室：《中国共产党主要领导人论民族问题》，民族出版社1994年版，第164—166页。

位。在当前社会变革时期，影响农村散杂居少数民族在政治上享受平等权利的因素主要体现在：

一是各民族间经济发展不平衡的影响。农村散杂居区的经济发展相对全国其他地区来说比较落后，大部分地区长期处于落后和不发达、封闭和半封闭的状态，使得人们缺乏参与政治生活的"闲暇时间"，政治参与预期较低，由此引发他们深层的政治心理、政治情感等也较少与外界交流，政治参与冷漠，使得这部分少数民族政治资源流失。尤其是随着改革开放的深入，农村的社会利益矛盾呈现出利益主体多元化、利益差距扩大化、利益关系复杂化、利益冲突激烈化等特征，势必导致各民族利益表达公开化和多元利益阶层的政治诉求愿望激增。

二是政治体制不完善的影响。少数民族政治理念的建设依赖于少数民族个体成员参与政治的实践活动，他们在政治参与中获得政治认知、政治意识、政治评价和政治心理，以此决定今后的政治选择和政治行为。我国现阶段的政治体制仍然很不完善，一些地方的政府部门以陈旧的规章制度办事，权力过于集中，官僚主义、地方保护主义仍然存在。散杂居少数民族不能有效地为政治体系提出意见和建议，不能有效地监督政治过程中存在的公共权力异化和腐败。

三是各种复杂社会因素的影响。随着市场经济的发展，不同社会群体和阶层的利益意识逐渐会被唤醒和强化，对利益的追求会成为人们政治行为的一种强大动力。利益的分化实际上也是利益格局重新调整的过程，必然会在不同利益主体间产生广泛的利益矛盾和冲突。同时也产生各民族由于非均衡发展所带来的利益分配不均问题，引发受益较少地区的民族心理失衡、消极低沉，一定程度上还会削弱对民族政治体系的认同，引发价值取向扭曲，降低他们对国家政治体系的认同感和归宿感。此外，农村散杂居区域人口空间分布稀疏、交流欠缺，政治沟通和参与渠道受阻，资讯传播缓慢滞后，大众传播媒介难以发挥信息沟通的应有作用等，也制约了少数民族成员的政治行为。

四是有关政治权利保障的法律法规的操作性不强。党和国家为保障散杂居少数民族的政治、经济、文化等权利，颁布了各种《决定》、《意见》和《条例》。由于多数规定缺乏具体的可操作的内容，甚至根本无法落实或实施。诸如在《民族乡工作条例》中，"应当"、"优待"、"扶持"、"照顾"、"帮助"等词语广布其中，但如何"应当"、"优待"、"扶持"、"照顾"、"帮助"？如果当地政府不"应当"、"优待"、"扶持"、"照顾"、"帮助"，民族乡又如何？对于这些，《民族乡工作条例》没有作出明确规定，也就使这一条例在具体实施中缺乏约束性。

农村散杂居少数民族重视本民族在国家和社会生活中应有的平等地位和权利，政治上的平等意愿和要求相当明确。这是在当前国际、国内形势下，必须及早注意和及时圆满解决的问题。

（二）经济上尽快脱贫致富的愿望十分强烈

缓解和消除贫困，实现各族人民的共同富裕，是各族人民梦寐以求的理想，也是党和政府矢志不渝的宗旨。农村散杂居少数民族普遍较为贫困。进入 21 世纪以来，我国的贫困人口越来越集中于西部少数民族地区，这些地区的贫困问题呈现出一些新的特点。具体表现在：

一是教育基础落后，文化素质差。由于受经济条件的限制，少数民族地区普遍教育投入少，教育基础落后，教学设施差，教师队伍素质不高，致使少数民族群众受教育程度低，他们所面临的不仅是收入贫困，危害更大的是知识贫困。

二是经济收入少，居住条件差。农村少数民族不但经济方式落后，而且经济收入低。2008 年，我们对湖北省农村收入状况进行过较大规模的调查，人均经济收入多则 3000 元左右，少则 700—800 元，而且居住条件比较差，多数群众仍居住在祖辈留下的泥砖房。[①]

三是贫困面大，贫困人口多。农村散杂居少数民族大多分布在西北、西南地区，这些地区又是目前发展较为落后的地区，绝对贫困人口多。许多少数民族处于国家级贫困县中。其中的一些少数民族经过近些年的发展，也只是基本解决了温饱问题。

四是不同地区少数民族之间的发展差异大。由于中东部地区的自然条

---

① 程芳、沈再新：《论非正式制度对少数民族农民收入差异的影响——基于湖北省土家族聚居区、散杂区的调查》，《湖北民族学院学报》（哲学社会科学版）2008（2）。

件、经济基础好，农村少数民族数量较少，上级地方各级政府财政帮扶的力度大；而西部地区自然条件较为恶劣、经济基础较差，少数民族人口多，上级各级政府的财政底子薄，扶持力度相对较小，所以中东部地区的少数民族的发展速度和水平明显高于西部地区的少数民族。

五是农村散杂居少数民族人数少，居住分散，位处弱势群体，容易被忽视。加上地方政府财力困难，难以享受到政策的倾斜照顾，也不易引起社会各界的关心、支持和帮助。

六是社会保障系统薄弱，医疗卫生条件差，地方病严重，部分民族地区人口处于贫病交加的状况。2009 年，我国县级以上人民政府都成立了专门的农村合作医疗保障管理机构，积极推动农村合作医疗。但国家对农村合作医疗的补助不高(2009 年人均为 40 元)，仍然存在着农民看不起病、小病"扛"、大病"拖"的情况，一些少数民族群众因病致贫的现象较为突出。[①]

（三）文化教育事业的提高成为迫切要求

农村散杂居少数民族的经济、教育、科技发展水平比较滞后，民族文化资源的流失还在制约着文化产业的发展，农村地区文化体制、政策和理论创新的不足，还从各个方面束缚、阻碍着农村散杂居少数民族文化权利的实现。

一是农村经济发展滞后从根本上制约了少数民族文化教育事业的发展。

二是教育与科技发展水平落后，导致民族文化活力和竞争力不足。2007 年全国 15 岁及 15 岁以上的人口中，文盲比例下降到 8.4%，但 8 个民族省、区中有 5 个地区的文盲比例高于这一水平。在科技发展水平方面，根据国家统计局进行的区域科技进步监测结果，2007 年 8 个民族省区综合科学技术进步指数为 35.82%，比全国平均水平低近 15 个百分点。[②]

[①]　沈再新、谭晓静：《对少数民族地区土医土药问题的调查与思考》，《三峡大学学报》（人文社会科学版）2011 (1)。

[②]　国家民委编发《国务院关于进一步繁荣发展少数民族文化事业的若干意见》学习辅导读本。

教育与科技发展滞后已经成为制约我国少数民族文化保持活力和提升竞争力的重要因素。

三是农村公共服务体系建设滞后，还不能很好地满足少数民族群众文化需求。农村散杂居少数民族人口居住相对分散，多数乡村与城镇距离较远，而除文化站（室）以外的各类文化事业机构主要在县级以上城镇设立，许多乡村群众实际上无法享受基本的文化服务，看书难、看报难的现象普遍存在。民族、民间文化资源流失加剧，少数民族传统文化的传承与发展面临严峻挑战。

四是农村文化发展体制转型滞后，从体制层面制约了少数民族文化发展与繁荣。我国文化体制改革滞后于经济体制改革，农村的文化体制改革又滞后于全国文化体制改革进程，还没有对既符合市场经济一般规律，又合乎少数民族文化发展特殊规律的文化体制机制进行系统研究和实验，还没有摸索出一套特别适合民族地区的文化管理体制。

农村散杂居少数民族的文化教育建设面临种种严峻挑战的同时，无疑也进入了一个前所未有的发展机遇期。如何以科学发展观为指导，全面提升农村散杂居少数民族文化教育事业在国家现代化建设全局中的战略地位，创新少数民族文化发展机制和发展思路，为少数民族文化教育的发展创造有利的经济环境、制度环境、政策环境以及教育和科技基础，推动少数民族文化大发展，是一项亟待解决的现实问题。

第四节　省际结合部的民族问题

省际结合部是一种特殊的地理单元，指以省级行政边界为起点向行政区内部横向延展一定宽度所构成的、沿边界纵向延伸的窄带型区域。从行政区划看，边界划分十分清晰，行政隶属关系十分明确；从范围上看，包括若干县及县级市，延伸数百公里及上千公里，远离省级行政中心或经济中心；从自然环境角度看，划分界线一般是以山脉或河流等自然屏障为界，差异较小，更多则体现其整体性特征；从人文生态角度看，省际结合部具有地缘结构、文化习俗、民族传统、经济发展状况等多方面的相似性和经济区位的同一性，因而作为一个特殊的地理边界区域，它会对国家或地区的政治、经济、社会、文化产生重要的影响。目前，我国已形成沿海、沿边、沿江为主体的全方位开放格局，但同属于沿边的省际结合部仍然是一座未被开发的自然区域和学术富矿，其自然和人文生态还未得到足够的关注，其民族关系和民族问题的特征和特性尚待探讨，省际结合部民族理论体系的构建、族群利益导向、群体性事件、民族发展战略、小城镇建设、边贸市场的培育与发展、区域联合与协作等方面都有待进行广泛和深入的研究。在我国省际结合部各民族的经济社会发展当中，如何实现"省际无边界"，值得我们长期的跟踪和研究。

一、关于省际结合部

（一）传统边界的定义及其内涵的延展

边界是一个相当广泛的概念。从普通意义上讲，它是指事物间本质或现象发生变化的标志线或带。按区域行政、政治实体的级别或层次，区域边界自上而下大致可分为：国界、省界、县（市）界。通常情况下，区域边界的级别或层次越高，它的政治、经济职能也就越强，反之亦然。

在英文文献中"边界"有两种含义，即边境（Frontier）和边界（Border）。边境（Frontier）一词来源于"front"，系指前缘地带。前缘是向外指向的，含有两国间接触带的意思。在边境区的居民，具有更多的外向性，也就是说边界是外向的，具有"弹性"的限制线。此外，边境区是相对核心区而言，指尚未开发或开发程度低的外围地区。在英文中，边界"border"也用于"boundary"，这个词来源于"bounds"，具有限制的含义。边界包含有领土和空间的涵义，即两个或多个毗邻国家之间在地表上所表现的或隐或现的界限，以限制各自统辖范围的扩张，也使得毗邻国家间的政权和法律受到保护与约束。国家边界的德文词（Grenze）来源于斯拉夫语系，原意为障碍、限制等含义。德国国家大词典认为"边界是将本国与邻国分开的外在标志，这种外在标志可以是人为的，如界碑、界墙等；也可以是自然的，如沿山脉脊线或分水岭，沿河流流向等"。不难看出，以上所列举的传统边界的定义仅仅是出于对边界的政治和军事属性角度的考虑。事实上，边界还具有经济、社会、文化、心理等社会属性。

传统边界的划分方法将边界划分为"自然边界"和"人为边界"。自然边界是以自然要素作为划分的依据，大都是由自然屏障和景观构成，如山脉、河流、湖泊、海洋等。"人为边界"是以民族、宗教信仰、语言、意识形态、心理、习俗等社会性因素作为依据划分的边界。[①] 以上两种边界类型是看边界划分的依据是"自然的"还是"社会的"因素，并没有考察边界形成的本质属性。事实上，从边界的形成过程的角度分析边界的本质，边界同时具有"自然"和"人为"属性。边界的"自然属性"是指边界的形成是由于人类具有群体划分和领土空间划分的本能，在领土空间的划分过程中，人类实现群体的认同和排斥，以实现自我心理的满足。而在实现人类群体划分和领土空间划分过程中，人类有意识地设立边界，以在空间上区别于其他群体，这就是边界的"人为属性"。在边界的形成中，"自然"和"人为"的矛盾属性是交织在一起的。

群体的划分也是与空间相联系的，也就是具有共同特征的群体更倾向于居住和生活在同一地域空间范围内，空间边界则是群体空间分异的结果，可以认为人类群体的社会化本质是空间的。[②] 莱芬博尔（Lefebvre）认为，"人类群体划分在本质上是空间的划分，反映出人类倾向于居住和生活在有界的空间愿望，作为与空间划分伴生的边界在这一过程中是群体分异的标志，也就是说，人类希望并通过划定空间边界来创造属于自己同一群体的领土范围。对人类来说，特定空间被看成是群体成员集合的地域"。[③] 边界实际上是群体在空间上划分领土的标志，它是群体在空间上对领土具有排他性控制权力的分隔线。

就像一切实体事物均需以一定的地理空间为载体一样，民族的形成和发展也离不开某一特定空间，从空间的角度讲，这是对共同或相近生活、

---

① 王恩涌等：《政治地理学》，高等教育出版社 1998 年版，第 92—98 页。

② ［英］迈克·克朗：《文化地理学》，杨淑华、宋慧敏译，南京大学出版社 2000 年版，第 75—78 页。

③ Lefebvre, H, *The production of Space*, Basil Blackwell: Oxford UK And Cambridge USA, 1991, p.192.

居住地产生的空间认同与归属感。民族间的团结与联合最初主要源于为抵抗来自外界其他民族，或者说来自外部空间的威胁，这种对内部空间的认同和对外部空间的排斥情感，要求民族内部的趋同和外部的分异，在空间上则表现为不同地域占有的民族边界的产生。

(二) 我国省际结合部概况

在已勘定的行政区域界线中，我国陆路边界线总长 5.2 万公里，分布着 84 个县（市），占全国总县数的 3.9%。[①] 如山东省省际边界地区有日照、临沂等 8 个市与外省毗邻，占全省 17 个地级市的 47%，土地面积的 56%。[②] 河南省与周边 6 个省相邻，共有沿边县（市）43 个，占全省县份的 36.4%。[③] 浙江省与安徽、江西、福建三省交界，自北向南有长兴、苍南等 13 县（市），总面积为 2.86 万平方公里，约占全省面积的 27.2%。[④] 甘肃省现有 14 个市州、86 个县市区，其中有 12 个市州、50 个县市区分别与四川、陕西、宁夏、内蒙、青海和新疆 6 省区接壤，省际边界线长 9807 公里。[⑤] 湖北省边界地区涉及 37 个县（市、林区）的 144 个乡镇，国土面积为 19418.5 平方公里，占全省总面积的 10.4%。[⑥]

我国省际结合部大多是少数民族居住区。据统计，现有 5 个自治区、30 个自治州和 120 个自治县（旗）共 155 个民族自治地方，30 个自治州中有 20 个处于省际边界，8 个与两省接壤，8 个与三省接壤，4 个与四省接壤。120 个自治县（旗）有 55 个处于省际边界，47 个与两省接壤，7 个与三省接壤，1 个与四省接壤。[⑦] 呈南北纵向的"藏彝走廊"、"土家苗瑶走廊"和呈东西横向的"壮侗走廊"、"阿尔泰走廊"、"古氐羌走廊"基

---

① 郭荣星：《中国省级边界地区经济发展研究》，海洋出版社 1993 年版，第 25 页。
② 贾若祥、侯晓露：《山东省省际边界地区发展研究明》，《地域研究与开发》2003（2）。
③ 张震宇、王超、范青风：《河南省边界地区经济发展研究明》，《地域研究与开发》1997（3）。
④ 章伟江、端木斌、吕思龙、黄伟：《浙江省际边界县（市）农业资源综合开发利用研究》，《中国农业资源与区划》2002（5）。
⑤ 李玉清：《加强省际协作维护边界稳定》，《甘肃法制报》，2007 年 3 月 14 日。
⑥ 湖北省计委财贸处：《湖北边贸市场建设与发展的若干问题研究（上）》，《计划与市场》1999（2）。
⑦ 李俊杰：《关于省际边界地区经济协作的思考》，《商业时代》2006（9）。

本上处在省际结合部地区。① 西藏、四川、云南三省间的藏彝走廊，从古至今，一直是多民族迁徙与文化交往活动的大舞台。瑶族、侗族主要聚居在湖南、广西、贵州交界地区。鄂湘黔渝四省市交界处的武陵山区，面积约 15 万平方公里，聚居着以土家族、苗族为主的 30 多个少数民族，1300多万人口，占武陵地区总人口的 63%。

二、省际结合部的自然生态

（一）多以高山大河为自然分界

省际结合部作为一种特殊的地域空间，特殊性就表现在它位于我国最大行政单元——省（直辖市、自治区）的交界处。从理论上讲，省际应是经济、信息、人力资源、文化的汇集地带，理应成为省际间人流、物流、信息流和能量流等经济要素的流通地带，有着各民族在经济社会发展上实现优势互补、共同发展的良好条件与潜力；另一方面，由于地理位置的邻近性，交界地带人们的观念、民族传统和风俗民情具有融和性，形成互通有无，共生共荣的聚落，建起良好的地缘关系。从自然生态环境看，省际结合部一般以高山、大河自然分界，区位偏僻，交通不便，穷山恶水，远离政治、经济、文化中心，生活质量相对较低。

多数省际结合部是在悠久历史发展过程中，以蜿蜒曲折的江河山脉走向为依托自然形成的。黄河：中华民族文化的摇篮，成为陕晋、豫鲁的省际边界线；太行山：晋冀鲁豫四省在此接壤；河南、河北两省正是因位于黄河南北而得名，洞庭湖成为湖南湖北两省"分水岭"，古代的山东和山西两省正好是与太行山为界。有些省的边界可以上溯到春秋战国时期，如春秋时的吴国基本上是现在的江苏，越国则是现在的浙江，齐国和鲁国则是现在的山东。虽朝代几经更迭，而边界却基本不变。边界地区为了减少纷争，统治者也力求将边界设在有自然障碍阻隔、人烟稀少、交通不便、区位偏僻之处。如湘赣边界以罗霄山、万洋山、井冈山、诸广山为界，河

---

① 李星星：《论"二纵三横"的"民族走廊"格局》，《中华文化论坛》2005（2）。

北、山西以太行山脉为界，湖北、四川以武陵山、大巴山为界，广东、湖南以骑岭为界，江西、福建、浙江以武夷山、仙霞岭为界。湖北、河南、安徽以大别山、桐柏山为界。我国有名的省际结合部有湘赣、闽浙赣、鄂豫皖、湘鄂川黔、晋冀鲁豫、晋察冀、陕甘宁、川陕甘等，都是革命根据地。当年革命者正是利用这些山川和交通不便便于隐蔽的环境，在这里进行旷日持久的革命斗争，因此边界贫困山区又大都是"革命老区"。

(二) 交通条件差，少数民族生活质量低

按照景观生态学的观点，每一种景观都是由基质、镶块体和廊道构成，其中廊道是景观内部及景观之间进行物质、能量、信息转化与传输的通道。对于省际结合部而言，廊道的形式多种多样，其中最重要的是通讯、道电、通路及计算机网络等。从目前我国省际结合部经济社会发展现状考察，尽管各种廊道都有这样或那样的问题，但最严重的是边界地区的交通布局由于受地域组织上的条块分割，自我封锁、自成体系，成为边界地区制约经济社会发展的瓶颈。省际交通条件差的状况主要体现在三个方面：一是过境交通路线少。长期以来，省际边界地区一直是"鸡犬之声相闻，老死不相往来"，经济社会活动基本局限在自身狭小地域空间上进行，缺乏地域上的连续性。如江西和广西两省、自治区，高速公路基本上是内循环。江西首先修通了南昌至九江的高速公路，然后修通了九江至景德镇的高速公路，而武汉、长沙、杭州、广州的高速公路直到近五年才修通。广西也是如此，首先修通的是南宁至桂林和北海的高速公路，而通往广州的高速公路则放在最后。二是过境交通路线质量差。无论是国道还是省道，都由当地交通部门负责修筑。由于道路的外部性特点，省际结合部的道路往往是两省共用，有时是一省用得多，一省用得少。如河北南部山西通往河北、山东的公路，是晋煤外运的主要通道，山西的煤运往山东，河北则负责修路。由于煤车载重大，道路屡修屡毁，河北交通部门对修路不甚积极，造成路面时好时坏。位于河南、安徽两省边界地带的水（城）场（山）公路是通连苏鲁豫皖四省的咽喉要道，一段时间内却被人们视为畏途，这段不到15公里的公路上，汽车行驶需近2小时，许多过往车辆为了避开这段"坑坑路"，不惜远行百里，绕道淮北。省际

结合部道路质量差，在中国是普遍现象。道路不畅，不仅给商旅带来极大不便，而且还禁锢了边界地区的经济社会发展。三是边界地区断头路多。省际结合部是地方各级行政区权力的极限所在，其交通路线的建设难以进入各级政府的视野之中。北京、上海、天津、河北、山西、内蒙古、辽宁、甘肃、宁夏、青海 10 省（市、区）边界地区有 453 条公路干线，其中只有 269 条通过边界，而 184 条在边界地区出现断头，占总数的 40.6% 之多。①

从我国省际结合部发展现状来看，既有经济发展比较迅速、已达到较高水平的地区，如处于豫、陕、晋三省交界地带有"金三角"之称的灵宝市，晋煤外运咽喉地带豫、晋交界处的济源市等；也有经济发展刚刚"启动"的地区，如 2009 年国务院提出的协调渝鄂湘黔四省（市）毗邻地区经济社会发展的"武陵山经济协作区"；更有尚未启动的地区。由于地理区位的边缘性和封闭性，省际结合部远离各自的经济、政治中心，受益于经济发达地区带动的机会相对较少，少数民族人口贫困范围面广，生活质量总体上还处于较低的水平。例如，位于西南地区的滇藏川交接地带，是少数民族人口和贫困人口在地理空间上重合分布的典型地带，国家统计局 2005 年 3 月发布的"2004 年中国农村贫困监测公报"显示，截至 2004 年末，西藏昌都和林芝的 18 个县、云南怒江（泸水县、兰坪县、贡山县、福贡县）4 个县、迪庆 3 个县（维西县、香格里拉县、德钦县）、丽江 2 个县（宁蒗县、永胜县）、四川甘孜 5 个县（石渠县、理塘县、雅江县、新龙县、色达县）、凉山 8 个县（美姑县、金阳县、昭觉县、布拖县、雷波县、普格县、喜德县、盐源县），共计 40 个民族贫困县，36.4 平方公里面积的 400.8 万人口列入国家扶贫开发工作重点县，分别占滇藏川交接地带 63 个县的 63.7% 和人口总数的 51.9%。2004 年，全地带 40 个国家扶贫重点县的地区生产总值 126.5 亿元，第一产业产值 48.1 亿元，第二产业产值 32.1 亿元，地方财政收支分别为 4.6 亿元和 38.6 亿元，社会消费品零售总额 31.2 亿元，各项主要经济指标占滇藏川交接地带的份额与其面积

---

① 李俊杰：《关于省际边界地区经济协作的思考》，《商业时代》2006 (9)。

和人口比重相距甚远。① 伴随民族贫困人口的广泛存在，滇藏川交接地带各民族群众的生活质量也相对处于落后。联合国计划开发署《2002 年中国人类发展报告》统计数据与全球 174 个国家和地区 1999 年的相关数据比较，滇藏川交接地带中的四川省排名第 102 位、云南省为第 107 位、西藏地区为第 123 位，都属于人类发展相对落后的地区。滇藏川交接地带同内地汉族聚居地区不仅存在着明显的经济发展差距，而且还存在着较大的生活质量差距，集中表现在知识资源发展差距上。1999 年，北京的人均知识发展水平相当于全国人均水平的 6.1 倍，上海、天津、广东的人均知识发展水平分别相当于全国人均水平的 5.3 倍、2.8 倍和 2.1 倍，而西藏的人均知识发展水平仅相当于全国平均水平的 32%，云南的人均知识发展水平只相当于全国平均水平的 49%② 。联合国开发计划署《2009/10 中国人类发展报告——迈向低碳经济和社会的可持续未来》显示，2007 年北京、上海等地区预期寿命都超过了 80 岁，而贵州 2005 年预期寿命上不足 70 岁。2007 年，青海婴儿死亡率（29.76‰）相对于上海同一指标（3.00‰），高出近 10 倍。北京、上海和天津作为中国受教育水平最高的地区，2008 年 15 岁以上人口文盲率低于 4%，而甘肃、青海、贵州等西部地区都超过 14%。③ 这充分说明少数民族聚居地区与内地汉族聚居地区存在着较大的生活质量差距。

（三）自然生态脆弱

省际结合部经济社会发展长期处于欠发达状态，诚然有地缘政治与地缘经济、历史基础与现阶段经济因素、体制等诸多原因，但脆弱的生态环境也是制约省际结合部可持续发展的障碍之一。我国省际结合部有相当一部分属于生态环境脆弱带，具有被替代概率大、恢复原状机会小、抗干扰

---

① 数据来源：《中国县（市）社会经济统计年鉴》（2002），国家统计局农村社会经济调查总队编，中国统计出版社 2002 年版；《中国城市统计年鉴》（2003），国家统计局城市社会经济调查总队编，中国统计出版社 2004 年版。

② 赵显人：《中国少数民族地区经济发展报告》，民族出版社 2000 年版，第 11—41 页。

③ 联合国开发计划署编：《2009/10 中国人类发展报告——迈向低碳经济和社会的可持续未来》，中国对外翻译出版公司 2010 年版，第 9 页。

能力弱等特性。如果这些地区的资源不能得到合理开发利用，不仅直接影响资源开发利用本身的效益，而且极易引起生态环境的退化，形成区域生态发展上的恶性循环。省际结合部一般比较偏僻，行政正向干预强度弱，更加大了环境恶化的危险度，成为区域可持续发展的障碍。例如，甘、青、川交界区域大部分属江河源区，是黄河及其支流洮河、大夏河、湟水、大通河、黑水、白水的发源地，也是长江重要支流岷江、白龙江等河流的发源地，各江河干支流生态环境的变化不仅影响本区的发展，而且对整个流域的生态安全会产生重大的影响。目前，省际结合部的生态环境方面的主要问题有：森林资源过度砍伐，覆盖率迅速下降；草地资源过牧导致退化、沙化严重；过度开垦造成了严重的水土流失。江河上游的天然林及草地对水循环具有重要的调蓄功能。森林稀疏，植被破坏，导致其涵养水源、调节径流的能力减弱，造成严重的水土流失，加剧了旱洪灾害。这不仅对本区域人民群众的生产生活及生命财产造成了严重危害，而且对中下游造成了巨大的损失。

三、省际结合部的人文生态

(一) n 不管地带，社会治安较差

"n 不管"地带是一个什么样概念，目前还没有正式和权威的定义。我们把"n 不管"地带定义为没人管的地方或事情，对事件、人和物没有责任人，无人为事件的结果负责。也可以理解为这个地方出现了很多的事情没有政府机构去管理，甚至知道也装作不知道任其发展就叫作"n 不管"。"n"在此只是个虚数，正如"三不管"、"四不管"一样，不具体代表一个数目。

省际结合部大多处于"n 不管"状态，社会治安较差。例如贵州省松桃县迓驾镇、湖南省花垣县边城镇、重庆市秀山县洪安镇交界的地方曾经是远近闻名的"三不管"地带，边区三镇行政区域"你中有我，我中有你"，各民族群众矛盾错综复杂。这一地区插花地比较多，譬如贵州的土地延伸到湖南境内，而上面住的又是重庆人，在客观上给三省市地方政府的管理

带来了麻烦，加上边区三镇管理责任不明确，可管可不管的事就没有人管，因此形成了事实上的"三不管"。20世纪90年代到2003年，边区三镇的群众因为土地、山林、道路、水源等纠纷不断，因行政管理不力而长期得不到解决，最后发展为治安案件和恶性刑事案件，成了不法分子的避难所，涉毒、涉赌、涉枪、车匪路霸和偷盗扒窃活动猖獗，治安和刑事案件也一直居高不下，社会治安形势十分严峻，群众怨声载道。① 同时，一些违法犯罪分子利用省际结合部的特殊地理环境和管理上的不完善，跨区域流窜作案，特别是邪教活动比较频繁。这些都成为影响省际结合部社会稳定的问题。

（二）社会环境相对闭塞，社会系统自成一体

对于我国省际结合部的社会系统来讲，有两种意义上的系统环境：地理位置意义上的自然环境；与其他民族交往意义上的社会环境。"相同的经济基础——按主要条件来说明——可以由于无数不同的经验的事实，自然条件，种族关系，各种从外部发生作用的历史影响等等，而在现象上显示出无穷无尽的变异和程度差别。"② 与自然环境相比，社会环境对一个社会系统的发展意义更为重要。

作为社会结构体系中的民族有自身的独立性，这并不意味着否定民族与社会体系的联系，相反，只有将民族置于社会体系当中，才能更为正确的把握它的属性和特征，才能给我们分析民族现象及其在社会结构体系中的位置提供准确的视角和定位。"从社会结构状态着眼，我们首先看到的是三个相互关联的组成要素：个体、群体、社会"。③ 它们三者相互区别又密切相连，构成一个动态的结构体系。群体是个人与社会的中介，是沟通社会的桥梁。在省际结合部，传统的乡村秩序是建立在自然经济基础上，处于相对孤立封闭状态，对外经济交往比较单一，人员往来比较固定，外来文化影响有限，社会价值取向比较成熟，人的行为预期较明确，其社会体系自成一体，并起到对内整合的功能。例如，彝族所居住的横断山

---

① 王贵山、邹荣然：《"三不管"地区的和谐新路》，中国广播网，2009年6月18日。

② 《马克思恩格斯全集》第25卷，人民出版社1975年版，第892页。

③ 陆学艺：《社会学》，知识出版社1991年版，第96页。

脉，山谷纵横，构成无数被高山阻隔的小区域，其间交通不便，实际上属于同一族类的许多小集团，分别有他们的自称，也被他族看成不同的民族单位。现在说彝语的人已被认为是属于不同名称的五个族群。即是包括在彝族范围之内的人，也还有诺苏、纳苏、罗武、米撒泼、撒尼、阿西等不同自称。新中国成立前夕，在城镇上还自认是彝族的社会上层和汉人往来中表面上已辨不出有什么差别，在地方政治和经济上还掌握着实权，但在偏僻山区的彝族，如四川的凉山，却还保持着其特有的奴隶制度，并成为独立的"小王国"，不受区外权力的控制。再如位于我国西南边陲云南省红河哈尼族彝族自治州金平苗族瑶族傣族自治县的哈尼山寨，仅有8万多哈尼族人，他们散居于全县12个乡2个镇230个村寨。哈尼族的梯田文化历史悠久，相传早在战国时代（前475—前221），红河流域就有哈尼族的先民"和"族部落居住。哈尼族男女老少对梯田向来都是情有独钟，他们自食其力，在哪里安营扎寨，就在村寨附近建设梯田种水稻，以梯田求生存求发展，形成了渗透于社会、文化、经济和生活习俗等各个方面的哈尼族梯田文化，其农耕生产生活过程中用水的独特方式，对森林的深刻崇拜，以及节日庆典、人生礼仪、服饰、歌舞、文学均以梯田为核心，处处体现着认识自然，利用自然，与大自然和谐相处，融为一体的特点。

（三）文化教育相对落后，价值观念变迁滞后于外部社会

价值观通常是指人们对价值问题的根本看法，是人们在处理价值关系时所持的立场、观点和态度的总和。体现了人们内心深处究竟相信什么、需要什么、坚持什么、反对什么、喜好什么、追求什么，作为一种社会意识，渗透在社会生活的方方面面——政治、经济、文化、法律、道德、科学等各领域中，通过各种社会意识形式表现出更深层的带有一定倾向性的价值意识或观念。价值观是在人们的实践活动中产生的一种实践精神，左右着人们的思想和行为。最高层次的价值观属于哲学世界观层次的观念，是最深层次的主体意识，是世界观的组成部分。价值观中最核心的问题是人怎样生活才是幸福的，怎样才能实现幸福，即人的幸福观。

省际结合部历史上由于远离"中心"主流文化而严重封闭，与外界极少有物质交流和文化信息交流，较少受到现代文明的辐射和浸润。现实中

依然封闭的人文环境，使其文化结构具有严重的封闭性和传统的相对完整性，民族文化教育事业的发展受到严重制约，使边疆各少数民族科学文化水平普遍偏低，现代意识发育迟缓，民族素质不能得到有效提高，民族文化结构严重缺乏现代科学文化和现代理性因素，由此导致了严重的知识和能力贫困。他们普遍受教育水平低，或根本未受过教育，交通不便、信息闭塞、语言障碍等"边缘"效应，使他们根本没有机会和能力利用报纸、图书、电话、互联网等手段获取和交流现代文化信息。如川藏滇、湘鄂渝等省际的一些少数民族群众，除赶集之外，一般较少与外界交流，一些老人一辈子未去过几十公里之外的中、小城市，儿童上小学前听不懂一句汉语，大多数村民不知道"小康社会"这个名词。文化的"边缘"定式，使省际结合部少数民族的社会生活仍旧保持着传统习俗的巨大惯性，民族文化缺乏自我认识、自我更新、自我发展的机制，这些都极大地制约着他们发展能力的提升。

（四）崇尚民间权威，家长制遗风犹存

省际结合部由于自然地理条件和行政板块体制的限制，大多处于封闭和半封闭状态，人的活动基本上缩小在地缘血缘关系形成的聚落范围，不同民族的家族间交往就更加密切，但由于远离国家政治权威，处于行政管理盲区，使得当地的社会秩序不能以社会公认的标准得到正常建立，故而更加崇尚民间权威，社会组织结构中有着家长制和首领制的遗风。

在我国少数民族社会中，曾经存在着多种社会权威，如属于传统权威的家族权威、道德权威、宗教权威等，当然也有政府权威。新中国成立以前，我国的民族传统社会体系中存在着寨老制、老人会、头人制、石牌制、山官制、土司制、部落制等各种形态的社会组织形式。这些社会组织都以老人、头人统治为原则，一般称"寨老"，瑶族称"瑶老"，壮族称"都老"，又有称"村老"、"社老"的，多属于传统型权威。寨老由本村寨中聪明会讲、通晓历史、为人公道、热心为众人服务的长者担任，地位不能世袭，有的是经群众选举产生的，更多的是在共同生活中"崭露头角"、为群众公认的自然领袖，少则两三人，多则五六人，规模较大的村寨也可能有十余位寨老，寨老并没有特殊的权力，须认真负责地为村寨办事。一

旦失去其原有品格，办事不公，或吃里扒外，便遭群众唾弃，以后他讲话就无人听，群众有事不找他，自然失去其地位。这些人大多无额外的经济待遇，处理纠纷或可从赔偿中获得一定的劳酬。寨老的主要职责是维护地域内的社会秩序，保障社会生产的正常进行，如领导村民制定规约，评判本地山林、田地纠纷，调解家庭口角婚姻纷争，处理盗窃、抢劫等案件，掌管村寨公共财产，主持各种会议及处理对外关系，等等。寨老制度具有很大的民主性质，个别寨老在实践中威望尤高，成为头人，但凡遇村寨大事，仍由诸寨老协商解决，寨老会议具有村寨行政机关的性质。改土归流后，统治者曾经将保甲制嫁接于寨老制上，任命头人、寨老等为保甲长。新中国成立时，寨老制仍具有原始民主色彩，始终在省际结合部多民族社会中发挥主导作用。

老人统治之外，在省际结合部村寨等各级地域组织中，一些民族还普遍采用公众大会的均衡法则。村寨的日常事务由长老会议处理即可，但遇到重大问题，如制订规约、处死违反规约者、决定械斗等，常需召开全体公众大会，将问题提交给大会讨论，由大会作出决定，寨老们并无专断权。公众大会的规模视需讨论的事务的重要程度而定，有时是由寨老召集寨内各族族长、各家家长举行，有时则必须由寨内的全体成年成员（或成年男性）参加。①

新中国成立以后，少数民族的传统社会权威逐渐停止了活动。国家政权深入到了社会生活的各个层面，在少数民族地区的村寨中，生产队、村委会等代替了过去的传统社会组织。改革开放以后，人们逐渐恢复了他们的传统信仰和习俗，少数民族的传统文化得以恢复。某些地区作为传统文化尤其是传统文化承载者的传统权威人物也部分恢复了在村寨生活中的影响能力，例如在贵州的苗侗等族聚居区，寨老又逐渐在村寨生活中发挥作用，在大凉山的彝族聚居区，民间的德古再次担负起调解民间纠纷的职能。② 过去一度销声匿迹的祭祖、祭神等宗教活动也开始逐步恢复，家族、宗教观念得以复兴。

---

① 沈再新、唐胡浩：《散杂居民族"同而不化"的策略性应对》，《中南民族大学学报》（人文社会科学版）2011（3）。
② 潘志成：《传统权威与当代少数民族村寨社会控制》，《民族法学评论》（第6卷），2008年。

以上的这些现象并不表明寨老、宗族首领、宗教人物等传统社会权威的地位得以重新确立。任何政治权威的最深厚的基础存在于一定社会的经济关系以及受经济关系决定和影响的社会关系之中。虽然传统文化得以部分恢复，但是过去的社会结构和经济制度都已经彻底改变，在改革开放和经济发展大潮中，脱贫致富过上幸福生活已经成为村寨中几乎每一个村民的共同追求，经验型的治理方式无法满足人们的要求。另一方面，新中国成立后，村委会和村党支部代替寨老成为村寨的权威中心，整个村寨在各种自上而下的命令下运转，寨老的职能已完全为村委会和党支部所替代，只是在村寨事务中发挥策划、协调的功能，并没有实质的控制力。家族与宗教权威的情形也是如此，虽然家族、宗教观念开始复兴，但这种复兴只是相对于此前的情形而言，是一种"长久压制之后的宣泄"。[①] 这一阶段过后，人们更加热衷的是经济的发展，祭祀等宗教活动很难给人们带来宗教精神世界以外的任何东西，进一步削弱了宗教人物在社区的影响和控制力。在家族内部，家族中的长辈人物仍是人们尊重的对象，在人们遇到婚丧嫁娶、分家析产等大事时也多会请其主持或见证，但也仅仅是主持和见证，对族内甚至各家的事情，家族领袖实质上很难做主。

由于地理条件和经济基础等因素的限制，省际结合部的经济社会发展缓慢，仍有相当部分的村寨处于贫困状态，村委会和党支部的工作很难给人们带来实惠，影响和控制力非常微弱，人们更加尊崇的是村寨中那些已经富裕起来的乡村精英，而不是村里的干部。因此，如何才能解决传统权威影响力消失和村委会、党支部对村寨控制力不足带来的村寨社会控制问题，引导这些传统社会权威和现代乡村精英在当代省际结合部现代化建设社会中找到自己的适当地位，这是个值得深思的问题。

四、省际结合部的热点问题

自古以来，由于国家行政区划和社会管理体系的局限性，以及地方小

---

① 杨正文：《"复兴与发展：黔东南苗族社区的变迁态势"》，王筑生主编：《人类学与西南民族》，云南大学出版社 1998 年版，第 651 页。

传统等多种社会因素的影响，省际结合部在社会治理过程中相对地容易出现"n不管"的领域和情况，这就使得省际结合部往往成为矛盾多发区，以及民族关系和民族问题的潜伏区，历史上很多大的社会动荡就是从省际结合部引发的。我们应该看到，在当代社会转型过程中，传统社会秩序逐渐解构，新的社会秩序又尚未建立和完善，各种社会利益关系更加复杂，社会矛盾很容易激化。由于省际结合部大多是散杂居民族比较集中的区域，社会转型更富于滞后性，矛盾消解更具顽固性，这就注定了省际结合部的民族关系和民族问题显得更加特殊和敏感，各种矛盾和问题一旦显性暴露，对社会的稳定和发展会造成更大的危害。

（一）地区小传统

人类学家、民族学家、社会学家在研究不同社会群体的传统时，为了叙述与研究的方便，把传统分为两类：一类是社会上层、知识精英所奉行的文化传统，他们称为"大传统"；把流行于社会下层（特别是乡村）、为普通老百姓所遵行的文化传统称之为"小传统"。顾名思义，最初作此分类的学者是把前者看作对社会影响力大、具有指导意义的文化传统，把后者看成影响力较小，又受到前者支配的文化传统。从文化模式的角度而言，省际结合部的"地方传统文化"可分为"大传统"和"小传统"。

"大传统"和"小传统"这一对概念，最先出现在美国人类学家雷德菲尔德于1956年出版的《乡村社会与文化》一书中。雷德菲尔德认为无论是大传统还是小传统都对了解该文化有着同等的重要意义，因为这两个传统是互动互补的。大传统引导着文化的走向，小传统却在提供着真实的文化素材，两者都是构成整个文化的重要组成部分。雷德菲尔德区分"大传统"与"小传统"主要目的是为了强调被相对忽视的、代表着乡村生活方式和价值观念的"小传统"。"小传统"被"相对忽视"的事实是客观存在的。或许正是缘于"相对忽视"，在散杂居民族研究中，应给予"小传统"以极大的关注。

1. 少数民族习惯法

作为小传统的一种重要表现形式，少数民族习惯法在省际结合部仍然普遍存在，在部分地区表现出极强的生命力，其内容极其丰富。在内容上它包括：社会组织及其首领规范、婚姻与家庭规范、生产与分配规范、财产所有与继承规范、债权规范、刑事规范、调解处理审理规范、丧葬规范、宗教信仰及社会交往规范等。①

省际结合部各民族之间，实行社会控制的不仅仅有法律，还有基于小传统之上的习惯法。从民族学、社会学视角下有关社会控制的理论出发，以一些少数民族传统习惯法为例，呈现省际结合部的整套社会控制方法，从整体上认识少数民族的传统文化，同时善加利用民族文化中的合理成分，更好地为民族地区发展服务，是省际结合部民族研究的热点问题。

2. 家规族规

省际结合部小传统的另一种主要表现形式是家规族规。聚族而居、敬祖祀天、崇尚血缘，以及以此为特征的宗法社会，大概是自古以来我国各民族共有的特征。族规即宗法制度下家族的法规，是同姓家族制定的公约，用来约束本家族成员。全国各姓族谱大多有族规、谱禁、宗规、祠规、家范、族约、族训、家训等条款。族规条款往往置于卷前，以示重要。

族规的作用主要体现在它的内容上：首先是强制性的尊祖；其次是维护等级制度，严格区分嫡庶、房分、辈分、年龄、地位的不同；最后是强制实行儒家伦理道德，必须尊礼奉孝。在以发展市场经济为使命的新时代，家规族规在省际结合部明显地走向如上两个相反的方向：既存在着强化的现实需要，也存在着弱化的客观基础。

3. 禁忌

禁忌也是省际结合部小传统的重要形式。各民族成员生于斯长于斯的环境将可做的与不可做的，遵从认可的与违规禁止的，通过日常生活的细节和仪式灌输到头脑，在他们社会化的过程中内化为自己的世界观和价值观，无形之中强制地成为个人社会记忆的一部分，并在日常生活中成为进行社会控制的心理约束力量。在省际结合部，各民族都有各自不同的禁忌类型和禁忌事项。比如瑶族在生产活动中，正月逢子日不开工，辰、巳、亥日也不出门劳动，二月有三个辰日不开工，忌下田进地；进山砍树时，

---

① 高其才：《中国少数民族习惯法研究》，清华大学出版社 2003 年版，第 220—227。

忌讲不吉利的话，忌吹口哨，忌大声数树的棵数，忌早上饭没煮熟就进山砍树等。[①] 一些少数民族的婚姻家庭禁忌还表现在特殊习俗上。例如，哈尼族严禁姑表姨表婚，彝族姨表不婚，壮族姑表不婚，苗族、藏族同宗及姨表不婚，白族、纳西族同宗同姓不婚，基诺、德昂族同姓不婚。有的民族如白族、纳西族和摩梭人，对婚姻嫁娶对象的身体、智力和相貌较为重视，要求对方身体健康，神智正常，相貌端正。[②]

禁忌将人们的社会关系及行为模式用惯制的形式固定下来，使各种社会因素、力量成为一个统一的整体，人们所有的言行都是对统一整体的附和与认同。禁忌是一个民族内部各成员之间互相认同的需要，它更多的是一种道德约束。省际结合部乡村社会多是一个熟人社会，村寨生活使人们处在一个狭小的文化空间内，寻找村寨庇护，与村寨保持友好互动关系便很重要。在这样的情况下，遵守村落文化规范的各种行为礼俗，恪守村寨内部的禁忌，就成为减少社会生活成本的主要方式和途径。这样的心理状态和趋同压力造就了禁忌的流传，成为这个民族内部的一种无形心理暗示。

4. 乡规民约

中国社会里"法制的运行历来都存在国家统一法制和民间法制两条并行而居的道路"。[③] 历史上中央王朝对边疆少数民族地区普遍采取"以夷治夷、因俗而治"的间接统治方式，在很长的时期内，国家法只在名义上存在，它基本没有产生什么根本影响。这一方面是由于边疆地处边陲、交通不便，国家力量难于到达；另一方面是因为各民族在文化上存在差异，使得中央王朝的法律制度不可能直接在民族地区适用。然而，国家法的远离并没有给省际结合部村寨的日常生活造成混乱，各式各样的村规、寨约被人们创造出来，并使村寨秩序井然。

乡规民约，有的地方又称村规民约、族规民约、议约或约款等等。考证历史，早在周代，伴随着里正、乡老的产生，村落中就出现了有关防御外侮、防洪、灌溉的约定。到了宋、明、清三代，村规民约的形式和内容

① 张冠梓：《近代瑶族社会控制研究》，《广西民族研究》（哲学社会科学版）1994（2）。
② 杨智勇：《云南少数民族婚俗志》，云南民族出版社1983年版，第65页。
③ 王学辉：《"双向建构：国家法与民间法的对话与思考"》，《现代法学》1999（1）。

有了很大的发展，在村落社会中影响极大，尤其是在同宗同祖的村落中，制定的村规民约具有明显的宗族色彩，族规族约对家族成员行为的要求之高、约束之严，在某些方面甚至超过了当时的国家法律。① 传统的村规民约一般由村庄中的权威组织或全体村民公议制定，内容主要涉及村风民俗、公共道德、社会治安等方面，其目的在于调整村落内部关系，维持村落秩序，维护村落的共同利益，形式上成文的居多，也有不成文的。作为乡村社会最常见的小传统和地域性自治规范之一，乡规民约对省际结合部乡村生活的稳定发挥着巨大的作用。

（二）群体性事件高发区域

我国幅员辽阔，地域复杂，大部分省区的行政区域界线比较长，大多数边界地区距离政府中心较远，经济发展、交通通信、文化教育、人口素质等方面都相对落后，省际结合部各民族因资源管理使用、风俗习惯、宗教信仰等引发的矛盾纠纷时有发生，从而使省际结合部往往成为群体性事件的高发区域。需要强调的是，不是所有的群体性事件都发生在省际结合部，也不是所有的省际结合部都有群体性事件发生，它只是诱因之一。现实中，省际结合部的矛盾纠纷形式多样，这些矛盾纠纷一般涉及多数人的利益，或者个人利益和集体利益交织，常常是原始矛盾纠纷未得到有效解决，各个矛盾纠纷不断积累或升级的结果。它通常呈现矛盾纠纷—治安案件—刑事案件—群体性事件的态势。省际结合部群体性事件的起因主要有如下两种类型：

一是因山林田土和水事引起的矛盾纠纷。这一类型的矛盾纠纷是农村特别是省际结合部农村最常见的矛盾纠纷。虽然国家法律政策对农村山林土地作了划定，但其效力通常只及于这些山林土地的主体部分，许多山林土地边界的具体划分，通常由村民或村民委说了算，甚至是村寨上一些有威望的人（主要是长老、寨老）说了算，缺乏法律的约束力，也经不起时间考验，时常有人各行其是。除山林田土纠纷以外，最常见的还有水事纠纷。从水事纠纷的一些特征上看，虽然它具有相对的独立性，但其实是山

---

① 费成康：《中国的家法族规》，上海社会科学出版社 2002 年版，第 195 页。

林土地纠纷的延伸。因为在省际结合部的农村，人们习惯将山川河流作为山林土地的分界，常常是谁拥有分水岭的管理权和使用权，就等于他可以支配水源河流。所以也经常发生山林纠纷和水事纠纷交织的情形。矛盾激化时，双方通常以村寨族人为主体聚众山头，以武力相威胁，以致于无人把持僵局的情况下发生群体性械斗。如甘青川边界上不少地方的草场之争、青新边界上茫崖地区的石棉矿之争 [1]、甘宁边界上为六盘山自然保护区而发生的争议、苏浙边界上的南太湖水面之争等。据不完全统计，全国每年因边界纠纷造成的损失高达上亿元，而且还有数量不等的人身伤亡。[2]

二是家庭、家族矛盾纠纷。省际结合部家庭矛盾纠纷的根源通常是家庭或家族纠葛（俗称"世仇"）、触犯禁忌、侵占、诽谤、盗窃、通奸、重大猜疑等。家庭之间矛盾纠纷相对比较单一，家族矛盾纠纷却比较复杂，通常是一种或几种矛盾纠纷的扩大化或集合体。农村中村民的宗族意识较重，一朝反目，几代成仇。在川滇黔边区苗族、水族居住的一些地方，虽然双方世居于同一村寨或村寨的附近，但于平时，"鸡犬相闻，不相往来"。矛盾激化时，动辄以一些粗暴的方式向对方施加压力，往往发生故意伤害、聚众抢夺、群体性械斗等非法行为。家族矛盾既成，旷日持久、难以调解。

上述这些矛盾纠纷的一方或双方，通常有组织有计划有目的，参与的人员多，涉及的范围广，容易扩大，形成气候。特别是一些重大突出的矛盾纠纷，当地政府多次处理未果，只能听之任之，以致有的群众自以为天高皇帝远，擅自以武力解决纠纷。这种状态下的矛盾纠纷，轻微者直接影响省际结合部经济、文化建设；严重者可干扰当地政府的正常工作。

（三）现代意识与传统观念的冲突

少数民族的传统观念是在历史发展过程中逐渐形成的。它不仅极大地丰富了中华民族文化，有些还成为我国经济社会发展的重要人文资源。省际结

---

[1]　杨勇：《甘肃藏区部落组织历史与现状调查研究》，《西北民族大学学报》2003（增刊）。

[2]　程刚：《省界县界都勘清楚了》，《环球时报》2001 年 9 月 11 日。

合部少数民族传统观念涉及政治、经济、文化、哲学、艺术、法律、宗教信仰、婚姻与家庭、风俗习惯等各方面。在我国现代化过程中，省际结合部少数民族的相当部分传统观念受到挑战，直至慢慢消失，与此同时逐渐树立了一些现代意识。但我国少数民族在生产、生活、生育、消费、教育等传统观念中消极的一面也十分突出，不少陈规陋习通过其所具有的巨大惯性力，严重地影响着省际结合部经济社会的发展，阻滞了现代化进程。

　　1. 畸形消费与扩大再生产之间的冲突

　　生产的最终目的是为了满足人们物质、文化生活的消费需要。但生产与消费存在着相互制约的关系：消费水平要与生产力发展水平相适应，这样的消费才是适度合理的消费，否则就是畸形消费。表面看来，省际结合部各民族群众经济上贫困，就无法谈及挥霍浪费，事实上，尽管经济上贫困，畸形消费却仍突出。究其原因则是传统消费文化观念和民族文化环境使然。畸形消费的观念主要表现在"吃（为人情而吃）"、"穿（为炫耀而穿）"、"闹（为信仰而闹）"三方面："吃在酒上，穿在银上，闹在鬼上"，便是这种挥霍浪费的消费方式生动形象的概括。省际结合部基本上是多民族居住区，每个民族都有自己独特的服饰文化，这是民族文化的骄傲。在有些区域，对民族服饰的盲目追求，浮华的虚荣心理，却导致了一种不正常的消费，一些妇女为美化自己的形象，把制作一套镶满银器、宝石，价值成百上千的服装，当作自己生活追求的最高目标，于是省吃俭用，耗掉了自己几年甚至几十年的积蓄，使生产和其他片面的生活投资减少，如教育等人力资本投资，导致消费教益降低。另外，省际结合部少数民族大都有自己的宗教信仰，每一种宗教信仰往往伴有一系列的宗教活动节日及相应的宗教仪式，在这方面的花费也是一笔较大的消费。在信仰原始宗教的少数民族中，存在杀牲祭祖、祭鬼祭神的传统习俗，用在这方面的消费也相当大。近年来随着社会经济的发展和农牧民经济生活条件逐渐得到改善，不少民族地方在婚丧喜庆中互相攀比，大吃大喝之风愈演愈烈，不少人一年辛勤劳动成果的相当一部分用于炫耀性的浪费上，用于人情应酬上。一年到头吃不完的酒、送不完的礼，出现了"越穷越吃越送，越送越吃越穷"的恶性循环，致使一些本可解决温饱问题的农牧民到头来还要靠国家供应救济，相当一部分人至今仍处于特贫状态。在生产力水平尚较低下，人们生活还较困难的情况下，这种"穷大方"、"穷体面"、"比排场"的搞法，过多地耗费了不太丰富的社会财富，制约了扩大再生产的进行。

2. 平均主义观念与竞争意识、商品意识的冲突

历史上，由于生产力发展水平低下，人们为了生存，形成了"有田同耕，有食同吃，有难同当，有福同享"的朴素平等观念。随着历史的发展，平等观念逐渐演变为平均主义思想，省际结合部少数民族的一些风俗习惯便是这种观念的载体。比如，西南地区一些少数民族中残存着共食习俗，一户杀猪，全寨分食；一户煮酒，全寨共饮；上山打猎，见者有份。贵州省榕江县的山区苗寨，不论婚丧嫁娶、起房盖屋，或者祝寿贺岁，只要一家办酒，就"全寨不烧火，户户不冒烟"，男女老少齐去吃，不请自到。吃了之后，还要带回一大包礼品。再如云南景颇族的"帮吃"习俗，一家若逢婚丧嫁娶、祭鬼敬神等活动，本寨男女老少和外寨亲友均可前往吃喝，少者几十人，多到几百人，其结果常使主人倾家荡产。凉山彝族地区，也以"一人有，大家有"为天经地义，平时喜庆宴客，路人也应邀入席，共吃同喝，一视同仁，并把这种大吃大喝看作一种"传统美德"。以上这种在历史发展过程中积淀下来的"不患寡而患不均"的平均主义观念和习俗，以及由此派生出的心理定式，在大力发展商品经济的今天，同社会主义"按劳分配"的原则相矛盾，极大地挫伤了人们发展生产、勤劳致富的积极性。

3. 重义轻财、轻商贱利的观念与商品经济发展的冲突

省际结合部地域辽阔，自然资源也较为丰富，但大多数地方经济发展缓慢，不少民族深受因循守旧观念的影响，长期从事单一的生产活动，商品经济基础薄弱，自给自足的自然经济还十分顽强，有的人至今仍守着"养牛为耕田，养猪为过年，养鸡养鸭为换油醋盐"的信念，重义轻财，轻商贱利，甚至视经商和长途贩运为耻，缺乏商品交换观念，结果形成了"捧着金饭碗讨饭吃"的现象。一些少数民族在经济交往活动中价值观念差，采取以物易物的方式进行交换。直到 20 世纪 90 年代，我国已经向市场经济转型，商品经济的大潮在很大程度上也冲击了少数民族轻商贱利的观念和习俗，但参与经济活动仍显得"犹抱琵琶半遮面"。如凉山彝族农民到市场上出售蛋禽等农副产品时，总是躲躲闪闪，很羞涩地用自己

"擦尔瓦"（彝族人常穿的一种披衣）将之半掩半遮地盖住，怕被熟人碰见，笑话他小气。[①] 在广西某些地区的壮、苗、瑶等族群众认为穷才去做买卖，不卖东西也不买东西才是真正的富户。在藏北牧区，每家每年都要耗费五六百斤酥油，按市场价格计算，至少也有五六千元的收益，但他们不愿意也不会走上市场，而是固守贫困，等待救济。苗族姑娘出嫁前要花上几年的时间缝制一身精美的衣服，并以此为荣和财富，但不肯到市场上出售。[②] 由此可见，少数民族群众轻商贱利、重义轻财的习俗和观念严重阻碍了少数民族地区商品经济的发展。

4. 少数民族传统行为规范与现行法律的冲突

就一个特定区域里特定民族的生存和发展而言，必然同时面对习惯法和国家制定法，也就必然面临着如何协调习惯法与国家制定法之间关系的问题。新中国成立后，经过民主改革的洗礼，摧毁了旧制度，使这些民族飞跃跨入社会主义社会。但传统文化已深深植根于少数民族的文化心理结构之中，成为约定俗成的风尚、习惯和行为模式，这种心理定式难以从人们的头脑中很快消失。例如，川滇省际彝族人已开始接受现代法制观念，但国家法在该区域的作用范围有限，更多的是彝族习惯法占据了主导地位，国家法调控功能受阻，效力受到影响。[③] 在财产所有权的主体方面，彝族习惯法基本上以家庭、家族、家支乃至村落为财产所有权的主体，个人很少成为财产所有权的主体而独立拥有财产或自由支配财产。如：森林、水源在划定的区域内为彝族村寨共同所有，公山、公共坟场为家族、家支共用；自家房前屋后的果树，路人可以采摘解渴而不必担心被视为偷窃。这与国家法注重保障个人主体地位和个人权利存在一定的差异。在债权债务方面，彝族民间借贷分为借钱和借畜。一旦出现无力偿还借贷或借贷长期不还，民间有拉牲畜折算抵债之法，造成当事人财产损失。显然，这种对欠债不还者任意拉债务人的牲畜，占用财产清偿债务的做法与国家

---

① 《民族学研究》（第十辑），民族出版社 1991 年版。

② 秦永章：《简论我国少数民族风俗习惯与现代化的冲突及其改革》，《青海民族学院学报》（社科版）1995（1）。

③ 吴建华：《少数民族习惯法与国家法的冲突与互动——以彝族地区为例》，《人民论坛》2011（17）。

法保护公民私有财产不受侵犯相悖。在婚姻的习惯法规范中，禁止黑彝与白彝间通婚，姑姑的女儿优先嫁给舅舅的儿子，同样，舅舅的女儿要优先许配给姑姑的儿子。在婚姻关系成立上，现在彝区人们仍坚持"仪式婚"。我国婚姻法明确规定："结婚必须男女双方完全自愿，不许任何一方对他方加以强迫或任何第三者加以干涉。""男女双方自愿离婚的，准予离婚，双方必须到婚姻登记机关申请离婚。""男女一方要求离婚的，可由有关部门进行调解或直接向人民法院起诉。"但在一些少数民族社会中，通过登记成立或解除婚姻关系的观念却很淡薄。

5. 早婚、多育观念与全面提高人口素质的冲突

实现省际结合部经济发展社会和谐稳定，离不开控制人口增长和逐步提高人口素质。我国传统社会背景和环境影响下长期形成的关于生育的思想观念体系，对诸如省际等经济落后地区的影响更是根深蒂固，"早生、多生和生儿子"的传统生育文化观念尤为突出。"早生多生"被认为具有经济、社会、精神多种价值，而"生儿子"则不仅是经济上的考虑，更是"传宗接代"、"男尊女卑"、"养儿防老"等传统伦理道德思想的千古训条。正是这种"早生多生"的生育观念，使人们把生育视为家庭和个人的私事，女孩早早就结婚生子，想生多少就生多少，加之国家对于少数民族相对宽松的生育政策，以及省际结合部计划生育工作管理难度大等现实状况，使省际人口数量居高不下。从传统的生育观念出发，人们毫无控制地生育，或是希望孩子能给家庭带来较大的经济利益，使家庭富起来；或是传宗接代，希望能光宗耀祖。无论是追求经济利益还是追求社会地位，是为完成传递祖业和延续"香火"，还是顺乎伦理道德的要求，人们形成了追求"早生贵子"、"多生多育"的生育行为模式。实际结果是孩子多，本来贫苦的家庭难以再养育其成长，导致家庭更加贫困，形成了"越穷越生，越生越穷"的循环圈，成为省际结合部社会主义现代化建设的重要制约因素。

（四）族际关系中的宗教因素

省际结合部虽然地处偏远，但与周边地区乃至中心区域在政治、经济、文化等方面保持着一定联系，单元并存的宗教格局也正是省际结合部民族与周围各民族交往发展的结果。民族关系的变化受外部和内部不同因

素的影响，不是单一因素决定的。宗教因素既是影响民族关系的内部因素，又是外部因素。

1. 宗教因素对省际结合部民族稳定的正面影响

一是宗教因素对民族认同的影响。在省际结合部，同一个民族既有信仰同一宗教的情况，也有不同民族信仰同一宗教的情况。宗教信仰在同一个民族的内部产生的民族认同，同时在信仰该宗教的不同民族间也产生一定的认同。这就使得宗教成为省际结合部群体交流和情感投入的最明确的方式之一，并成为信教群众对本民族的认同感、归属感与凝聚力加强的桥梁。宗教的心理调适作用、慰藉作用，相同的行为习惯和宗教禁忌，使得在省际结合部信仰宗教的大多数群众能够和睦相处。

二是宗教因素对民族共同文化发展的影响。宗教作为各个民族精神生活的一部分，是依赖于民族的经济、政治发展的，宗教信仰影响民族文化，民族文化却又使宗教信仰的表现有所改变，包括天主教、基督教、佛教、伊斯兰教等多教派都在不同地域发展出不同的特点，甚至同地域又有不同的分支。

三是宗教因素形成的民族心理因素差异对民族交往的影响。不同的宗教心理形成的心理差异是影响民族交往的一个因素。从民族心理来看，每个民族成员对本民族的宗教信仰都有一种特殊的感情，并自然而然地把这种感情融化为民族心理，升华为本民族的重要标志。在同一民族群体间往往融入较鲜明的情感特征和共同的心理需求要素。因此，在省际结合部多元宗教共存情况下，各民族形成的民族心理是不相同的。在宗教环境熏染下，民族本身建立起自己的认同圈和对于他民族的距离感，往往对外来民族表现的排斥态度较明显，并在居住格局、生产生活上明显形成因宗教因素带来的心理差距。

2. 宗教因素对省际结合部社会稳定的消极影响

一是对国家和社会稳定的消极影响。宗教信仰本身是一种适应少数民族群众需要的文化安排，有着它的合理性和必要性。各民族的宗教信仰使许多信教群众通过积极诚实的努力实现自己追求的人生目标。在社会转型期，由于国际、国内环境的影响，一些民族分裂主义分子打着宗教的幌子进行非宗教活动，在省际结合部越来越表现出破坏性的后果。近年来，川藏滇、四川和甘肃等省际结合部所发生的一些骚乱、自焚和暴力事件，都与民族分裂主义分子利用宗教从事分裂祖国的地下活动有着密切的联系。

二是对社会经济改革的消极影响。一些宗教教义中规定的经济方式和社会结构方式，有的部分是不符合社会经济发展的现实情况的。在这种情况下，宗教因素就变成制约民族经济发展的框框，使得省际结合部的经济发展相对缓慢，经济结构和社会结构的改革相对迟缓，经营和发展策略不能很快地跟上整个社会的发展，对省际结合部引进技术、引进人才都会产生较大的制约。

三是对公共权力的消极影响。宗教的扩张性及认同感的强化，在一定程度上不利于加强以公共权力为基础的权威。从宗教发展的内在动因和外在表现看，宗教具有扩张性。这种扩张性超出一定限度，往往影响社会公共生活的正常运转。有些地方宗教已成为一种有信仰、有组织、有教产的实体性组织力量。在一些农村牧区以宗教为标准评论个人是非功过，以是否信仰宗教作为确定人际关系亲疏的重要标准。在一些乡村选举中，宗教人士公开鼓动信徒选谁不选谁，控制基层干部的选举，威胁到公共权力的实施。

（五）族际关系中的宗族因素

传统中国的农民，生活在由血缘和地缘交织而成的关系网络中。其中最重要的血缘组织是宗族，最重要的地缘组织是村庄，两者之间的关系呈现出十分复杂的形态。艾亨曾将传统中国的宗族和村庄划分为三种类型：第一种类型是单一宗族占统治地位的村庄，宗族内部的裂变程度较高，门户观念较强，利益冲突较多，宗族分支的利益高于整个宗族的团结；第二种类型为势力相当的多宗族村庄，各宗族之间既有合作又有竞争，同族集团能够团结一致对外行动；第三种类型也是多宗族村庄，各宗族有强、弱之分，造成强宗控制弱宗的局面，有时众多小宗族也会联合起来对抗强宗，斗争较为激烈。[1] 换言之，宗族对各民族的族际关系也会产生深刻的影响。

---

[1] Emily Ahern. *The Cult of the Dead in a Chinese Village* [M]. Stanford: Stanrord University Press 250-263.

如果说家庭是血缘共同体的基本单位，那么"村庄"则是地缘共同体的基本单位，省际结合部的乡土社会正是这种地缘文化和血缘文化的结合体。血缘文化的突出特征表现为村落一般以"姓"为主导。地缘文化则集中表现在人们安土重迁、择土而居的特点上。在省际结合部广袤的土地上，分散着成千上万个世代依赖于一定土地而居住的"自然村庄"。如果说以血缘和亲缘为主导的家庭是省际结合部社会结构的细胞的话，那么"村庄"则是省际结合部的最基层社会单位。

在省际结合部的乡村社会，血缘和亲缘文化基本反映的是"村庄"内部的关系，而地缘文化则基本反映的是"村庄"外部的关系。通过血缘或亲缘文化关系，构织乡村社会的内核；通过地缘文化关系，延伸乡村社会的范畴。前者使乡村社会得以稳固，后者则令乡土社会从一般的血缘关系中溢出，通达、渗透并整合为整个中国农村的普遍性存在。尽管省际结合部的乡村结构表现出明显的地域特征，有的地方宗族比较强大，有的地方宗族比较软弱，有的地方村落的内聚性较强，有的地方村落的内聚性较弱，但对任何省际结合部的研究，都必须将两者结合起来加以考察。

第五节　少数民族"过半县"政策研究

"过半县"是指少数民族人口超过了县域总人口的50%以上、未实行民族区域自治的县级行政单位。这些县的少数民族人口超过了当地总人口的50%，但因单一民族人口比例较低，或者国家对新设民族自治地方政策的变动等原因，未能成为民族区域自治地方，因而不能完全享受自治地方的民族政策；这些地方的县级政府因为少数民族人口比例较大，又不得不因地制宜制定一些特殊政策。从政策角度讲，"过半县"是介于自治与非自治之间比较特殊的县级行政单位。

一、"过半县"民族成分的认定过程

"过半县"的民族成分认定经历了曲折的过程。20世纪50年代中后期，这类县内的部分群众就要求认定为少数民族，明确族属，但受多种因素影响，最终没有得到族籍认定。1982年全国第三次人口普查后，湖南的江永、会同、绥宁、石门、慈利、沅陵等县人民政府多次向省政府和省民委写出报告，要求恢复县境内部分群众的民族成分。1986年，国家民委《关于恢复或改正民族成分问题的补充通知》（民政字〔1986〕第37号）和《关于我国的民族识别工作和更改民族成分的情况报告》（民政字〔1986〕第252号）文件中指出："我国恢复或改正民族成分的工作，除个别情况外，已基本完成"，这些县的民族成分识别工作因此中断。1990年第四次人口普查期间，这些县部分人口自愿并坚持登记为少数民族，使得全省少数民族人口大幅增长。省政府当年年底听取省民委关于全省少数民族人口增长情况以及对这一问题处理意见的汇报后，形成了省长办公会议37号纪要，要求省民委组织对少数民族人口增长情况进行检查。

1991—1993年，湖南省民委与有关地市组成联合检查组，先后对江永、会同、绥宁、石门、慈利、沅陵等县的民族成分遗留问题进行了详细调研。报经省政府批准，认定和恢复了江永、会同、绥宁、石门、慈利、沅陵等县包括土家族、苗族、侗族、瑶族、白族等民族在内近80万人的民族成分。最终确认：江永县总人口231455人，其中瑶族人口119911人，占全县总人口的51.81%；会同县总人口327659人，其中侗族、苗族等少数民族人口179780人，占全县总人口54.87%；绥宁县总人口318224人，其中苗族、侗族等少数民族人口165075人，占全县总人口51.87%；石门县总人口676342人，其中土家族341200人，占全县总人口51%；慈利县总人口5812807人，其中土家族等少数民族人口330865人，占全县总人口56.92%；沅陵县总人口540271人，其中苗族、土家族、白族等少数民族人口297149人，占全县总人口55%。2007年，鉴于张家界市(原大庸市)现有少数民族人口状况，国家民委函〔2007〕193号《关于张家界市一县两区比照民族自治地方享受经济社会发展方面的有关优惠政策的复函》，批准该市永定区享受少数民族人口过半县各项民族优惠政策。

二、"过半县"未能成立自治县的原因

"过半县"没有成立自治县的原因主要有：

1. 民族政策意识不强

新中国成立后，20 世纪 50—70 年代，国家大力推行民族区域自治制度，在少数民族聚居的地方成立了一批自治区、自治州和自治县。当时一些"过半县"的党政主要领导多为南下干部，他们不太了解当地少数民族的特点，忽视了少数民族的特殊要求，加之对党的民族政策和民族工作认识不足，片面地认为建立民族自治县是狭隘的民族意识，不支持申报民族自治县，甚至压制干部群众要求落实民族成分的诉求，影响了这些地方的民族成分认定和民族建政工作。

2. 行政建置变更频繁

新中国成立后，地方行政区划变更比较频繁，影响了民族建政工作的连续性。绥宁县 1957 年以前隶属安江专署、黔阳专署（今怀化市），1958年以后隶属邵阳专署、邵阳市，邵阳专署甚至准备报呈省政府撤销绥宁县。期间，绥宁县部分行政区域划归通道侗族自治县和城步苗族自治县。江永县 1949 年隶属永州专区，1955 年隶属衡阳专区，1962 年又隶属零陵地区。官地坪镇、人潮溪乡、索溪峪镇等 7 个乡镇，在两次行政区划调整时，由慈利县分别划归桑植县和武陵源区管辖。1988 年组建张家界市时，慈利县又整体由常德地区划归张家界市。

3. 政治经济环境的影响

20 世纪 60—70 年代，受"左"的思想干扰，民族工作基本处于瘫痪状态，民族建政工作被迫中断。没有落实民族成分的少数民族的民族意愿不便表现，合理诉求不敢表达，党的民族政策无法落到实处。由于计划经济时期民族政策的优惠量不大，散杂居区县域经济和民族问题不突出，一些地方忽视了民族政策的争取和落实。如 20 世纪 50 年代，湖南省政府曾派出民族考察组到江永进行实地考察，1958 年批复江永县瑶族人口已具备成立瑶族自治县的条件。但由于政治运动的影响导致批复未正式宣布执行。1991 年重新确认少数民族人口后不久，恰逢国家宣布民族建政基本结束，不再新增自治地方。其他几个"过半县"也都存在类似的情况。

4. 民族成分认定过程中的意见分歧

有的"过半县"没有准确把握国家民族政策的基本原则，在20世纪80年代，仍坚持申报单一民族，影响了民族建政问题的进程。如沅陵县在1984年申报"佤乡"族，经国家、省、地民族工作部门联合调查，"佤乡话"属于汉藏语系苗瑶族苗话支，否定了"佤乡"族，错过批建自治县的时机。绥宁县在识别东山等地少数民族人口究竟是苗族还是侗族的问题上争论不下，一再地错过建立民族自治县的机会。

5. 国家民族政策的调整

我国民族成分识别和民族建政工作经历过两次高峰期。一是新中国成立之初，建立了一批民族自治地方，二是十一届三中全会以后，国家在民族工作上"拨乱反正"，新建了一批民族自治地方。此后，国家宣布民族成分识别和民族建政基本结束，除特殊情况外，不再批建新的自治地方。湖南省1992年向国务院申请建立江永、会同、绥宁三个自治县，一直未获批准。

三、"过半县"享受民族政策的情况

1. "过半县"享受民族政策的依据

党和政府对"过半县"的政策经历了三个发展阶段：

第一阶段是1992年以前。"过半县"的大部分少数民族人口的民族成分还没得到认定，只有江永、绥宁和沅陵3县部分少数民族聚居的乡建立了民族乡。"过半县"享受着散居少数民族的一些民族政策，主要是民族乡的优惠政策。政策依据是《湖南省散居少数民族工作条例》。当时张家界市所属区县享受民族政策的依据是1988年省委常委第34次会议纪要。

第二阶段是1992—2000年。"过半县"的少数民族人口得到认定，"过半县"纳入民族地区范畴。会同、慈利等"过半县"内新建了一批民族乡。为了加快少数民族和民族地区经济社会发展，地方政府出台了一系列针对性的民族政策。政策依据包括《湖南省散居少数民族工作条例》、省委、省政府湘委〔1994〕23号文件、省政府办公厅《关于进一步作好散居少数民族工作的通知》（湘政办发〔1996〕20号）等。

第三阶段是 2000 年以后。"过半县"作为民族工作的一个独立概念被提出并得到认可,"过半县"享受的民族政策有了实质性的突破。主要包括《国务院关于实施西部大开发若干政策措施的通知》(国发〔2000〕33 号),《国务院关于西部大开发若干政策措施的实施意见》(国发〔2000〕33 号)、湖南省政府《关于加快少数民族和民族地区社会经济发展若干优惠政策的通知》(湘政发〔2000〕8 号)、湖南省委、省政府《关于加强民族工作的决定》(湘发〔2000〕12 号)、《关于少数民族人口超过总人口半数县享受有关民族优惠政策等事项的通知》(湘政办函〔2003〕215 号)、2006 年湖南省政府第八十四次常务会议纪要等。特别是湘政办函〔2003〕215 号和湖南省政府第八十四次常务会议纪要,明确了"对少数民族人口超过 50%的县视同民族自治县,在财政转移支付和扶贫开发工作等方面予以倾斜"。2007 年,国家将江永、会同、绥宁 3 县纳入国家中部地区比照西部大开发政策实施范围。2008 年,湖南省政府将江永县纳入湘西地区开发范围。"过半县"享受的民族政策优惠程度越来越高、政策措施也越来越具体。

2."过半县"已经享受的民族政策

目前,"过半县"已经享受了以下几个方面的具体政策。

民族专项资金:包括少数民族发展资金、义务教育助学金、少数民族医疗减免费等。

发改政策:2007 年,绥宁、江永、会同 3 县正式获得以工代赈资金、退耕还林中央预算内国债资金种苗补助资金、中央预算国债、农村卫生基础设施中央预算内资金、县计生服务所建设资金、湘西地区开发扶贫资金、贷款贴息资金等多方面的扶持。

扶贫政策:2007 年,绥宁、江永、会同 3 县享受省级扶贫开发重点县待遇,资金投入逐年增加。江永县的扶贫资金 2005 年 14 万元、2006 年 20 万元、2007 年 341 万元,到 2008 已增至 400 万元。绥宁县 2005 年 68 万元、2006 年 74 万元,2007 年 435.39 万元、2008 年增至 555.19 万元。

教育政策:一是农村义务教育经费保障机制改革有关优惠政策,"过半县"的义务教育保障机制公用经费、贫困寄宿生生活补助费均由省财政承担。二是农村初中校舍改造工程,按西部开发县有关政策,"过半县"由省财政安排资金实施农村初中校舍改造工程。三是中等职业学校助学金，省财政每年统一安排"过半县"中等职业学校助学金。四是高考加分政策，按同一批次高校划定的录取分数线，"过半县"民族乡的少数民族考生降 20 分、汉族考生降 10 分录取；"过半县"其他杂散居的农村少数民族考生降 10 分、城镇少数民族考生降 5 分录取。

财政政策：2007 年"过半县"比照自治县享受优惠政策后，在财政转移支付补助方面得到了大力支持和照顾。如江永县 2006 年增加民族插花县转移支付资金 600 万元，2007 年为 800 万元，2008 年达到 1018 万元，年增量补助 200 万元。绥宁县 2006 年增加民族插花县财政转移支付资金 700 万元，2007 年为 900 万元，2008 年达到 1018 万元，年增量补助 200 万元。2007 年以来增加沅陵县财政转移支付资金每年 1700 万元。

基础设施建设政策：一是通乡公路建设，补助资金由 30 万元 / 公里增加到 33 万元 / 公里；二是通畅公路建设，补助资金由 10 万元 / 公里增加到 12 万元 / 公里；三是通达公路建设，补助资金由 5 万元 / 公里增加到 6 万元 / 公里。

卫生政策：省财政在安排卫生系统资金如新型农村合作医疗补助资金、计划免疫接种补助、乡镇卫生院建设资金时，对于"过半县"均按少数民族地区的优惠政策进行了补助。在计划生育政策上，"过半县"内的民族乡少数民族夫妇可生育二孩。

四、"过半县"待研究的政策问题

"过半县"享受的现有政策渠道，有比照民族自治地方的政策、有国家西部开发的政策、有扶贫开发政策、还有湖南省内湘西地区开发的政策等等。一方面，有的政策只是原则性规定，操作性不强，还须有一个具体化过程；另一方面，受国家财政状况和执行部门主观认知水平的制约，有些政策的落实到位也还有偏差。总体来看，国家给予民族自治地方的政策和西部大开发的政策，还需要"过半县"干部群众积极争取。

就"过半县"民族政策研究而言，也存在需要深入探讨的问题。

1. 是否需要继续向国务院申报建立民族自治县

"过半县"现行民族政策多是"比照执行"，国家也不可能再专门出台

"过半县"民族政策或者条例，因此这些政策的执行依据不足，稳定性不强。能够申报成功成立民族自治县固然可以从根本上解决政策另辟蹊径的问题，但在国家行政建制政策已不允许的前提下，如何寻求"过半县"民族政策一劳永逸的制度和法理依据？

2. 是否需要向国务院专题报告，争取"过半县"民族政策的指导性意见？

湖南省政府《关于少数民族人口超过总人口半数县享受有关民族优惠政策等事项的通知》（湘政办函〔2003〕215 号）和 2006 年湖南省政府第八十四次常务会议纪要出台后，"过半县"已基本享受湖南省给予民族自治县的民族优惠政策，但国家给予民族自治县的政策可否惠及"过半县"，需要由国家作出原则规定。是否需要向国务院专题报告，在不能建立民族自治县以前，对达到建立少数民族自治县标准的少数民族聚居县，比照国家对少数民族自治县的政策予以重点扶持？目前"过半县"已部分享受到了民族自治县相等待遇。如绥宁县少数民族发展资金逐年增加，由 2007年 40 万元增加到 2011 年的 160 万元，与民族县基本持平；少数民族义务教育助学金由原来的每年 20 万元，增加到现在的每年 40 万元，与民族县基本持平；少数民族医疗减免费由原来的每年 10 万元，增加到每年 20 万元，这些都与民族县基本持平。①

3. 地方政府是否需要进一步明确"过半县"的特殊政策

综合"过半县"地方发展和少数民族群众需求，省级地方政府应该在很多方面进一步明确出台"过半县"特殊政策的可行性。这包括：(1) 财政税收方面，是否同意"过半县"享受民族自治县调资补助转移支付和农村税费改革转移支付政策？是否同意"过半县"享受艰苦边远地区津贴制度？(2) 工矿企业发展方面，"过半县"是否能够享受新办企业实行"两免三减半"的企业所得税优惠政策？(3) 计划生育方面，"过半县"能否在计划生育率、社会抚养费征收到位率、节育手术落实率、人口出生性别比等主要指标考核上与自治县同等对待？(4) 项目建设方面，"过半县"

---

① 赵春、龙肖根生：《落实民族政策　推动富民强县会同县民宗局工作记实》，中国民族宗教网，2013 年 1 月 25 日。

能否减少或免除民族地区基础设施建设项目特别是道路交通建设项目的配套资金？（5）教育政策方面，"过半县"是否可以对"两种考生"给予降分录取？（6）文化事业方面，是否可以在乡镇文化站建设、农家书屋、农村电影放映工程等项目上取消县、乡配套资金？

"过半县"虽然数量不多，又全部集中在湖南省，但作为我国介于自治与非自治之间的民族分布特殊形态，不仅给中央和地方政府提出了特殊政策的思考，也为民族研究学者和民族工作者提供了一个研究中国民族问题的新空间。

第七章 散杂居民族问题的反思

第一节 研究散杂居民族的重要意义

新中国成立60多年来，我国各族人民同心同德，共同开创了经济发展、政治安定、文化繁荣、社会和谐、人民幸福的良好局面。但民族问题具有普遍性、复杂性、长期性、国际性和重要性等特点，对于多民族国家来说，散杂居民族问题关系到边疆巩固、经济发展和国内各民族的团结，尤其在当今全球化时代，散杂居民族问题无论是对中国这样一个多民族国家，还是对多民族的世界来说，其重要性是不容置疑的。

一、散杂居民族问题不容忽视

（一）散杂居民族问题存在的必然性

在社会主义历史阶段，由于历史上遗留下来的民族间事实上的不平等以及民族差别的存在，民族问题还将长期存在。在我国散杂居民族当中，有些散杂居民族，或者说有的散杂居民族的某些部分，在新中国成立前夕还保留着封建制度、农奴制度、奴隶制度的残余。新中国成立后实现了各民族不分大小一律平等，但经济、文化发展水平较低的民族在享受民族平等的权利时，实际上不能不受到很大的限制。历史遗留下来的事实上的不平等，仍是产生民族摩擦的根源。解决这个问题的根本途径是：国家采取正确的政策和有效措施，在人力、物力、财力和科学技术等方面，大力促进和帮助散杂居民族加速发展经济、文化、教育和科学技术事业，逐步缩小民族间发展水平上的差距。同时要不断发展社会主义民主，健全社会主义法制，使散杂居少数民族的平等权利得到切实保障。

散杂居民族问题存在的必然性与民族问题的长期性、重要性、阶段性、复杂性、敏感性等特点相关，社会主义社会是各民族发展的繁荣时期，而不是民族消亡时期。民族存在的长期性，决定了民族问题存在的必然性。第一，各民族政治上的平等实现后，在经济、文化发展上的差别依然存在。第二，在社会主义阶段，各民族的根本利益是一致的，但在某些具体权益方面，民族之间仍会发生一些矛盾和纠纷。第三，在风俗习惯和语言文字等方面，也容易造成某些误会和纠纷。第四，民族问题在一些地方往往和宗教问题交织在一起，宗教问题处理不慎或不当，也会影响民族关系甚至引起冲突。第五，国际上敌对势力支持、纵容国内极少数民族分裂分子进行的破坏活动还会长期存在下去。因此，只有充分认识散杂居民族问题存在的必然性，才能进一步做好散杂居民族关系协调工作，努力维护民族团结和社会稳定。

（二）散杂居民族问题是人民内部矛盾

民族问题是随着社会的发展而发生变化的，其发生的历史时代和具体社会条件以及民族的性质，决定着具体历史时代和具体社会的民族问题的性质是对抗性的、敌对阶级之间的，还是非对抗性的、人民内部的矛盾问题。

新中国成立以后，民族问题基本上变成了劳动人民之间的关系问题，是非对抗性的、人民内部的矛盾问题。综观我国民族关系发展的历史和现状，就可以看到社会主义时期民族关系发展的两大趋势：一个趋势是少数民族在国家和主体民族帮助下，社会经济文化得到迅速发展，各民族逐步走向进步和繁荣；另一个趋势是随着现代化建设和市场经济的发展，各民族间的联系越密切，民族地区的封闭状态和民族壁垒被打破，正形成全国统一的社会主义市场，民族和国家凝聚力日益增强，各民族谁也离不开谁的关系更加巩固。这两种历史趋势贯穿于社会主义社会的全过程，在第一种趋势的发展基础上逐步实现第二种趋势，能够促使民族觉醒促进民族发展，最终达到共同繁荣的良性循环机制。但在这一阶段，我国社会的主要矛盾是人民日益增长的物质文化需要同落后的社会生产力之间的矛盾。散杂居少数民族及民族地区要求更快地发展本民族社会经济文化，则是这一阶段社会主要矛盾在民族问题上的客观反映。

二、妥善处理散杂居民族问题的重大意义

随着我国改革开放的不断深入和城市化进程的不断加快，散杂居少数民族的生产、生活方式也随之变迁，散杂居少数民族经济社会发展的新情况新问题日益增多，散杂居民族在民族事务全局中的地位将会更加突出。由于散杂居民族的覆盖面十分广泛，涉及农村、城市甚至更大区域内社会生活的方方面面，对我国社会发展进步具有举足轻重的全局性影响和作用。

（一）有利于社会稳定

在现实生活当中，社会主义市场经济体制不断深化，社会转型程度加剧，在社会成员的流动性、社会资源的竞争性、社会利益的多样性等市场经济内在规律的作用下，散杂居少数民族在生产生活中出现了一些新的矛盾和问题。一些农村散杂居民族和民族地区教育文化事业还很落后，青少年失学、辍学问题还比较严重，影响了少数民族文化素质的提高，难以适应市场经济的就业竞争，并影响与其他民族随着城市化进程的加速，我国已进入农民工向市民全面过渡的新阶段，农民工市民化问题对中国现代化进程具有决定性影响。少数民族农民工在生活方式、思想文化观念上受到城市现代文明的熏陶，越来越多的少数民族农民工，尤其是新生代少数民族农民工希望能留在城市，也逐渐具备了留在城市的条件。让那些已经在城市长期就业和居住的少数民族农民工及其家庭成员真正融入所在城市，平等地享有现在城市市民享有的公共服务和政治权利，切实提高他们的社会地位，已成为备受关注的热点问题。但这一进程仍然存在诸多问题：一是少数民族农民工自身存在的不足使其市民化的诉求不会一帆风顺；二是少数民族农民工市民化的现实门槛与最大障碍是一种制度性的先天不足与

缺失，如城乡分离的二元户籍制度，歧视性的就业用工制度，有差别的住房、教育与社会保障制度等；三是城市产业升级对人才需求的"非均衡状态"，不能完全解决少数民族农民工的就业要求；四是城市中生活成本高昂使得部分少数民族农民工成为城市中的不安定因素；五是某些城市居民对少数民族农民工的排斥使其市民化道路举步维艰。

不论是从社会繁荣发展的层面来看，还是就社会稳定而言，正确认识和对待散杂居少数民族群体，采取科学有效的政策措施解决散杂居少数民族生产生活当中的问题，不断激发和调动散杂居少数民族的积极性、主动性和创造性，充分发挥他们的聪明才智为社会主义现代化建设服务，既是构建和谐社会的客观要求，也是构建和谐社会的重要保障。

（二）有利于散杂居少数民族的社会发展

散杂居少数民族的一大特点就是发展不平衡，从地域上说东部、中部与西部不一样，西部地区的散杂居少数民族的发展普遍相对落后；从类型上来说，城市、民族乡和零星散落的不一样，民族乡与农村星散的少数民族发展较为落后。从民族乡（包括农村散杂居少数民族）来看，大多数在当地都处于相对落后的状态。特别是一些人口较少民族的民族乡，不仅涉及其经济发展、生活改善的问题，而且关系到整个民族政治、文化平等权利的实现问题。另外，在城市世居少数民族中，失业、待业人数的比重较大，只有认真贯彻落实党和国家的民族政策，切实做好散杂居少数民族工作，才能使散杂居少数民族的各项平等权利得到保障，才能使他们的经济文化事业得到相应的更快的发展。

（三）有利于深化改革

改革开放的时代，是各民族竞相发展的新时代，散杂居少数民族发展进步意识的增强，民族内部自我发展活力的增强都是必然的，也只有使这种发展进步的意识、自我发展的活力紧紧同大力发展社会主义商品经济，提高全民族的现代化素质相联系，在改革中推动经济的现代化，在各民族的发展进步中提高人的现代文化素质，才能使各民族成为现代化的民族。

散杂居少数民族之间在生活方式上具有较强的同质性：生活水平和生

活质量依然较低，并且缺乏尽快提高的现实条件，生活的各个方面仍然具有明显的传统性特点，社会发展主要是在主流社会影响下被动地得到了较大的提升，即这些民族的现代化进程主要来自外部力量的推动，而不是走"内源发展"的可持续发展道路，所以散杂居少数民族要成为现代化的民族依然任重道远。一些深层次的结构性矛盾、体制性障碍都会凸显出来。例如，新生代少数民族农民工关系网络比较匮乏，缺少向外延伸的节点，社会资本虽比第一代农民工有所扩大但增量较小，无法通过与城市居民的社会交往、人际互动培养起城市文明所需要的现代思维和意识，式微的人际资源也导致他们只有家乡意识而没有城市的社区意识，对所生活的城市社区没有归属感，更无法产生主人翁意识，对城市的社会活动不关心、不参与，增加了对城市的冷漠和疏离感，阻碍了他们现代性意识的生成和发展，结果就是他们在社会认同上表现出一种"内卷化"的认同趋势，即只认同自己这个特殊的社会群体，不认同城市社区和农村社区。因此，创造必要的条件，实现散杂居少数民族与散杂居地区经济文化发展的加速度，使后进民族得以逐步进入先进民族的行列，实现其政治、经济、文化的全面发展进步，既是党和国家的既定方针，也是时代赋予的重任。

（四）有利于多民族国家的社会发展

多民族国家的社会发展问题不仅是经济问题、社会问题、文化问题，也往往容易发展为国际、国内的政治问题。散杂居少数民族和民族地区发展面临的问题和困难非常突出：散杂地区少数民族居住分散，发展投入少，经济规模小，产品竞争能力弱；大部分散杂居少数民族在当地发展中仍处于后进水平，一些民族乡、村生产生活条件差，尚未解决温饱问题；散杂居民族大都处于城乡结合部、县际结合部和省际结合部，民族关系复杂而敏感，群众维权意识较强，出现问题传播速度快，涉及面广，影响民族团结和社会稳定的事件时有发生；散杂地区的民族成分和少数民族人口会越来越多。如边疆少数民族地区大学生到内地就业，少数民族群众进城务工经商，少数民族妇女婚嫁落户，等等。也就是说，当代中国的社会发展问题的表现形式是多样的，既有各民族经济社会发展不平衡的基本问题，涉及到人权、文化、教育、宗教、社会生活等多个方面，同时也存在"三股势力"的问题。所有问题中最根本的问题还是发展问题，发展不是解决一切问题的良药，但发展跟不上去，就会引发出更多问题。这就需要我们认真研究，并在政策上、机制上、实践上加以化解。

（五）有利于边疆巩固与国家统一

散杂居少数民族无论其历史的长短，都有一个从聚居地或发源地向四面八方流动迁移的过程。尽管散杂居少数民族居住很分散，但散杂居地区和本民族聚居区同源同种，有高度的民族认同；既有散杂居地区主动加强和聚居区的联系，更多的是聚居区在注视散杂居地区的发展，所以发生在本民族聚居地的一些重大事情，很容易传递到各地的散杂居民族中。同样，发生在散杂居民族中的一些事情，也很容易在其本民族的聚居地、边疆地区甚至全国发生影响，引起连锁反应。多年的调查统计资料表明，各民族之间发生的纠纷和事件，三分之二以上发生在散杂居少数民族之中，而且往往会很快波及到边疆民族地区，也就是通常说的"散杂居少数民族咳嗽，边疆民族地区就感冒"[①] 对于一些跨境民族而言，他们往往与国外的民族有着天然的、历史的联系，散杂居民族关系很容易扩展到国内外。更值得注意的是，一些原本属于公民个性化的事件，可能会被认为是针对整个民族群体的民族性事件，从而上升为全局性的民族问题，牵一发而动全身。

散杂居少数民族关系中的联动性特点，不但使得散杂居民族关系特殊而重要，而且关系到边疆的巩固和国家的统一。首先，关系到边疆的巩固。边疆地区的少数民族是我国国防力量的重要组成部分，这些民族成员的生活安定与否，经济与社会发展是否持续稳定，民族间关系是否融洽，与边疆稳定的维护有直接关系。其次，关系到边疆社会内部发展。边疆地区由于生产条件差，经济形式单一，人们对自然资源的依赖程度高，山林、水源和土（草）地成为当地各民族群众赖以生存的主要条件。为了生存，一些民族之间会围绕这些资源产生纠纷。这些矛盾不仅有少数民族和

---

① 沈林等：《散杂居民族工作概论》，民族出版社 2001 年版，第 3 页。

汉族之间的，还有少数民族和少数民族之间、同一民族不同支系之间的，且逐渐涉及到政治和思想领域，影响到边疆民族正常的生产生活秩序。最后，关系到我国和周边国家的睦邻关系。跨境民族问题处理得如何，不仅涉及到该民族的国外部分，也会影响到我国与相邻国家的关系，邻国的民族政策也会直接影响我国境内同一民族的心态。因此，良好的国内和邻国环境，有利于民族问题的解决；动荡的社会环境，易使境外的各种分裂势力趁虚而入，将民族问题演化为国际问题，最终危及国家的安定统一和领土完整。

第二节　散杂居民族问题的发展趋势

一、散杂居民族的构成和分布决定了散杂居民族问题"全方位"的特点

散杂居民族问题的"全方位"特点主要体现在以下几个方面：一是既涉及汉族和少数民族之间的关系问题，又涉及少数民族和少数民族之间的关系问题。二是既涉及城市民族问题，也涉及农村民族问题。三是既涉及到平原的农村地区民族问题，又涉及丘陵、山区的农村地区的民族问题。四是既涉及未建立民族自治地方的 11 个少数民族的民族问题，又涉及建有民族自治地方但有不少人口处于散杂居状态的 44 个少数民族。五是既涉及政治上的平等权利问题，又涉及经济文化发展权利问题，以及少数民族语言文字、风俗习惯、宗教信仰等方面的自由权利问题。也就是说，无论从民族关系、民族问题发生的民族范围、地区范围来讲，还是从民族关系、民族问题的内容和形式来讲，都涉及我国全部少数民族、全国各地区和社会生活的全部领域。

二、散杂居民族的历史和现状决定了民族平等权利是首要问题

一个民族只有和其他民族一样处在平等、自主的基础上，才谈得上自

由的、民主的、平等的发展。受奴役、受歧视的民族，是无平等和自由可言的。我国一些散杂居民族政策、法律、法规仍然还存在某些空白地带，或这些文献本身亦存在不足和缺陷。例如，我国民族乡的特殊情况，决定了民族乡的民族平等权利问题主要是民族自主自治的问题。民族乡发展经历了曲折的过程，其地位和性质也发生了变化。它曾作为民族区域自治的一种形式，后又作为民族自治地方的补充形式。根据我国的法律规定，民族乡是既不同于民族自治地方，又不同于一般乡镇的具有特殊地位的一级政权。它具有一般乡镇所没有的一定的民族自主自治的权利，但又不同于民族自治地方的自治权利。如何掌握和充分行使一定的民族自主自治的权利，是民族乡的民族与当地汉族、与非建民族乡的少数民族关系中的问题，也是与上级部门关系中的问题。努力争取民族乡作为我国民族区域自治制度的一种补充，具有民族区域自治性质，但又不同于三级民族自治地方，区别于一般乡镇的法律地位，是民族乡发展中首先要解决的问题，也是更好解决民族乡民族问题的前提条件。对于农村散杂居少数民族来讲，无论是民族乡的散杂居少数民族，还是民族乡以外的散杂居少数民族，充分享有和行使自己应有的民族平等权利，特别是国家政治生活和社会生活中的平等权利，是本民族经济和文化方面与其他民族取得平等发展机遇的基本条件。

三、城市散杂居民族问题的地位日益突出

随着社会和民族的现代化，散杂居点的民族成员单位量缩小，少数民族的城市化趋势越来越明显。新中国成立之初几乎没有城市人口的一些少数民族，现已有不少人员学习、工作在大中城市，如回族、满族、朝鲜族等少数民族的城市人口已达到总人口的三分之一以上。由于城市的政治、经济、文化和社会生活的特殊地位，城市和城市少数民族人员的特殊作用，城市民族问题越来越显示出其重要性。近年来影响较大的一些民族关系事件，以及一些涉及民族或宗教因素的群体性事件，大都发生在城市，城市因此成为衡量我国民族关系的晴雨表。可以预见，城市将来仍会是重要的民族关系事件和民族问题的主要发生地。在城乡二元社会体制没有彻

底打破之前，在劳动力市场供大于求的就业结构下，尤其是随着新生代少数民族农民工社会角色的变化，该群体在城市生活中的"边缘性"减弱，而高程度的城市融入与潜意识农民身份认同的矛盾也影响着新生代农民工的群体心理，从而产生出新的城市管理问题。

四、利益诉求从重视经济文化发展向加强政治平等过渡

列宁曾说："我们只有对各个民族的利益极其关心，才能消除冲突的根源，才能消除互不信任，才能消除对某种阴谋的顾虑，才能树立不同语言的人们、特别是工人农民之间的互相信任；没有这种信任，无论各族人民之间的和平关系，或者现代文明中一切珍贵事物的比较顺利发展，都是绝对不可能的。"[1] 对各民族根本利益的充分重视和积极关照，会极大地消除隔阂、化解矛盾，能在很大程度上确保社会的和谐稳定和国家的长治久安。

中国特色的少数民族利益表达制度，即党内表达制度、人民代表大会的表达制度、政治协商的表达制度、民族区域自治制度下的表达制度、信访表达制度。此外，还有大众传媒的表达和研究机构、学术团体的表达，等等。上述表达制度在反映少数民族和民族地区的利益要求，沟通党和政府与少数民族的关系，维护社会稳定，促进社会发展等方面发挥了重要作用。在处于社会转型期，散杂居少数民族和民族地区在利益结构和利益关系方面已经发生或正在发生重大变化，表达制度的不完善已经显现出来：一是表达渠道不畅；二是表达不及时；三是表达的法治化程度不高；四是表达呈单向性；五是表达的组织化程度降低；六是信访机构负担过重，解决问题能力不强；七是媒体表达功能发挥不够，社团表达系统发育不成熟。制度的不完善，加上一些散杂居少数民族缺乏利益表达的知识，正当的利益要求不能及时有效表达，结果造成越级上访、涉法上访、群体性事件等非制度性表达时有发生。[2]

---

① 列宁：《列宁论民族问题》（下），民族出版社 1987 年版，第 863 页。
② 雷振扬：《完善少数民族利益表达制度 践行"三个代表"重要思想》，《民族研究》2005（3）。

在市场经济体制逐步取代计划经济体制，法治逐步取代人治的社会大背景下，散杂居少数民族的公民主体意识不断增强，公民权利和政治权利保障的内涵和外延都有扩展，他们的利益诉求逐渐从重视经济文化发展向加强政治平等过渡，这种需要的客观趋势是不以人的意志为转移的，应该做出趋势性的政策措施并加以引导。散杂居少数民族利益表达制度的建构是一个系统过程，有赖于国家政治体制改革的深化，通过在立法、司法和行政上采取特殊保障措施，克服少数民族在享有某些平等权利时的物质或条件限制因素。因此，必须将完善少数民族利益表达制度与推进少数民族和民族地区的经济社会发展紧密地结合起来。

五、各民族的民族意识增强，民族内聚力强化

民族意识是社会意识的一个重要内容，是各民族社会的一种群体意识。只有在民族成员和其他民族成员接触的过程中才能得到充分地体现。改革开放以后，少数民族人员逐渐流动，开始是一些具有较强商品意识的人员流动，然后扩散到所有民族的人员流动。在少数民族人口流动的流向上，开始是相对单向地流向城市或较发达的东部沿海地区，然后是多向地流动到全国东西南北各地，即少数民族人口流动是由流向汉族人口较多的地区逐步扩散到各个少数民族地区。另一方面，在少数民族人员流向汉族人口较多地区的同时，汉族人员也大量流向各个少数民族地区。以本民族自尊心和自豪感为主要内容的民族意识因之也会增强，具体表现为更加注重本民族与汉族等其他民族的对比，更加关注民族间经济文化发展的差距，更加迫切地要求加快本民族的整体发展，更加关心民族形象的维护，更加注重对各项合法权益的保障，更加关注政治上的参与，等等。近年来，许多散杂居民族都建立了自己的联谊会或其他方面的社会团体，经常组织本民族的活动如民族节日等。通过这些活动加强了本民族成员之间的感情联络，增强了民族内聚力和向心力。但也必须注意到，民族意识是一把"双刃剑"，如果引导和把握得好，就会有助于促进本民族的发展和进步；否则，也会强化民族之间的敏感因素，导致民族之间的矛盾和摩擦增多。

六、族际通婚逐渐普遍化

族际通婚是民族间交往发展程度的一种标志，也是民族间信任程度的一种标志。传统意义上，一切择偶制度都倾向于"同类联姻"，如阶层地位大致相当、宗教与文化背景相似等，以保证婚姻的稳定和群体内部的统一性。族内婚规则是同类婚姻的一个重要体现，地域、语言、宗教等因素构筑了一个民族的内婚壁垒。在其他条件相同的情况下，一个群体的成员愈多，其成员就愈有可能在内部寻找对象。[①] 反映族际婚姻状况最重要的指标就是族际通婚率。族际通婚率是指在一定时期和一定人口范围内，所有族际婚姻占婚姻总数的比值。一般而言，当两个民族集团间的通婚率达到 10% 以上，他们的民族关系大致可以说是较好的。[②] 我国少数民族在居往形式、交往频率、知识层次、双语能力、婚姻观念等方面的逐渐变化，使族际通婚呈普遍化趋势。正是这种变化促使不同范围的民族通婚圈逐渐形成。2000 年年底，满族人口在千万以上，分布广泛，散居化程度较高，族际通婚率高达 43.86%；回族人口数量达 981.68 万，受到宗教文化的限制，对族际婚姻持慎重态度，但其人口散居各地，与其他民族接触较多，族际通婚率仍达 13.28%。[③]

族际通婚普遍化的发展趋势表明，我国 56 个民族彼此之间不可分割的联系不仅体现在政治、经济、文化等方面，还表现在婚姻方面，通过各民族间的通婚，不同民族的成员生活在同一个家庭中，由姻亲关系发展至血亲关系，实现血缘的交融，文化的交流交往和交融随之进一步发展。这是新中国成立以来党和国家实行民族平等、民族团结政策的结果，是各民族间隔阂与偏见逐渐弱化甚至趋于消失的现实体现。

---

① ［美］W. 古德著：《家庭》，魏章玲译，社会科学文献出版社 1986 年版，第 75、90 页。

② 马戎：《西方民族社会学的理论与方法》，天津人民出版社 1997 年版，第 16 页。

③ 国家统计局人口和社会科技司、国家民委经济发展司：《2000 年人口普查中国民族人口资料》（上册），民族出版社 2003 年版，第 302—321 页。

七、民族风俗逐渐社会化

在改革开放和现代化潮流日益猛烈的冲击下，整个社会结构，包括经济体制、政治体制、文化系统、思想意识形态以及生活方式等都在发生或将要发生深刻的变革。同样，少数民族风俗习惯从形式到内容也发生着变化，异质民俗之间、新旧民俗之间，或双向流动，或激烈冲撞，民俗变异的速度加快，社会化程度也不断加深。少数民族群体的社会化模式，应当是走出文化中心主义的约束，主动积极地与社会其他民族群体、组织进行平等互惠地彼此沟通。

民俗文化系统和任何其他社会系统一样，为了维持自身的延续和发展，总是力求保存自己，通过各种途径使自身结构得以复制。风俗习惯的变迁特性便是其内部所具有的这种自我调节机能。这一特殊的功能保证了民俗文化系统自身不断地纳入新因素，进行自我淘汰、自我更新，以调整自身结构，适应外部环境和条件，从而推动风俗习惯在延续过程中不断由低级形态向高级形态的演化。纵观我国各民族风俗习惯的发展，从远古民俗到中古民俗，或是从近世民俗到现代民俗，都可以追寻到民俗在传承过程中的变迁轨迹。另外，作为社会存在的反映，民族风俗习惯不能脱离社会存在而绝对独立，民俗事象也要或快或慢地发生变化，在不断的运动中求得生存和发展，正如斯大林所指出的："世界上没有什么永恒的东西，世界上一切都是暂时的、变动的，自然界在变化，社会在变化，风俗习惯在变化。"[1] 民族风俗逐渐社会化的趋势，从表面上看是一种文化模式的选择，从本质上说是散杂居少数民族在异文化生境中的文化适应和生存策略选择的结果。

八、民族语言使用中的"双语"趋势

我国是个多民族、多语言、多语种的国家，55 个少数民族共有 53 个民族有自己的语言，数量超过 80 种，22 个民族正在使用着 28 种文字。

---

[1] 中央马恩列斯著作编译局：《斯大林全集》第 1 卷，人民出版社 1953 年版，第 279 页。

调查显示，我国少数民族人口中从小会说本民族语言的占少数民族总人口的 60% 以上，使用本民族文字的约占少数民族总人口 30%。① 这一数据表明，民族语言文字仍然有着广泛的群众基础、使用空间和重要的使用价值，在政治稳定、社会进步、民族团结、文化传承等方面，还将长期发挥不可替代的重要作用。

双语现象是指个人或集体使用两种语言的社会现象。随着人口流动的加剧，教育的普及，传媒语言影响的扩大等，普通话的发展速度加快，少数民族社会的双语生活越来越普遍，强势少数民族语言和强势汉语方言的活力有所增强，影响有所扩大。既会说少数民族母语或汉语方言，又会说普通话或其他民族语言、其他汉语方言的双语人也会越来越多。目前全国有 10000 多所民族中小学校使用 21 种民族语言进行双语教学，这将使我国的双语生活越来越活跃，将使社会语言生活越来越丰富。② 与此同时，区域性主体民族的语言文字和某些少数民族语言的功能和活力有所增强，如蒙古语、藏语、维尔吾语、哈萨克语、柯尔克孜语、朝鲜语、壮语、彝语、傣语等，这些少数民族语言的规范化程度有所提高，使用范围有所扩大，在少数民族和少数民族地区的社会、经济、文化生活中，以及行政、司法、教育、媒体、信息、宗教等领域，继续发挥着重要作用。汉语的某些强势方言，如北方方言、吴方言、粤方言、闽方言等，语言成分更加活跃，词语更加丰富，表现能力更强。

对于散杂居少数民族群众来说，语言的自由沟通交流是他们真正融入当地生活的前提，也是实现真正和谐民族关系的起点。就个体而言，各民族成员只有通过族际语（汉语、普通话、汉语方言或一种少数民族语言）的学习，才能够具备顺利步入主流社会的条件，从而跨越文化障碍获得个人在主流社会的更大发展。从民族心理学角度讲，"在我们这样一个多民族的国家里，各个民族在对待不同民族语言文字的关系上，存在着'求同'的趋向，而对待自己的语言文字，又存在着'存异'的心理。"③ 所谓"求同"，就是希望各民族语言文字能增长共同成分，以利于各民族之间互相

---

① 丹珠昂奔：《关于新时期的民族语言问题》，《民族翻译》2008（1）。
② 陈章太：《我国当今语言生活的变化与问题》，《中国教育报》2006 年 4 月 30 日第 4 版。
③ 李静：《民族心理学》，民族出版社 2009 年版，第 193 页。

学习、互相交流。"存异"指的是各民族都热爱自己的语言文字，都要保存自己语言文字的特点。不管哪个民族，都把语言文字看成是民族的一部分，所以对语言文字的不尊重，都会被认为是对民族的不尊重。作为同一民族的成员，如果不会讲本民族的语言，认同程度就会大大降低。

语言的民族特性表明，语言关系也是民族关系的重要组成部分，不同民族间的语言关系会在一定程度上影响民族关系，而民族关系中的一些问题，也往往会在语言关系上反映出来。我国《宪法》规定"各民族都有使用和发展自己的语言文字的自由"。文化可以有"发达"和"落后"之分，但语言没有"发达"与"原始"之分。从语言学的角度来看，不同民族的相互接触和交流往往会引起语言在结构、功能等方面的变化。不同民族的语言在语音、词汇、语法方面的借用现象，一个民族的部分人掌握外民族语言的双语现象，一个民族的部分人或全部人放弃本民族语言专用外民族语言的转用现象等等，都是这些变化的具体表现。互相学习语言同时也是在互相学习一种文化、一种文化心理。少数民族兼通其他民族的语言，是历史发展的必然趋势，是文化进步的表现。

后 记

　　2003 年，我在中央民族大学民族学专业招收第一届"散杂居民族问题"研究方向的博士生；2006 年，我工作的中南民族大学也获得了民族学专业博士学位授予权，我指导的"散杂居民族研究"一直是国内独家招生的博士生研究方向。一晃十年过去了，作为这个新方向的首倡者和力行者，我始终为缺少一部学理性强的系统教材而难以释怀。2009 年我领衔成立了国内第一个"散杂居民族研究"学术团队，团队成员分工合作，至今已完成了二十多项国家、省部级项目，三十余项地、厅级项目及横向科研项目，产生了良好的经济和社会影响。随着岁月的流逝，我愈加感到编著一部《散杂居民族概论》，供高校研究生教学、研究使用，也为民族工作者所参考，是我和弟子及团队成员们责无旁贷的责任。

　　这本书涉及的主要观点和基本框架，是我十年来教学和研究的心得，同时也是在十年来给博士生和硕士生们讲授《散杂居民族研究概论》这门专业核心课程时，经过充分讨论和反复提炼后确定下来的，从这个角度说，它是一部集体作品；研究提纲定型以后，大家的积极性很高，沈再新、张成、袁年兴、王萌、哈正利等分别完成了自己感兴趣的章节的初稿，总字数超过了 50 万，以沈再新写作篇幅为最。初稿的执笔者甚众，也说明它是一部集体作品。因此，除了本书已标明的主要撰稿人之外，这里还有必要列出参与课题讨论和课堂讨论的博士们的名字。他们是：张丽剑、方清云、李安辉、谭晓静、岳雪莲、郭福亮、徐光有、范才成、郗玲芝、操竹霞、郭艳、叶长青、童玉英等。

　　我在初稿的基础上反复推敲打磨，又花了一年多的时间九易其稿，其间吸收了黄贞博士关于少数民族人口"过半县"的部分研究成果；梁润萍

312

博士承担了全部书稿的录入、校对、资料核实工作，总篇幅最终凝练为二十多万字，这和我心目中理想的《概论》模样比较吻合。

书稿修改其间，国家民委专职委员李文亮先生应人民出版社之约，极为负责地亲自审稿并欣然作序，民族画报社甘玉贵先生、人民出版社巴能强先生再三鼓励，得益于他们独具慧眼的建议，杀青的阵痛和出版的琐碎均能幸免，在此深表谢意。

国际人类学与民族学联合会主席瓦格斯先生出席第十六届国际人类学与民族学联合会时谈到："中国处理少数民族问题和保护少数民族的政策在世界上是做得非常好的榜样。因为世界上很多国家都面临多民族的问题，但并不是所有国家都知道如何来处理不同民族的事务。在民族问题上，中国的范例在世界上是处理得比较好的方式，值得向世界上其他国家推广。"如果这段话是国际上传递中国正能量的一种声音，那么处理民族问题的"中国模式"积淀下来怎样的经验和教训，未来还有怎样的新思路？很多问题仍有待于政府和学人们冷静地梳理！

许宪隆

2013 年 7 月于南湖离香草舍